D1857161

Stanisław Piłaszewicz

Woyengi · Die Mutter der Welt

Stanisław Piłaszewicz

Woyengi
Die Mutter der Welt

Mythen und Legenden westafrikanischer Völker

Gustav Kiepenheuer Verlag
Leipzig und Weimar

Titel der polnischen Originalausgabe: Afrykańska księga rodzaju
Mity i legendy ludów Afryki Zachodniej, Iskry, Warschau 1978

Aus dem Polnischen übertragen von Stefan Schreiner,
bearbeitet von Irmtraud Herms
Mit einem Vorwort von Rainer Arnold und einer Karte

Die Abbildung auf dem Schutzumschlag zeigt
eine Mutter-und-Kind-Plastik aus dem Kameruner Grasland,
entstanden um die Jahrhundertwende. Höhe: 70 cm

© Stanisław Piłaszewicz
© 1991 Gustav Kiepenheuer Verlag Leipzig und Weimar
(für die deutsche Ausgabe)

ISBN 3-378-00373-1

Erste Auflage 1991
Gestaltung: Joachim Poznanski
Schrift: Garamond
Gesamtherstellung: Druckwerkstätten Stollberg GmbH
Printed in Germany

Vorwort

In der traditionell geprägten Vorstellungswelt der westafrikanischen Völker spielen Überlieferungen von der Entstehung der Welt, der Herkunft des Menschen und des Lebens überhaupt eine wichtige Rolle.

Die Erforschung der afrikanischen Mythologie befindet sich noch in den Anfängen. Es sind vorwiegend Überlieferungen einzelner Völker oder miteinander verwandter Völkergruppen erfaßt und untersucht worden. Stanisław Piłaszewicz, der Autor des vorliegenden Sammelbandes, hat den Versuch unternommen, diese zahlreichen Einzelaufzeichnungen zu ordnen und, ergänzt durch eigenes Material, die Mythen und Legenden der westafrikanischen Völker nachzugestalten und im Überblick vorzustellen. Somit liegt unserem Leser nun erstmals eine populäre Zusammenschau mythologischer und legendärer Texte der Völker Westafrikas vor. Piłaszewicz' Arbeit ist insofern zu würdigen, als den Überlieferungen der afrikanischen Völker auch in der Gegenwart eine nicht zu unterschätzende Bedeutung zukommt: Sie bewahren das Andenken an vergangene Zeiten und Helden und wirken gleichzeitig bis heute gestaltend auf die traditionellen Lebensformen und -beziehungen, die Bewahrung und Fortsetzung alter Bräuche und Rituale der Völker Westafrikas ein. Von Generation zu Generation wurde sowohl das Wissen um die Herkunft und die Vergangenheit eines Volkes weitergegeben als auch die gesellschaftlichen und sozialen Verhaltensnormen und -vorschriften, die moralischen Werte und religiösen Vorstellungen.

Stanisław Piłaszewicz ist ein international anerkannter Fachmann für westafrikanische Sprachen und traditionelle Literaturen, er ist weder Ethnograph noch Religionswissenschaftler. So trägt seine Sicht auf Gegenstand und Material individuelle und manchmal recht subjektive Züge. Deshalb ist seine auf Überblick und allgemeine Verständlichkeit gerichtete Arbeitsweise nicht immer unproblematisch. Nichtsdestoweniger ist das in diesem Band vorgestellte Gesamtbild eindrucksvoll. Es vermittelt dem Laien – und an diesen richtet sich Piłaszewicz in erster Linie – einen lebendigen und informativen Eindruck von westafrikanischer Mythologie. Jedoch ist die Authentizität der vom Autor zusammengestellten Texte naturgemäß unterschiedlich. Die Überlieferungen der afrikanischen Völker liegen uns nicht in ihrer ursprünglichen Form vor, wofür es verschiedene Gründe gibt. Zum einen sind es mündlich überlieferte Texte, die über lange Zeiträume, in der Größenordnung von Jahrhunderten und Jahrtausenden, weitergegeben worden sind. Sie waren also nie starr, nicht zu religiösen Heiligen Schriften geronnen. Auch ist das animistische Weltbild, das die Gesamtheit der religiösen Anschauungen der Völker Afrikas bestimmt, konkret. Jede ethnische Einheit, jede Sippe, jeder Stamm hat eine jeweils eigene Vorstellung und Interpretation seiner transzendentalen Beziehung zur konkreten Umwelt. Nicht also ein Berg schlechthin, ein Baum oder ein Fluß, schon gar nicht Berge, Bäume oder Flüsse im allgemeinen wurden als beseelt und von Geistern und Dämonen bewohnt verstanden, sondern jedem natürlichen Objekt der Umwelt ist eine spezifische, real aufgefaßte und unaustauschbare Beseeltheit eigen. Nur auf diese richtet sich die mythische Vorstellung. Daher rührt nun der schier unübersehbare Reichtum, das scheinbar Unüberschaubare und Facettenhafte, das so offenbar Unsystematische in der afrikanischen Mythologie. Bei aller Redlichkeit konnten die europäischen Forscher und Missionare diesen gewaltigen Stoff nicht in seiner Konkretheit erfassen, geschweige denn vermitteln. Ihres sozial-funktionalen und historisch-kulturellen Zusammenhangs entkleidet, mußten die Überlieferungen der afrikanischen Völker bei den Europäern auf Befremden und Unverständnis stoßen. Zwei völlig verschiedene Vorstellungs- und Glaubenswelten prallten aufeinander: der christliche Glaube, gepaart mit der durch das bürgerliche Zeitalter geprägten Rationalität der Missionare und Gelehrten, und auf der anderen Seite der zutiefst und auf lebendige Weise mit eben jenen mythologischen Überlieferungen verbundene Glaube des Afrikaners. So ist die gutgemeinte Absicht der europäischen Interessenten zu verstehen, die Überlieferungen der Afrikaner durch Angleichen an die eigene Vorstellungswelt dem Leserkreis in Europa näherzubringen. Der Missionar suchte und fand auch Anknüpfungspunkte für christliche theologische Auffassungen und für das christliche Bild vom Jenseits. Dazu boten Analogien verschiedener Aspekte altvorderasiatischer Überlieferungen und Traditionen, vor allem altjüdischer, wie beispielsweise Opfern, Reinigen oder Beschwören, lebhafte Veranlassung. Auf diese Weise wirkte missionarisches Tun bewußt und unbewußt gestaltend und verändernd auf das Gehörte ein. Vor allem betrifft dies das Streben der Missionare, in den religiösen Überlieferungen der Afrikaner die Idee von einem höchsten Gott nachzuweisen. Dieser Absicht war ihre Methode untergeordnet: Sie stellten dem Informanten Fragen nach einem zuvor festgelegten Schema und bedienten sich dabei der für die Kultur der christlichen Welt typischen Terminologie. Dies führte oft zu einer ungewollten Verfälschung des tatsächlichen Sachverhalts. Und schließlich wird der europäische Forscher nur die unterste, die allgemeinste Schicht der zumeist hierarchisch geordneten Welt der afrikanischen mythologischen Tradition erfahren haben. Die höheren Varianten – höher im Sinne ihres mythischen Wahrheitsgehaltes und ihrer religiösen und magischen Anwendbarkeit – blieben dem Europäer verschlossen. Diese esoterischen Mythen waren seit jeher ohnehin nur den Eingeweihten, den Alten, Zauberern, den Mitgliedern der Geheimbünde, den Angehörigen herrschender Sippen und, wo es sie gab, den Priestern, vorbehalten. Das esoterische Wissen, in poetische Form gekleidet und von Symbolik geprägt, wurde stufenweise weitergegeben. Seine Vermittlung war in den Verlauf des Initiationsritus einbezogen.

Trotz der hier dargestellten Mängel haben die ersten Erforscher afrikanischer Kultur und Lebensweise, die christlichen Missionare, mit ihren ethnographischen Berichten und Beschreibungen, Aufzeichnungen zur Folklore, Sprache und Mythologie verschiedener Völker, eine wertvolle Feldarbeit geleistet. Und obgleich ihre Arbeiten nicht frei von tendenziösen Aussagen sind, hat Stanisław Piłaszewicz im Interesse einer umfassenden Darstellung der mythologischen Systeme der einzelnen Völker für seinen Sammelband auch aus ihrem Werk geschöpft.

Der Autor hat in seinem Band Überlieferungen verschiedenster Natur vereint. Oft fällt es schwer festzustellen, ob es sich um Texte handelt, die den Kanon der religiösen Anschauungen eines Volkes zum Gegenstand haben, oder um solche, die auf die eine oder andere Weise Historisches reflektieren: Genealogien, Herkünfte und Wanderungen von Völkern, Konflikte und Kriege, Naturkastastrophen. Das liegt nicht allein daran, daß die Übergänge zwischen ihnen fließend und oft verwischt sind. Eine große Schwierigkeit besteht auch in unseren mangelhaften Möglichkeiten der Dechiffrierung der Texte. Die für die gesamte mündliche Erzähltradition Afrikas typische Symbolik bleibt uns weitgehend verschlossen. Um so mehr, da die Erzählungen für uns aus ihrer lebendigen Beziehung zu den Gegenständen und Sachverhalten, die sie widerspiegeln, und zu ihren Rezipienten herausgehoben sind.

Zahlreiche Überlieferungen reflektieren geschichtliche Ereignisse und sind nach unserem europäischen Verständnis am ehesten den Sagen und Legenden zuzuordnen. Sie bewahren, nicht selten verifizierbar, Historisches. Andere Erzählungen verlieren ihre real geschichtliche Spur in der Irrationalität ätiologischer Nachdeutung: Das Bewußtsein des Konkreten ist allmählich gewichen. Zumeist sind es die Herkünfte von Völkern und Völkerschaften, älteste Schichten von Genealogien und Staatsgebilden, die auf diese Weise verschwimmen, während große Gestalten und bedeutende Ereignisse des afrikanischen Mittelalters, wie zum Beispiel der Herrscher der Malinke Sundjata oder Askia Muhammed, einer der bedeutendsten Herrscher des Songhai-Staates, deutlich und faßbar aus den Berichten hervortreten.

Die Legenden, die in diesem Band vorgestellt werden, lassen uns die Gründung der wichtigsten Staaten und Staatsgebilde in Westafrika nachvollziehen und machen uns mit den bedeutendsten Heerführern und Herrschern der westafrikanischen Geschichte vertraut:

Im 4. Jahrhundert gründeten die Soninke am Oberlauf des Senegals und des Nigers den Staat Ghana. In der Mitte des 11. Jahrhunderts erreichte Ghana seine Blütezeit. Die Macht der Herrscher erstreckte sich über die Völker von Tekrur bis zu den Berbern der Sahara. In der zweiten Hälfte des 11. Jahrhunderts drangen kriegerische Berberstämme in Ghana ein, im Jahre 1076 wurde die Hauptstadt Kumbi-Saleh erobert. Seit dieser Zeit begann sich im Westsudan, dem Gebiet Westafrikas südlich der Sahara vom Atlantischen Ozean bis zum Tschadsee, der Islam auszubreiten. Der Herrscher von Ghana nahm zusammen mit seinem Adel die neue Religion an, um sich seine privilegierte Stellung zu sichern. Unter dem Druck dieser islamisierten Oberschicht breitete sich der Islam schnell unter den von Ghana abhängigen Völkern aus.

Vom 13. bis zum 15. Jahrhundert unterstand den Herrschern von Mali das gesamte Land am Oberlauf des Nigers bis zu seinem Mittellauf und am Oberlauf des Senegals. Im Süden erstreckte sich der Besitz der Malinke vermutlich bis zum Tropenwald und im Osten bis zur heutigen Stadt Gao. Das Erblühen des Staates Mali verknüpfen die Legenden der Malinke mit Sundjata, der in der ersten Hälfte des 13. Jahrhunderts regiert hatte (vgl. ›Die Geschichte von König Sundjata‹, S. 146). In der Schlacht bei Krina (Kirina) besiegte dieser Herrscher im Jahre 1235 die Sosso-Stämme. Er nahm Ghana ein und ließ es dem Erdboden gleichmachen.

Im 9. Jahrhundert gründeten die Songhai einen Staat, der zu Beginn des 15. Jahrhunderts seine Blütezeit erreichte und im Westsudan das politische Übergewicht erlangte. Der Volksheld der Songhai, das Oberhaupt der Sorko, Faran Ber (›Faran der Große‹), soll an der Spitze seines Volkes die Nachbarvölker der Hausa und Gurma und die gesamte Bevölkerung entlang des Niger-Flußtales bis nach Timbuktu unterworfen haben (vgl. ›Die Geschichte vom Helden Faran‹, S. 184). Seine Blütezeit erlangte der Songhai-Staat im 15. und 16. Jahrhundert unter den Herrschern Sonni Ali und Askia Muhammed. Zu dieser Zeit reichte der Staat von den Stromschnellen des Nigers bei Busa bis zum Senegal. Die Herrscher des Songhai-Staates zählten die reichen Salzbergwerke im Norden der Sahara zu ihrem Besitz. Der Handel mit Gold und Salz, mit Elfenbein, Geweben und Sklaven war die Haupteinnahmequelle der Songhai-Herrscher. Mit ihren Kriegern drangen die Heerführer der Songhai bis nach Aïr vor, eroberten die größten Oasen der Tuareg und dehnten die Macht ihrer Herrscher bis nach Tripolis aus.

Im 10. Jahrhundert gründeten die Hausa Stadtstaaten. Nach einer alten Überlieferung hatte der mythische Vorfahr der Hausa sieben Söhne, die ihrerseits sieben Städte gründeten: Kano, Katsina, Daura, Zamfara, Gobir, Zaria und Rano, die sieben ›Echten Hausa‹. Zu den ›Sieben Unechten‹ zählen die Hausa-Chronisten jene verwandten Völker und Stämme, die die Gebiete um die ›Echten Hausa‹ besiedelten. Noch im 18. Jahrhundert waren die Städte der ›Echten Hausa‹ selbständige Staaten, die nicht selten gegeneinander Krieg führten.

Im 13. und 14. Jahrhundert erreichten die Yoruba-Stadtstaaten, Ife, Oyo und Egba, ihre Blüte. Es waren kleine feudale Fürstentümer, die sich oft befehdeten. Dem Oberhaupt von Oyo, dem Alafin, waren die Herrscher der anderen Yoruba-Stadtstaaten untergeordnet. Seine Macht wurde durch den ›Rat der Sieben‹, der sich aus Vertretern des Adels zusammensetzte, eingeschränkt. In den Nordgebieten des Yoruba-Landes bekannte sich zu Beginn des 19. Jahrhunderts ein großer Teil der Bevölkerung zum Islam. Im übrigen Teil des Landes wurde die traditionelle Religion der Yoruba beibehalten.

Im Westen grenzten die Yoruba-Staaten an Dahomey, ein Reich, das vermutlich zu Beginn des 17. Jahrhunderts gegründet wurde. Unter Agadja, der von 1708 bis 1728 regierte, dehnte sich Dahomey bis zur Guineaküste aus. Auf diese Weise kam die Bevölkerung mit den Europäern in Berührung. Der bekannteste Herrscher des Staates Dahomey, Gezo (1818–1858), befreite sein Land von der Abgabepflicht an den Staat Oyo.

Westlich von Dahomey bildete sich an der Goldküste zu Beginn des 18. Jahrhunderts der Ashanti-Staat heraus. Nach Überlieferungen datiert der Beginn der politischen Unabhängigkeit der Ashanti aus dem Jahre 1719, als die Ashanti in einer Schlacht mit den Denkara ihre Feinde besiegten und unterwarfen. Das Staatsheiligtum der Ashanti ist bis heute der ›Goldene Thron‹ (vgl. ›Der goldene Thron‹, S. 96).

Die mythologischen Überlieferungen der westafrikanischen Völker, so differenziert sie im einzelnen auch erscheinen mögen, sind Ausdruck eines gemeinsamen religiösen Bewußtseins, das seinen Ursprung im animistischen Glauben hat. Der Afrikaner sieht seine Umwelt, die belebte wie die unbelebte Natur, von Geistern, Seelen, einer Lebenskraft bewohnt und durchdrungen. Der Animismus wurde bei den afrikanischen, wie überhaupt den urgesellschaftlichen, Völkern zum Ausgangspunkt einer Reihe weiterer Vorstellungen beziehungsweise Handlungen, wie beispielsweise Dämonenglaube, Maskenwesen und Ahnenkult.

Bestimmend für das ursprüngliche afrikanische mythisch-religiöse Denken ist die dualistische Grundvorstellung allen Seins. Einer der wesentlichen Dualismen ist der des Männlichen und des Weiblichen. Oft versinnbildlicht die Sonne das männliche Prinzip und der Mond das Weibliche. Wenn in afrikanischen Märchen, vor allem in West- und Zentralafrika, vereinzelt auch in mythologischen Überlieferungen, Penis und Vagina als selbständige Wesen in Erscheinung treten und handeln, so ist dies zweifellos Ausdruck dieses dualistischen Grundprinzips afrikanischen Glaubens. In diesem Zusammenhang ist auch die Vorstellung vom Zwitterwesen, der männlich-weiblichen Doppelnatur, verschiedener afrikanischer Hochgötter zu sehen (vgl. den Himmelsgott der Anyi, Aflahui Nyamia-Nda, oder den Hochgott der Fon, Nana Buluku).

Ein anderer Dualismus ist der von Himmel und Erde. In den Vorstellungen der afrikanischen Völker waren Himmel und Erde früher vereint oder sich doch sehr nahe. Viele Völker glauben, daß die Trennung von Himmel und Erde durch menschliches Fehlverhalten oder Schicksalhaftes verursacht wurde (vgl. ›Wie Himmel und Erde getrennt wurden‹, S. 42) und dadurch der Anfang der Welt, der Beginn des Lebens ausgelöst wurden. In den mythologischen Überlieferungen der Westafrikaner vereinigen sich die beiden Grunddualismen männlich-weiblich und Himmel-Erde: Olorun, der Yoruba-Gott des Himmels, verkörpert das Männliche, und Onile, die Herrin der Erde, versinnbildlicht das Weibliche. Bei den Ekoi entsprechen diesen Gottheiten Obassi Osaw und Obassi Ngi, bei den Baule Nyamye und dessen Frau Assie. Sonne und Mond, männlich und weiblich, Himmel und Erde stehen sich in der afrikanischen Mythologie nicht starr und distanziert gegenüber. Bei ihrer Vereinigung zeugen sie ein Neues. Wenn der Himmel die Erde begattet und das Leben zeugt, ist der Regen sein Samen. Dabei ist der Regen immer zugleich etwas Reales wie auch Transzendentales – die natürliche Voraussetzung für Fruchtbarkeit und gleichsam sein magisches Symbol. Der Regenzauber, der überall in Afrika praktiziert wurde und zum Teil auch heute noch anzutreffen ist, stellte oftmals das wichtigste, den Herrschern und Priestern vorbehaltene, magisch-religiöse Ritual dar. In der Mythologie findet dies seine Umsetzung, indem der Gott des Regens oder des Donners schließlich neben den Gott des Himmels und den Gott oder die Göttin der Erde tritt.

Totemistische Vorstellungen, das heißt der Glaube an eine gemeinsame

Abstammung der Mitglieder einer bestimmten Gemeinschaft von einer Tierart oder Pflanzengattung, sind bei den Völkern Westafrikas weitgehend in den Hintergrund getreten. Mit dem Verfall der Gentilordnung blieben in Afrika nur Reste totemistischer Glaubensvorstellungen erhalten und haben in der Epoche des Übergangs vom Matriarchat zum Patriarchat in bedeutendem Maße dem Ahnenglauben und -kult Platz gemacht. In vorkolonialer Zeit äußerte sich der Totemismus nur in mittelbarer Form. Den Mitgliedern der Totemgruppe war es verboten, das Totemtier zu töten beziehungsweise zu verzehren. In verschiedenen Tanzformen wurden Tierbewegungen oder Tierverhalten nachgeahmt oder dargestellt. Totemistische Vorstellungen fanden Ausdruck in Details von Initiationsriten oder in regionalen Tierkulten. Auch die Zuordnung bestimmter Tiere zu herrschenden Sippen oder einzelnen ihrer Mitglieder, wie zum Beispiel Hahn oder Leopard, ist auf totemistischen Ursprung zurückzuführen. Dies gilt unter anderem für den besonders in Westafrika verbreiteten Schlangenkult, der bei einer Reihe von Völkern an die Kaste und das Handwerk der Schmiede gebunden war.

Die Verehrung verstorbener Vorfahren durch Gebete, Rituale und Opfer, der Ahnenkult, ist historisch mit dem Übergang zu patriarchalischen Verhältnissen verbunden und scheint deren ins Religiöse gewandter ideologischer Ausdruck zu sein. Daneben fanden sich, besonders bei Ackerbau betreibenden Völkern, Überreste matriarchalischer Beziehungen, die in Hinweisen auf Ur-Mütter bestimmter Völker, auf weibliche Gottheiten und Dämonen, auf das weibliche Prinzip schlechthin sichtbar werden.

Der Ahnenkult ist einer der wichtigsten Bestandteile der afrikanischen Religionen. Der Afrikaner weiß sich in eine Generationskette eingebunden, die er als real existierend versteht. Für ihn gibt es keine absolute Grenze zwischen Diesseits und Jenseits. Lebende und Verstorbene bilden eine Gemeinschaft. Die Toten können auf Grund der ihnen zugedachten magischen Kräfte und Fähigkeiten auf das Leben der Sippe und ihr Schicksal Einfluß nehmen. So veranlassen nicht nur der Wunsch und die Hoffnung auf Hilfe und Beistand der Ahnen die Sippenmitglieder zur gewissenhaften Befolgung der Opfer- und Kulthandlungen, sondern auch die Angst vor eventuellen Strafen, Krankheiten oder Unheil, das die Ahnen ihnen schicken könnten. Regelmäßig ist an den Ahnenkult das Darbringen von Speisen, auch von alkoholischen Getränken, Tierblut, Kräuterrauch und anderem gebunden. Diese Opferdarbringungen schlossen nicht selten die Vorstellung ein, daß die Ahnen die dargebotenen Speisen und Opfer tatsächlich annehmen und zu ihrer Existenz benötigen.

Der Kult und die damit beabsichtigte religiöse Verehrung der Ahnen waren nicht allein Ausdruck des auf eine Person oder eine Gruppe von Personen gerichteten Gemeinschaftsgefühls. Mehr noch, die kultische Verehrung verlieh den natürlich gewachsenen sozialen und verwandtschaftlichen Beziehungen religiöse Weihe und Bedeutung und war damit ein machtvolles Instrument für den Zusammenhalt der Gemeinschaft. Der Ahnenkult bildete sich über einen langen Zeitraum heraus. Beeinflußt von der sozialökonomischen Entwicklung der verschiedenen Völker und ihrer religiösen Anschauungen, lassen sich drei Entwicklungslinien unterscheiden. Zum einen wird der Ahnenkult noch heute in seiner reinen, ursprünglichen Form praktiziert. Eine andere Entwicklungslinie führte über die Vergöttlichung der Ahnen zu ihrer Erhebung in das Pantheon der Gottheiten, was eindrucksvoll am Beispiel der Yoruba zu beobachten ist. Aus dem ehemaligen Ahnenkult wird ein Götterkult. Und schließlich wurden dort, wo sich eine Einzelfamilie aus der Sippe und dem Stamm herauszuheben vermochte, die Ahnen dieser Familie zum Gegenstand religiöser Verehrung. Dabei trat das Gemeinsame der Sippe oder des Stammes in den Hintergrund. In einigen Stammesverbänden und vor allem Staaten wurden die Ahnen der herrschenden Sippen von allen Stammesmitgliedern beziehungsweise Staatsangehörigen verehrt und ebenfalls zu Göttern erhoben, so zum Beispiel in Ife, Benin und Dahomey.

Neben den Seelen der Verstorbenen gibt es andere Wesen, die, meist unsichtbar für den Menschen, ihre Wirksamkeit entfalten und dem Afrikaner nutzen oder schaden können – die Geister. Der Geisterglauben ist bei allen Völkern Afrikas anzutreffen. Und weiter glaubt der Westafrikaner an die Existenz von Göttern, die vor allem durch ihre übermenschliche Kraft, ihr überweltliches Dasein und ihre Persönlichkeit zu charakterisieren sind. Die Götter sind allen anderen Wesen, den Dämonen, Geistern, den Seelen der Verstorbenen, übergeordnet.

Die religiösen Vorstellungen der Yoruba, die auch im vorliegenden Sammelband einen bedeutenden Platz einnehmen, weisen, obgleich in oftmals differenzierter und ausgearbeiteter Form, charakteristische Wesenszüge für die afrikanischen Religionen insgesamt auf. Das Kernstück ihres Systems religiöser Anschauungen besteht darin, daß mehrere an sich unterschiedlich zu interpretierende Linien religiösen Bewußtseins dialektisch ineinander verwoben sind und auf diese Weise ein Neues bilden. Zum einen liegt der Yoruba-Religion, wahrscheinlich als wesentlicher Grundzug, der Glaube an einen Weltenanfang zugrunde: Die 401 Gottheiten, unter ihnen der Hochgott Orunmila (auch Ifa genannt), sind mit einer speziellen Aufgabe auf die Erde gekommen. Ogun war zum Beispiel für die Jagd, das Eisen und den

Krieg verantwortlich, während es Orishalas Auftrag war, aus Lehm Menschen zu formen. Olodumare ist der Inbegriff für die Harmonie und den Zusammenhalt des Universums, das er selbst geschaffen hat. Vor diesen Gottheiten gab es keine Lebewesen auf der Erde, und an dem Ort, wo sie auf die Erde kamen, befindet sich heute, wie die Yoruba glauben, die Stadt Ife.

Die religiösen Aktivitäten der Yoruba konzentrieren sich einerseits auf eine Vielzahl von magischen Beschwörungs- und Weissagungsriten und andererseits auf Purifikations-(Reinigungs-)zeremonien. Für erstere wurden heilige Palmkerne, Kauris, Knochenstückchen und vor allem eine Kette aus Fruchtkernen eines im Urwald wachsenden Baumes benutzt. Die Priester bedienten sich daneben auch eines Zauberpulvers und eines aus Holz oder Elfenbein geschnitzten Stabes mit menschlichen Zügen. Wie bei fast allen Völkern Afrikas spielen Gesänge und Tänze eine außerordentlich wichtige Rolle, insbesondere Anbetungs- und Preislieder, mystische Formeln, historische Überlieferungen, Erzählungen über die verschiedenen Götter und deren Kampf gegen das Böse und mit den das Böse verkörpernden Wesen. In ihren Gesängen und Tänzen bringen die afrikanischen Völker ihre sozialen Normen und moralischen Wertvorstellungen zum Ausdruck, stellen die Ahnenfolge, ihre Hoffnung auf Gesundheit und Lebensglück dar. Einfache Zeremonien begleiten den Tages- und Lebensablauf: Geburts-, Initiations- und Beschneidungsriten, Rituale bei Hochzeiten, bei Krankheit und Tod. Auch Aussaat und Ernte erfordern und spiegeln gleichsam religiöse Handlung und Anschauung. Leicht läßt sich nun eine Brücke zum Ahnenkult schlagen, denn ein religiöses Bewußtsein dieser Art ist immer konkret, auf ein bestimmtes und unverwechselbares Objekt bezogen. Solange der Mensch nicht als Individuum, sondern als Teil einer sowohl sozial konkreten als auch transzendental höheren Ordnung erscheint und verstanden wird, ist seine Beziehung zu Vergangenem und Zukünftigem in der Generationskette von bestimmender Wichtigkeit.

In der vielgestaltigen Gedanken- und Vorstellungswelt der westafrikanischen Völker können wir mehrfache Übereinstimmungen feststellen. Hervorheben wollen wir die bei fast allen Völkern anzutreffende Vorstellung von einem Hochgott. Der afrikanische Hochgott ist eine wenig faßbare Gestalt, der oft konkrete Züge fehlen, die ›alles sieht und alles weiß‹. Er ist ein untätiger Gott, der an sich existiert, ein ›deus otiosus‹. Gewöhnlich greift der Hochgott nicht in das Geschick des Menschen ein und ist von diesem auch nicht beeinflußbar. Solche Hochgötter wie zum Beispiel Gott Kalunga im südwestlichen, Mulungu im östlichen Afrika, Njambi oder Nsamba nördlich des Kongo und Gottheiten analogen Charakters stellen wahrscheinlich eine

Verschmelzung ursprünglicher Himmelsgötter mit Stammes- und Kulturheroen dar. Diese Verschmelzung hat dem Hochgott offenbar die Kraft und den Akt der ›Schöpfung‹ verliehen, eine dem Animismus an sich fremde Vorstellung. Die Untätigkeit des höchsten Gottes und seine Unbeeinflußbarkeit seitens des Menschen können aber auch vermuten lassen, daß der Hochgott aus einer vergöttlichten Naturerscheinung hervorgegangen ist. Im Hochgott kann sich aber auch der Wunsch des Menschen nach einer über allen widrigen Mächten stehenden, unerschütterlichen Macht des Guten ausdrücken. Und gleichwohl findet der Mensch in der Gestalt des Hochgottes Antwort auf Fragen, die ihn immer wieder bewegen – nach dem Ursprung und der Herkunft der verschiedenen Wesen und Erscheinungen.

Eine weitere Besonderheit afrikanischer Religionen und Mythologie ist an den Begriff ›Schöpfer‹ beziehungsweise ›Schöpfung‹ geknüpft. Der afrikanische Schöpfer ist in erster Linie als derjenige aufzufassen, der etwas macht, anfertigt, formt. Er arbeitet wie ein Handwerker mit Ton, Lehm oder Holz oder wie ein Zauberer, der dem Mann das Sperma in die Hoden und der Frau den Embryo in den Leib gibt. Schöpfungsmythen stellen nicht selten eine besondere Variante des sexuellen Dualismus dar. In einer Überlieferung formt der Schöpfer einen Phallus aus Lehm, bedeckt ihn mit einem Lehmklumpen und schafft auf diese Weise einen Menschen.

Den Mythen zur Entstehung der Welt und zur Herkunft des Menschen ist auch die Rolle eines, wie auch immer gearteten, Kulturbringers gemeinsam. Meist nicht-göttlicher Natur, ist er eher Heroen vom Typ eines Prometheus vergleichbar, dem Menschen näherstehend als den Göttern. Wahrscheinlich ist er ein Produkt ältester Ahnenverehrung. Oft tritt der Kulturheros in Gestalt eines mythischen Schmiedes auf, der bisweilen auch die Kunst des Töpferns lehrt. Manche Kulturbringer waren im Laufe der Zeit einem Gestaltwandel unterworfen. So mag der Himmelsgott der Konkomba, Wumbor, ursprünglich ein Kulturheros gewesen sein.

Die mythologischen Vorstellungen über die Herkunft des Menschen sind in auffälligem Gegensatz zu anderen Grundlinien der afrikanischen Mythologie sehr uneinheitlich. Der Mensch kann von einer Gottheit erschaffen (vgl. ›Woyengi, die Mutter der Welt‹, S. 47), aus dem Himmel gesandt oder fortgeschickt (vgl. ›Wie die ersten Menschen auf die Erde kamen‹, S. 66), aus Höhlen oder Tiefen gekommen sein oder aus eigener Kraft, eigener Schuld oder ähnlichem die Erde bevölkert haben. All diesen Anschauungen ist ein uns recht merkwürdig anmutender Zug gemeinsam: Der Mensch ist nur selten das Produkt eines bewußt gewordenen Schöpfungsaktes.

Im Gegensatz zu den europäischen Philosophien und den Weltreligionen

Christentum, Judentum, Islam weist der afrikanische Animismus eine erstaunliche Offenheit gegenüber neuen Gedanken auf. Dies erklärt einerseits die oftmals schnelle und erfolgreiche Missionierung, andererseits aber auch die rasche Rückkehr zur eigenen, traditionellen Religion und Überlieferung. Die für den Afrikaner so wichtige Lebenskraft kann nach seiner Überzeugung durch eine neue Gottheit nicht vermindert, sondern eher vermehrt werden. Die neue Gottheit kann also in das Pantheon der eigenen Götter aufgenommen werden. Deshalb treffen wir bei afrikanischen Christen oder Moslems häufig auf die Beibehaltung der traditionellen Kulte. Ähnliches gilt auch für den Bereich der Volkserzählungen. Bereitwillig werden nichtafrikanische Gestalten und Motive in die eigenen Überlieferungen aufgenommen und, der traditionellen Gedanken- und Glaubenswelt angepaßt, eingegliedert (vgl. ›Die Herkunft der Fulbe‹, S. 196). Es ist auch nicht zu verkennen, daß christlich-theologische Denkweisen, gelegentlich sogar liturgische Praktiken oder religiöse Symbolik, Einfluß auf die religiösen und mythologischen Vorstellungen der Afrikaner ausgeübt haben. Inwieweit sie beispielsweise den Formierungsprozeß von Hochgöttern, teilweise sogar mit monotheistischer Tendenz wie bei den Yoruba, beeinflußten, ist heute nicht mehr nachzuweisen. Gleiches gilt auch für die Verleihung der Attribute eines Schöpfers und Kulturbringers an die Gottheit des Himmels. Zahlreiche Ereignisse in afrikanischen Erzählungen erinnern an die biblischen Geschichten oder die griechische Mythologie, wie zum Beispiel der Diebstahl des Feuers (vgl. ›Obassi Osaw und der Feuerdieb‹, S. 75). Ein in der afrikanischen Mythologie sehr verbreitetes Motiv ist die Verherrlichung des Daseins, als Gott und Mensch eng und ungestört zusammenlebten, der Mensch weder Krankheit und Tod noch schwere Arbeit kannte. Entgegen der biblischen Geschichte hat nicht Gott den Menschen aus dem Paradies vertrieben, sondern im Gegenteil – der Mensch hat Gott dazu veranlaßt, die Erde zu verlassen und sich in den Himmel zurückzuziehen (vgl. ›Der Gott des Himmels, Aondo‹, S. 78).

Kernstücke der afrikanischen Mythologie sind ätiologische oder kosmogonische Deutungen des Todes, der die Menschen entweder durch eigenes oder fremdes Verschulden trifft (vgl. ›Pemba, der Schöpfer der Welt‹, S. 139), sei es wegen des Versagens eines Menschen in einer bestimmten Situation (vgl. ›Wie der Tod auf die Erde kam‹, S. 72), wegen eines Mißverständnisses oder wegen der Faulheit eines Boten (vgl. ›Warum der Hund am Tod der Tiere und Menschen schuld ist‹, S. 85).

Viele Völker bewahren Traditionen über schreckliche Überschwemmungen (Sintflut) oder Ur-Brände, die am Anfang der Welt standen, über die

Zeugung und Geburt der Erde durch Ur-Gestalten oder durch Mond und Sonne, über die des Menschen durch Himmel und Erde. Allgemein wird die Präexistenz der natürlichen Voraussetzungen für das Leben und die Existenz des Menschen vorausgesetzt. Himmel und Erde bestanden von Anfang an. Vielfach werden sie als öde und unbewohnbar, nicht selten sogar als noch nicht festgefügt beschrieben. Oft begegnet uns am Beginn mythischer Erzählungen die Idee von einem als präexistente Substanz verstandenen Chaos, eine Analogie zu den Vorstellungen von der Entstehung der Welt in den Schriften der ersten griechischen Philosophen. Das Volk der Kirdi (Kamerun) glaubt, daß das Feuer die Urmaterie war, das später vom Wasser gelöscht wurde, und daß die Menschen ›nachsintflutliche‹ Geschöpfe sind. Oft ist die Welt in ihren Anfängen als ein Meer von Schlamm vorgestellt. Ein solches Bild malt die Mythologie der Senufo, Kono und Bozo. Einige Völker glauben, daß die Welt seit undenklichen Zeiten existiert und nie erschaffen worden ist, andere meinen, die Welt sei aus dem Nichts entstanden.

Vor dem Auge des Lesers entwickelt sich ein oftmals schwer zu deutendes, zuweilen fremdartiges und unzugängliches Bild von Realem und Irrealem, gespiegelt in der mythologischen Überlieferung der afrikanischen Völker. Uns eröffnet sich in diesem Band eine noch immer lebendige Welt altafrikanischen Denkens und reichen kulturellen Erbes, das seine Faszination für den Europäer nie verlieren wird und ein Eigenständiges in der Geschichte der Weltkultur darstellt.

Ramsdorf, im Januar 1987 *Rainer Arnold*

Yoruba

Die Erschaffung der Welt

Der Sitz des höchsten Gottes Olorun und aller niederer Gottheiten war ursprünglich der Himmel. Unterhalb des Himmelsgewölbes, in großer Entfernung von ihm, wogten die brausenden Wasser des Urmeers. Eines Tages rief der Herr des Himmels Olorun den Gott der weißen Farbe, Orishala, zu sich (andernorts wird er auch Obatala genannt), gab ihm eine unendlich lange Kette, ein Huhn mit fünf Krallen und etwas in ein leeres Schneckenhaus gefüllte Erde in die Hand und befahl mit Herrscherstimme: »Geh sofort hinab, bändige die ungehorsamen Wasser und schaffe die Erde!« Orishala zögerte nicht einen Augenblick. Raschen Schrittes ging er los, um so schnell wie möglich den Willen seines Herrn zu erfüllen. Als er sich jedoch der Himmelspforte näherte, drangen immer lauter werdende Töne an sein Ohr, die von einem ausgelassenen Mahl herrührten, und bald schon reizte auch der Duft der Speisen und Getränke seine Nase. Als er die Pforte durchschritt, erblickte er einige angeheiterte Götter, die sich vergnügten. Ob wegen der ihm eigenen Höflichkeit oder vielleicht auch wegen der unwiderstehlichen Versuchung hielt er eine Weile inne, um die Götter zu grüßen. Doch das war ein großer Fehler. Ohne es zu bemerken, befand er sich plötzlich selbst inmitten der ausgelassenen Gesellschaft. Jeder, der am Festmahl teilnahm, hätte es als Beleidigung empfunden, hätte Orishala nicht wenigstens einen Becher Palmwein mit ihm getrunken. Vom Palmwein berauscht, lag Olodumares Bote bald unter dem Tisch und fiel in einen tiefen Schlaf.

Von einem solchen Augenblick hatte sein jüngerer Bruder Oduduwa nur geträumt. Jetzt bot sich ihm die Gelegenheit, seine Pläne zu verwirklichen, die er geschmiedet hatte, als er Oloruns Unterredung mit Orishala belauscht hatte. Vorsichtig näherte er sich dem schlafenden Bruder und stahl ihm all die Dinge, die dieser vom Herrn des Himmels erhalten hatte. In Begleitung eines Chamäleons begab er sich an den Rand des Himmels und ließ die Kette herunter, an der die beiden dann hinabkletterten. Oduduwa warf die Erde aus dem Schneckenhaus auf die wutschäumenden Wasser; dann ließ er das Huhn darauf laufen, und dieses scharrte mit seinen fünf Krallen die Erde in alle Himmelsrichtungen und schuf auf diese Weise das Festland. Dann stieg das Chamäleon auf die Erde hinab, und als sich die Erde unter seinem Gewicht nicht bog, faßte auch Oduduwa Mut, die Kette loszulassen. Die ersten zwei Schritte setzte er auf die Stelle, die man Idio nennt, und dort baute er ein Haus.[1]

Lange schlief der bis zur Bewußtlosigkeit betrunkene Orishala. Als er erwachte, war Oloruns Auftrag längst ausgeführt. Wutentbrannt verfluchte er hundertmal den Palmwein und belegte ihn anschließend mit einem Tabu.[2] Dann eilte Orishala auf die Erde, um seine Rechte auf sie zurückzuerlangen. ›Mir hat Olorun die Aufgabe übertragen, die Erde zu schaffen, und deswegen soll sie auch mir gehören‹, sagte er sich immer wieder. »Nach dem Erstgeburtsrecht gehört die Erde mir«, rief er drohend Oduduwa zu. Doch der dachte nicht daran, so schnell aufzugeben, was er gerade mit seinen Händen geschaffen hatte. Ein Wort ergab das andere, und ein erbitterter Streit brach aus, bis es sogar zu Handgreiflichkeiten kam. Bald stiegen auch andere Gottheiten auf die Erde hinab und mischten sich in die Prügelei ein. Das gefiel dem Herrn des Himmels, Olorun, nicht. Er rief die beiden Brüder zu sich, und nachdem sie vor ihn getreten waren, gebot er einem jeden zu erzählen, was auf der Erde vorgefallen war. »Es gehört sich nicht, daß sich Brüder zanken«, sagte er schließlich. »Du, Oduduwa, wirst Herr der Erde und über sie herrschen. Dir, Orishala, übertrage ich die Kraft, menschliche Körper zu formen.« Auf diese Weise wurde Oduduwa der erste König des Stadtstaates Ife. Orishala hingegen wurde der Schöpfer der gesamten Menschheit. Olorun sandte die beiden Brüder in Begleitung des Donnergottes Oramfe zurück auf die Erde. Er hatte dafür zu sorgen, daß es nicht mehr zu einem Zank zwischen ihnen kam. Kurze Zeit darauf sandte Olorun den Orakelgott Ifa sowie den Gott der Heilkunde Eleshije hinab auf die Erde.

Oduduwas Herrschaft auf der Erde

Ein schlimmes Los erwartete Oduduwa, den ersten Herrscher der Stadt Ife. Als nach langer Regentschaft sein Lebensende nahte, verlor er plötzlich die Sehkraft. Vergeblich suchte er den Rat berühmter Medizinmänner und Wahrsager. Die geheimnisvoll angefertigten Salben und Mixturen halfen nicht, es halfen auch die Säfte schwer auffindbarer Heilkräuter nicht. Schließlich kamen die Heilkundigen von Ife einmütig zu dem Schluß, daß die einzige Arznei gegen seine Augenkrankheit nur das Salzwasser des Meeres sein kann.

Der Reihe nach sandte Oduduwa seine sechzehn Söhne aus, um das Wasser zu holen, doch vergebens. Keiner von ihnen führte den Auftrag, der ihm übertragen worden war, aus. Sie brachten alle nur Süßwasser aus den heimischen Gewässern. Allein der Jüngste von ihnen, Obokun, wurde der Aufgabe gerecht. Nachdem Oduduwa seine Augen mit dem salzigen Meerwasser gewaschen hatte, erlangte er seine Sehkraft wieder. Da bemerkte er, daß alle seine Söhne, außer Obokun und Oni, sein ganzes Hab und Gut durchgebracht hatten und ihm alle seine Kronen bis auf die eine, die er auf dem Kopf trug, gestohlen hatten. Nun wußte er, warum es ihre Kräfte überstiegen hatte, Salzwasser aus dem Meer heranzuschaffen. Wir wissen nicht, welche Strafe er für seine treulosen Söhne bestimmt hatte. Obokun aber machte er aus Dankbarkeit zum Owa, zum Herrscher der Stadt Ilesha. Darüber hinaus gab er ihm ein Schwert, mit dem Obokun aus Leichtsinn einige Perlen aus Oduduwas Krone schlug. Seit dieser Zeit ist es den Herrschern Ileshas nicht erlaubt, Kronen mit Perlengehängen, die ihr Gesicht bedecken, zu tragen, wie sie andere Yorubaherrscher haben. Oni erbte nach dem Tode des Vaters den Thron in Ife und wurde der Wächter des ihm geweihten Heiligtums. Die übrigen Söhne gründeten eigene Königreiche.

Wie die mißgestalteten Menschen geschaffen wurden

Eines Tages sandte Olorun seinen Sohn Obatala vom Himmel herab und trug ihm auf, die Erde zu schaffen. Doch Obatala erinnerte seinen Herrn und Vater daran, daß er noch nicht mächtig genug war, um etwas aus dem Nichts zu schaffen. Daraufhin gab ihm Olorun eine Handvoll Erde, einen Hahn und einen Kern der Ölpalmfrucht mit auf den Weg. Sogleich erreichte Obatala den Wasserspiegel und verstreute darauf die Erde, auf die der Hahn, der bisher auf seiner Schulter gesessen hatte, schnell herabflog. Er fing an, die über dem Wasser verstreuten Erdkrumen zusammenzuscharren und hörte erst auf, als sie alle an einer Stelle angehäuft waren und Festland bildeten. Anschließend grub Obatala den Palmkern in die Erde ein, aus dem später dann Wälder wuchsen. So wurde die Erde geschaffen.

Wiederum rief der Herr des Himmels, Olorun, Obatala zu sich und gebot ihm, Menschen zu schaffen. Obatala setzte sich in den Schatten einer Palme und begann aus Lehm menschliche Körper zu formen. Diese blies Olorun an und rief sie dadurch ins Leben. Auf solche Weise wurden die ersten Menschen geschaffen, und das waren die Yoruba. Dieses Schöpfungswerk ereignete sich in Ile-Ife.

Es geschah, daß Obatala eines Tages zu viel Palmwein getrunken hatte, der ihm sehr mundete, und stark berauscht war. Als er sich nun nach seiner Gewohnheit wieder daranmachte, Lehm zu formen, brachten seine Hände nur häßliche und mißgestaltete Figuren hervor. Aber auch diesen schenkte Olorun seinen Hauch. Auf diese Weise kamen mißgebildete Menschen auf die Welt – Lahme, Blinde, Bucklige und Albinos. Obatala war entsetzt, als er, wieder nüchtern geworden, sein Werk betrachtete. Um wenigstens einen Teil seiner Schuld wiedergutzumachen, nahm er alle Geschädigten und Behinderten unter seinen Schutz. Bis zum heutigen Tage ist er ihr Beschützer. Seinen Gläubigen aber ist es verboten, Palmwein zu trinken.[3]

Wie die Orisha-Gottheiten auf die Erde kamen

Am Ur-Anfang der Welt gab es nur eine einzige Orisha-Gottheit: Obatala. Er hatte einen Sklaven, den er sehr schätzte und liebte. Eines Tages bat ihn dieser Sklave um ein Stückchen Erde, um darauf ein Feld anzulegen. Obatala gab ihm ein schönes Stück Land. Der Sklave brannte das darauf wachsende Gras nieder, rodete die Bäume und baute sich neben seinem Feld am Fuße eines Berges eine Hütte.

Obatala besuchte seinen Sklaven häufig, denn er saß gerne im Schatten seiner Hütte. Diese Besuche erfreuten den Sklaven immer, doch keineswegs deshalb, weil er seinem Herrn sehr verbunden war. Ganz im Gegenteil, er war ein böser Mensch und trachtete nach Obatalas Tod. Eines Tages, als der hinterlistige Sklave die schneeweißen Kleider des nahenden Obatala erblickte, versteckte er sich oben auf dem Hügel. Als Obatala an seine Hütte herantrat, schleuderte er einen riesigen Felsbrocken auf ihn, der den Gott niederschmetterte und in tausend Stücke schlug.

Die schlimme Kunde von der Tötung des Gottes Obatala erreichte Orunmila, den Orakelgott. Er eilte an den Ort des schrecklichen Geschehens und sammelte so viele Stücke zusammen, wie er nur finden konnte. Er legte sie in eine Kalebasse und nannte sie Orisha Nla, ›Große Gottheit‹.

Seit dieser Zeit gibt es auf der Erde Hunderte von niederen Orisha-Gottheiten.

Obatalas Kampf mit Eshu

Eines Tages ging Obatala, der Gott der Schöpfung und König von Ife, an den Fluß, um darin zu baden. Weil er es nicht gern hatte, wenn ihm das Wasser in die Augen drang, nahm er sie heraus und legte sie ans Ufer. Während er badete, ging Eshu, sein größter Feind, vorüber. Nachdem er sich umgesehen hatte, nahm er Obatalas Augen und entfernte sich eiligst. In welche Verzweiflung geriet da der arme Obatala, als er aus dem Wasser kam! Wie würden die Menschen wohl aussehen, die von nun an von seinen Händen geschaffen werden!

Da erschien die Göttin Oshun bei ihm und versprach Hilfe. Mit ihrer Schönheit und ihrer Anmut konnte sie Eshu betören, so daß er ihr die geraubten Augen zum Geschenk machte. Sie eilte damit zu dem armen Blinden und sagte: »Ich werde dir deine Augen wiedergeben, wenn du mir das Merindilogun-Geheimnis verrätst.« Merindilogun heißt in der Yorubasprache ›sechzehn‹. Die Göttin Oshun wollte also die heilige Kunst des Wahrsagens mit Hilfe von sechzehn Palmnüssen wissen. Obatala war von dem Ansinnen der Göttin nicht angetan, doch was sollte er machen?

Ein andermal beschloß Obatala, seinen Freund Shango, den Gewittergott und König von Oyo, zu besuchen. Zehn Jahre waren schon vergangen, seitdem es den beiden gelungen war, die Streitigkeiten zwischen Himmel und Erde beizulegen. Seit zehn Jahren wurde die Erde mit dem Regen, dem Samen des Himmels, befruchtet und brachte reichen Ertrag. Alljährlich flog ein Geier hoch in die Lüfte, um dem Himmel das zum Erntefest dargebrachte Opfer zu überbringen. Wenngleich die schweren Hungerjahre für immer vorüber waren, wenngleich der Yams schnell emporgekommen war und seine Blätter aufgerichtet hatte, wenngleich Kassawa die Erde gewölbt hatte wie ein wachsender Embryo den Mutterleib, konnte Obatala rechte Zufriedenheit doch nicht finden. Ständig träumte er davon, seine Freude mit dem Freund Shango teilen zu können, daß er, feuerspeiend und blitzewerfend, an allen Festen teilnehmen könnte.

Vergeblich versuchte seine Frau Yemanja die Gedanken ihres Mannes auf etwas anderes zu lenken. Umsonst versuchte sie ihm zu erklären, daß die einfachen Leute Shango sehr fürchten, wenn sie ihn feuerspeiend und in Blutströmen baden sehen. »Ein Freund ist so teuer wie ein Kind. Man kann ihn auf dem Markt nicht kaufen. Genauso, wie tausend Sterne nicht so hell leuchten wie die Sonne, können selbst zweitausend treue Diener nicht einen einzigen Freund ersetzen. Sorge deshalb dafür, daß man mir das Pferd sattelt, gib mir neue Kleider und Wegzehrung für sieben Tage. Morgen, bevor die Trommeln meine ruhmvollen Namen zu verkündigen beginnen, werde ich schon unterwegs sein«, sagte Obatala mit Entschiedenheit. »Mein lieber Mann«, gab sich Yemanja nicht geschlagen, »erzürne nicht den Schicksalsgott durch deine Eile. Es mag sein, daß Shango dein Freund ist; aber seine Gesellschafter sind Raufbolde, die selbst dazu fähig sind, das Familienoberhaupt zu töten und mit dessen Blut den Hausaltar zu besudeln.« – »Yemanja«, meldete sich nach kurzem Überlegen Obatala zu Wort, »du besitzt die Weisheit der Würdenträger und beherrschst die Orakelkunst. Mein Verlangen jedoch ist stärker als deine Weisheit, und meine Ungeduld ist größer als deine Vorsehung. Trotzdem, wenn heute abend auf dem Markt die Öllampen erlöschen und der schlafende Hausherr sich schwer auf die andere Seite dreht, werde ich den Vater der Geheimnisse herbeirufen, um zu erfahren, was mich auf dieser Reise erwartet.«

Die Voraussagen des Priesters des großen Orakels waren für Obatala nicht günstig. Dennoch änderte er seinen Entschluß nicht. Er bat Babalawo,[4] den Priester, noch einmal seine Nüsse zu werfen und das Orakel zu befragen, welche Opfer ihn den gierigen Händen des Todes entreißen könnten. »Obatala«, flüsterte Babalawo, »du, der du Blut in ein lebendiges Kind verwandelst und aus einem einzigen Menschen zweihundert Menschen machst! Göttlicher Schöpfer, über dem nur der Herr des Himmels, Olorun, steht! Dich erwartet eine Strafe durch den Schicksalsgott. Erinnerst du dich daran, wie du das Vertrauen von Olodumare mißbraucht hast? Wie du, nachdem du dich mit Palmwein betrunken hattest, einen Blinden und einen rotäugigen Albino und einen Buckligen geschaffen hast? Jetzt mußt du für deine Sünden bezahlen. Sobald du die heilige Stadt Ife verläßt, kann dich jeden Augenblick der Zorn Eshus treffen.« – »Was immer mir auch zustoßen mag, ich werde mich in mein Schicksal fügen. Alles Leid, welches mir Eshu zufügen wird, will ich ertragen«, rief Obatala erregt aus. »Sei dessen nur eingedenk!« erhob erneut Babalawo seine Stimme. »Sei wie dieser Felsen, der geduldig alle Qualen erträgt, die der Fluß ihm bereitet, ohne sich seinem Ansturm zu widersetzen. Dann wirst du als Sieger aus den Prüfungen hervorgehen, ebenso wie der Felsen das Austrocknen seines Feindes erleben wird.«

Obatala machte sich auf den Weg. Als er in einen dunklen Wald gekommen war, sah er einen Mann, der unter einem Baum saß. Neben ihm stand ein Krug mit Palmöl. »Wanderer«, wandte sich der Fremde an ihn, »so wie ein kleines Kind nicht an ein Wandbrett reichen kann, das unter dem Dach angebracht ist, und die Hand eines Erwachsenen nicht durch die enge Öffnung einer Kalebasse passen will, so kann ich diesen Krug nicht auf meinen Kopf heben. Könntest du mir dabei nicht helfen?« – »Aber ja!« bot Obatala seine Dienste an. Als er den Krug hochgehoben hatte, um ihn auf den Kopf des Fremden zu stellen, stieß dieser ihn plötzlich an, so daß sich der ganze Inhalt des Kruges über den Kopf seines Wohltäters ergoß. Da sprang der Fremde geschwind zur Seite. »Hilfsbereitschaft tötet niemals, aber sie kann einem viele Unannehmlichkeiten bereiten«, rief er ihm frech zu. Obatala hatte schon die Hand erhoben, um den Bösewicht zu bestrafen, als er sich plötzlich an die Weissagung von Babalawo erinnerte. ›Ja das hat Eshu getan‹, dachte er und ließ sich nicht aus der Fassung bringen.

Lange lief Obatala durch den dunklen Wald, bis sich die Bäume schließlich lichteten und am Ende rote Termitenhügel auftauchten. Er trat hinaus in die Savanne und erblickte an ihrem Rand einen Bauern, der im Schweiße seines Angesichts mit einer Hacke die rote Lateriterde beackerte. Er fragte ihn nach Shango und erfuhr, daß er sich eine Tagereise weit von den Grenzen seines Königreiches entfernt aufhielt. Bald darauf ging Eshu an ihnen vorüber. Er war mit einem Gewand bekleidet, das auf der einen Seite rot und auf der anderen schwarz war. »Wer war das, der da eben in dem roten Gewand dreist vorüberging? Er hat mich nicht einmal gegrüßt, obwohl ich mich im Schweiße meines Angesichts abrackere!« – »In welchem roten Gewand?« wandte Obatala ein. »Seine Kleidung war vollkommen schwarz!« – »Willst du mich ärgern? Hältst du mich für blind?« schrie ihn der verwirrte Bauer an und holte aus, um mit der Hacke auf Obatala loszuschlagen. In diesem Augenblick trat Eshu von der anderen Seite herzu. »Großer Himmel!« rief der Bauer aus. »Träume ich etwa? Verzeih mir, Wanderer, der Mann war wirklich in ein schwarzes Gewand gehüllt!« – »In was für ein schwarzes Gewand?« entgegnete Obatala entrüstet. »Machst du dich wieder über mich lustig?« rief der Bauer zurück und versetzte ihm einen Schlag. Obatala war gerade im Begriff zurückzuschlagen, als er sich wieder an die Worte der Weissagung erinnerte. Er ließ die Hand sinken und nahm schweigend die Schläge mit der Hacke hin.

Arg zugerichtet und halbtot setzte Obatala seinen Weg fort. Schon bald befand er sich mitten in der Savanne. Plötzlich hörte er Pferdegetrappel. »Das ist ein gutes Zeichen!« rief er aus. »Ich bin ihm schon näher, als ich dachte. Dieses Pferd kann nur Shango gehören. Wer sonst könnte auf einem Roß, schwärzer als ein Rabe, schneller als Feuer und zitternd wie ein Tautropfen reiten!« Kaum hatte er zu Ende gesprochen, das Pferd am Zaum gepackt und sich angeschickt, es seinem Freunde wiederzubringen, da tauchten am Horizont Shangos Diener auf. »Seht, ein Dieb! Packt ihn!« Rundherum erhob sich wildes Geschrei. Die Erklärungen des armen Obatala halfen da nichts. Einer schrie ihn an: »Mit vielen Worten füllst du keinen Korb! Ergreift ihn und schafft ihn in den Kerker!« – »O Eshu, Eshu!« seufzte Obatala. »Wenn du zornig bist, schlägst du so lange auf einen Stein, bis du aus ihm Blut herauspreßt. Wenn du heute einen Stein wirfst, tötest du einen Vogel von gestern!«

Als sie an Shangos Hof gekommen waren, meldeten die Diener ihrem Herrn die Ergreifung des Diebes. Wütend blickte Shango auf den Gefangenen, und da er in ihm nicht den Freund erkannt hatte, schrie er zornig: »Der also wollte mein bestes Pferd stehlen, das flinker ist als ein Pfeil, behender als ein Habicht, auf den Wolken schwebt und jede meiner Handbewegungen versteht. Ein Mensch, der seine Hand an dieses Tier gelegt hat, soll nicht länger auf dieser Erde einhergehen.« – »Shango, mein Freund!« entgegnete der enttäuschte Obatala. »Erkennst du mich nicht? Erinnerst du dich nicht mehr an die Tage des Hungers, als selbst Ogun, der blutgierige Gott des Krieges, Fürsprecher des Friedens geworden war und sich uns angeschlossen hatte, die Erde zu bitten, sie solle sich dem Himmel fügen?« – »Weh mir«, brach es aus Shango hervor. »Soll das Obatala sein, der Blut in Kinder verwandelt? Ist es möglich, daß der Klügste zum Dümmsten geworden ist? Sind deine Finger lang geworden? Bist du ein gewöhnlicher Dieb? Ergreift ihn!« – »Halte ein, Shango«, bat ihn seine Frau Oya. »Das Messer, das meint, es zerschneide nur die alte Hülle, zerstört in Wirklichkeit das eigene Haus.« – »Shango, so lange habe ich mich nach dir gesehnt«, versuchte Obatala seine Gefühle auszudrücken. Shango blieb jedoch unerbittlich. »Wenn der Blitz einschlägt, tötet er die Feinde ebenso wie die Freunde«, rechtfertigte er kurz und bündig seine Entscheidung.

Die Gefangennahme Obatalas störte das Gleichgewicht der Kräfte im Weltall. Erneut erwachte der mächtige Kriegsgott Ogun, um in Menschenblut ein Bad zu nehmen. Er stachelte Shango zu neuen Kriegsabenteuern an. Immer mehr Städte sanken in Trümmer; Ruinen, Asche und das Blut unschuldiger, von wilden Kriegern vergewaltigter Mädchen ließ er zurück. Oyo, Shangos Hauptstadt, füllte sich mit Sklaven und sein Palast mit Konkubinen, die Brüste hatten so prall wie Mangofrüchte. Ihre Körper empfingen, doch umsonst! Auf der Stadt lag ein Fluch. Die einen starben im Kindbett, den anderen starb die Frucht und zerfiel noch im Mutterleib, ohne je das Tageslicht erblickt zu haben. Ihre schwellenden Bäuche und ihre runden, prallen Brüste glichen allmählich getrockneten Holzscheiten. Wenn Shango von einem Kriegszug heimkehrte und eine der Frauen zu sich rief, zitterte die Ärmste vor Angst. Mit Gewalt mußte er ihr die Schenkel auseinanderreißen, und die Hitze der Lust in ihrem Körper mischte sich mit dem kalten Schweiß der Furcht. Auf Oyo lag ein Fluch! Die Ähren brachten keine Körner hervor, und der Yams vertrocknete in der Erde. So geschah es! Niemand durfte sich ungestraft an dem Großen Gott, dem Schöpfer des Menschengeschlechts, versündigen.

»Mein Herr und Gebieter«, begann mit zitternder Stimme Oya, während sie ihren von einem erneuten Kriegszug heimgekehrten Gatten begrüßte. »Große Reichtümer hast du in die Stadt gebracht. Deine Diener gehen gebeugt unter der Last der Kauris[5] und schönen Tuche. Du hast viele bestickte Kleider erbeutet, viele funkelnde Ringe, eine Menge Pferde und Sklaven. Du hast Scharen schöner Frauen hergeholt. Doch leider, Reichtümer bedeuten heute in Oyo nicht viel. Für zehntausend Kauris kann man nicht eine einzige Yamswurzel kaufen. Auf deiner Stadt, deinem Land und deinem Volk lastet ein Fluch. Ich beschwöre dich, schicke zum Vater der Geheimnisse. Er soll uns sagen, was wir tun sollen.« – »Keiner hat es bisher gewagt, so mit mir zu reden wie du, meine Frau. Doch ich verzeihe es dir, denn im Glanz deines Körpers spiegelt sich das Rot meines Gewandes. Laß also den Vater der Geheimnisse herbeiholen!«

Bald erschien Babalawo, der Wahrsager am Königshof. »Wirf deine Nüsse«, befahl ihm Shango. »sag uns, warum unsere Kinder sterben und warum uns diese Hungersnot heimsucht. Welche Opfer sollen wir darbringen, wie beten und was tun, um diesen schrecklichen Fluch aufzuheben?«

»Derjenige, der zuschlägt, bevor er fragt, und tötet, bevor eine Antwort gefallen ist, gleicht einem Blinden, der eine Gans nicht von einem Raben zu unterscheiden vermag«, begann Babalawo seine Erklärung. »Niemand kann einen Freund verwerfen, ohne sich selbst dabei zu verletzen. Erwartest du etwa, daß irgendeine deiner Frauen gebären wird, solange der, der Blut in Kinder verwandelt, Hunger und Kälte im finstern Verließ erleidet? Wenn ja, ist dies ein Zeichen dafür, daß du blind bist wie eine Fledermaus bei Tageslicht.« – »Weh mir!« rief Shango. »Ich war es, ich habe diesen Fluch über mich und über meine Stadt kommen lassen, weil ich den Schöpfer einkerkern ließ.« Sofort gab er Befehl, seinen Freund Obatala freizulassen.

Shango war noch nicht recht wieder zur Besinnung gekommen, da standen schon die Diener vor ihm und trugen auf ihren Schultern den in ein weißes Gewand gekleideten Obatala. »Verzweifle nicht«, wandte er sich mit gedämpfter Stimme an Shango. »Wer sich zu seinem Vergehen bekennt, wird nicht lange dafür auf den Knien büßen müssen. Wenn der Tod jemanden nicht anrühren will, schickt er ihm zur rechten Zeit einen Arzt. Meine Leiden waren nicht deine Schuld. Ich hatte eine alte Rechnung mit dem Schicksalsgott Eshu zu begleichen. Laß uns alles vergessen und fröhlich sein. Denn eine wahre Freundschaft kennt keine Hindernisse!«

Zahlreiche Trommeln erklangen und priesen die Ehrennamen Obatalas. Kalebassen wurden mit Palmwein gefüllt, und durch die Kehlen der beiden Freunde floß der liebliche Trank. Alles wurde wieder so, wie es zuvor gewesen war. Die Erde brachte wie vordem üppige Yamswurzeln hervor, und die Halme des Getreides bogen sich unter der Last der vollen Ähren. Ohne Angst verließen die jungen Mädchen die Häuser ihrer Eltern, um bald schon die Gehöfte ihrer Gatten mit zahlreicher Nachkommenschaft zu beschenken. Seit dieser Zeit fehlte es auf den Altären Obatalas niemals an Schnekken, die ihm zum Zeichen der Ehrerbietung und Ergebenheit als Opfer dargebracht wurden.

Wie Olorun die Menschen strafte

Vor sehr langer Zeit beleidigten die Menschen von Ife Olorun, den höchsten Gott, indem sie über ihrem Leben in Saus und Braus vergaßen, ihm die gebührenden Opfer darzubringen. Olorun, obgleich milde und geduldig, wollte nicht länger in Vergessenheit und ohne die ihm gebührende Verehrung leben. Er beschloß daher, die Bewohner der Erde mit einer Hungersnot zu bestrafen. Viele, viele Tage lang hatten die Menschen nichts, womit sie ihren Hunger stillen konnten. Schließlich kamen die vom Hunger Gequälten überein, Orunmila, den Orakeloberpriester von Ifa, zu fragen, was ihnen Nahrung und Ruhe in ihrem Lande wiedergeben könnte.

Orunmila begab sich unverzüglich zum Orakel und kehrte lange nicht zurück. Die Versammelten machten sich schon große Sorgen, als der Priester mit strahlendem Gesicht und voller Stolz daherkam und mit erhobener Stimme erklärte: »Wenn ihr in Kürze Zeugen des Endes eurer Qual sein wollt, dann müßt ihr dem Höchsten zweihundert Feldratten, zweihundert Fische, zweihundert Tauben, zweihundert Ziegen und ebenso viele Ziegenböcke zum Opfer bringen. Andernfalls wird Olorun noch größeres Unglück über euch kommen lassen.«

Die Menschen begannen vor Verzweiflung zu jammern, denn sie waren nicht in der Lage, so viele Tiere, wie zur Darbringung der Opfer erforderlich waren, herbeizuschaffen. Nackte Angst überkam auch den Orakeloberpriester. Um sich selbst zu retten, begab er sich noch einmal zum Ifa-Orakel und fragte, was er tun müsse, damit ihn das Unglück nicht treffe, das in Kürze über die Stadt Ife kommen solle. Das Orakel verriet ihm, welche Opfer er welchen Gottheiten schuldete. Sorgfältig befolgte Orunmila alle Anweisungen. Als er damit fertig war, wurde ihm vom Himmel eine Kette herabgelassen, an der er das irdische Jammertal verließ, um in das Pantheon der höchsten Gottheiten der Yoruba einzugehen.

Kaum hatte Orunmila die Erde verlassen, stürzten gewaltige Regengüsse auf sie nieder. Es goß Tag und Nacht. Die Flüsse schwollen an, traten über ihre Ufer und bedeckten die ganze Erde, die Bäume und Berge. Auch Ife und ihre benachbarten Städte verschwanden von der Erdoberfläche.

Einzig eine Kokospalme widerstand den tobenden Wassermassen. Auf diese ließ sich Orunmila herab, als er kam, um die Welt wieder in Ordnung zu bringen.

Die Herkunft der Yoruba

Die Yoruba stammen von Lamurudu, einem der Herrscher Mekkas, ab. Zu Lamurudus Nachkommen gehörten die Herrscher der Gogobiri und der Kukawa[6] sowie Oduduwa, der Stammvater der Yoruba. Als treuer Muslim lebte Lamurudu streng nach der Lehre des Propheten Muhammad. Sein Sohn, der eigensinnige Prinz Oduduwa, führte indessen noch zu Lebzeiten seines Vaters die alten götzendienerischen Kulte wieder ein; und weil er ein einflußreicher Mann war, folgten viele Menschen seinem Beispiel. Mit aller Macht war er bestrebt, die Staatsreligion Islam durch ein Heidentum zu ersetzen. Die große Moschee von Mekka wurde entweiht und zu einem Götzentempel gemacht. Ihr Oberpriester, er hieß Asara, war ein treuer Diener Oduduwas und Schöpfer von Idolen. Er hatte einen Sohn, Braima, der, obgleich heidnisch erzogen, zu den eifrigsten Bekennern Allahs gehörte. In seinen Jugendjahren mußte er, dem Willen des Vaters folgend, die von ihm gemalten Bilder verkaufen, eine Beschäftigung, die er verabscheute. Seinem Ärger darüber machte er mit den Worten Luft: »Wer will schon gern Falschheit kaufen?«

Oduduwas Einfluß im mekkanischen Staat wurde immer offenkundiger. Er zwang König Lamurudu, einen Befehl zu erlassen, der allen Männern die Teilnahme an einer dreitägigen, dem alljährlichen Fest zu Ehren der neu eingeführten Götzen vorausgehenden Jagd gebot. So ging es längere Zeit. Als Braima alt genug geworden war, nutzte er die folgende Gelegenheit: Während die Männer nicht in der Stadt waren, zerstörte er alle Götzenbilder, die allein durch ihre Anwesenheit schon die Heiligkeit der Moschee befleckten. Die Axt, mit der er das Zerstörungswerk vollführt hatte, hängte er dem größten Götzen um den Hals, der das Aussehen eines übergroßen Menschen hatte.

Als Oduduwa von der Jagd heimgekehrt war und die Schandtat entdeckt hatte, geriet er in furchtbaren Zorn. Sofort ordnete er eine Untersuchung an und fand in Kürze den Schuldigen. Braima gestand seine Tat nicht ein, sondern sagte: »Fragt doch den größten Götzen dort, der die Schandtat begangen hat.« – »Kann dieser Götze[7] uns denn überhaupt etwas sagen?« meinten die Gefolgsleute Oduduwas zweifelnd. »Warum verehrt ihr dann einen, der selbst für eine so einfache Aufgabe zu schwach ist?« erwiderte Braima. Das war zuviel. Für diese Worte, die von seiner Gottlosigkeit zeugten, ließ Oduduwa den Sohn des Priesters sofort bei lebendigem Leibe verbrennen. Man stapelte mehrere tausend Reisigbündel auf einem Haufen und übergoß sie mit vielen Krügen Öl. Die bis zum Himmel lodernden Flammen und das Wehgeschrei des auf dem Scheiterhaufen sterbenden Braima gaben das Zeichen zu einem blutigen Aufstand. Diesmal neigte sich die Siegesschale zugunsten der unterdrückten muslimischen Gemeinschaft. Die Bekenner Allahs ermordeten den wankelmütigen und beeinflußbaren König Lamurudu, und seine Kinder und Gefolgsleute vertrieben sie aus der Stadt.

Lamurudus besiegte Söhne zogen nach Westen und wurden die Herrscher der Gogobiri und Kukawa. Oduduwa wanderte weiter nach Osten, und nach neunzig Tagen beschwerlicher Reise erreichte er Ile-Ife, wo er sich für immer niederließ. Es war ihm gelungen, zwei Götzenbilder aus Mekka mitzunehmen, die er nun in seine neue Hauptstadt brachte. Sie ihm wieder abzunehmen war einem gewissen Sahibu, der die Verfolgung aufgenommen hatte, nicht geglückt. Oduduwa hatte dessen Heer geschlagen. Unter der Beute, die er dabei gemacht hatte, befand sich auch eine Abschrift des Korans. Man brachte sie später in den den beiden geretteten Götzen geweihten Tempel, und spätere Generationen verehrten sie als heilige Reliquie.

Oduduwa und seine Söhne hatten den Muslimen ewigen Haß geschworen. Sie hatten beschlossen, an denen, die sie aus ihrer Heimat vertrieben hatten, blutige Rache zu nehmen. Doch Oduduwa starb bald darauf in Ile-Ife, noch bevor es ihm gelungen war, ein Heer aufzustellen, das das ihm zugefügte Unrecht rächen sollte. Wenig später starb auch sein ältester Sohn Okanbi. Er hinterließ sieben Kinder. Seine erstgeborene Tochter heiratete einen Priester und gebar den berühmten Olowu, den Stammvater des Volkes Owu. Die zweite Tochter wurde die Mutter Alaketus, des Stammvaters der Ketu. Okanbis drittes Kind, ein Sohn, wurde der Herrscher von Benin. Der zweite Sohn, Orangun, wurde zum Herrscher von Ila gewählt. Der dritte, Onisabe, herrschte über das Volk der Sabe. Der vierte, Olupopo, war der Fürst der Popo. Der fünfte und jüngste, Oranmiyan, auch Oranyan genannt, wurde König des Stadtstaates Oyo.

Alle Könige der Yoruba trugen im Unterschied zu ihren Vasallen, die sich mit einem Akoro genannten Diadem zufriedengeben mußten, Kronen auf ihren Häuptern. Okanbis älteste Tochter, die die Freiheit hatte, sich selbst einen Gatten zu wählen, hatte beschlossen, den Priester ihres Vaters zu heiraten. Die Prinzessin gebar einen kräftigen Sohn, dem man den Namen Olowu gab. Der junge Prinz liebte besonders die Gesellschaft seines Großvaters Oduduwa. Als er wieder einmal auf dessen Knien saß und mit ihm scherzte, griff er mit seinen kleinen Händchen nach der Krone. Oduduwa bemerkte es, nahm sie vom Kopf und setzte sie auf das Haupt seines Enkels. Der kleine Prinz war begeistert und wollte für nichts auf der Welt die Krone ihrem rechtmäßigen Eigentümer zurückgeben. Erst als er eingeschlafen war, nahm ihm die Mutter das Zeichen der Königsmacht vom Haupt und wollte es ihrem Vater wiedergeben. Der jedoch lehnte ab und gebot, die Krone für den Enkel aufzubewahren. Er selbst ließ sich eine neue anfertigen.

Die Herrschaft des Königs Oranyan

Nach König Oduduwas Tod teilte man dessen Besitz unter den Enkeln auf. Der Herrscher von Benin erhielt das Geld, das heißt Kauris. Der in Ila regierende Orangun erhielt aus dem Erbe die Frauen des Großvaters. Dem Herrscher der Sabe fiel Oduduwas Vieh zu, Olupopo erwarb die Perlen, Olowu die kostbaren Gewänder und Alaketu die Kronen.

Oranyan war zu diesem Zeitpunkt nicht zu Hause. Er streifte auf einem Feldzug im Busch umher. Erst nach der Verteilung des Erbes kam er nach Hause zurück. Es bekümmerte ihn jedoch nicht, daß er keine Reichtümer bekam. Gern nahm er das, was übriggeblieben war – das Land. Dieser kluge Herrscher wußte nämlich sehr genau, daß gerade das Land der dauerhafteste und größte Schatz ist. Er wußte, daß seine Brüder früher oder später ihre Stirn vor ihm verneigen würden.

So kam es denn auch. Stück für Stück verpachtete er das fruchtbare Land an sie, als Gegengabe erhielt er die Kauris, die Frauen, das Vieh, das Getreide, die Perlen, die Gewänder und die Kronen seines Großvaters, denn jeder Mensch ist von der Ernährerin Erde abhängig. Wer ihr Besitzer ist, wird zugleich zum Nutznießer ihrer Früchte. Oranyan bestieg also den Thron in Ile-Ife und nahm den Titel Alafin, ›Palastherr‹, an. Seine Brüder herrschten in verschiedenen Provinzen und waren fast wie Vasallen von ihm abhängig.

Als Oranyan seine Macht gefestigt hatte, kamen ihm die bitteren Erinnerungen an das traurige Schicksal seines Urgroßvaters Lamurudu in den Sinn. Sein heißes Blut begann in ihm zu kochen. Er beschloß, den schändlichen Tod seines Vorfahren um jeden Preis zu rächen. Er rief seine Brüder zu sich und unterbreitete ihnen verlockende Pläne für einen Kriegszug gegen Mekka. Er brauchte sie nicht allzu sehr zu ermuntern, denn an Leidenschaft und Abenteuerlust standen sie ihrem Bruder nicht nach.

Zur Bewachung des Thronschatzes und der Heiligtümer ließ Oranyan seinen treuen Diener Adimu in Ile-Ife zurück. Zugleich befahl er ihm streng, den Kult der Götter zu überwachen, deren Heiligtümer sich in dieser Stadt befanden.

Der Weg, den seinerzeit Oduduwa in neunzig Tagen zurückgelegt hatte, erwies sich als nicht gangbar: Schwärme schwarzer Ameisen machten es unmöglich, ihn zu begehen. Oranyan mußte einen anderen Weg einschlagen, der aber führte durch das Gebiet des Stammes Nupe. Seine Brüder, die bisher ohne zu murren die Strapazen des Marsches ertragen hatten, gerieten in der Stadt Ingangan in Streit um einen Krug Bier. Und wegen einer solchen Kleinigkeit zogen sie sich vom Feldzug zurück, und jeder von ihnen machte sich in einer anderen Richtung davon.

Das bedrückte Oranyan, und in seinem Herzen regten sich Zweifel. Doch er beugte sich den Schicksalsschlägen nicht. Nach einem langen Marsch erreichte er den breiten Nigerstrom. Und wieder schien das Schicksal die Verwirklichung seiner Pläne verhindern zu wollen. Das die Ufer des Flusses bewohnende Volk der Tapa[8] wollte ihm keine Boote leihen, ohne die er den Fluß nicht überqueren konnte.

Sollte er deshalb nach Ile-Ife zurückkehren? Allein schon der Gedanke daran war für Oranyan demütigend. Er wandte sich an den König der Bariba,[9] in deren Nachbarschaft er sich gerade befand. Ernst und ruhig hörte sich der Herrscher der Bariba Oranyans Bericht an. Danach begab er sich in seinen Palast. Als er wieder herauskam, hielt er in seiner Hand einen Talisman, den er auf dem Rücken einer Schlange befestigte. Danach wandte er sich an Oranyan: »Diese Schlange wird dein Führer sein; folge ihrer Spur, und dort, wo sie sieben Tage verweilen wird, sollst du eine Stadt bauen.«

An der Spitze seines Heeres folgte Oranyan gehorsam der Schlange, die schließlich am Fuße des Ajaka-Berges Rast machte. Sieben Tage vergingen. Also sollte er dort eine Stadt erbauen. Als die Stadtmauern und die wichtigsten Gebäude schon standen, gab Oranyan ihr den Namen Oyo Ajaka. Sein neuer Wohnsitz gefiel ihm. Bald füllten sich seine Vorratshäuser und Schatzkammern, und die Zahl seiner Untertanen wuchs von Tag zu Tag. Sie breiteten sich nach Osten, Westen und Südwesten aus. Immer häufiger besuchten sie auch das heilige Ile-Ife, und ihr Herrscher Oranyan schickte oft zu seinem Diener Adimu, wann immer er etwas von den königlichen Schätzen für die neue Stadt brauchte.

Unterdessen war Adimu als Oberpriester der Yoruba-Götter und gleichzeitiger Wächter und Verwalter des Thronschatzes ein allgemein bekannter und geachteter Mann geworden. Dabei hatte ihn eine arme, zum Tode verurteilte Frau zur Welt gebracht! Als das Urteil an ihr vollstreckt werden sollte, um den Zorn der Götter zu besänftigen, stellte sich heraus, daß das ausersehene Opfer in anderen Umständen war. Dem Recht des Landes gemäß wurde die Hinrichtung bis zur Geburt des Kindes verschoben. Kaum war der Sohn geboren, wurde er zu ewigem Dienst der Götter bestimmt, insbesondere zum Dienst des Gottes Obatala, dem seine Mutter zum Opfer gebracht werden sollte. Der Junge wuchs zu einem Ehrenmann heran, seinem Herrn ergeben und ihm verbunden wie dem eigenen Vater.

Als Oranyan Adimu zum Wächter des Thronschatzes ernannt hatte und damit zum Oberhaupt der Kultdiener, fragten die Leute: »Wer ist das?« – »Omo oluwo ni«, lautete die Antwort, »er ist der Sohn des Opfers.«[10]

Lange regierte Oranyan in Oyo Ajaka. Eines Tages rief ihn eine dringende Angelegenheit nach Ile-Ife. Für die Zeit seiner Abwesenheit übertrug er die Macht in Oyo seinem Sohn Ajaka. In Ile-Ife hingegen blieb er weit länger, als er zuvor angekündigt hatte. So kam der eine oder andere auf den Gedanken, Oranyan sei gestorben oder denke nicht mehr an eine Rückkehr nach Oyo. Schließlich rief man seinen Sohn Ajaka als König aus, übertrug ihm alle Macht und übergab ihm die Königsinsignien. Doch sein Vater kehrte zurück. Als er sich der Stadt genähert hatte, vernahm er den Klang der Kakaki-Trompete,[11] die man nur in Anwesenheit des Königs ertönen ließ. So erfuhr er, was unterdessen vor sich gegangen war. Aber er verspürte keinen Groll gegen seinen Sohn und kehrte wieder um nach Ile-Ife, wo er in Frieden sein Leben beschloß.[12]

Die Geschichte von Moremi

Nicht nur wegen ihrer Schönheit, sondern auch wegen ihrer zahlreichen Tugenden war es Moremi, einer der Frauen Oranyans, vergönnt, an der Seite des königlichen Gemahls zu verweilen. Sie war die glückliche Mutter eines einzigen, geliebten Sohnes namens Olurogbo. Die Stadt Ife litt immer wieder unter den Überfällen ihrer Nachbarn aus dem Osten, der Igbo. Diese Not währte nun schon viele Jahre lang. Die Einwohner Ifes schrieben ihr Unglück dem Zorn mächtiger Gottheiten zu. In dieser Überzeugung wurden sie auch dadurch bestärkt, daß die Wesen aus dem Lande der Igbo gar nicht Menschen ähnlich sahen. Der Schrecken hat viele Gesichter. Die Yoruba betrachteten ihre Feinde als Götter, zumindest als Halbgötter. Wer aber konnte es wagen, übermenschlichen Kräften die Stirn zu bieten? Niedergeschlagen und mutlos gaben die Einwohner Ile-Ifes schon die Hoffnung auf einen Sieg auf. Ungestraft plünderten die Eindringlinge nun die Städte und entführten ihre Würdenträger samt ihren Frauen und Kindern. Alles Flehen und Gebet, auch die Hilferufe bewirkten nichts. Die Götter schwiegen, als ob sie verwünscht worden wären.

Besonders schwer trug Moremi, die Frau des Königs Oranyan, am Schicksal ihres geliebten Landes. Voller Heimatliebe und ihrer ruhmreichen Familientraditionen eingedenk beschloß sie, ihr Land um jeden Preis von diesem Unglück zu erlösen. Vor allem wollte sie in Erfahrung bringen, wer die schrecklichen Igbo wirklich waren und wie man sie besiegen konnte. Zu diesem Zweck begab sie sich zum Flusse Esinmirin und gelobte der dortigen Gottheit feierlich, ihr das Kostbarste, was sie nur zu geben hat, zu opfern, wenn sie ihr hilft, ihre Pläne zu verwirklichen.

Moremis Vorhaben war sehr einfach, aber ebenso gefährlich. Bei einem Überfall beschloß sie, den Feinden entgegenzugehen und sich gefangennehmen zu lassen. Denn sie sagte sich, nur in der Gefangenschaft könne sie die Geheimnisse der Räuber erkunden.

Beim nächsten Überfall war sie eine der ersten, die den Igbo in die Hände fiel. Weil sie eine überaus schöne Frau war, beschloß man, sie dem König selbst zu bringen. Von ihrer Schönheit und ihrem tugendhaften Charakter wußte man alsbald im ganzen Lande des Feindes. Schnell gewann sie das Wohlwollen und Vertrauen des Volkes und konnte deshalb die Bräuche und Geheimnisse des feindlichen Landes kennenlernen. Und da stellte sich heraus, daß die, die man in Ife so fürchtete, ganz gewöhnliche Menschen waren. Vor ihren Überfällen bedeckten sie sich von Kopf bis Fuß mit dem Ekan genannten Gras und Bambusfasern. Moremi entlockte ihrem neuen Gemahl sein größtes Geheimnis: »Deine Stammesbrüder können nur dann über uns siegen, wenn sie sich mit Fackeln ausrüsten und sie anzünden und diese dann gegen uns schleudern.«

Nach einigen Tagen war die von niemandem beargwöhnte Moremi plötzlich verschwunden. Sie rannte, solange ihr der Atem reichte, zum heimatlichen Ife. Dort angekommen, traf sie die notwendigen Vorbereitungen und konnte alsbald ihren Triumph über den verhaßten Angreifer feiern. Jetzt mußte sie nur noch ihr Gelübde einlösen. Sie begab sich zum Fluß Esinmirin und opferte der Gottheit Lämmchen, Widder und Ziegen, doch die Opfer wurden nicht angenommen. Als auch ein Ochse nicht das Wohlgefallen der Gottheit fand, beschloß sie, sich bei den Priestern Rat zu holen. Einmütig erklärten die Priester, die Gottheit verlange das Opfer ihres einzigen Sohnes. Moremi hielt ihr Gelübde und opferte ihren einzigen Sohn.

Die Einwohner Ifes wollten ihr über den schmerzlichen Verlust hinweghelfen und erboten sich, ihre Söhne und Töchter zu sein. Doch bald stellte sich heraus, daß ihr Olurogbo nur zur Hälfte gestorben war. Nach einiger Zeit kehrte er zum Leben zurück, und nachdem er sich ein langes Seil angefertigt hatte, kletterte er daran hinauf in den Himmel.

Die Geschichte von Oduduwas Tochter Yemanja

Oduduwas Tochter Yemanja heiratete ihren Bruder Aganju. Der aus dieser Ehe hervorgegangene Sohn Orungan verliebte sich in seine Mutter und wollte sie vergewaltigen. Yemanja floh in Entsetzen vor Orungan, und dabei stürzte sie hin. Ihr Leib schwoll an und zerbarst. Aus ihren Brüsten ergossen sich Flüsse, und ihrem Leib entsprangen die Orishas. Das war der Gewittergott Shango, der Gott des Eisens, des Krieges und der Jäger Ogun, der Gott der Pflanzen Dada, der Gott des Meeres Olokun, der Gott der Lagune Olosa, der Gott des Niger-Flusses Oya, der Gott der Jagd Oshosi, der Gott der Berge Oke, der Gott der Sonne Orun, der Gott des Mondes Oshu sowie der Gott der Pocken Shapanna. An der Stelle der Geburt dieser Götter entstand die Stadt Ife.[13]

Wie Shetilu die Kunst des Wahrsagens zu den Yoruba brachte

Die Legende erzählt, daß Shetilu aus dem Stamme der Nupe das Wahrsagen im Lande der Yoruba eingeführt hat.

Shetilu soll während des Vordringens der Moslems geboren worden sein. Seit seiner Geburt hatte er den Eltern großen Kummer bereitet: Er war nämlich blind. Die verzweifelten und unglücklichen Eltern wußten nicht, was sie machen sollten: das behinderte Kind töten oder ihm das Leben lassen und damit sich selbst eine große Last auferlegen? Doch die elterlichen Gefühle behielten die Oberhand über die harten Sitten der damaligen Zeit. Das Kind blieb am Leben. Bald schon zeigte sich, daß es ein außergewöhnliches Kind war, denn es verriet überdurchschnittliche Fähigkeiten im Wahrsagen. Mit fünf Jahren sagte es, ohne sich zu irren, den Besuch von Gästen vorher und sah die Angelegenheiten voraus, in denen sie kamen. Später begannen ihn Magie und Heilkunde anzuziehen. Zuerst benutzte der kleine Shetilu zum Wahrsagen sechzehn kleine Steinchen. Schon bald zogen seine zutreffenden Vorhersagen immer mehr verzweifelte und ratsuchende Menschen an.

All das gefiel den Moslems nicht, und sie beschlossen, den Wahrsager aus dem Lande zu jagen. Gejagt und verfolgt überquerte Shetilu den Niger und begab sich ins Königreich Benin. Anschließend wanderte er nach Ile-Ife und wählte es zu seiner neuen Wirkungsstätte. Im Laufe der Zeit benutzte er zum Wahrsagen statt der Steinchen Nüsse, Metallstückchen oder Elfenbeinkügelchen. In seine Kunst weihte Shetilu sechzehn Schüler ein. Das Orakel in Ife wurde zum Orakel aller Yoruba.[14]

Shango, der König von Oyo

Als Shango[15] König von Oyo war, hatte er an seinem Hofe zwei mächtige Feldherren. Der eine hieß Timi; zwar nur von kleinem Wuchs, zitterten dennoch vor ihm alle seine Feinde. Der andere, Gbonka, pflegte sich mit einer Schnecke zu vergleichen, der den Kopf abzuschlagen schwierig ist, oder mit einer Schildkröte mit einem Panzer, der gegen Speerstöße unempfindlich ist. Beide priesen ihren kämpferischen König Shango, der ihren Schwertern keine Ruhepause gönnte, sondern sie auf immer neue Feldzüge schickte.

Die einfachen Leute hatten alle Lasten zu tragen, die die abenteuerlichen Unternehmungen des Herrschers heraufbeschworen. Auf den Schlachtfeldern starben ihre Söhne, einer nach dem anderen. Einzelne Gehöfte und ganze Dörfer wurden entvölkert, gähnende Leere herrschte in den Vorratskammern, immer stärker spürte man den Hunger. Schließlich faßten sich die verzweifelten Untertanen ein Herz und begaben sich zu ihrem Herrscher Shango: »O du, der du geboren bist, um zu herrschen! O du, der du der zweite nach Gott bist. Der Krieg raubt uns unsere Kinder. Entvölkert sind unsere Gehöfte. Timi und Gbonka quälen uns mit immer neuen Wünschen und Forderungen. O Shango! Befreie uns von diesem Unglück!« – »Hör mich an, Volk von Oyo!« antwortete Shango mit erhabener Stimme. »Ich bin Timi und Gbonka. Wie könnt ihr mich bitten, von Kriegen abzulassen! Entfernt euch, so schnell ihr könnt, von diesem Ort und macht euch an die Arbeit!«

Kaum hatten die zornigen und enttäuschten Leute den Innenhof des Palastes verlassen, trat vor den König seine geliebte Gemahlin Oya. Sie allein vermochte mehr zu erreichen als Scharen von Untertanen. Ihrem Bitten und Drängen konnte sich der harte Shango nicht widersetzen. Er rief seine beiden Feldherren zu sich und verbot ihnen, obwohl sie ihm mit einem Aufstand drohten, neue Kriegszüge zu unternehmen. Ihre Worte ließen ihn jedoch bis ins Mark erzittern. Erst jetzt wurde er sich darüber klar, daß sie mächtiger waren als er selbst.

Er versammelte daraufhin die Leute von Oyo und wandte sich mit folgenden Worten an sie: »Hör mich an, Volk von Oyo! Zwei meiner Diener sind mächtiger geworden als ich und verweigern mir den Gehorsam. Rate mir, Volk, wie ich mich ihrer entledigen kann, damit wieder Frieden einkehrt in unsere Stadt.« – »Wenn der Erhabene den ersten Teil des Sprichwortes ausspricht, können wir es beenden«, antworteten die Leute von Oyo. »Wenn du, Erhabener, aber etwas Hinterhältiges beabsichtigst, dann ist niemand von uns in der Lage, das Ende vorherzusehen. Vergeblich bittest du uns also um Rat«, sagten sie und verließen erzürnt den königlichen Palast.

Finstere Gedanken bemächtigten sich König Shangos. »Das ist alles meine Schuld«, sagte er vor sich hin. »Ich habe meine Feldherren zu solcher Macht kommen lassen. Jetzt bin ich für sie wie eine Frau, die ihren Mann darum bitten muß, die eigenen Krüge benutzen zu dürfen.«

Shangos Grübeleien wurden durch das Eintreten seiner Frau Oya unterbrochen. »Mein Gemahl, schicke Timi nach Ede!« sagte sie. »Soll er dort die Grenzen deines Königreiches bewachen. Vielleicht kehrt er von diesem gefährlichen Ort nie mehr zurück.« – »Dein Rat ist es wert, in die Tat umgesetzt zu werden!« rief der Herrscher erfreut aus und erließ gleich die entsprechenden Befehle. Diese kamen dem ruhmgierigen und bluthungrigen Feldherrn gerade recht. Bald nach seiner Ankunft in Ede ließ er sich zum König ausrufen, und seine Macht wuchs noch mehr.

Wiederum rief der Herrscher sein Volk zu sich und bat um Rat. »O König!« riefen seine Untertanen im Chor. »Möge die Perlenkrone niemals von deinem Haupte fallen! Mögen die mit Perlenschnüren verzierten Sandalen an deinen Füßen bleiben! Damit dies aber so sein wird, mußt du deinen Felherrn Gbonka gegen Timi ins Feld schicken.«

Der Rat des Volkes schien sehr erfolgversprechend. Shango rief den Feldherrn Gbonka zu sich und erklärte ihm: »Es haben uns Nachrichten erreicht, daß sich Timi als König von Ede hat ausrufen lassen. Stelle schnell dein Heer auf und zieh gegen diese Stadt, um den Undankbaren zu züchtigen!« – »So soll es geschehen!« erwiderte Gbonka gehorsam und traf die Vorbereitungen für den Feldzug.

Es verging einige Zeit, bis sich eines Tages auf dem Wege, der nach Oyo führt, Staubwolken zum Himmel erhoben. Siegreich kehrte Gbonka zurück. Doch, o weh! Mit ihm kehrte auch Timi zurück, zwar als Gefangener, aber noch am Leben. König Shango rief die Würdenträger von Oyo zu sich, um noch einmal mit ihnen zu beraten, was zu tun sei. Man beschloß, daß die beiden Feldherren ihren Zweikampf noch einmal auf dem Markt der Stadt austragen sollten, damit alle Bewohner Oyos sie bewundern könnten.

Dem allzu stolzen Gbonka gefiel das zwar nicht, aber was sollte er machen? Zunächst begab er sich in einen Wald, in dem zahlreiche Hexen wohnten, und erwarb sich mit reichen Opfern ihre Gunst. Timis vergiftete Pfeile konnten ihm nun keinerlei Schaden zufügen. Auf Gbonkas Worte: »Timi, schlaf dort ein, wo du stehst!« sank der große Kämpfer zu Boden und starb. Daraufhin wandte sich der stolze Gbonka an König Shango: »O du, der du geboren bist, um zu herrschen! Du wolltest dich meiner entledigen. Das Feuer deines Mundes kann mir jedoch nichts anhaben. Das Feuer von ganz Oyo vermag mich nicht zu verletzen. Befiehl deinen Leuten, trockene Zweige zu sammeln und daraus einen großen Scheiterhaufen zu errichten. Dann wirf mich in die Flammen und verbrenne mich bei lebendigem Leibe. Glaube mir, all dein Feuer vermag mich nicht zu verletzen!«

König Shango nutzte bereitwillig diese letzte Gelegenheit. Als Gbonka aber unversehrt aus den Flammen heraustrat, überkam den Herrscher Angst. »Ich befehle dir, in fünf Tagen Oyo verlassen zu haben!« rief Gbonka mit gebietender Stimme aus. »Unser König«, erhoben die Würdenträger ihre Stimme, »gegenüber deinem Feldherrn bist du machtlos. Kein Schwert kann ihm etwas anhaben, kein Feuer kann ihn verbrennen. Du mußt die Stadt verlassen und nach Tapa ziehen, dem Lande deiner Mutter.«

Nun auch von denen verlassen, die er für seine engsten Freunde gehalten hatte, konnte Shango die Demütigung nicht länger ertragen und den Schicksalsschlägen nicht mehr die Stirn bieten. Allzu spät begriff er, daß es Pflicht eines jeden Herrschers ist, sich auch um die Belange seiner Untertanen zu kümmern. Als er an einen menschenleeren Ort gekommen war, legte er sich eine Schlinge um den Hals und erhängte sich.

Die Nachricht vom tragischen Tode des Königs rührte, wenngleich er auch verhaßt gewesen war, das Gewissen seiner treulosen Freunde. Um ihre Schuld wiedergutzumachen und Rache für die Schande, die die Feinde über ihren Herrn gebracht hatten, zu nehmen, begaben sie sich ins Land der Bariba. Sie lernten dort, Talismane anzufertigen, und erwarben die Fähigkeit, Gewitter auf die Felder ihrer Feinde ergießen zu lassen. Nach Hause zurückgekehrt, begannen sie das, was sie bei den Bariba gelernt hatten, in die Tat umzusetzen. Feuer und Blitzschlag waren von nun an tägliche Erscheinungen. Als die Menschen die Ursache des sie quälenden Unglücks zu erfahren versuchten, fanden Shangos Freunde heraus, daß es der so tragisch ums Leben gekommene Herrscher war, der an seinen Feinden Rache für die Schande nahm, mit der sie seinen Namen besudelt hatten. Um den erzürnten König um Vergebung zu bitten, brachten ihm die Freunde vom Volk gespendete Opfer dar und erwiesen den Göttern die gebührende Ehre. So wurden sie die ersten Mogba, die Priester Shangos.

Nach Shangos Tod wuchsen aus seinem Grabe zwei Ketten hervor. Das waren sichtbare Zeichen der magischen Kräfte, über die der ums Leben gekommene König verfügte. An diesen Ketten kletterte Shango zum Himmel empor und wurde in den Kreis der Götter aufgenommen.

Oya, Shangos treue und geliebte Frau, hatte ihn als einzige seiner Ehefrauen auf der Flucht begleitet. In der Stadt Ira, ihrer Heimatstadt, brach auch sie zusammen. Sie wußte gut, welche Absicht ihr Gatte hatte und daß sie ihn bald verlieren würde. Die Angst, von Fremden, in einem ihr unbekannten Land, von Menschen, die eine ihr unverständliche Sprache sprechen, mißhandelt zu werden, ließ sie in Ira bleiben. Ihre stolze Natur erlaubte es ihr nicht, nach Oyo zurückzukehren, sich der Verhöhnung und Verspottung der Bewohner auszusetzen. Also blieb sie in Ira, und als sie von Shangos Selbstmord hörte, legte auch sie Hand an sich. Ebenso ging auch sie ein ins Pantheon der Götter der Yoruba. Ihr Reich ist der Fluß Niger, den die Yoruba Odo Oya, ›Fluß Oya‹, nennen. Wirbelstürme und gewaltige Sturmwinde sind die Zeichen der Göttin.

Der Kampf um Oyo

Shango, Oranyans Sohn und Bruder von Ajaka, soll eine wilde Natur und ein ungestümes Wesen gehabt haben. Er soll Feuer und Rauch aus seinem Munde gespien und so unter seinen Untertanen Furcht verbreitet haben.

Unter Ajakas Herrschaft wurde Olowu mächtiger als der Herrscher aller Yoruba, der höchste König des Stadtstaates Oyo. Als der junge und unerfahrene Shango den Thron bestiegen hatte, wollte Olowu die sich bietende Gelegenheit sogleich ausnutzen. Er verlangte von Shango, daß er ihm huldigen solle. Der rebellische Herrscher von Oyo dachte gar nicht daran und mißachtete sogar die Drohungen von Olowu, daß er ihm seine Frauen und Kinder nehmen würde. Das war zu viel. Olowu rüstete sein Heer zum Kampf, und in Kürze hatte er Shangos Hauptstadt umzingelt. Es entbrannte eine blutige Schlacht, in der zum ersten Male Shangos Mut und Stärke deutlich wurden. Die Rauchwolken, die aus seiner Nase und seinem Mund hervordrangen, entsetzten Olowu so sehr, daß er mit seinem Heer vom Schlachtfeld floh.

Mit jedem neuen Sieg festigte Shango seine Macht, wurde aber zugleich auch immer grausamer. Er herrschte sieben Jahre lang und gewann viele Schlachten. Seine Lieblingsbeschäftigung aber war es, Talismane anzufertigen. Er verstand Mixturen herzustellen, die Blitze schleudern und Donner rollen ließen.

Der königliche Palast lag am Fuße des Ajaka-Berges. Eines Tages begab sich Shango in Begleitung seiner Höflinge, Sklaven und Verwandten auf den Berg, um die Eigenschaften einer soeben zubereiteten Mixtur zu erproben. Die Wirkungen waren in der Tat durchschlagend: Es entlud sich ein furchtbares Gewitter, und einer der Blitze traf den Palast. Alle seine Gemächer gingen in Flammen auf. In den Flammen fanden viele von Shangos Frauen den Tod, und viele seiner Kinder kamen ums Leben.

Das war ein Schlag, der selbst für den mächtigen und grausamen Shango zu schwer war. Als gebrochener Mann beschloß er abzudanken. Er verfiel in solche Raserei, daß er das Schwert sogar gegen seine treuen Diener erhob, die sich bemühten, ihn auf dem Thron zu halten, und ihm versprachen, ihm für seine tragisch verunglückten Frauen neue und fruchtbare zu geben, die ihm schon bald viele neue Nachkommen schenken würden.

Wie die Stadt Ketu gegründet wurde

Die Vorfahren des Volkes von Ketu[16] kamen aus der alten heiligen Stadt der Yoruba, aus Ile-Ife. Der älteste von ihnen war Sho Ipashan, der Sohn von Paluku und Olu Wunku. Eines Tages nahm Sho Ipashan seine Frauen, Kinder und einige hundert Untertanen, verließ die Heimatstadt Ile-Ife und begab sich nach Westen. Die Auswanderer überquerten den Fluß Ogun[17] und zogen an einem seiner Nebenflüsse entlang. Die erste Siedlung gründeten sie auf dem Berg Oke Awyan. Hier trennten sie sich in drei Gruppen und zogen weiter. Einer der Söhne, ein gewisser Owe, scharte die größte Gruppe um sich und zog nach Westen, wo seine Nachfolger schließlich Ketu gründeten. Der zweite Sohn begab sich nach Nordwesten, zu dem im Busch gelegenen Kilibo. Reiterüberfälle der Bariba trieben ihn weiter nach Süden bis zur Stadt Save, die über längere Zeit ein mächtiges Zentrum des Yoruba-Reiches war. Der dritte und jüngste Sohn zog am Fluß Ogun entlang nach Norden und gründete Alt-Oyo.

Sho Ipashan begleitete den ersten Sohn, Owe. Nach einigen Tagen ließ sich sein Volk zu einer längeren Rastpause nieder und gründete die Siedlung Aro. Hier endeten die Tage von Sho Ipashan. Sein Leichnam wurde nach Oke Awyan gebracht und dort begraben. An seinem Grab schüttete man einen Erdhügel auf und pflanzte darauf einen Baum, der weithin sichtbar die Ruhestätte des großen Vorfahren der Ketu zu erkennen gibt.

Owe, Sho Ipashans Neffe, wurde der zweite König der Ketu-Dynastie. Er gründete ein kleines Reich und herrschte, wie seine fünf Nachfolger auch, in Aro. Schließlich bestieg als siebenter Herrscher ein Mann namens Ede den Thron. Er faßte den folgenschweren Entschluß, Aro zu verlassen, denn das Land, in dem er bislang geherrscht hatte, konnte die ständig wachsende Zahl seiner Einwohner nicht mehr ernähren.

Bevor er die Stadt Aro verließ, rief er die drei berühmtesten Jäger zu sich und fragte sie, ob sie nicht vielleicht auf ihren Jagdzügen auf einen Ort gestoßen wären, der sich zur Ansiedlung seiner Untertanen eignete. Alle drei waren in schöne fruchtbare Gegenden gekommen. Aber sie bemerkten auch, daß keine von ihnen das nunmehr so zahlreiche Volk ernähren könnte.

Der König und die Oberhäupter der verschiedenen Familien überlegten lange, was zu tun sei. Schließlich beschlossen sie, sich noch einmal in drei Gruppen zu teilen, von denen jede einem Jäger folgen sollte. Ede, der König, folgte dem ältesten von ihnen, einem gewissen Alalumon, nach Westen.

Bevor sie aufbrachen, fand ein großartiges Fest zu Ehren der verstorbenen und in Aro begrabenen Herrscher statt. Ausführlich erklärte König Ede seinen Ahnen, warum er beschlossen hatte, eine neue Heimat zu suchen. Er schwor, sie niemals zu vergessen, und erbat ihren Beistand für seinen Weg. Einige seiner Untertanen sandte er zur ersten Siedlung der Ketu nach Oke Awyan, damit sie am Grabe ihres großen Vorfahren Sho Ipashan Opfer darbrächten. Bevor sich die Gesandten des Königs Ede auf den Heimweg machten, brachen sie vom Baum, der am Grabe wuchs, einen Zweig ab und pflanzten ihn später bei den Königsgräbern in Aro ein.

Als die zahlreichen Zeremonien beendet waren und den Ahnen gehuldigt worden war, teilten sich Edes Untertanen in drei Gruppen und machten sich auf den Weg. Die Mehrheit folgte ihrem Herrscher, der vom Jäger Alalumon geführt wurde. Nach kurzer Zeit, als sie in der ersten fruchtbaren Gegend angekommen waren, hielt der Zug inne: Eine der Königinnen stand kurz vor der Niederkunft. In Begleitung einiger Dienerinnen ließ man sie in der fruchtbaren Gegend zurück, die anderen zogen weiter.

Kaum hatten sie sich zur Nacht niedergelassen, kam ein Bote mit der freudigen Nachricht, daß die Königin einen Sohn geboren habe. Der König strahlte vor Freude, und dem Ort, an dem sein Sohn geboren worden war, gab er den Namen Ilu Ke Omo, ›diese Stadt behütet ein Kind‹.[18] König Ede legte das feierliche Gelübde ab, daß seine Untertanen niemals gegen die Einwohner von Ilu Ke Omo kämpfen werden.

Bei Einbruch der Dunkelheit schlugen die Wanderer auf einer Waldlichtung ihr Lager auf, und während die Frauen das Abendessen vorbereiteten, fanden einige Männer einen großen Bienenstock voller Honig. Die Geburt des Königssohnes und die Entdeckung des Bienenstocks verstand man als gute Omen. Nach zwei Tagen Rast zog man guten Mutes und froher Stimmung weiter. Bald bot sich den Blicken der Wanderer eine Hochebene aus rotem Lateritgestein. Alalumon deutete mit der Hand an, daß dort das Ziel ihrer Wanderung sein werde.

Als sie an einen Ort kamen, der Opo Meta, ›die drei Opo-Bäume‹, hieß, drang lautes Froschgequake an ihre Ohren. In der Nähe mußte es Wasser geben. Die Erde schien zwar trocken, aber in den Höhlen, die sich durch die Lateritfelsen zogen, hatte sich Wasser angesammelt, das von Regenfällen stammte. König Ede ordnete eine Rast an, um die Wasserquellen zu suchen. Diese Aufgabe übertrug er einem jungen, im Leben noch unerfahrenen Mann.

Dieser junge Mann irrte im Wald umher und stieß schließlich auf eine Hütte, in der – wie sich später herausstellte – die Alte Ya Mekpere wohnte. Die runzlige Alte hatte sich gerade nackt über die Feuerstelle gebeugt und war dabei, einen Zaubertrunk zuzubereiten. Ohne seinen Besuch durch das übliche In-die-Hände-Klatschen vorher anzukündigen, ging er in die Hütte. Dadurch unterbrach er die Beschwörungen der Alten, was sie so sehr erzürnte, daß sie ihm magische Sprüche entgegenschleuderte und der junge Mann der Länge lang tot zur Erde fiel.

Unterdessen wartete König Ede mit Ungeduld auf die Rückkehr des jungen Mannes. Schließlich sandte er einen anderen aus. Auch dieser kam alsbald zur Hütte der Alten, aber er trat erst ein, nachdem er sein Kommen durch In-die-Hände-Klatschen angekündigt hatte. Ya Mekpere hüllte sich geschwind in ihre Gewänder, öffnete die Tür einen Spalt und fragte, was ihn zu ihr führe. Er erzählte von der Ankunft König Edes und seines Volkes in dieser Gegend und auch davon, daß sie nach Wasser dürsteten, das es – dem Gequake der Frösche nach – hier irgendwo in der Nähe geben müsse. Dann erkundigte er sich nach seinem Stammesbruder, der sich vielleicht im Wald verirrt haben könnte.

Das gute Benehmen des Fremden gefiel der Alten. Sie lud Edes Leute zu sich ein, und als sie angekommen waren, gab sie ihnen Wasser aus ihrem eigenen Brunnen zu trinken. Nun schenkte sie auch dem ersten Gesandten wieder das Leben. Dann wollte sie König Ede begrüßen. Als sie ihn in Begleitung so vieler Untertanen in dieser menschenleeren Gegend erblickte, war sie höchst verwundert. König Ede erklärte ihr, warum sie ihre Heimat verlassen hatten, und drückte seinen Wunsch aus, hier an dieser Stelle eine neue Stadt zu gründen. Ya Mekpere nahm diese Nachricht mit Freuden auf und versprach sogar, einen Talisman anzufertigen, der die neue Stadt Ketu schützen solle.

Die Stadt Ketu breitete sich um einen Iroko-Baum[19] herum aus, unter dem sich der Jäger Alalumon gewöhnlich ausgeruht haben soll. Als man schon Gehöfte für hundertzwanzig Familien angelegt hatte, erinnerte sich König Ede an Ya Mekperes Versprechen. Er sandte einige seiner Untertanen zu ihrer Hütte in Opo Meta, mit denen die Alte alsbald nach Ketu zurückkehrte und den Talisman mitbrachte. In aller Heimlichkeit vergrub man ihn vor den Mauern der Stadt, damit er sie vor feindlichem Überfall schütze.

In der Nähe des Stadttors von Ketu wohnte ein Mann namens Akiniko und bei ihm ein buckliger Weber. Der dauernden Besuche der Einwohner der Stadt Ketu müde, zogen Akiniko und der Weber in das nahegelegene Dorf Ewe. Zu dieser Zeit schlug einer der Ratgeber des Königs vor, daß es bei der Namensgebung der Stadt doch angebracht wäre, ein Menschenopfer darzubringen. Die Wahl fiel auf den buckligen Weber. »Wer könnte wohl den Rücken eines Buckligen gerademachen? Ihr wißt genau, daß es niemand kann. Wenn unsere Stadt seinen Namen tragen wird, wird ihr seine Unbeugsamkeit zu eigen werden. Niemand wird sie jemals zu zerstören vermögen«, begründete der Ratgeber seinen Vorschlag.[20]

Bini

Wie Himmel und Erde getrennt wurden

Ganz am Anfang des Bestehens der Welt befand sich der Himmel in unmittelbarer Nachbarschaft der Erde. In jener Zeit brauchten die Menschen nicht im Schweiße ihres Angesichtes die Felder zu bestellen; wann immer sie Hunger verspürten, schnitten sie sich ein Stückchen vom Himmel ab und aßen es. Schließlich geriet der Himmel jedoch in Zorn, doch keineswegs deshalb, weil er den Menschen als Speise diente. Er war über die Habgier der Menschen verärgert, die die Erdbewohner immer größere Stückchen, als sie überhaupt zu verzehren vermochten, vom Himmel abschneiden ließ. Was übrigblieb, warfen sie dann einfach auf den Abfallhaufen. Der Himmel, der dieses Verhalten nicht länger ertragen konnte, mahnte die Menschen. Wenn sie sich in Zukunft nicht mäßigten, würde er sich von ihnen entfernen. Eine Zeitlang nahmen sich die Menschen, dieser Mahnung eingedenk, in acht. Eines Tages jedoch schnitt eine habgierige Alte ein riesiges Stück vom Himmel ab, das sie überhaupt nicht aufessen konnte. Entsetzt rief sie den Mann herbei, aber auch er konnte nicht alles verzehren. Schließlich riefen sie alle Dorfbewohner, jedoch nicht einmal diese konnten alles aufessen. Sie mußten die Reste auf den Abfallhaufen werfen. Nun entbrannte der Zorn des Himmels, aber nicht zum Spaß. Er erhob sich hoch über die Erde, höher, als menschliche Hände je reichen können. Seitdem müssen die Menschen hart arbeiten, um ihr kümmerliches Leben fristen zu können.

Die Gründung des Königreiches

Der Gründer des Königreiches Edo war das jüngste Kind des höchsten Gottes Osanobua. Mit seinen älteren Brüdern, zu denen auch die ersten Könige Ifes und die Herrscher anderer Stadtstaaten der Yoruba gehörten, wurde Osanobuas Sohn auf die Erde gesandt. Jeder der Brüder hatte das Recht, etwas aus dem Himmel mitzunehmen. Der eine nahm Kleinodien mit, der andere Gegenstände, die man täglich benötigte, der dritte magische Kräfte und Gegenstände und der jüngste, von einem Zaubervogel belehrt, ein

Schneckenhaus. Als sie sich der Erde näherten, sahen sie, daß sie im Wasser versunken war. Ratlos überlegten sie, was sie nun anfangen sollten. Da erschien plötzlich wieder der Zaubervogel und gebot dem jüngsten, das Schneckenhaus umzudrehen. Gelber Sand fiel heraus, und dort, wo er auf das Wasser fiel, entstand Festland. So wurde der jüngste Sohn Osanobuas der Besitzer der Erde und dadurch zugleich der erste König Benins. Seine älteren Brüder gaben ihm alles, was sie hatten, um ein Stückchen Erde zu bekommen, auf dem sie sich niederlassen konnten.

Die Herkunft der Bini

Vor vielen, vielen Jahren verließen die Bini Ägypten, weil sie sich dort nicht mehr sicher fühlten. Von den Strapazen der Wanderung erschöpft, machten sie in der Stadt Ife Rast, die in ihrer Sprache Uhe hieß. Von dort schickten sie eine Gruppe ortskundiger Jäger los, die Nachrichten über das Land einholen sollten, in das sie ziehen wollten. Was die Jäger berichteten, klang sehr verlockend: Sie hatten Leute aus dem Sudan angetroffen, die das Land, in das die Bini gehen wollten, zum Teil bestellten.

Endlich angekommen, wählten die Bini ihren ersten König aus der Ogiso-Dynastie, und ihre Wahl fiel auf Igodo. Er war ein einflußreicher Herrscher und erfreute sich großen Ansehens. Als er nach langen Jahren gerechter Herrschaft ins Reich der Ahnen einging, bestieg sein ältester Sohn Ere den Thron. Schon als junger Fürst war er weit gereist, führte jetzt mit Verstand die Staatsgeschäfte und erfüllte mit Eifer die Herrscherpflichten. Über alles schätzte er Frieden und Eintracht. Wenn seine Untertanen einen Streit anfingen oder aufeinander losschlugen, schickte er sofort einen Herold mit den Worten: ›A wua ne Ere‹, ›Ere erlaubt das nicht!‹. Im selben Augenblick, wie vom Zauberstab berührt, kehrten Eintracht und Frieden zurück.

Während Eres Regierungszeit traten viele, für das Reich nützliche Veränderungen ein. Er gründete eine große Anzahl Dörfer und Städte und rief ebenso Handwerkszünfte ins Leben, die Onwina und die Igbesamwan. Zur ersten gehörten die Tischler, zur zweiten die Künstler, welche Holz- oder Elfenbeinplastiken schufen. Er war es auch, der einen neuen Königsthron anfertigen ließ, ebenso Schemel für die Fürsten und andere Insignien der Macht: einen runden Lederfächer, Schwerter, mit Perlen besetzte Armreifen, Halsketten sowie einfache, wenig verzierte Kronen. Zu seiner Zeit schnitzten die Künstler der Igbesamwan die ersten Büsten, die man in den Tempeln der berühmten Ahnen aufstellte.

Die Herrschaft des Königs Owodo

Die Herrschaft Owodos, des letzten Ogiso-Königs, bestand aus einer langen Kette ständiger Mißerfolge, Unruhen und des Verfalls des Reiches. Man erzählt von ihm, er habe den Thronrat nur in Zeiten der Not einberufen. Zur Schwächung des Reiches trugen auch seine eigenen Probleme bei. Obgleich er viele Frauen besaß, hatte ihm nur eine einen Sohn geboren. Die anderen Frauen setzten ihm unablässig arg zu, weil sie in ihm die Ursache ihrer Kinderlosigkeit sahen. Schließlich entschloß sich der so geplagte Owodo, die älteste von ihnen, Esagho, loszuschicken. Sie sollte in dieser Angelegenheit die Antwort des Orakels einholen, das in der Lage war, die göttlichen Entscheidungen über einfache Menschen, ganz zu schweigen über den König, zu enthüllen.

Zu Esaghos großer Überraschung und Verwirrung eröffnete ihr das große Orakel, daß gerade sie, die älteste Frau des Ogiso, es war, die die Unfruchtbarkeit der anderen Frauen verursachte. Sie erfuhr auch, daß erst nach ihrem Tode der Schoß der anderen Königinnen gesegnet würde. Das war eine entsetzliche Wahrheit, und wen verwundert es, daß Esagho sie vor ihrem Mann verheimlichte. »Dein einziger Sohn, Ekaladerhan, ist es, der alles Leben im Schoße deiner Frauen tötet!« rief sie aus. Nun stachelte sie die übrigen Königinnen an, und diese gaben Owodo keine Ruhe und forderten Ekaladerhans Tod. Dem Bündnis der Frauen gegenüber machtlos, vertrieb der Ogiso mit großem Schmerz den Sohn und dessen Mutter aus der Stadt. Der kalte, verhangene und regnerische Tag drückte gleichsam seine Gemütsverfassung aus.

Drei Jahre waren seit der Vertreibung des Sohnes vergangen, aber keine der Frauen hatte geboren, ja nicht einmal empfangen. Owodo entschloß sich von neuem, die Antwort des großen Orakels einzuholen. Diesmal entsandte er zwei Frauen. Das Orakel wiederholte und bekräftigte, daß Esagho, die älteste Frau, die Ursache der Kinderlosigkeit war.

Die Worte des Orakels überbrachte man dem König. Verzweifelt über diesen tragischen Irrtum, dessen Opfer sein bisher einziger Sohn geworden war, befahl er, die heimtückische Esagho sofort hinzurichten. Dann schickte er eiligst Boten in die Stadt Gwatto, die sein Sohn in der Verbannung gegründet hatte, und gebot ihm zurückzukehren. Ekaladerhan wies jedoch die Bitte des Vaters entschieden zurück. Auch mit Gewalt konnte Owodo ihn nicht zurückholen. Seine Krieger stürzten in Fallgruben, die Ekaladerhan hatte ausheben lassen, und kamen jämmerlich darin um.

Ewian, der Untierbezwinger

Weil sich König Owodo als unfähig erwiesen hatte, vor allem aber weil er seine fruchtbare Frau vertrieben hatte, wurde er schließlich gestürzt. Einige Jahre lang herrschten nach seiner Vertreibung der Höfling Ewian und Ogiamwen, dessen Sohn. Ewian gehörte zu den berühmtesten Leuten von Benin. Seinen Namen verdankte er einer Tat, die er vollbracht hatte.

Zu Beginn der Regierungszeit Owodos war das gewaltige Untier Osagan vom Himmel herabgekommen. In Okedo, auf dem zwischen der Stadt Benin und dem Ikpoba-Fluß gelegenen Berg, griff es Menschen an und verschlang sie bei lebendigem Leibe. Das geschah an jedem Markttag. Daher erhielt auch der Markt in Okedo seinen traurigen Namen Agbayo-Aigbowe, ›wir gehen alle gemeinsam hin, aber nicht alle kehren wir zurück‹. Wehgeschrei, Trauer und Entsetzen waren ständige Gäste in dieser Stadt. Einige Male hatten die Einwohner der Stadt versucht, das Untier zu töten, aber es war ihnen nie gelungen.

An einem Markttag begab sich Ewian selbst nach Okedo, in der Hand hielt er einen Eisenhammer. Er zündete ein Feuer an und legte den Hammer hinein, er selbst aber versteckte sich in der Nähe. Wie gewöhnlich erschien am Nachmittag das Untier, riß seinen Rachen auf und hielt Ausschau nach seinem ersten Opfer. Blitzschnell zog Ewian den rotglühenden Hammer aus dem Feuer, holte zum Schlag aus und schmetterte ihn genau in den geöffneten Rachen des Untiers. Gefräßig preßte Osagan die Kiefer aufeinander, um noch im selben Augenblick vor Schmerz entsetzlich aufzuheulen. Wie wahnsinnig wälzte er sich hin und her und kehrte niemals wieder.

Benins Einwohner dankten ihrem Retter lange und innig, bewunderten seinen Mut und priesen seine Heldentat. Einige Jahre später, nach Owodos Vertreibung, ernannten ihn die Bini zum Herrscher des Landes. Als Ewian alt geworden war, machte er seinen Sohn Ogiamwen zum Nachfolger; doch das Volk war damit nicht einverstanden.

Oranmiyans Herrschaft über Benin

Die Lage im Königreich Benin wurde immer schwieriger. Nach langen Beratungen entschlossen sich die Höflinge schließlich, eine Gesandtschaft zu Oduduwa, dem größten und weisesten Herrscher der Yoruba in Ife zu schikken. Sie baten ihn, daß er ihnen einen seiner Söhne schicken möge, damit sie ihn als König ausrufen könnten. Oduduwa war ein sehr fürsorglicher Vater und wollte wissen, ob die Bini imstande wären, seinem Sprößling würdige Bedingungen zu sichern. Deshalb schickte er den Höflingen Benins sieben Läuse mit dem Auftrag, sich um sie zu kümmern. Als er sie nach drei Jahren zurückholen ließ, konnte er gar nicht genug bewundern, wie wohlgenährt sie waren. »Menschen, die solch kleine Insekten zu pflegen vermögen, werden gewiß fähig sein, meinen Sohn gebührend zu versorgen«, urteilte er.

Doch er selbst konnte seinen Sohn nicht mehr zu den Bini entsenden. Vor seinem Tod aber hatte er angeordnet, keinen anderen als Oranmiyan nach Benin zu schicken. In Begleitung zahlreicher Höflinge, unter ihnen war sogar der Heilkundige Ogiefa, begab sich Oranmiyan nach Benin. Er zog in den eigens für ihn erbauten Palast im Stadtteil Usama.[21]

Bald nach seiner Ankunft heiratete Oranmiyan eine schöne Frau aus Benin, Erinmwinde, die ihm einen Sohn gebar. Es vergingen einige Jahre. Die Sehnsucht nach der Heimat verdunkelte Oranmiyan den Blick für die Schönheit des neuen Landes und sein Familienglück, die Würden der Herrschaft ließ sie zur Qual werden. Er rief deshalb das Volk zusammen und verzichtete auf den Königsthron. »Nur ein Kind, das hier geboren und erzogen worden ist und mit den Künsten und Geheimnissen des Landes vertraut gemacht wurde, vermag segensreich über sein Volk zu herrschen«, begründete er seine Entscheidung.

Nachdem er seinen Sohn auf den Thron Benins erhoben hatte, machte er sich auf den Heimweg nach Ife. Doch er zog nicht geradewegs zur Stadt der Götter, zunächst hielt er sich in der nordwestlich von Benin gelegenen Stadt Ogha auf. Drei Jahre lang suchten ihn dort die Bini auf, und er versagte ihnen seine Weisheit nicht, gern gab er ihnen Rat, bevor sie wichtige Entscheidungen fällten.

Einmal fand eine solche Beratung im Freien im Schatten eines Baumwollbaumes statt, der Innenhof im Palast konnte die große Zahl der Beratungsteilnehmer nicht fassen. Da brach plötzlich ein gewaltiger Ast vom Baum, stürzte herab und erschlug viele Ratsmitglieder. Es war dies ein sichtbares Zeichen des Zorns der Götter, die Oranmiyan zu unverzüglicher Rückkehr mahnten.

Er unterbrach seine Heimreise noch einmal in Obba, um nach zwei Jahren endgültig nach Ife zurückzukehren. Er hatte die Rückkehr absichtlich so sehr hinausgezögert, weil er wollte, daß sein Sohn, der König von Benin, Eweka I., inzwischen heranwuchs und der damalige Herrscher von Ife ihn nicht zu einem Vasallen machen konnte.

Ijo

Woyengi, die Mutter der Welt

Die Ijo sehen die Muttergöttin Woyengi als höchstes Wesen an. Umgeben von ihren Dienern, den Trägern der Zeichen der königlichen Macht, lebt sie im Himmel.

Woyengi hat die Welt erschaffen: Sie ist die Mutter der Welt, die hell und strahlend ist wie die Sonne, deren Füße die Erde berühren und deren Kopf bis zum Himmel reicht. Woyengi gebietet über Sonne und Mond.

Ihrer Einsamkeit überdrüssig, hatte Woyengi beschlossen, die Erde zu schaffen. Aus ihrer göttlichen Gestalt ließ sie Tausende mit Lebensodem beschenkte Geschöpfe hervorgehen. Ihr Schöpfungswerk führt sie bis heute fort, indem sie im Schoß der Frauen Embryos wachsen läßt. Durch ihre Kraft fließen im Mann der Samen und das Blut in der Frau. Woyengi nährt das Kind im Schoß der Mutter, beschenkt es mit Lebensodem, öffnet ihm am Tage der Geburt den Mund und läßt es Laute von sich geben.

Die Göttin Woyengi hat auf der Erde zuerst den Niger geschaffen. Dieser Fluß ist so mächtig, daß er sich an der Mündung in viele Arme teilt. Im Himmel hat Woyengi das Abbild des Niger geschaffen, das in Gestalt des Regens auf die Erde herabströmt und die durstende Krume mit Wasser sättigt.

Die ersten Menschen schuf Woyengi aus Ton. Bevor sie sie auf die Erde hinabsandte, gebot sie ihnen, das Geschlecht, die Art zu leben und ebenso die Todesart zu wählen. »Kommt her, meine Geschöpfe«, sagte sie. »Es erwartet euch eine Welt mit Wäldern und Flüssen, mit Städten und Dörfern. Ihr werdet unter der Sonnenglut leiden und die Wonne kühlenden Regens genießen. Ihr werdet ein Land bekommen, das reiche Frucht hervorbringen kann, und Wälder, die zahllose Tiere beherbergen. Ihr werdet euch vermehren und leiden, ihr werdet Todesgefahr kennenlernen, aber ebenso auch Liebesglück. Jetzt kommt und wählt euer Los. Wählt klug, denn niemand kann die Worte, die er jetzt ausspricht, wieder rückgängig machen. Sobald ihr den Mutterschoß verlassen und das Tageslicht erblickt habt, verlieren eure Worte die Schöpferkraft. Jetzt, in diesem kurzen Augenblick zwischen eurer Erschaffung und eurer Geburt, teilt ihr mit mir die Schöpferkraft des Wortes.

Alle eure Wünsche, die ihr vor dem Überschreiten des Lebensflusses aussprecht, werden in Erfüllung gehen.«

»Woyengi, Mutter der Welt!« rief das erste Geschöpf aus. »Erhöre meine Worte und segne meine Wahl. Ich will als ein starker und harter Mann, als ein Krieger geboren werden. Erlaube mir, dank der Stärke meiner Arme zu leben. Erlaube mir, zu unterwerfen und zu besiegen, erlaube mir, Ehre zu erlangen und mich mit Ruhm zu bedecken. Dehne meine Lebenszeit nicht bis zum hohen und armseligen Greisenalter aus, sondern erlaube mir, in der Blüte der Jahre zu sterben. Ich möchte durch das Schwert umkommen, durch das ich gelebt habe.« – »So geschehe es! Steh auf und beginne dein Leben!« sagte die Muttergöttin.

Nach diesen Worten erhob sich das zweite Geschöpf und sprach: »Woyengi! Du hast den Niger geschaffen, der mit seinen zahlreichen Armen dem Meer zustrebt! Erhöre meine Worte und segne meine Wahl. Erlaube mir, als erdverbundener Mann geboren zu werden. Erlaube mir, die sprossende Yamswurzel zu schauen, erlaube mir, mich an dicken Kornähren satt zu sehen. Erlaube mir, ein gesegnetes Alter zu erleben, damit ich die Felder meiner Kinder betrachten kann. Erlaube mir, daß meine Enkel mich begraben, wenn ich in friedlichem Schlafe gestorben bin.« – »So geschehe es! Steh auf und beginne dein Leben!« gebot Woyengi.

»Woyengi!« flüsterte zaghaft das dritte Geschöpf. »Du bist es, die die Stürme geschaffen hat, die die Hütten in den Fluten versinken lassen, die die Bäume entwurzeln und den ohnmächtigen Fischer davontreiben. Woyengi, ich habe Angst vor der Welt und dem, was sie vor mir verbirgt. Erlaube mir, nur einen kurzen Blick auf die Erde zu werfen. Ich möchte ein Mädchen werden, das unter dem fürsorglichen Schutz der Eltern heranwächst. Wenn aber ihre Fürsorge aufhört, mach meinem Leiden ein Ende. Erlaube mir, in meinem siebenten Lebensjahr zu dir zurückzukehren.«

»So geschehe es! Es werde so, wie du es dir gewünscht hast!« bestätigte die Göttin.

»O Mutter der Welt, die du den Sohn im Schoße der Mutter erschaffst! Du, die du bewirkst, daß der Samen im Manne fließt und das Blut in der Frau! Erlaube mir, Mutter zu werden«, wünschte sich das vierte Geschöpf. »Ich möchte fruchtbar sein und viele Kinder gebären. Erlaube mir, so lange immer wieder schwanger zu werden, bis mein Schoß versiegt. Laß mich die zahnlosen Mündchen an meiner Brust fühlen. Erlaube mir, Enkel zu erleben und dann mit Freude im Herzen zu sterben.«

»So geschehe es! Steh auf und beginne dein Leben!« gewährte ihr Woyengi diese Bitte.

Die Reihe kam an das fünfte Geschöpf. »Du, die du der Sonne und dem Mond gebietest und die du bewirkst, daß in den Blättern der Saft strömt! Du, die du die Otter mit Gift beschenkst und der Lilie Heilkräfte verleihst! Ich will eine Mächtige werden, will deine Geheimnisse erkennen! Erlaube mir, eine Frau zu werden, eine Frau aber mit unfruchtbarem Schoß. An Kindern liegt mir nicht viel, und Reichtum kümmert mich nicht. Ich will die Geheimnisse der Gräser und Blätter erkennen. Beschenke mich mit der Kraft zu heilen und zu töten. Das Leben der Menschen gib in meine Hand. Erlaube mir, den Geistern zu gebieten und die Zweite nach dir zu sein, und laß mich sterben, wenn mein Herz vor Machthunger birst!« – »Vermessen ist dein Wunsch und schwer zu erfüllen, aber so geschehe es!« erklärte sich Woyengi einverstanden. »Wenn du dich jedoch auf der Erde befinden wirst, dann sollst du deine Nachbarn weder des Reichtums noch des Familienglückes wegen beneiden. Dein Weg durch das Leben wird einsam und schwer werden, aber deinem Wunsche sei entsprochen.«

Erfreut machte sich Ogboinba – diesen Namen hatte sie erhalten – mit Eifer an die Erfüllung ihrer Aufgaben. Schon bald hatte die Kunde von ihr die entferntesten Winkel der Erde erreicht. Viele arme Leute, denen keinerlei Arzneien mehr helfen konnten, strömten zu ihr. In Ogboinbas Haus fanden sie nicht nur Linderung, sondern oft auch Heilung. Doch selbst die mächtigste Frau bleibt immer eine Frau. Es schnürte ihr das Herz zusammen, wann immer das muntere Geplapper aus der Kinderstube ihrer Nachbarin Lakpe an ihr Ohr drang. »Ja, ein Kind ist ein kostbares Kleinod, das man für kein Geld auf der Welt kaufen kann«, sagte sie immer wieder bei sich. Und bald war sie ganz in sich verschlossen und klagte: »Ich aber, was bin ich schon! Ich kann nicht gebären, ich bin unfruchtbar, ich verabscheue mich selbst, und ich hasse meinen verfluchten Leib!«

Im Laufe der Zeit reifte in ihr ein wahnwitziger Gedanke. Länger konnte sie sich nicht mehr bezwingen, und sie beschloß: ›Ich werde zu Woyengi gehen und mein Los herausfordern!‹ Vergeblich bemühte sich Lakpe, sie von ihrem wahnwitzigen Vorhaben abzubringen. »Lakpe, ich warne dich!« fuhr Ogboinba sie an. »Du kannst dir nicht vorstellen, welches Feuer meine Gedanken anheizt und wie die Eifersucht mich verzehrt. Wenn ich noch länger hier bleibe, töte ich alle deine Kinder, eines nach dem anderen. Ich kann deinem Glück nicht mehr anteilnahmslos zusehen. Es bleibt mir nichts anderes übrig, als danach zu streben, was unmöglich ist. Ich muß meine Kräfte mit Woyengi selbst messen!«

Sie nahm sich zwei mächtige, in Vogelgestalt verwandelte Geister zu Hilfe und machte sich auf den Weg. Als sie in einen finsteren Wald geraten war, trat ihr dessen König entgegen und schrie sie an: »Wage es nicht, weiter zu gehen! Kein Mensch hat bisher meinen Befehlen zuwidergehandelt. Kein Mensch hat meinen heiligen Hain betreten. Wer auch immer du bist, kehre um!«

»Ich befolge niemandes Befehle«, entgegnete sie hochnäsig. »Ich bin Ogboinba, die auf dieser Welt nicht ihresgleichen hat.«

»Ich habe schon von deiner Macht gehört«, gestand der König des Waldes. »Aber überschätze dich nicht im Lande der Geister, menschliche Zauberkünste können hier ihre Kraft verlieren.«

Im selben Augenblick schleuderte Ogboinba magische Beschwörungen gegen den König des Waldes, die ihn auf der Stelle erzittern ließen. Nach und nach verließen ihn die Kräfte, er taumelte und fiel zur Erde. »Dummkopf!« verspottete ihn Ogboinba. »Ich schenke dir dein Leben, wenn du es auch nicht verdienst. Bleib in deinem heiligen Hain, du König ohne Macht, du schwacher Herrscher, der du dich zu meinen Füßen windest wie der abgeschlagene Schwanz einer Eidechse!«

Nun auch mit der Macht des Königs des Waldes ausgerüstet, ging Ogboinba weiter. Da stellte sich ihr der König des Meeres, der mächtige Olokun, in den Weg: »Hier ist dein Weg zu Ende, Weib! Keinen Schritt weiter! Ich bin Olokun, der König aller Gewässer auf Erden. Ich bin der Herrscher über die Flüsse und Quellen, Lagunen und Meere. Kein Lebewesen darf die Grenzen meines Reiches überschreiten. Das ist der Befehl der Göttin Woyengi, und ich wache darüber, daß er eingehalten wird.« – »Weißt du auch, wer ich bin?« fragte ihn mit drohender Stimme Ogboinba. »Hast du nicht vernommen, welches Los den König des Waldes getroffen hat? Hast du nicht von Ogboinba gehört?« – »Ich habe es vernommen«, gestand ihr Olokun ohne Furcht ein. »Ich werde dich zum Zweikampf herausfordern. Dann werden wir sehen, ob deine Macht eine unfruchtbare Frau besiegen kann, die nicht ihresgleichen hat.« Kaum hatte Ogboinba dies gesagt, reizte Olokun sie mit der Kraft seiner Worte: »Die Wasser sollen dich verschlingen! Quallen sollen deine Brust brennen lassen! Der mächtige Hai soll dich jagen! Was, du zitterst schon beim Anblick seines gezähnten Rachens! Vor Angst wirst du wie der Strauß deinen Kopf in den Sand stecken!«

Durch diese Worte verlor Ogboinba alle ihre magischen Kräfte. Sie krümmte sich vor Schmerz, doch als sich Olokun ihr näherte, schleuderte sie, auf der Erde liegend, mit letzter Kraft ihre Zauberformel gegen ihn: »Werepe – yerepe, rorowo – worowo, koropo – koporo – Verliere deine Süße zugunsten der Erbse, deine Bitterkeit zugunsten der Kolanuß. Die Lilie soll dir die Gewürzschärfe nehmen und der Pfeffer dich der Kraft zum Braten berauben. Verlieren mögen deine Knochen ihre Härte zugunsten der Palmnuß und dein Körper seine Weichheit zugunsten der Baumwolle.« Getroffen fiel Olokun zur Erde. Ogboinba aber, die ihre Kräfte wiedererlangt hatte, trieb ihren Spott mit ihm: »Da liegst du nun am Strand. Niemand hat das Recht, sich zwischen mich und Woyengi zu stellen. Du jämmerlicher König der Gewässer! Jetzt zitterst du selbst vor deinem Hai!«

Vergeblich versuchte auch der Hahn, der König des dritten Reiches, Ogboinba aufzuhalten. Vergebens warnte er sie, daß nur der Tod sie weiter führen könne. Von ihrer magischen Beschwörung getroffen, verlor er alle seine Kräfte. »Ach, du Hähnchen, was ist aus deinem feurigen Kamm geworden? Wo ist die Trompete aus deiner Kehle, wo die Sporen an deinen Füßen? Welche Freude werden deine Frauen jetzt an dir haben, wenn sie dich ohne Federn sehen, gerupft wie eine Gans!« spottete Ogboinba.

Jetzt stand Ogboinba der Weg zur Göttin Woyengi offen. Sie war auch schon bald bei ihr und rief aus: »Woyengi, ich habe die ganze Welt erobert! Ich habe das erreicht, was unmöglich schien. Ungehindert habe ich die Grenzen des letzten Reiches der Sterblichen überschritten. Woyengi! Die Kräfte, mit denen du mich beschenkt hast, waren zu groß für die Erde. Also bin ich gekommen, um dich im Himmel herauszufordern. Vergiß meinen Wunsch und ändere mein Los. Verwandle meinen Schoß, daß niemals mehr der Samen in ihm erstirbt. Erlaube es nicht, daß mich beim Anblick fremder Kinder die Eifersucht verzehrt.«

Die Göttin zitterte vor Wut. »Du Wahnwitzige! Wie kannst du es wagen, so mit mir zu reden? Zu der, die mit ihren eigenen Händen die Welt geschaffen hat, die die Sonne am Himmel befestigt hat und dem Niger gebot, zum Meer zu fließen! Hast du vielleicht vergessen, daß ich die Quelle aller Macht bin? Du, die du mehr als irgendein anderes Geschöpf bekommen hast, wagst es, die himmlische Ruhe zu stören?!« Sie ergriff ein Schwert und holte zum Schlag gegen Ogboinba aus, doch im letzten Augenblick entkam diese und floh zur Erde zurück. Sie lief zum Haus der Lakpe und versteckte sich unter dem Rock der wiederum schwangeren Nachbarin.

Bald darauf erschien auf der Erde die Göttin Woyengi, das gezogene Schwert in der Hand. »O du Gewitzte!« rief sie zornerfüllt aus. »Du versteckst dich hinter einer schwangeren Frau, weil du weißt, daß ich niemals mein eigenes Gesetz brechen werde und nie eine Frau, die ein Kind im Schoße trägt, verletzen werde. Nun gut, wisse aber auch: Dein Beispiel soll für die ganze Menschheit eine Warnung sein. Niemals soll ein Mensch deinen Spuren folgen!«

Fon

Die Götter der Fon

Die Götter des himmlischen Pantheons

Die Fon bekennen sich zum höchsten Gott Nana Buluku, dessen Gestalt in einen Schleier des Geheimnisses gehüllt ist. Nana Buluku ist eine zweigeschlechtliche Gottheit, die das Männliche und das Weibliche in sich vereint. Im kleinen Dorf Dume im Nordwesten Abomeys befindet sich das einzige Heiligtum von Nana Buluku. Die Fon glauben, daß ihr höchster Gott während seiner irdischen Existenz in diesem Dorf gelebt hat. Er selbst hätte angewiesen, in diesem Dorf ein Heiligtum für ihn zu errichten. Alljährlich wird die Hälfte aller Opfer, die dem Pantheon des Himmels dargebracht wird, zum Heiligtum in Dume geschickt, eine Gabe der Anhänger des Mawu-Lisa-Kultes an ihren Vater. Nana Buluku verläßt sein Heiligtum nicht. Täglich nimmt er von seinen Kindern, den niederen Gottheiten, Berichte entgegen, um zu erfahren, was sich in der Welt zuträgt.

Die Priester behaupten, daß Mawu und Lisa vierzehn Kinder gezeugt haben, die mit übernatürlichen Kräften begabt sind. Die drei ältesten, Sogbo, Sagbata und Agba, haben eigene Pantheone begründet. Nach ihnen kamen die Gottheiten Gu und Age zur Welt. Gu, der Gott des Metalls und des Krieges, ist eine der Hauptmächte, die dem Menschen stets zu Hilfe eilen. Unter seinem besonderen Schutz stehen die Schmiede. Gus Aufgabe war es, die Erde für die Menschen bewohnbar zu machen. Er ist nicht, wie seine Brüder und Schwestern aus dem himmlischen Pantheon, ein Geisteswesen, sondern ein materielles Wesen mit einem steinernen Körper und einem eisernen Kopf. Age ist der Schutzherr der Jäger, er herrscht über den Busch und die Wälder. Seinem Schutz sind alle Tiere unterstellt. Dji ist der Regenbogengott, über den der Gewittergott Hewioso zur Erde hinabsteigt. Wete und Alawe verwalten die Schatzkammern ihres Vaters Lisa. Die Schwestern Aizun und Akazun, die ältesten Töchter von Mawu und Lisa, bewachen Mawus Schatzkammern und verwahren die Schlüssel zu deren Vorratsspeichern. Loko ist der Gott der Bäume, er sorgt sich um alle Bäume, wobei ihm sein jüngerer Bruder Medze hilft. Die Fon glauben, daß die Bäume Seelen haben, die besonders für die Magie und die Medizin von Nutzen sind. Diese Seelen stehen auch mit den Azizan, kleinen Waldgeschöpfen, in Verbindung, die den Menschen magische Kräfte verleihen. Der nächste Sohn, Adjakpa, ist der Hüter des Trinkwassers, und seine jüngere Schwester, Ayaba, die Göttin des Herdes, sorgt sich um die Ernährung der Menschen. Ihre Anwesenheit verrät sie durch das Knistern des Feuers und das Sprühen der Funken. Das jüngste Kind von Mawu und Lisa ist Legba, ein besonders durchtriebener, gewitzter Gott, der auch ›göttlicher Betrüger‹ genannt wird.

Die Götter des irdischen Pantheons

Die Erde, Sagbata, und der Donner, Hewioso, sind Nachkommen des Götterpaares Mawu-Lisa. Von den Priestern wird dieses Pantheon nach Sagbata benannt. Sie glauben, daß Sagbata ein Kind von Mawu und Lisa ist, Gottheiten, die sie sich in Gestalt des himmlischen Torhüters vorstellen. Eine Seite dieser Gottheit ist weiblichen Geschlechts, Mawu, deren Augen an den Neumond erinnern. Die andere Seite ist männlichen Geschlechts, Lisa, dessen Augen wie die Sonne strahlen. Mawu herrscht über die Nacht und Lisa über den Tag. Nach einer bestimmten Zeit empfing der weibliche Teil und gebar Zwillinge, einen Jungen und ein Mädchen. Der Junge wurde Dada Zodji und das Mädchen Nyohwe Ananu genannt. Kurz darauf brachte die Gottheit Mawu-Lisa ein ihr ähnliches Zwitterwesen namens So zur Welt. Von dieser Gottheit stammen die Gottheiten des Pantheons des Hewioso ab. Im dritten Wochenbett Mawu-Lisas kamen wiederum Zwillinge zur Welt: der Junge Agabe und das Mädchen Naete. Danach wurde der Gott der Jäger, Age, geboren und nach ihm Gu. Die Priester stellen ihn sich als kopfloses Wesen mit einem steinernen Rumpf vor, aus dessen Hals ein Schwert herausragt. Bei der sechsten Geburt wurde Gott Djo geboren, der die Atmosphäre, die Luft und den menschlichen Atem bildet. Diesem Gott wird die Aufgabe zugesprochen, Menschen ins Leben zu rufen. Die Zeugungsfähigkeit der Gottheit Mawu-Lisa war schon fast erschöpft, deshalb sollte bei der letzten, siebenten Geburt ein übermütiges, verzogenes und verwöhntes Kind zur Welt kommen. Indessen stellte sich beim Zählen der Königreiche im Himmel und auf der Erde heraus, daß ihrer nur sechs waren. Lange dachte die Gottheit Mawu-Lisa über deren gerechte Verteilung nach und beschloß, daß das siebente Kind, Legba, keinen Besitz erhalten, sondern die Aufsicht über alle Königreiche seiner Brüder und Schwestern führen sollte. Legba sollte Mawu-Lisa sowohl in der Welt der Menschen als auch im Reich der Götter vertreten.

Die Götter des Pantheons des Donnergottes

Das Pantheon des Donnergottes wird nach dem Namen seines wichtigsten Gottes auch Pantheon des Hewioso genannt. Er ist neben Mawu-Lisa der Herr des Himmels. Hewioso gilt als unbestechlicher, gerechter Richter. Er schickt Wärme und Regen, er tötet die Menschen und vernichtet ihre Gehöfte, er stürzt Bäume um und überschwemmt Felder, er schenkt den Menschen aber auch Fruchtbarkeit und den Feldern reichen Ertrag. Die Priester dieses Pantheons betrachten Mawu als den höchsten Gott, bei ihnen ist er männlichen Geschlechts. Ihm schreiben sie das Werk der Weltschöpfung zu. Mawu wird manchmal auch Sogbo genannt. Die unmittelbare Aufsicht über alles, was sich auf der Erde zuträgt, übt Mawus Sohn Agbe aus. Agbe entspricht im Pantheon des Donnergottes der Gottheit Lisa aus dem himmlischen Pantheon. Früher weilte Agbe auf der Erde, um die ihm von Mawu übertragene Aufgabe besser erfüllen zu können. Jetzt lebt er im Himmel, denn die Welt der Menschen und Tiere ist ihm zu klein geworden. Als Agbe auf die Erde gekommen war, hatte er Naete, die ihm Schwester und Frau zugleich war, mitgebracht. Naete weilt immer im Meer und begibt sich nur zur Nachtruhe in den Fluß. Agbes erstgeborener Sohn Agbogu sorgt sich in Abwesenheit seines Vaters um die Gottheit Mawu. Ahwangan war wegen seiner Gewalttätigkeit bekannt. Er wollte mit allen Mitteln seinen Vater beseitigen. Ahwangan ließ das Boot seines Vaters untergehen und wurde dafür aus dem Meer verjagt. Die ruhige und friedliebende Göttin Tokpodun konnte die Grausamkeit ihres Bruders nicht länger ertragen. Deshalb verließ sie ihr Elternhaus und begab sich in die Stadt Widah, wo sie sich in einen Fluß verwandelte. Saho wohnt in den Meereswogen und verursacht die Flut. Gbeyongo, der Gott der Ebbe, ist der schlimmste unter den Meeresgöttern: Er läßt die Boote der Menschen untergehen. Afrekete, die jüngste Tochter des Gottes Agbe und der Göttin Naete, kennt alle Geheimnisse ihrer Eltern und wacht über die Reichtümer des Meeres. Die im Himmel verbliebenen Mawu-Kinder lenken die Blitze. Nach Agbe wurde Aden geboren, der guten Regen bringt. Die Bäume, die von diesem Regen getränkt werden, schenken kostbare Früchte. Ein von Aden gestrafter Mensch fällt rücklings tot zu Boden. Akolombe gleicht Wärme und Kälte aus, verursacht Hagelschlag und läßt die Flüsse über ihre Ufer treten. Seinen toten Opfern nimmt er die Lippen. Adjakata ist der Urheber des Platzregens. Als himmlischer Torhüter ist er ständig in Anspruch genommen. Seinen Opfern sticht er die Augen aus. Gbwesu weilt stets bei Mawu. Seine Stimme ertönt als das Rollen des Donners. Akele tötet niemanden, er läßt das Meereswasser verdunsten, das dann als Regen wieder auf die Erde herabfällt. Alasan belehrt die Menschen über die Natur der himmlischen und irdischen Reiche. Gbade, der jüngste Gott im Pantheon Hewiosos, ist immer verärgert. Wenn er in Zorn gerät, vernichtet er alles, was ihm über den Weg läuft, und läßt mit seiner Stimme die kräftigsten Donner ertönen.

Die Schlange Aido-Hwedo gehört nicht zur Götterfamilie. Sie erschien gleichzeitig mit dem ersten Mann und der ersten Frau auf der Erde.

Die Götter Mawu und Lisa

Die Götter haben ihren Ursprung im höchsten Gott Nana Buluku. Vor sehr langer Zeit gebar Nana Buluku Zwillinge und nannte sie Mawu und Lisa. Ihnen übertrug er bald darauf die Herrschaft über das Weltall. Mawu, die eine Frau war, erhielt die Herrschaft über die Nacht, Lisa, ein Mann, die Herrschaft über den Tag. Mawu setzte man deshalb mit dem Mond gleich, sie wohnt im Westen, Lisa mit der Sonne, er wohnt im Osten. Als Nana Buluku ihnen die Herrschaft über Nacht und Tag übertrug, hatten sie noch keine Nachkommen, obgleich Mawu – wie es Brauch der Fonfrauen ist – häufig Lisas Schlafgemach aufsuchte. Wann immer eine Sonnen- oder Mondfinsternis eintritt, sagen die Leute, daß sich das himmlische Paar der Liebe hingibt.

Mawu kam als erste auf die Welt. Als Frau und Mutter ist sie edelmütig und verzeihend. Der jüngere Lisa ist stark und unbarmherzig. Wenn er die Herrschaft über die Erde ausübt, sind die Menschen zu Mühen und Kampf verurteilt, leiden sie unter sengender Glut und Hitze. Lisas Atem ist die Sonnenglut. Nachts aber, wenn Mawu herrscht, ist es kühl und angenehm. Dann geben sich die Menschen allen Annehmlichkeiten des Lebens hin: Sie tanzen oder sitzen am Lagerfeuer und hören Geschichten an, sie lieben sich oder schlafen und sammeln neue Kräfte. »Lisa straft, und Mawu verzeiht«, sagen jene, die an Mawu und Lisa glauben.

Nachdem die Göttin Mawu die Erde geschaffen hatte, entfernte sie sich von ihr und wohnte nun im Himmel. Sie hatte nicht die Absicht, je auf die Erde zurückzukehren. Von ihrem Wohnsitz in der Höhe aus nahm sie jedoch bald wahr, daß es auf der Erde schlecht aussah, daß nichts so war, wie es sein sollte. Sie beobachtete, daß sich die Menschen nicht den Reichtümern der Natur zuwandten und sie nicht zu nutzen verstanden. Sie konnten die Felder nicht bearbeiten, keine Tuche weben, ja sie verstanden nicht einmal, Hütten zu bauen.

Schließlich waren ihre Geduld und Nachsicht erschöpft. Sie rief ihren Gatten Lisa zu sich und bat ihn, sich unter die Menschen zu begeben. Als er loszog, drückte sie ihm ein Stück Eisen in die Hand, das sie Gu nannte. Es war das dasselbe Metall, das sie wie einen Zauberstab in der Hand gehalten hatte, als sie die Welt ins Sein rief. Sie beauftragte ihren Mann, als erstes Wälder zu fällen. Sie gebot ihm auch, den Menschen zu erklären, wie man sich dieses Metalls bedienen muß, um damit neue, für den Erwerb von Nahrung und die Anfertigung von Kleidern unerläßliche Geräte und Werkzeuge, die zum Bau von Hütten notwendig sind, anzufertigen.

Auf der Erde angekommen, fällte Lisa Bäume und lehrte die Menschen, Hütten zu bauen und Felder zu bestellen. Er gab ihnen die Worte Mawus weiter und ihre Mahnung, daß sie, wenn sie bei ihrer Arbeit das Eisen nicht verwendeten, nicht überleben würden. Später, nachdem er ihnen eröffnet hatte, wie man sich dieses Metalls bedienen muß, um alle Schwierigkeiten zu überwinden, begab er sich zurück in den Himmel und händigte das Eisen Gu seiner Schwester und Frau wieder aus. Daraufhin bestimmte Mawu, daß nicht kostbares Gold oder andere Edelmetalle, sondern das Eisen der gesamten Menschheit dienen solle. Dann lobte sie Lisa, weil er seine Aufgabe so sorgfältig erledigt hatte, und zur Belohnung gab sie ihm die Sonne und machte ihn zu deren Herren. Als sich Lisa dann in sein neues Reich begab, versäumte er nicht, den Gott Gu mitzunehmen.

Wie die Gottheit Mawu-Lisa die Königreiche unter ihren Kindern aufteilte

Eines Tages rief die Gottheit Mawu-Lisa alle Kinder zu sich, denn sie wollte die Königreiche unter ihnen aufteilen. Die erstgeborenen Zwillinge erhielten die Herrschaft über die Erde. Sie durften aus dem Himmel all das mitnehmen, was ihnen in ihrer Wohnstatt nützlich und notwendig sein könnte. Dann bestimmte die Gottheit Mawu-Lisa, daß ihr nächstes Kind So, das auch unter dem Namen Sogbo bekannt ist, ein Zwitter wie seine Eltern, im Himmel bleibt. Agba und Naete sollten im Meer wohnen und hatten das Recht, über alle Gewässer zu gebieten. Age erhielt die Herrschaft über den Busch und wurde Herr über alle Vögel und Tiere, die in ihm leben. Er sollte das Leben eines Jägers führen. Vom Gott Gu erzählt man, er sei die Kraft seiner Eltern und habe deshalb keinen Kopf erhalten, der ihm nur eine überflüssige Last sei. Dank ihm habe die Erde aufgehört, eine wilde, unbebaute Einöde zu sein. Er habe den Menschen Werkzeuge und Waffen gebracht, damit sie ihre irdische Existenz sichern konnten. Dem Gott Djo trug man auf, den Raum zwischen Himmel und Erde auszufüllen. Darüber hinaus vertraute ihm die Gottheit Mawu-Lisa das Leben des Menschen an und erlegte ihm die Pflicht auf, von Zeit zu Zeit in den Himmel zurückzukehren und darüber zu berichten, was sich in der Zwischenzeit auf Erden zugetragen hatte. Der Gott Djo ist es auch, der bewirkt, daß die übrigen Gottheiten auf der Erde unsichtbar bleiben.

Neben diesen Rechten verlieh die Gottheit Mawu-Lisa jedem Kind eine andere Sprache. Sagbata erhielt die irdische Sprache, dafür wurde ihm aber die Kenntnis der himmlischen Sprache genommen. Ähnlich soll es auch mit den anderen Gottheiten gewesen sein. Unter ihnen sei der Gott Djo derjenige gewesen, der über die Kenntnis der Sprache der Menschen verfügte.

Den jüngsten Sohn Legba behielt Mawu-Lisa im Himmel zurück. Ihm fiel die Rolle eines Vermittlers zwischen seinen Brüdern und Schwestern sowie zwischen ihnen und ihren Gläubigen zu. Deshalb verstand er auch neben der himmlischen Sprache der Eltern die Sprache der anderen Gottheiten. Seit dieser Zeit muß jedes der Kinder Mawu-Lisas, wann immer es sich an die Eltern oder Geschwister wenden will, die Vermittlung Legbas in Anspruch nehmen.

Vor der Verteilung der Königreiche verriet Gott Hewioso mehr als einmal seinen Wunsch, über die Erde zu herrschen und trat nun energisch dafür ein. Indessen entschied die Gottheit Mawu-Lisa, daß es, da die Erde doch beachtlich weit vom Himmel entfernt ist, angemessen sei, das älteste Kind, Sagbata also, auf sie zu entsenden. Erzürnt hielt Hewioso den Regen zurück, um wenigstens auf diese Weise den siegreichen Bruder zu ärgern. Weil der Regen so lange ausblieb, beklagten und beschwerten sich die Menschen über ihren König Sagbata. Sie meinten, daß er die Liebe des Himmels verwirkt hatte, weil seit seiner Ankunft auf der Erde die Regenfälle ausblieben.

Die Gottheit Mawu-Lisa sandte Legba auf die Erde, damit er die Vorwürfe der Menschen gegen Sagbata untersuche. Doch sie hegte nicht den geringsten Verdacht, daß gerade Legba mit seiner satanischen Natur es war, der Gott Hewioso auf den Gedanken gebracht hatte, den Regen zurückzuhalten. Legba begab sich unverzüglich zu seinem Bruder Sagbata, und ohne sich zu verraten, hörte er sich aufmerksam dessen Klagen an, dann sagte er: »Mach dir nur weiter keine Sorgen. Ich erledige das schon.« Er versprach dem Bruder, ihm aus dem Himmel einen Vogel zu senden, der ihm die Worte Mawu-Lisas überbringen würde, die diese unangenehme Schwierigkeit aus der Welt schaffen werden.

Nach seiner Rückkehr in den Himmel sandte Legba den Vogel Wututu zur

Erde. Er befahl ihm, Sagbata zu sagen, daß er ein großes Feuer anzünden solle, dessen Rauch bis zum Himmel emporsteigt. Dann sollte der Vogel seinen Gesang anstimmen.

Wenn man doch nur Legba auf die Schliche gekommen wäre! Vor ein paar Tagen war er selbst zu Mawu-Lisa gegangen und hatte gejammert, daß man im Himmel an großem Wassermangel leide und deshalb alles dahinstürbe. Um dieses Unheil abzuwenden, hatte die Gottheit Mawu-Lisa angeordnet, daß von diesem Augenblick an kein Tropfen Wasser ihr Reich verlassen dürfe. Nun ersann Legba eine neue Intrige. Er eilte zu seinen Eltern, klagte und lamentierte, daß der Vogel Wututu auf der Erde in Todesgefahr schwebe. Auf der ausgedorrten Erde sei ein gewaltiges Feuer ausgebrochen. Er beschwor die Gottheit Mawu-Lisa mit mahnenden Worten, daß die alles verschlingenden Flammen auch auf den Himmel übergreifen könnten, wenn nicht sogleich Regen auf die Erde gegossen würde. Die Antwort erfolgte sogleich: Hewioso wurde ausdrücklich befohlen, ergiebigen Regen herabströmen zu lassen, der die ausgedorrte Erde in letzter Minute rettete, ob dies Hewioso wollte oder nicht.

Durch die schlechten Erfahrungen belehrt, beschloß die Gottheit Mawu-Lisa, daß von nun an die Erde über die Regenfälle bestimmen sollte, denn dort bestand ja die Gefahr, daß Brände ausbrechen können. Als Verteiler des Regens wurde der Vogel Wututu bestimmt. Wann immer er beobachtet, daß die Erde zu ausgetrocknet und heiß ist, erhebt er seine Stimme, und sofort fällt Regen.

Schließlich führte der durchtriebene Legba Eintracht zwischen den Brüdern herbei. Heute brauchen die Menschen keine Dürre mehr zu befürchten.

Die ersten Nachkommen der Gottheit Mawu-Lisa, die Zwillinge Dada Zodji und Nyohwe Ananu, zeugten viele andere Götter, die ebenfalls ins Pantheon Sagbatas eingingen. Ihr Erstgeborener Dada Langa wurde mit der Zeit zum Oberhaupt der göttlichen Familie. Der zweite Sohn, Da Topko, führt die Aufsicht über die Binnengewässer. Da Sindji wacht über das Trinkwasser, das für das Leben der Menschen und Tiere unerläßlich ist. Aglosunto ist Diener des Gottes Da Sindji und bringt manche Krankheiten. Gbosuzongo bewacht das Ackerland, und sein jüngerer Bruder Hwewe lenkt die Sonnenstrahlen, indem er sie auf das Getreide und die anderen Pflanzen verteilt.

Ein grausamer Gott ist Adowa. Wenn durch Zufall ein Schuldiger seiner verdienten Strafe entgeht, läßt er eine Hungersnot über die Erde kommen und tötet die Schuldigen ebenso wie die Unschuldigen. Nudjenume bekämpft alle Ränkespiele und vereitelt Verschwörungen gegen die rechtmäßige Macht. Suwinenge hat einen Menschenkopf und den Rumpf eines Geiers. Er überbringt Sagbatas Anweisungen und Wünsche von der Erde zur Himmelsgottheit Mawu-Lisa. Agbogbodji bewirkt, daß Menschen ertrinken. Wenn ein Mensch, der etwas Böses getan hat, in einem Boot fährt, läßt Agbogbodji das Boot an der gefährlichsten Stelle untergehen. Mangba beschützt die Frauen. Er beschenkt jene mit Kindern, die es verdienen, die bösen Frauen aber straft er. Tshonu ahndet die Fälle von Blutschande, indem er die Männer zeugungsunfähig macht. Alogbwe, der jüngste der göttlichen Familie, wacht über die Sicherheit auf den Wegen und bewacht den Besitz.

Warum Legba das Oberhaupt der anderen Götter ist

Vor sehr langer Zeit teilte Legba das Los der bedeutungslosesten Götter. Eines Tages versammelte die Gottheit Mawu alle Söhne und sprach zu ihnen: »Seht ihr diese Instrumente – den Gong, die Glocke, die Trommel und die Flöte? Derjenige, der auf ihnen allen gleichzeitig zu spielen und dazu noch im Takt ihrer Musik zu tanzen vermag, der soll zum Oberhaupt der anderen werden.« »Ich bin sehr stark und schaffe das mit Leichtigkeit«, prahlte Hewioso. Als er sich jedoch an die Erfüllung dieser Aufgabe machte, versagte er. Nun wandte sich Mawu an Gu und Age. »Ich bin ein Jäger, ich bin mutig und stark, und überhaupt kann ich machen, was mir gefällt«, rühmte sich Gu, aber als er den Beweis antreten sollte, konnte er ihn nicht erbringen. Ebenso erging es auch Age.

Dann wandte sich Mawu an Legba. Der sagte kein Wort, sondern schlug unverzüglich die Trommel, berührte den Gong, läutete die Glocke und spielte auf der Flöte und vollführte dazu noch tänzerische Bewegungen. Mawu blieb nichts anderes übrig, als die Aufgabe als erfüllt zu erklären und Legba zum Oberhaupt der anderen Götter zu machen. »Zur Belohnung gebe ich dir darüber hinaus die schöne Konikoni«, sagte er, und der dankbare Legba sang erfreut:

»Wenn im Hause Frieden herrscht,
wenn der Acker fruchtbar sich erweist,
wo gäbe es da einen Knaben,
der glücklicher wäre als ich?«

Wie Gott Legba Awe die Magie lehrte

Gott Legba verfügte über die Kunst, magische Dinge anzufertigen. Er begann als erster mit ihrer Herstellung. Eines Tages schaute bei ihm ein Mann herein und fragte, womit er sich da beschäftige. »Ich fertige einen Talisman an«, antwortete Legba. »Bringe mir zwei Hähnchen, achtzig Kauris und etwas Stroh, und ich mache auch einen für dich.«

Als der Unbekannte die erbetenen Dinge gebracht hatte, begleitete Legba ihn zum Markt und erklärte ihm dabei, was zu tun ist, um einen magischen Gegenstand anzufertigen. Sodann gebot er ihm, eine Liane hochzuwerfen. Schon in der Luft verwandelte sie sich in eine Schlange und fing an, Menschen zu beißen. Daraufhin gab Legba dem Unbekannten Heilkräuter, mit denen er diese Menschen heilen konnte.

Der Mann, dem Legba das Geheimnis der magischen Kräfte verraten hatte, hieß Awe. Zu ihm kam jeder, der Hilfe bedurfte, und Awe rief dann Gott Legba herbei. Im Innern der Hütte fertigten sie einen magischen Gegenstand an und gaben ihn anschließend dem Kranken.

Diese Praktiken erzürnten die Gottheit Mawu sehr. Sie rief Legba zu sich und machte ihn unsichtbar. Seit dieser Zeit war Awe der Meister der Magie. Mit seinem Rat und seiner Hilfe diente er jedem, selbst denen, die Böses getan hatten. Mit Hilfe der Magie konnte er beispielsweise auf eine schwangere Frau einwirken, so daß diese ihr Kind nicht zur Welt bringen konnte. Awe ließ die unglückliche Wöchnerin holen, und gegen eine reichliche Belohnung gab er ihr ein Mittel für eine leichte Entbindung. Zu ihm kamen selbst Könige, manchmal aus weit entfernten Ländern.

Am Ende langweilte Awe das alles. »Ich habe genug von der Magie! Ich gehe, um mich in der Welt umzusehen«, beschloß er. Er kaufte sich zwei Knäuel Zwirn, stieg auf einen Hügel, den Ameisen aufgeworfen hatten, und warf sie zum Himmel. Die Gottheit Mawu fing die beiden Knäuel auf, und Awe kletterte an den abgewickelten Zwirnsfäden empor ins Reich der Götter.

»Was suchst du hier?« fragte Mawu verwundert, und Awe antwortete: »Weißt du, wie groß mein Wissen ist? Ich möchte es mit deinem vergleichen.« Kaum hatte er das gesagt, fällte er einen Baum und begann eine menschliche Figur daraus zu schnitzen. Er schnitzte einen wohlgestalteten Kopf und ein hübsches Gesicht, die Haare, die Arme und dann der Reihe nach die anderen Glieder. Doch was sollte es, die Figur sprach nicht, bewegte sich nicht und atmete nicht.

»Dein Wissen ist noch nicht groß genug. Warte, jetzt werde ich dir etwas zeigen«, schlug Mawu vor. Die Gottheit nahm ein Getreidekörnchen, grub ein Loch und legte es dort hinein. Alsbald keimte das Körnchen, und noch am selben Tage bereiteten sie daraus ein schmackhaftes Mahl zu.

Warum die Menschen sterben

Awe verließ Mawu und kehrte zur Erde zurück. Ihm sandte Mawu den Tod nach. »Die Menschen sind schlecht! Wer etwas Böses tut, soll sterben!« hatte die Gottheit beschlossen.

Das gefiel Awe nicht. Unter Aufbietung seiner magischen Kräfte wollte er mit dem Tod abrechnen. Doch in diesem Augenblick erschien Mawu: »Laß ihn in Ruhe, ich werde dir statt dessen das Feuer schenken, damit sich die Menschen nicht mehr wie die Tiere ernähren, sondern gekochte Gerichte essen können. Wenn jemand erkrankt, sollst du gut auf ihn aufpassen. Ich selbst werde entscheiden, ob es schon an der Zeit ist, den Tod zu ihm zu schicken«, sagte Mawu. Awe fügte sich seinem Willen, und seit dieser Zeit ist er der treueste Freund des Todes.

Wie Gott Legba seine Frau bestrafte

Unter seinen vielen Frauen hatte Legba eine, die hieß Nunde. Eines Tages, Legba war gerade weggegangen, erschien Gott Fa in seinem Hofe und verbrachte einige vergnügliche Stunden mit dessen Frau. Als Legba, vor dem man nichts verbergen kann, zurückgekehrt war, fragte er: »Warum hintergehst du mich? Weshalb führst du dich so auf?« – »Dein Glied reicht mir nicht aus. Darum halte ich nach anderen Ausschau«, gestand sie offen.

Legba sagte nichts. Geschwind begab er sich in seine Hütte, wo er eine ausgiebige Mahlzeit genoß. Dann rief er seine Frau Nunde zu sich und sagte zu ihr: »Heute sollst du zufrieden sein!« Dann scharte er alle Menschen um sich, und nachdem er sich seiner Frau genähert hatte, fügte er hinzu: »Mein Glied ist stark. Heute sollst du nicht klagen können!« In Gegenwart der zahlreich Versammelten wohnte er seiner Frau bei und ließ nicht ab von ihr, obgleich sie schon nicht mehr konnte. Die Menschen schlugen die Trommeln, und Legba sang triumphierend:

»Gudufu!
Weit ist meines Lebens Linie
und lang, so lang wie mein Glied.
O Gudufu, wie lang bist du!«

All das tat er, um seine Frau zu beschämen. »Fa ist mein Freund, sowahr ich ein Gott bin! Seht, wie er sich entwürdigt hat, indem er meine Frau verführte! Jetzt sollen sie sich beide schämen!« sagte er zu den Untertanen. Dann wandte er sich an Gott Fa: »Von heute an sollst du dein Haus nie mehr verlassen. Wann immer ich etwas Gutes finde, werde ich es gern mit dir teilen.«

Seit dieser Zeit nahm Legba, wenn er aus dem Haus ging, immer seine Frau Nunde mit, damit Fa ihr nie mehr beiwohnen konnte. Um sich aber am schönen Geschlecht zu rächen, wohnte er, zur Vergeltung für den Seitensprung seiner Frau, jeder Frau bei, der er auf seinem Wege begegnete, ganz gleich, wem sie gehörte.

Legba rächt sich an seiner Mutter Mawu

Legba weilte oft in Gesellschaft seiner Mutter. Immer wenn er etwas Gutes getan hatte, schrieben es die Menschen Mawu zu und brachten ihr Danksagungen entgegen; und die Göttin beließ sie in diesem Irrtum. Wenn hingegen etwas Schlechtes in der Welt geschah und die Menschen Mawu deswegen schelten wollten, sagte sie zu ihnen: »Was maßt ihr euch mir gegenüber an, da doch Legba die Ursache des Schlechten ist?!« Es nimmt daher nicht wunder, daß die Menschen bald anfingen, Legba zu hassen.

Eines Tages konnte sich Legba nicht mehr beherrschen und fragte die Mutter, warum sie ihm alles Schlechte anlaste und seinen guten Namen verdürbe. »Es ist ganz natürlich, daß der Herrscher immer gut ist und seine Diener heimtückisch und schlecht sind«, wich sie ihm aus. Doch diese Antwort befriedigte den Sohn keineswegs, und er beschloß, die Mutter zur Ordnung zu rufen.

Neben ihrem Gehöft hatte die Göttin einen Garten, in dem sie gewöhnlich Yamswurzeln anbaute. Diesen Umstand wollte der gewitzte Legba ausnutzen. Er begab sich zu seiner Mutter und vertraute ihr im geheimen an, daß er gehört habe, daß Diebe in den Garten eindringen und alle Yamswurzeln rauben wollen. Mawu überlegte gleich, wie sie den Garten schützen könnte. Nachdem sie alle Diener versammelt hatte, drohte sie, jeden zu töten, der seinen Fuß in ihren Garten setze.

In der darauffolgenden Nacht goß es in Strömen. Legba schlich sich ins Haus der Mutter und stahl ihre Sandalen. Er zog sie an, ging in den Garten und riß sämtliche Yamswurzeln aus. Dabei bemühte er sich, wo es nur ging, deutliche Fußspuren zu hinterlassen. Am nächsten Morgen wurde der Diebstahl entdeckt. Legba legte mit unschuldiger Miene der Mutter nahe, sie solle alle Menschen zusammenkommen lassen, um festzustellen, wer von ihnen der Dieb sei.

So geschah es dann auch. Der Reihe nach kamen alle und drückten ihre Fußspuren neben die im Garten gefundenen, aber nicht eine stimmte überein. »Vielleicht ist Mawu selbst in der Nacht in ihrem Garten gewesen und hat es nur vergessen«, flüsterte Legba bei sich. »Wo denkst du hin!« ereifert sich Mawu. »Du weißt selbst ganz genau, warum ich dich nicht leiden kann. Doch was soll ich reden! Überzeuge dich mit eigenen Augen von meiner Unschuld!«

Sie drückte ihren Fuß neben die Spuren, die der Dieb hinterlassen hatte, und siehe da, die Fußabdrücke glichen einander wie ein Ei dem anderen. Es entstand ein großes Durcheinander. Die Menschen schrien – der eine wie der andere: »Mawu hat sich selbst bestohlen!« Rot vor Scham und Wut, versuchte sie ihnen zu erklären, daß ganz gewiß ihr Sohn Legba sich diese Bosheit ausgedacht habe. Da sie jedoch niemanden davon überzeugen konnte, verließ sie die Erde und erhob sich zum Himmel.

In jener Zeit befand sich der Himmel noch dicht über der Erdoberfläche. Wann immer Legba eine Bosheit verübte, entging es der Mutter nicht, die ihn streng dafür bestrafte. Der erzürnte Legba verschwor sich mit einer Alten und befahl ihr, an die Stelle, wo Mawu weilte, Wasser zu schütten. Nachdem also die Alte ihre Teller und Töpfe abgewaschen hatte, schüttete sie das schmutzige Wasser der Göttin genau vor die Augen. »Auch hier läßt man mich nicht in Ruhe!« rief Mawu aus. Dann stieg sie noch weiter hinauf und ließ ihren Sohn auf der Erde zurück.

Warum die Schlange Aido-Hwedo die Erde trägt

Als Mawu die Erde schuf, war die Schlange Aido-Hwedo ihre Dienerin. Sie trug ihre Herrin überall hin, wohin diese nur wollte. Durch ihre Bewegungen entstanden auf der Erde Bögen und Krümmungen, Erhebungen und Vertiefungen. Dort, wo die Schlange Rast machte, häuften sich aus ihren Exkrementen Berge. Deshalb findet man im Inneren der Berge heute Schätze.

Nachdem Mawu ihr Schöpfungswerk beendet hatte, bemerkte sie, daß die Erde etwas zu schwer geraten war. Es gab zu viele verschiedene Dinge auf ihr: Berge, Flüsse, Tiere und Pflanzen, Mineralien und Steine. Da befahl sie der Schlange, sich zu legen. Damit es ihr nicht zu heiß würde, umgab sie sie mit Wasser. Wann immer Aido-Hwedo sich heute bewegt, kommt es zu schweren Erdbeben.

Sogbo, der Gott des Donners

Sagbata, der Gott der Erde, und Sogbo, der Gott des Donners, sind Brüder. Nach der Erschaffung der Welt übertrug die Gottheit Mawu ihnen beiden die Herrschaft über sie. Sagbata, der ältere Bruder, beschloß, den Himmel zu verlassen und auf die Erde hinabzusteigen. Fast den gesamten Besitz der Mutter, der ihm nach dem Erstgeburtsrecht zustand, nahm er mit. Der jüngere Bruder, der hinterlistige und rücksichtslose Sogbo, der auch den Namen des Feuers Miyomiyo annahm, blieb im himmlischen Reich der Mutter.

Von vornherein hatte sich die Göttin Mawu dagegen verwahrt, bei Streitigkeiten zwischen den beiden Brüdern einzugreifen. Die Brüder sollten einig sein, und ihre Königreiche sollten sich wie die beiden Teile einer geschlossenen Kalebasse gleichen, in der das Weltall entstehen und Gestalt annehmen könne. Der ältere Sagbata sollte das Unterteil der Kalebasse, der jüngere Sogbo hingegen deren Oberteil bilden. Doch Sogbo wollte um nichts in der Welt das Reich der Mutter verlassen.

Indessen stieg Sagbata immer tiefer und tiefer herab, und es war ihm nun nicht mehr möglich, in die Höhe zurückzukehren. Als er schließlich auf der Erde angekommen war, riefen ihn die Menschen zum König aus. Das aber gefiel seinem Bruder Sogbo nicht. Neidisch auf die Macht und den Ruhm Sagbatas, hielt er den Regen zurück. Um die Erde stand es nun schlecht. Die ausgehungerten und durstenden Menschen liefen zu ihrem Herrscher und klagten: »Seit du zu uns gekommen bist und wir dich zum König gemacht haben, ist kein Tröpfchen Regen gefallen.« – »Ja, das ist wahr«, gestand Sagbata. »Doch habt Geduld. In einigen Tagen werden eure Felder zu neuem Leben erwachen und die Gärten wieder grünen.«

Ein Jahr verging, von Regen war keine Spur. Ein zweites Jahr verging, kein Tropfen war gefallen. Trocken und heiß war auch das dritte Jahr. In diesem Jahr stiegen zwei Männer auf die Erde herab. Sie ließen sich im Lande Ife nieder und lehrten, was das Orakel Fa vorschrieb. Sie reisten durch die Lande und lehrten die Menschen, von denen es zu jener Zeit noch nicht mehr als tausend gab. Diese Menschen liefen zum König Sagbata und erzählten ihm aufgeregt von den Ankömmlingen aus dem Himmel und ihrer Bestimmung.

Schließlich entschloß sich Sagbata, sie vor sich kommen zu lassen. Als sie vor sein Angesicht getreten waren, sprachen sie zu ihm in der Himmelssprache, und da erst glaubte Sagbata an ihre Bestimmung. Er erkundigte sich nach den Ursachen der großen Dürre, doch sie konnten sie ihm nicht nennen. Sie meinten nur, daß sein jüngerer Bruder bei schlechter Laune sei. Und auch die Frage nach dem Grund seiner schlechten Stimmung konnten sie ihm nicht beantworten. Sie schlugen lediglich vor, das Orakel Fa danach zu befragen.

Mit Sagbatas Erlaubnis nahmen sie die Orakelsteinchen, warfen sie und fragten, warum der Regen die verdurstende Erde meidet. Die geworfenen Steinchen zeigten ein Bild, das man jeku gbuloso nennt. Die Priester des Orakels Fa deuteten sie unverzüglich: »Der Streit unter den Brüdern dauert an. Um ihn zu schlichten, soll der ältere Bruder dem jüngeren seinen Platz freimachen.«

Sagbata wurde nachdenklich und überlegte, was er jetzt tun sollte. Der Himmel war zu hoch, als daß er zu ihm aufsteigen und seinen eifersüchtigen Bruder beruhigen könnte. Im übrigen war er selber schuld. Die Göttin-Mutter hatte ihm doch erlaubt, alles aus dem Himmel mitzunehmen, was er brauchte. Allein das Wasser hatte er übersehen, als er die verschiedensten Dinge in seinen unermeßlich großen Sack eingepackt hatte. Wer hätte auch gedacht, daß gewöhnliches Wasser auf der Erde eine so große Bedeutung haben würde.

Die Priester erklärten Sagbata, daß Sogbo jetzt tatsächlich im Himmel das Wasser verwalte. Sie legten Sagbata nahe zu versuchen, durch Geschenke die Zuneigung des Vogels Wututu zu gewinnen, der ein enger Freund Sogbos sei. »Wenn Wututu sich zum Himmel erhebt und Sogbo bittet, wird er ihn mit Sicherheit nicht abweisen«, meinten sie.

Sagbata hörte auf den Rat der Priester des Fa, und nachdem er von allen irdischen Reichtümern genommen hatte, rief er den Vogel Wututu herbei: »Fliege los und sage Sogbo, daß ich, sein Bruder Sagbata, die ganze Welt seiner Herrschaft übergebe. Ich erlaube es ihm, ein eigenes Reich, Gehöfte und Hütten zu haben. Er soll sich die Söhne samt ihrem Vater, die Töchter samt ihrer Mutter nehmen dürfen. Wenn er auch in der Höhe wohnt, soll er doch über die Erde herrschen.«

Wututu schwang sich sofort in die Höhe und sang mit klangvoller, Sogbo wohlbekannter Stimme:

»Sagbata schickt mich mit einer Botschaft.
Hörst du mich, mein Freund?
Dir will er die Erde anvertrauen.
Eigene Königreiche sollst du haben,
eigene Gehöfte, Hütten, Frauen.
Du bekommst die Söhne samt ihrem Vater,
du erhältst Mutter und Töchter.
Hörst du mich, mein Freund?«

Sogbo hörte sich den Gesang des Vogels bis zum Ende an und traute seinen Ohren nicht. Er ergriff einen Blitz und schleuderte ihn in die Richtung, aus der die Simme herüberschallte. In seinem Lichte erblickte er den Vogel Wututu, und da erst erlaubte er ihm, den Himmel zu betreten. Als sich Wututu dem Freund genähert hatte, sagte dieser: »Kehre sofort zur Erde zurück! Sage meinem Bruder, daß er, obgleich er älter ist als ich und allen Besitz der Mutter geerbt hat, sehr unvernünftig gehandelt hat, denn er hat zwei Dinge, die über die Macht im Weltall entscheiden, im Himmel zurückgelassen. Denn nur mit ihrer Hilfe, dem Wasser und dem Feuer, konnte ich ihn bezwingen.«

Wututu ließ sich zur Erde hinab. Er hatte noch nicht die Hälfte des Weges zurückgelegt, als sich der Himmel öffnete und der lang ersehnte Regen herabströmte.

Sagbata war überglücklich. Er stellte von diesem Augenblick den Vogel Wututu unter seinen besonderen Schutz, niemand durfte ihm irgend etwas antun. Noch am selben Tage versöhnte er sich mit seinem Bruder.

Alljährlich besucht der Gott des Donners, Sogbo, seinen Bruder auf der Erde und bringt den lebenspendenden Regen mit.

Wie die ersten Menschen auf die Erde kamen

Vor sehr langer Zeit kamen vom Himmel ein Mann und eine Frau auf die Erde herab. Sie ließen sich in der Stadt Adja nieder, die in der Nähe der Stadt Some liegt. Aus dem Himmel hatten sie einen langen Stab und Kalebassen mitgebracht. An jenem Tage ging ein Platzregen nieder. Erst nach siebzehn Tagen hörte es auf zu regnen. Während dieser Zeit sprachen die ersten Menschen auf der Erde kein Wort, außer daß sie ausriefen: »Sogbo, Sogbo, Sogbo!« Dies war der Name dessen, der sie auf die Erde hinabgesandt hatte.

Als weitere sieben Tage verstrichen waren, tauchte auf der Erde ein zweites Menschenpaar auf. Der Mann und die Frau waren mit Lisadje-Perlen behängt, mit ›Perlen der Gottheit Lisa‹. Sie machten sich daran, die ersten Menschen zu lehren, wie man Mawu und Lisa Ehre zu erweisen hat. In Adja erbauten sie das erste diesen Göttern geweihte Heiligtum.

Am Tage der ersten Opferdarbringung fiel Regen, und mit ihm kamen viele Menschen auf die Erde herab, um an dieser Feier teilzunehmen. Nach der Zeremonie kehrten sie in den Himmel zurück. Die feierliche Opferdarbringung wurde viermal wiederholt, danach kehrte auch das mit den Perlen geschmückte Paar in den Himmel zurück. Auf der Erde ließen sie ihre Tochter zurück, die ihnen während dieser Zeit geboren worden war.

Nach einigen Monaten gebar die erste Erdbewohnerin zwei Kinder: einen Jungen und ein Mädchen. Jedes von ihnen kam mit einem kleinen Stab in der Hand zur Welt, der ebenso wie sie heranwuchs und auch größer wurde. Sieben Jahre später kehrten die Eltern der Kinder in den Himmel zurück. Denn sie waren überzeugt, daß das von ihnen auf Erden begründete Menschengeschlecht nun fähig sein würde, sich selbst zu erhalten und zu vermehren.

Die ersten ›Boten‹ waren in Begleitung eines Chamäleons vom Himmel gekommen. Es folgte ihren Füßen wie ein Hund seinem Herrn. Die Gottheit Lisa selbst hatte es geschickt, weil sie wußte, daß, wenn die ersten Menschen von ihr und Mawu künden werden, einige ihre Lehre nicht annehmen und sich gegen sie verschwören werden. Das Chamäleon kroch deshalb immer vor den beiden her, und auf seiner glatten Haut spiegelte sich alles, was hinter ihrem Rücken geschah. Aus diesem Grunde ist das Chamäleon das Opfertier der Gottheit Lisa.

Wie König Agadja die Wodun-Götter nach Dahomey holte

›Die Wodun-Götter kamen wegen unseres Ahnvaters und Herrschers Agadja nach Dahomey. In den ersten Jahren seiner Herrschaft kümmerten sie sich nicht um unser Volk, denn das kannte und verehrte sie nicht. Zahllose Katastrophen und Nöte quälten uns unablässig. Unsere Arbeit brachte wenig ein, von den Feldern wurde nur wenig geerntet, überhaupt war alles nicht so, wie es sein sollte. Die schwangeren Frauen gebaren Ziegenböcke, die Ziegen brachten Menschen zur Welt.

Eines Tages kam Hwandjile, eine Frau aus Adja, nach Abomey und bot mitgebrachten Indigo zum Kauf an. Hier und dort sah sie, daß Männer Ziegen und Ziegenböcke Frauen beiwohnten. Sie geriet in große Verwunderung und fragte, wer diese Tiere, die den Menschen beiwohnen, geboren habe. ‚Frauen haben sie geboren‘, antwortete man ihr.

König Agadja hatte eine Frau namens Naje Adono, die beiden waren nicht allzu glücklich miteinander. Eines Tages nach der Heimkehr vom Markt begab sich Naje Adono zu ihrem Gatten und erzählte ihm aufgeregt, sie habe eine Frau aus Adja getroffen, die wisse, welche Opfer man den Göttern darbringen müsse, um Ordnung in die Natur zu bringen.

Ohne lange nachzudenken, ließ Agadja Hwandjile holen. Das königliche Gebot gehorsam befolgend, trat sie vor das Angesicht des Herrschers und bekräftigte: ‚Ja, wirklich! in unserem Dorf bringen die Frauen Kinder und die Ziegen Lämmer auf die Welt.' Als Agadja sie fragte, wie das käme, antwortete sie: ‚In unserem Lande haben wir die Wodun, aber ihr verehrt diese Götter nicht.' – ‚Bringe uns diese Wodun-Götter her, damit wir sie kennenlernen und ihnen Huldigung erweisen', befahl Agadja. Hwandjile eröffnete ihm daraufhin, was zu tun sei, und als Agadja alle ihre Anweisungen sorgfältig befolgt hatte, brachte sie die Götter Mawu und Sagbata, Hewioso und Gu, Lisa, Dan und Aido Hwedo, Nesuhwe, Towodun und Fa, Minona und Boko Legba herbei. Diese Götter brachte sie herbei und vertraute sie dem Schutz des Königs an. Der dankbare Herrscher bat Hwandjile, seine Frau zu werden. Ungeachtet dessen, daß sie im Dorfe Adja einen Mann und einen Sohn zurückließ, ging sie in den königlichen Palast. Sie heiratete Agadja, und nach der üblichen Zeit gebar sie ihm den Sohn Tegbesu.‹

Ewe

Die Götter der Ewe

Der höchste Gott der Ewe ist Mawu, der in vier Gestalten erscheint: Mawu-Ga, Mawu-Sodza, Mawu-Sogbla und Mawu-Sowlui. Der Himmel ist die Verkörperung der Gottheit Mawu-Ga, seine göttliche Farbe ist das Weiß. Mawu-Ga ist der Schöpfergott, der die ersten Menschen geschaffen hat und sie bis zum heutigen Tag ins Leben ruft, indem er kleine Menschen im Schoß der Frauen wachsen läßt. Um heute einen Menschen zu erschaffen, benötigt der Gott die Kiefer eines verstorbenen Mitglieds der betreffenden Familie, den Körper des neuen Menschen formt er aus Lehm.

Früher soll es auf der Welt ein Menschengeschlecht gegeben haben, das aus der Erde hervorgegangen ist. Nachdem Gott die Erde geschaffen hatte, versank sie im Wasser. Daraufhin sandte Mawu-Ga seinen Diener, einen Vogel, los, der das Wasser vom Festland trennen sollte. Als das Wasser gesunken war, kam das trockene Land zum Vorschein, aus dessen Inneren eine Gruppe von Menschen herauskam. Ein anderes Menschengeschlecht stammt unmittelbar aus dem Himmel. Die Ewe glauben, daß es noch heute auf der Erde Orte gibt, wo Menschen ins Leben gerufen werden. Sie glauben auch, daß alles, was heute auf der Erde existiert, einst an gleicher Stelle in geistiger Form vorhanden war. An diesen besonderen Orten erhält die Mutter der Geister unmittelbar vom Schöpfergott die Kinder, die sie dann den Frauen zur Geburt übergibt.

Mawu-Sogbla und Mawu-Sodza sind Gottheiten aus dem Pantheon des Gewittergottes So. Von den So-Göttern haben die Menschen das Feuer erhalten, um das sich viele Tiere vergebens bemüht hatten. Keinem von ihnen war es gelungen, brennende Kohlen aus der göttlichen Schmiede zu holen. Selbst die Schildkröte, die in ihrem Hinterteil Kohlen versteckt hatte, wurde entdeckt.

Gott Sogbla ist der eigentliche Gewittergott. Er wohnt in einem von Feuer umgebenen Palast im Himmel. Gleichzeitig ist er der Himmelsschmied, der in seiner Palastschmiede feurige Äxte und Pfeile schmiedet, die er, noch glühend, als Blitze zur Erde schleudert. Als geschickter Jäger und Tierfänger wird Sogbla auch von den Jägern verehrt. Die Ewe glauben, daß ein Jäger nur ein solches Tier erlegen kann, das zuvor Sogbla zum Opfer gefallen ist. Sünder und Feinde läßt Sogbla von einer tödlichen Lähmung befallen, oder er zündet ihre Hütten an. Sogbla hat einen Diener, Lubutsawoe, der als Gott niederen Ranges gilt. Er entfacht für seinen Herrn das Schmiedefeuer und hält es am Brennen. Manchmal wird er auch Gbla, ›Fliegender Hund‹, genannt.

Den Menschen erscheint Sogbla in Gestalt eines Vogels, der wie ein Pfeil am Himmel dahinfliegt. Sogbla und Sodza sind verheiratet, haben aber entgegengesetzte Wesen. Sogbla löst die lauten Donnerschläge, seine Frau das leise und sanfte Grollen des Donners aus. Immer bemüht sie sich, die Ausbrüche ihres wetternden und donnernden Gatten zu mäßigen. »Zürne nicht so, ich bitte dich! Denk an die Kinder des So [die Menschen S. P.] auf der Erde!« sagt sie dann mit leiser Stimme zu Sogbla. Dessen Wesen hat wohl auch bewirkt, daß sich die Zahl seiner Verehrer verringert hat und diese sich Sodza angeschlossen haben. Sodza, die Göttin der Fruchtbarkeit und des Regens, wohnt auch im Himmel, ›bei der Quelle des Regens‹. Sie ist die Mutter aller Flüsse. Sodza verteilt die Niederschläge und läßt die Pflanzen wachsen. Den Frauen gewährt sie Fruchtbarkeit und den Menschen Wohlstand.

Warum die Ewe die Stadt Nuatja verließen

Die Stadt Nuatja[22] war das Siedlungsgebiet, das man sich erträumt hatte. Die Bauern fanden dort fruchtbaren, ertragreichen Boden, in den umliegenden Wäldern lebte zur Freude der Jäger eine Vielfalt wilder Tiere. Das Klima war nicht nur für die Männer, sondern auch für die Frauen anregend: Sie brachten zahlreiche Nachkommen zur Welt, unfruchtbare Frauen gab es ganz selten. Es nimmt daher nicht wunder, daß sich Nuatja schnell bevölkerte und an Macht gewann. Es ging alles so lange gut, bis der grausame Herrscher Agokoli den Thron bestieg. Für ihn zählte nichts und niemand. Verfolgungen, Überfälle und Plünderungen wurden zur Gewohnheit. Als schließlich eine Gruppe von Höflingen den Mut faßte, ihm deshalb Vorhaltungen zu machen, ließ er sie umbringen und den Geiern zum Fraß vorwerfen. Dann befahl er seinen Untertanen, Nuatja mit einer gewaltigen Mauer zu umgeben. Unter den angerührten Lehm ließ er Dornen mischen, die dann den Bauleuten die Hände zerstachen.

Diese ständigen Quälereien reizten die Ewe bis zum äußersten. Ein Clan nach dem anderen faßte den Entschluß, die Stadt ohne Wissen des Herrschers zu verlassen. In aller Heimlichkeit machten sie sich in einer finsteren

Nacht an die Ausführung ihres Fluchtplanes. Die Frauen schleppten auf dem Kopf Gefäße mit Wasser herbei, das sie auf die Mauer gossen, um den Lehm dadurch aufzuweichen. Die Männer schlugen, ohne Atem zu holen, die Trommeln, um auf diese Weise den Lärm, den die Fliehenden verursachten, zu übertönen. Bald war ein beachtliches Loch in die Mauer gebrochen. Zuerst schlüpften die Kinder, dann die Frauen und Männer und schließlich die, die die Trommeln geschlagen hatten, hindurch.

Als sie sich von der Stadtmauer entfernt hatten, sammelten sich die einzelnen Clans und zogen weiter. Den Zug führte der Clan Ho an, ihm folgten die Leute aus dem Clan Akowiewe, und die Be bildeten den Schluß. Ihre Aufgabe war es, alle Spuren zu verwischen. Sie streuten Hirsekörner auf den Sandboden, damit die Wildtauben, die sich darauf stürzten, mit ihrem Flügelschlag die Erde glätteten.[23]

Nupe

Wie der Tod auf die Erde kam

Am Anfang schuf Gott die Menschen, Schildkröten und Steine, von all diesen Arten gab es Männer und Frauen. Weil Gott es so wollte, schenkte er den Menschen und Schildkröten das Leben, den Steinen versagte er es hingegen. Keine dieser drei Arten konnte Kinder haben; wenn sie die Grenze des Alters überschritten hatten, wurden sie wieder jung.

Die Schildkröte wollte sehr gerne Nachkommen haben und bat Gott inständig darum. »Ich habe dir das Leben gegeben, aber ich habe dir nicht erlaubt, Kinder zu haben«, ließ sich Gott nicht erweichen. Die Schildkröte gab jedoch nicht auf und wiederholte bis zum Überdruß ihre Bitte. Ungeduldig schalt Gott sie schließlich: »Dauernd kommst du gelaufen und bittest mich um Kinder. Begreifst du nicht, daß sie, wenn du eine Reihe Nachkommen hättest, auch sterben müßten?« – »Laß mich meine Kinder sehen, und dann will ich sterben!« rief die Schildkröte erregt aus.

Als der Mensch die Schildkröte mit ihren Kindern spielen sah, regte sich auch in ihm ein Hauch von Sehnsucht. Gott warnte ihn wie einst die Schildkröte, doch der Mensch ließ sich nicht von seinem Wunsch abbringen und rief aus: »Laß mich doch meine Kinder sehen, dann will ich sterben!«

Auf diese Weise also kamen Kinder auf die Welt, und mit ihnen kam auch der unerbittliche Tod.

Die Gründung des Königreiches Nupe

Vor sehr langer Zeit gab es kleine, einander bekämpfende Häuptlingstümer. Einmal stand an der Spitze des Dorfes Nku ein kluger und gerechter Mann. Ihm gelang es, alle Häuptlinge unter seiner Führung zu vereinen. Das Dorf Nku, das zur Hauptstadt erhoben wurde, lag an der Mündung des Kaduna in den Niger.

Zu jener Zeit mußten die Nupe Atta Gara, dem in Eda herrschenden König, Tribut zahlen. Jede Familie mußte ihm alljährlich einen Sklaven stellen. Wenn die Zeit des Tributs gekommen war, brachte jedes Familienoberhaupt gewöhnlich einen der Söhne der Schwester zum König Gara.

Eines Tages hatte sich der Sohn des mächtigen Atta Gara auf die Jagd begeben. Während er dem Wild nachsetzte, merkte er nicht, daß er nach Nku, das im Lande der Nupe liegt, geraten war. Der Zufall wollte es, daß zur selben Zeit die Tochter des Häuptlings von Nku, eine schöne und junge Witwe, in den Wald gegangen war, um dort wildwachsende Früchte zu sammeln. Sie gefiel dem jungen Fürsten. Er verliebte sich auf den ersten Blick in sie und dachte überhaupt nicht mehr daran, in seine Vaterstadt zurückzukehren.

Das Glück des jungen Paares war jedoch nur von kurzer Dauer. Die Nachricht vom Tode des alten Atta rührte das Gewissen des Prinzen. Sollte er vielleicht schon in kurzer Zeit den Königsthron besteigen können? Er gab der schönen Witwe ein Amulett und einen Ring und schwor ihr, bei der nächsten Gelegenheit wiederzukommen, und machte sich dann auf den Weg ins Land der Väter. Ihre Liebe war indessen nicht fruchtlos geblieben: Die Witwe erwartete ein Kind. Bald nach der Abreise des Geliebten gebar sie einen Sohn, dem man den Namen Tsoede gab. Die Feierlichkeiten zur Namensgebung des Sohnes dauerten noch an, als auch sein Großvater, der alte Häuptling des Dorfes Nku, ins Land der Ahnen einging. Das Amt übernahm sein Sohn, der Bruder der Witwe und Onkel Tsoedes.

Dreißig Jahre gingen ins Land. Es kam die Zeit der alljährlichen Tributzahlung. Der neue Häuptling von Nku sandte diesmal seinen Neffen Tsoede ins Land von Atta Gara, wie es uralter Brauch in seinem Lande war.

König Gara erkannte in dem angekommenen Sklaven seinen Sohn. Das Amulett und der Ring bestätigten ihn in seiner Annahme. Er verriet niemandem sein großes Geheimnis, behielt Tsoede immer bei sich und behandelte ihn fast so gut wie seine Söhne aus rechtmäßiger Ehe.

Dreißig Jahre lang weilte Tsoede am Hofe seines Vaters, und er beklagte sein Schicksal nicht. Obwohl er Sklave war, erfuhr er Ehrungen, von denen manch freier Mann nicht einmal träumte. Unterdessen wurde König Gara, sein Vater, von einer geheimnisvollen Krankheit befallen. Keine Kräuter und Mixturen halfen ihm, ratlos waren die berühmtesten Medizinmänner und Magier. Der Hofarzt meinte, daß nur die Frucht einer bestimmten, sehr hohen Palme, die außerhalb der Stadt wüchse und von einer dazu geeigneten Person gepflückt sein müsse, ihn retten könnte.

Vergeblich versuchten nun der Reihe nach alle seine Söhne, diese Frucht zu holen. Keiner von ihnen hatte Erfolg. Am Ende beschloß auch Tsoede, sein Glück zu versuchen. Als er auf die Palme kletterte, schnitt er sich den Mund auf, so daß es aussah, als sei er mit einer Hasenscharte geboren. Er ließ sich von diesem ungünstigen Omen nicht entmutigen, und bald schon hielt er die gewünschte Frucht in der Hand.

Tsoedes Tat ließ die Liebe des Vaters zu ihm noch stärker werden und die Achtung vor ihm bei Hofe weiter steigen. Doch weckte sie auch die Eifersucht der Stiefbrüder. Der König war sich nur allzu gut darüber im klaren. Als er fühlte, daß das Ende seines Lebens nahe war, gebot er Tsoede, in seine Heimat zu fliehen. Als Abschiedsgeschenk übertrug er ihm die Herrschaft über das Land der Nupe. Er schenkte ihm zahlreiche Kostbarkeiten und händigte ihm die Zeichen der königlichen Macht, die Symbole königlicher Unfehlbarkeit und Gerechtigkeit, aus: ein Boot aus Bronze, wie es nur Könige besitzen können, samt einer zwölfköpfigen Mannschaft von Nupesklaven; eine lange Kakaki-Trompete aus Bronze,[24] königliche, mit Messingglöckchen geschmückte Trommeln und schwere Eisenketten, die über große magische Kraft verfügten.

Kaum hatte das Boot abgelegt, kamen die wütenden Brüder an der Spitze eines zahlreichen Heeres zum Fluß. Die Verfolgung begann. Die tüchtige und ihrer Pflicht bewußte Mannschaft ruderte aus ganzer Kraft, und der Vorsprung wurde langsam größer. Mit der Zeit wurden die Ruderer jedoch müde. Die Ruderer in den Booten der Verfolger lösten sich alle Augenblicke ab und schlugen immer schneller mit den Rudern ins Wasser. Es schien, als gäbe es für Tsoede keine Rettung mehr. Da brach plötzlich Dunkelheit herein, und ein starker Regenguß hüllte die Welt ein. Tsoede befahl, unbemerkt in die kleine Bucht Ega an der Mündung des Flusses Kaduna einzubiegen und dort in dem hochgewachsenen Schilf die bedrohlichste Stunde auszuharren. Die Verfolger ruderten noch lange stromauf, wobei sie nicht nur gegen den Strom, sondern auch gegen den ihnen nicht gnädig gestimmten Himmel ankämpfen mußten. Von der erfolglosen Suche ermüdet, kehrten sie schließlich nach Eda zurück.

Tsoede und seine Leute konnten jetzt ohne Gefahr ihr Versteck verlassen. Um alle Spuren zu verwischen, beschlossen sie, das Boot, das ihnen das Leben gerettet hatte, zu versenken.[25]

In dem nächstgelegenen Dorf Nupeko angekommen, mußte Tsoede seine Kräfte mit dessen Häuptling messen. Nachdem er ihn besiegt hatte, ließ er sich zum Häuptling ausrufen und machte Nupeko zum Ausgangspunkt aller weiteren Unternehmungen. Von hier aus eroberte er später Nku, die Stadt, in der sein Onkel regiert hatte, ließ sich zum Herrscher aller Nupe ausrufen und verlieh sich den Titel Etsu, ›König‹. Die zwölf Sklaven, die ihn auf seiner Flucht aus Eda begleitet hatten, ernannte er zu Oberhäuptern von zwölf Städten der Nupe und überreichte ihnen die Insignien der Macht: Messingarmreifen und magische Ketten.[26]

Ekoi

Obassi Osaw und der Feuerdieb

Obassi Osaw ist der Eigentümer aller Wasser und des Feuers. Nachdem die Welt erschaffen und die ersten Menschen auf die Erde herabgesandt worden waren, schenkte ihnen Obassi Osaw das Wasser, das Feuer jedoch versagte er ihnen. Lange und geduldig warteten die Menschen, in der Hoffnung, Gott habe dieses für den Menschen so nützliche Feuer nur vergessen und werde es schließlich doch noch zur Erde herabkommen lassen. Das lange Warten erzürnte schließlich einen stolzen Häuptling, einen gewissen Etim'Ne, was ›alter Mensch‹ bedeutet. Er rief deshalb einen seiner treuen Untertanen zu sich und sagte zu ihm: »Du weißt nicht zufällig, warum Obassi Osaw uns ohne das Feuer hierher geschickt hat? Dumm bist du. Woher solltest du es auch wissen?« fügte er zornig hinzu. »Lauf schnell zu ihm und erinnere ihn an das, was wir brauchen!« befahl er schließlich. Der Jüngling stand unverzüglich auf und beeilte sich, den Befehl seines Herrn auszuführen.

Als der Gesandte Etim'Nes vor Obassi Osaw trat, entbrannte dieser vor Zorn über diese menschliche Dreistigkeit. Wie konnte es einer wagen, seine Ruhe im Himmel zu stören? Sofort schickte er den Jüngling zur Erde zurück und gebot ihm, Etim'Ne auf sein höchst ungebührliches Verhalten hinzuweisen. Etim'Ne begriff, daß er auf diese Weise nichts erreichen konnte, und entschloß sich, selbst in die Stadt Gottes zu gehen, um dessen Zorn zu besänftigen und die alten guten Verhältnisse wiederherzustellen.

»Verzeih mir meine gestrige unvernünftige Tat«, bat er. Doch während der drei Tage, die er im Himmel zubrachte, gelang es ihm nicht, die Zuneigung Gottes zu gewinnen. Verzweifelt und schweren Herzens kehrte er zur Erde zurück. Als er in sein Dorf zurückkam, lachte ihn der Junge aus und sagte zu ihm: »Was bist du für ein Häuptling?! Da hast du geprahlt, aber das Feuer hast du dennoch nicht herbeizuschaffen vermocht. Warte, ich werde selbst zu Gott gehen und bald zurückkehren mit einer brennenden Fackel! Ich werde nicht lange auf die göttliche Erlaubnis warten. Ich werde das Feuer holen, selbst wenn ich es stehlen müßte!« Gesagt, getan. Noch am selben Tage machte er sich auf den Weg.

Die Sonne hatte sich schon schlafen gelegt, als er das Gehöft Gottes erreichte. Er fand die Hausdiener, die gerade damit beschäftigt waren, das Abendessen vorzubereiten. Ohne sich bitten zu lassen, half er ihnen bei der Arbeit, und als Obassi sich zum Mahle setzte, kniete er vor ihm in erwartungsvoller und ehrerbietiger Haltung nieder.

Gott beobachtete aufmerksam das Verhalten des Jünglings und kam zu dem Schluß, daß er ihm durchaus nützlich sein könnte. Nach einigen Tagen rief er ihn zu sich und befahl ihm: »Lauf zum Hause meiner Frauen und sage ihnen, daß sie mir eine Lampe herschicken sollen.« Der Jüngling hatte nur auf solch einen Befehl gewartet. Denn er wußte, daß das von ihm und der ganzen Menschheit so begehrte Feuer eben im Hause der göttlichen Frauen aufbewahrt wurde. An Ort und Stelle angekommen, rührte er nichts an, sondern wartete geduldig, bis man ihm die angezündete Lampe gab, mit der er unverzüglich zu Gott eilte.

Eines Tages, der Jüngling hatte inzwischen schon längere Zeit im Dienste Obassis verbracht, rief ihn dieser erneut zu sich und erteilte ihm denselben Auftrag wie vordem. Diesmal erkannte ihn eine der Frauen Gottes, und weil sie volles Vertrauen zu ihm hatte, sagte sie: »Du kannst dir selbst diese Lampe anzünden.« Dann ging sie in ihr Zimmer und ließ ihn allein zurück. Der Jüngling ergriff eine Fackel und zündete die Lampe daran an. Dann wikkelte er die Fackel in Bananenblätter und versteckte das Bündel unter seinem Hemd. Nun kehrte er zu Gott zurück, übergab ihm die Lampe, trat von einem Fuß auf den anderen und sagte: »Mein Herr, darf ich mich für einen Augenblick zurückziehen? Ich verspüre ein gewisses Bedürfnis.« – »Geh schon«, brummte Obassi gleichgültig.

Der Jüngling rannte, so schnell ihn seine Füße tragen konnten, zum Busch, und nachdem er trockene Zweige gesammelt hatte, legte er die Fackel darunter. Er fing an zu blasen und tat es so lange, bis zuerst nur Funken, dann aber Flammen zum Himmel emporstiegen. Jetzt deckte er das Feuer mit Bananenstauden zu und kehrte zu Gott zurück. »Warum bist du so lange ausgeblieben?« fragte Obassi. »Ich habe mich so schlecht gefühlt«, log der Jüngling.

In derselben Nacht, als alle schliefen, rannte er wieder zum Busch und suchte das Feuer, das er am Tage dort versteckt hatte. Er ergriff die brennende Fackel, sammelte geschwind trockene Äste und eilte zur Erde, geradewegs zu Etim'Nes Gehöft. »Hier ist das Feuer, das ich dir zu bringen versprochen habe«, rief er stolz. »Laß trockenes Holz holen, und ich werde dir sofort zeigen, wie man damit umgehen muß«, fügte er hinzu.

Schon bald hatte man auf der Erde das erste Feuer entfacht. Am nächsten Morgen erwachte Gott Obassi sehr früh und warf einen Blick aus seinem

Haus im Himmel. Wie wütend war er da, als er den vom Feuer, das man auf der Erde angezündet hatte, majestätisch zum Himmel aufsteigenden Rauch erblickte! »Lauf zu diesem Fremden dort und sieh nach, ob nicht etwa er der Bösewicht gewesen ist«, befahl er mit drohender Stimme seinem ältesten Sohn Akpan Obassi. Dem Befehl des Vaters folgend, stieg Akpan sofort zur Erde hinab und begab sich geradewegs zum Hause des Jünglings. »Ja, ich habe das Feuer gestohlen«, gestand jener, ohne die geringste Angst. Denn er wußte nicht, was ihn erwartet. »Bisher konntest du dich mühelos fortbewegen«, entgegnete Akpan. »Von nun an aber sollst du nach dem Willen meines Vaters hinken.«

So wurde der listenreiche Jüngling ein Hinkender; denn diese Strafe hatte ihm der höchste Gott Obassi auferlegt, weil er aus dem Himmel das Feuer gestohlen und es den Menschen gebracht hatte.

Tiv

Der Gott des Himmels, Aondo

Die Tiv sehen als ihren Schöpfer den Gott des Himmels, Aondo, an. Aondo hat alles geschaffen: die Erde, die Bäume, die Pflanzen und zuletzt die Menschen und Tiere. Er hat das Gute und das Böse geschaffen, die Freude und die Trauer, das schöne Wetter und die Unwetter. Einst hat Aondo nahe der Erde gewohnt, so nah, daß die Frauen ihn oft mit den Stößeln schlugen, wenn sie das Korn in den Mörsern stießen. Deshalb mußte sich Aondo von der Erde entfernen, aber er kehrte oft zu ihr zurück. Er kommt mit dem Gewitter und kündet sich durch eine schwarze Wolke an, er kommt mit Sturm und Kälte.

Aondo ist der Spender des Lichts, er leitet die Sonne und den Mond und läßt seine Stimme durch das Rollen des Donners ertönen.

Die gute Schlange Ikarem

›Unser Urahn war der große Takuruku. Er zeugte den Sohn Tiv, der unseren Stamm gründete, der sich in die beschnittenen Ichongo und die unbeschnittenen Ipusu gliedert.

Vor vielen, vielen Jahren lebte unser Stamm mit anderen ihm verwandten Stämmen fern im Süden. Wir litten ständig unter den Überfällen unserer Feinde, der Mbayongo, die uns schließlich nach Norden verjagten. Wir flohen vor ihnen, bis wir auf unserem Wege an einen großen Fluß gelangten, den zu überqueren wir nicht in der Lage waren. Als wir noch überlegten, was wir anfangen sollten, beobachteten unsere Anführer die ungiftige Schlange Ikarem. Um die Äste der auf beiden Ufern wachsenden Bäume geschlungen, überspannte sie den Fluß. Wir zögerten nicht länger, sondern begannen, einer nach dem anderen, über den Rücken der Schlange wie über eine Brücke hinüberzueilen. Die Feinde waren uns auf den Fersen, doch da ließ die Schlange los, und sie alle stürzten in die Tiefe des Flusses hinab.

Seit dieser Zeit betrachten wir die Schlange Ikarem als unseren Freund, und es ist für uns alle tabu, sie zu töten.‹

Igbo

Die Götter der Igbo

Der höchste Gott ist Chuku, auch Chineke genannt. Chuku wohnt jenseits von Himmel und Erde in seinem göttlichen Haus. Er hat das Weltall erschaffen und wird deshalb auch Oke Obiame, ›Schöpfer des Alls‹, genannt. Später trennte Chuku im Weltall Himmel und Erde und schuf seine beiden Gesandten, die Sonne und den Mond. Tag für Tag wandern sie über den Himmel und bringen Chuku Nachricht von dem, was sich auf der Erde zuträgt. Die Sonne durchmißt die Welt am Tage und teilt sie in zwei Teile, ebenso tut dies der Mond zur Nachtzeit. Sonne und Mond ziehen auf verschiedenen Bahnen und teilen die Welt auf diese Weise in vier Teile.

Chuku hat zwei Ausstrahlungen: Chi und Okuke. Die erste Ausstrahlung ist das geistige ›Doppel‹ eines jeden Menschen vom Zeitpunkt seiner Geburt an, die andere fördert seine schöpferischen Kräfte.

Chuku schuf eine Reihe von Geistern, Olosi, denen er die Herrschaft über die Naturkräfte und die Aufsicht über das Handeln der Menschen übertragen hat. Der oberste Olosi ist Ani, die Erde. Ani regiert das Totenreich, er ist der Wächter über die Sittlichkeit, schenkt den Feldern reiche Ernte und den Frauen Fruchtbarkeit.

Die Geschichte vom Hund, der Kröte und dem Tod

Als der Tod zum ersten Mal auf der Erde erschien, sandten die verzweifelten Menschen einen Hund zu Chuku. Er sollte ihn fragen, ob die Toten nicht zum Leben zurückkehren und wieder in ihre ehemaligen Gehöfte einziehen könnten. Der Hund hatte es jedoch mit der ihm aufgetragenen, überaus wichtigen Aufgabe nicht allzu eilig. Er beeilte sich gar nicht und nutzte fast jede Gelegenheit, um ein wenig herumzutollen und seine Freiheit zu genießen.

Das Gespräch der Menschen mit dem Hund hatte die Kröte mitgehört, und weil sie gegen die Menschen einen uralten Groll hegte, beschloß sie, diese Gelegenheit auszunutzen. Ohne lange nachzudenken, machte sie sich auf den Weg, überholte den Hund und trat als erste vor Chuku. Sie erzählte ihm, daß die Menschen sie geschickt hätten. Sie bäten, daß niemand von ihnen nach seinem Tode je wieder auf diese bejammernswerte und traurige Welt zurückkehren müßte. Chuku glaubte den Worten der Kröte und gebot ihr, die Menschen zu versichern, daß er ihrem Wunsch entsprechen würde.

In diesem Augenblick tauchte im Hause Chukus der pflichtvergessene Hund auf. Er überbrachte Chuku den wahren Wunsch der Menschen, aber der Schöpfer wollte ihn nicht einmal anhören.

Deswegen kehrt der Mensch, der freilich wiedergeboren werden kann, nicht in demselben Körper und als dasselbe Geschöpf auf die Welt zurück.

Baule

Wie die Welt erschaffen wurde

Ganz am Anfang der Welt war nur die Göttermutter da, die weder geboren noch geschaffen ist. Sie lebte einsam im Himmel. Niemand kennt ihren Namen, und niemand weiß, was aus ihr geworden ist, nachdem sie zwei Söhne, den großen Gott Niamye und seinen jüngeren Bruder Anangama, zur Welt gebracht hatte. Das war vor langer, sehr langer Zeit.

Niamye hat zuerst zwei Frauen geschaffen. Die eine nahm er selbst zur Frau, die andere machte er zur Frau seines Bruders. Seine Frau nannte er Assie, der Name der anderen Frau hingegen ist keinem Menschen bekannt.

Anschließend schuf Niamye die Menschen, Tiere und Geister. Lange Zeit wohnten die Menschen im Himmelreich und vermehrten sich. Auch Niamye selbst war nicht untätig geblieben, bald hatte sich sein Haus mit göttlichen Söhnen und Töchtern gefüllt. Wen verwundert es also, daß es schließlich im Himmel außerordentlich eng wurde.

Da beschloß Niamye, die Erde zu schaffen. Aus angefeuchtetem Staub formte er eine runde Scheibe und legte sie auf die gewaltigen Ur-Sümpfe, die sich unter dem Himmelsgewölbe ausbreiteten und noch heute die Erde von allen Seiten umgeben.

Anfangs war die Erde eine einzige Schlammasse, doch im Laufe der Zeit wich das Wasser aus ihr, bis am Ende das Festland entstanden war. Auf die nun trockene Erde sandte Niamye seine Frau Assie hinab und machte sie zur Königin über sie. Weil sie als erste auf der Erde erschienen war, meinten die Menschen, daß Assie auch als erste auf die Welt gekommen sei. So ist es jedoch nicht gewesen; denn Assie war nur als erste auf der Erde gewesen. Sie hatte verschiedene Bäume und Pflanzen mitgebracht.

Unterdessen fertigte Anangama, Niamyes Befehl folgend, eine lange, starke Kette mit zwei Schlaufen an. Diese Kette sollte dazu dienen, alle Menschen und Tiere auf die Erde herabzulassen. Die Menschen wurden paarweise auf die Erde herabgeschickt. Als erster kletterte ein Mann an der Kette hinunter, dann eine Frau. Und so ging es weiter, bis alle Menschen an dem für sie bestimmten Platz angekommen waren. Jedem Volk gab Anangama auch je ein Tierpaar der verschiedenen Arten und ließ erst das Männchen und dann das Weibchen hinunter. Nur beim Huhn machte er eine Ausnahme.

In dieser Zeit erschienen auf der Erde unter anderem die ersten Baule, von denen die Fanti, Nzema und Anyi abstammen.

Zuerst lebten die Tiere bei den Menschen in großen Dörfern. Sie hatten ihre eigenen Gehöfte und lebten in enger Freundschaft mit den Menschen. Im Laufe der Zeit mußten die Tiere jedoch die Dörfer verlassen und in die Wälder fliehen, wo sie bis zum heutigen Tage leben.

Die ersten Menschen ertrugen das Leben auf der Erde nicht allzu gut. Sie kannten keine Handwerke, verstanden nicht die Äcker zu bestellen, nicht zu jagen, sie konnten die Kräfte der Natur nicht beherrschen. Anangama sah dies und konnte den traurigen Anblick nicht ertragen. Schließlich beschloß er, selbst auf die Erde hinabzusteigen und die Menschen die verschiedenen Fertigkeiten und Handwerke zu lehren.[27]

Nach der Rückkehr in den Himmel schickte Anangama auch seine Frau auf die Erde, damit sie die Fähigkeiten der Menschen vergrößerte. Allmählich lernten die Menschen viele nützliche Dinge und erkannten manche Lebensweisheiten. Kranke konnten sie jedoch immer noch nicht heilen. Da sandte Niamye den ersten mächtigen Geist, Mbla, zur Erde hinab, der in allem menschlichen Leid Erleichterung brachte.

Die Welt wurde immer schöner und zweckvoller, die Menschen lebten immer besser und angenehmer. Dann geschah, was geschehen mußte: Gott sandte andere Geister zur Erde hinab. Er tat es, weil er ihre immer durchtriebeneren Streiche nicht länger ertragen konnte. Er meinte, sie würden auf der Erde ihre Gewohnheiten ändern und wie der mächtige Geist Mbla anfangen, den Menschen zu dienen. Die Wirklichkeit sah aber ganz anders aus. Die Geister verstärkten noch ihre schlechten Eigenschaften und bereiteten den Menschen ohne Unterlaß unangenehme Überraschungen.

Nach einiger Zeit gewahrte Niamye, daß sich unten auf der Erde etwas Schlimmes zutrug. Die Menschen führten gegeneinander Kriege, die ein Land nach dem anderen verwüsteten. Aus Furcht um seine göttliche Frau stieg er selbst zur Erde herab und schickte sie in den Himmel zurück.

Bald stellte sich jedoch heraus, daß Assie in der ihr so unangemessenen Gesellschaft nun selbst viele schlechte Gewohnheiten angenommen hatte. Eine dieser Unsitten war, daß sie, wo immer sie auftauchte, stets ihren Unrat hinterließ. Vom Regen weggespült, fiel er dann zur Erde nieder, oft genau in Niamyes Essen. Wen verwundert es, daß ihr Mann in Wut geriet und Krawall schlug. Schließlich machte er seiner Frau den Vorschlag, noch einmal die Reiche zu tauschen. Assie willigte nichtsahnend ein. Kaum war Niamye im

Himmel eingetroffen und seine Frau auf der Erde angekommen, rief er herunter: »So soll es für alle Zeiten bleiben!« Seitdem hat Niamye niemals mehr den Himmel verlassen. Bis zum heutigen Tage weilt er im Himmel und herrscht dort. Wenn die Menschen Kriege beginnen oder andere böse Taten verüben, wirft er Blitze auf sie und sendet Krankheiten herab. Kleinigkeiten beachtet er nicht. Er sitzt alle Tage da und hält die Hände in den Schoß gelegt, während die Himmelsbewohner ihm dienen. Auf jeden seiner Winke antworten sie: »Herr, ich stehe zu Diensten!« und beeilen sich, seinen Wunsch zu erfüllen. Niamyes Dienern steht sein Bruder Anangama vor.

Niamyes Frau Assie wohnt auf der Erde im Gebiet des großen Nemye-Sumpfes, wo abends die Sonne untergeht und auch der Mond wohnt. An jenem Ort stoßen die Erde und der Himmel beinahe aneinander. Wenn Assie ihren Gatten treffen will, begibt sie sich über eine Leiter in den Himmel.

Die Geschichte von Sonne, Mond und Regenbogen

Der Mond ist ein Gottessohn, und man nennt ihn häufig Niamye-Ba, ›Kind Niamyes‹. Niemand weiß, wer seine Mutter ist. Er ist von runder Gestalt, obgleich es auch scheint, daß er oft sein Aussehen ändert. Dies kommt daher, daß man, wenn ihn der Wind mit Schlamm bewirft, nur seine Ränder sehen kann. Morgens wäscht der Mond sorgfältig sein Gesicht. Doch es dauert nicht lange, bis der böse Wind von neuem weht und ihn wieder mit Schlamm beschmutzt.

Die Leute sagen, es gibt auf der Welt viele Monde. Niamye erlaubt ihnen nach jeder Reise eine lange Ruhepause; deswegen hat immer nur ein Mond Dienst. Der Mond ist Niamyes Leuchte und die Sonne sein Feuer.

Es kommt vor, daß am Himmel weder Sonne noch Mond zu sehen sind. Das ist so, weil sie manchmal einen anderen Weg zu ihrem Rastplatz nehmen und dann über einem anderen Gebiet leuchten. Abends taucht die Sonne in den Sumpf und verliert nach und nach ihren Schein, bis ihr roter Ball am Ende ganz erlischt.

Zuweilen streiten Mond und Sonne miteinander, wenn sie sich über den Weg laufen. Keiner von beiden will Platz machen, und so versinkt die Welt bald im Dunkel. Dann schlagen die Menschen die Trommel und bitten Niamye, er möchte es wieder Tag werden lassen.

Einmal sagte die Sonne zum Mond, als sie ihm am frühen Morgen begegnete: »Komm, hilf mir, meine Mutter zu erschlagen. Und heute abend werden wir gemeinsam deine Mutter erschlagen. Dann wird unser Leben ruhiger und schöner sein.« – »Gut«, willigte der Mond ein und half der Sonne, die Mutter und ihr Feuer zu töten. Am Abend fanden sie sich am anderen Ende der Welt ein, in der Nähe des Hauses, in dem die Mutter des Mondes wohnte. »Ich erlaube es nicht, die, die mich auf die Welt gebracht hat, zu töten!« schrie der Mond und versperrte der Sonne den Weg. Deshalb muß sie sich jetzt alle Tage abmühen, weil es niemanden gibt, dem sie ihr Leid klagen kann. Der Mond hingegen erscheint nur selten am Himmel, denn oft genießt er die Gastfreundschaft derjenigen, die ihn geboren hat.

Auch die Sterne sind Lampen, allerdings bedeutend kleinere als der Mond. Jeden Abend zündet Niamye sie an und hängt sie an den Himmel; einige wenige, wenn er müde oder nicht bei Laune ist, eine ganze Menge aber, wenn er mit den Menschen zufrieden ist und die Stimmung ihn dazu treibt. Wenn der Morgen graut, verlöschen die größeren Sterne, weil sie nicht mehr nötig sind. Die kleinen hingegen leuchten weit länger. Niamye hängt die Sterne stets an dieselbe Stelle. Einige von ihnen, wie Mond und Sonne, haben ihre eigenen Bahnen und wandern über den Himmel. Tagsüber leuchten die Sterne nur für Niamye.

Sternschnuppen sind ein böses Vorzeichen – sie künden blutige, vernichtende Kriege an. Es sind dies solche Lampen Niamyes, die sich aus ihren Halterungen losgerissen haben.

Die Wolken dienen Niamye als Decke. Vor dem Regen breitet er sie am Himmel aus, um den Menschen anzukündigen, daß Regenfälle nahen. Sie bedeuten, daß Gott mit den Menschen zufrieden ist und ihnen eine freudige Überraschung bereitet.

Nach dem Regen hängt zwischen Himmel und Erde der Regenbogen. Er zeigt an, daß die Riesenschlange Woi in der Nähe weilt. Seinerzeit hatte sie ein Jäger im Wald angetroffen. Sie hing von einem Baum herab, drehte den Kopf und gab Schnarchlaute von sich. Sie hatte ein gewaltiges Maul und eine lange Zunge. Rund um sie hatte sich die Erde rot gefärbt. Der Jäger ergriff die Flucht, und als er aus dem Wald herausgekommen war, erblickte er den Regenbogen. Seitdem ist allen klar, daß der Regenbogen der Atem der roten Schlange Woi ist. Es kommt vor, daß der Regenbogen während des Regens am Himmel erscheint. Dies wird durch das Gift der Schlange verursacht, das Aussatz hervorruft. Den Kindern wird dann nicht erlaubt, aus dem Haus zu gehen, und auch nicht, mit dem Finger auf den Regenbogen zu zeigen, denn dann kann sie die furchtbare Krankheit befallen.

Warum der Hund am Tod der Tiere und Menschen schuld ist

In den ersten Tagen nach der Erschaffung der Welt schickte Gott Niamye einen Hund zu seinem Bruder Anangama, der ihm den Auftrag übermitteln sollte, den Menschen und Tieren Unsterblichkeit zu schenken. Nach einiger Zeit schickte er noch einen Kater mit derselben Aufgabe los.

Unterwegs fand der Hund einen verlockend riechenden Knochen, und nach der Gewohnheit seiner Art machte er sich daran, ihn abzuknabbern. Auch dem Kater lief eine fette Maus über den Weg, doch er unterdrückte seine Freßlust, obwohl ihn der Hunger ordentlich plagte. So erschien er als erster vor Anangama und überbrachte ihm die Botschaft, mit der er gekommen war.

Bald nach ihm traf auch der Hund ein. »Warum bist du später als der Kater gekommen? Seid ihr nicht zur selben Zeit losgeschickt worden?« erkundigte sich erzürnt Anangama. Der Hund klemmte den Schwanz ein, legte die Ohren an und erzählte, was sich unterwegs zugetragen hatte. »Bedeuten euch Leben und Tod so wenig?!« rief Anangama noch zorniger. »So sollen also Menschen und Tiere sterben!« entschied er.

Aus diesem Grunde trat auf der Erde der Tod auf. Wann immer ein Hund von dieser Welt geht, drückt er die Vorderpfoten an die Brust, als ob er sagen wollte: ›Ich habe mich selbst umgebracht!‹

Die Legende von Königin Aura Poku

Dakon, Aura Pokus Bruder und der Thronanwärter eines der Reiche der Akan, Denkiras, verliebte sich in die schöne Sklavin Taluma. Die Wahl seines Herzens fand jedoch nicht die Billigung des Ältestenrates, der sorgsam über die Wahrung der alten Sitten und der seit Jahrhunderten gültigen höfischen Normen wachte. Der verzweifelte junge Mann konnte einzig auf das Verständnis seiner Schwester zählen, die die Menschen nicht nach ihrer Stellung, sondern nach ihren tatsächlichen Verdiensten und Werten beurteilte.

Dakon stand vor einer schwierigen Wahl: entweder Thron und Dienst für das Volk oder persönliches Glück. Beides miteinander zu verbinden war angesichts der unversöhnlichen Haltung des Ältestenrates unmöglich. Schließlich entschloß sich der junge Dakon, das eigene Glück zugunsten des Wohles der Allgemeinheit zu opfern. Denn er wußte, daß der andere Thronanwärter, Apoku Uare, ein schrecklicher Tyrann war. Er wollte das Unglück, das dessen Herrschaft dem Lande bereiten würde, abwenden. Trotz dieses Opfers konnte sich der Ältestenrat nicht entscheiden. Schließlich faßte man den Beschluß, es auf einen Zweikampf ankommen zu lassen, dessen Sieger den Thron besteigen sollte.

Am festgesetzten Tag fanden sich schon am frühen Morgen die Würdenträger und einfachen Leute auf dem Marktplatz ein. Jeder wollte Zeuge des großen Ereignisses sein. Die Trommeln ertönten und verkündeten, daß in Kürze der große Zweikampf beginnen würde. Ringsum erschollen Lobeshymnen auf die beiden Gegner und priesen ihre Namen vor der versammelten Menge. Endlich begann das eindrucksvolle Schauspiel, das den ganzen Tag über dauern sollte.

Da warf Dakon seinen Gegner zu Boden und setzte sich auf dessen Rükken. Als der Sieg des tüchtigen Fürsten schon fast errungen schien, befreite sich Uare mit einer blitzschnellen Bewegung und stellte sich auf die Füße. Die Menge tobte vor Begeisterung und drängte sich noch dichter um den Kampfplatz. Doch da unterbrachen die Schiedsrichter den Kampf und verschoben seine Fortsetzung auf die späten Abendstunden.

Nach dem Abendessen begann der Ringkampf von neuem, und nun wurde Dakons Überlegenheit sichtbar, bis sich plötzlich Uares giftgetränkter Fingernagel in dessen muskulösen Körper eingrub. Wie vom Blitz erschlagen, stürzte Dakon zu Boden. Wenig später schon ließen die Trommeln, die die ganze Zeit über den Kampf angeheizt hatten, dumpfe und unheilverkündende Töne erklingen. Unerbittlich wiederholten sie die traurige Wahrheit: ›Dakon, du bist nur noch Schweigen!‹

Die Thronbesteigung des grausamen Apoku Uare löste unter den Sklaven und Untertanen ein unbeschreibbares Entsetzen aus. Besonders schmerzlich waren die letzten Ereignisse für Aura Poku, die Schwester des hinterhältig ermordeten Fürsten Dakon. Sie beschloß das Land so schnell wie möglich zu verlassen, in dem schon bald Schlimmes geschehen würde. Ihren Plan eröffnete sie zuerst ihrem Mann, doch der erwies sich seiner tüchtigen Frau unwürdig. Aura Poku ließ sich durch dessen Haltung jedoch keineswegs von ihrem Plan abbringen, sondern begann ihn Schritt für Schritt in die Tat umzusetzen. Sie sammelte Sklaven und eine Gruppe Freier um sich, die sich entschlossen hatten, das Schicksal der Flucht mit ihr zu teilen. Am festgesetzten Tag um Mitternacht verließen sie das Königreich Denkira. An der Spitze des Zuges gingen die Männer mit Speeren und Bögen bewaffnet, ihnen folgten die Frauen mit Fackeln in den Händen. Den Zug beschloß Aura Poku, die ihr halbjähriges Kind auf den Schultern trug.

Unter dem Vorwand, ein dringendes Bedürfnis zu verspüren, entfernte sich nach einer Weile einer der Sklaven vom Zug. Es war dies ein Gegner der Flucht, dem ein satanischer Plan in den Kopf gekommen war. Er versteckte sich in den Sträuchern, die am Wege wuchsen, und als Aura Poku sich dieser Stelle genähert hatte, schoß er einen vergifteten Pfeil auf sie ab. Doch statt sie zu treffen, drang er in den Körper des Säuglings. Vor Schmerz und Verzweiflung brachte die unglückliche Mutter nur das Wort bauli hervor, ›ich habe das Kind verloren‹. Mit der Zeit wurde dieses Wort zum Namen des von ihr aus dem Königreich Denkira geführten Volkes.[28]

Anyi

Die Götter der Anyi

Der Schöpfergott der Anyi ist Aflahui Nyamia-Nda, ›Der, der allein ist, obwohl er ein Zwilling ist‹. Der Schöpfer wohnt hoch über den Wolken. Er verhüllt, was verborgen bleiben oder verschwinden soll. Er enthüllt, was auf der Erde bekannt werden soll, und macht es sichtbar. Die Macht des Schöpfergottes kennt nicht ihresgleichen und findet in seinem Namen Nyamia-Kolafoe Ausdruck: ›Der Allmächtige, dem sich nichts widersetzen kann‹. Der Schöpfergott hat die Menschen die verschiedenen Handwerke gelehrt und Berufe unter ihnen verteilt. Die Geduldigen segnet Aflahui Nyamia-Nda, die Unedlen und Neidischen aber straft er. Er schimpft mit den Menschen, die Böses tun, und schreckt die ungehorsamen Geister mit Donner. Er ist Herr über Leben und Tod der Menschen und der Geisterwesen.

Aflahui Nyamia-Nda untersteht ein zahlreiches Pantheon niederer Gottheiten, von denen die bekanntesten Boso, Eholie, Eotile, Ebwe-Ekala, Amanzi, Ehi, Asemala, Ahy-Boso, Asom, Tanoe und Bia sind. Boso und Eholie sind enge Freunde, sie werden durch ein aus einem Baumstamm gehauenes Boot versinnbildlicht. Eotile lebt auf einer kleinen felsigen Insel. Ebwe-Ekala verfolgt und straft Diebe und Übeltäter. Amanzi, der aus einem Land mit Namen Apollonia stammen soll, gebietet den Meeren und ist der Schutzherr der Seefahrer und Fischer. Im Meer hat er Schluchten gegraben und Felsen aufgetürmt, Hindernisse für die Unaufrichtigen und Sünder unter seinen Verehrern. Seinen Wohnsitz hat Amanzi in der Stadt Assina. Der reiche und überhebliche Tanoe ist ein unversöhnlicher Feind der Weißen, Mulatten und Albinos, denen er selbst, wie seine Verehrer meinen, ähnlich sehen soll. Tanoes rechte Hand ist der furchtbare Gott Ehi, dessen Aufgabe die Bestrafung oder Begnadigung von Opfern ist. Er führt alle Wassergottheiten an und ist gleichzeitig der Herr und Wächter über die Fische der Lagune Aba. Das Sinnbild des Gottes Aby-Boso ist die Schildkröte. Er verfolgt und straft die untreuen und unzüchtigen Frauen. Gott Asom wohnt auf der Insel Mowa und schickt den Menschen Geschlechtskrankheiten.

Nach den Göttern Bia, Tanoe und Eholie wurden drei Flüsse benannt, die in den Golf von Guinea münden.

Die Geschichte von Bia, Tanoe und Eholie

In ihrer Jugend verhielten sich die Brüder Bia, Tanoe und Eholie unterschiedlich zu ihrer alten Mutter. Bia war ihr stets gehorsam, artig und liebte sie innig. Eholie, der jüngste, brachte der alten Göttin keine geringere Zuneigung entgegen. Darüber hinaus gab er seine bescheidenen Mittel sogar noch dem ältesten Bruder, der nach dem Willen der Mutter über sie verfügte. Tanoe hingegen war durchtrieben und frech, hochnäsig und eitel. Ganze Tage brachte er mit Auseinandersetzungen und Streitereien zu, und seine einzige Sorge war der Gewinn beim Glücksspiel. Nur der Hunger, der ihn in seinem Innern plagte, erinnerte ihn zuweilen an das Alter und die Hinfälligkeit der Mutter. Der Lebenswandel des Sohnes bereitete dem Mutterherzen der armen Göttin großen Kummer.

Der unerbittliche Tod kennt auch mit Göttern kein Erbarmen. Als die alte Göttin spürte, daß ihr Ende nahe war, beschloß sie, ihre Habe unter den Söhnen aufzuteilen. Als ersten rief sie ihren Sohn Bia. Schon nach einem Weilchen klappten die Türen, und jemand kam in die qualmerfüllte Hütte. »Mein Sohn«, sagte die Sterbende, in der Annahme, sie spreche zu Bia, »Gott Nyamia verleihe dir Gesundheit und Besitztümer. Er mache deinen Namen berühmt für das, was du mir in meinem Alter Gutes getan hast. Verlaß noch heute diese Gegend. Geh und lebe am Ostufer des großen Sees. Dort wirst du der Stammesgott zweier edler und mächtiger Völker, der Brafe und der Ashanti. Preisen werden sie dich in allen Zeiten, und Gold, Widder und andere Reichtümer werden die für dich errichteten Altäre bedecken. Du wirst der berühmteste unter den Göttern werden. Geh, mein Sohn! Es segne dich der Schöpfergott Nyamia!«

Dann rief die Göttin den jüngsten Sohn. »Eholie! Der Tod hat es auf mich abgesehen und verfolgt mich unablässig. Ich denke an deine Bemühungen, mir das Alter zu versüßen, und das möge dir Nyamia vergelten. Nimm, was dir gehört, und laß dich im Busch Sima nieder, in der Nachbarschaft des künftigen Reiches deines älteren Bruders Bia. Du hast mich mit großer Innigkeit geliebt, darum werde ich nicht zulassen, daß dir etwas Böses geschieht. Eine unreine Frau soll deinen Leib nicht beflecken. Du sollst ein einsamer und gefürchteter Gott werden. Voll Freude werden sich die Menschen unter deinen Schutz stellen. Sie werden dir fette schwarze Hammel zum Opfer bringen, und die Herrscher der Brafe werden dich zum Wächter über ihr Reich machen. Denke daran, daß du sowohl in Zeiten des Sieges als auch in Zeiten der Trauer stets deinem ältesten Bruder die Freundeshand entgegenstreckst.«

Dem Mutterherzen der Göttin war es etwas leichter geworden. Sie entließ ihren Jüngsten, segnete ihn und übergoß ihn mit Tränen. Vom undankbaren Tanoe wollte sie sich nicht verabschieden. Da ging plötzlich die Tür auf, und sie hörte eine vertraute Stimme: »Mutter, ich bin gekommen, dir guten Tag zu sagen!« – »Wer bist du?« fragte die erblindete Alte, während die Todeskämpfe schon ihren Körper schüttelten. »Ich bin es, dein ältester Sohn Bia!« bekam sie zur Antwort. »Wie das? Bist du noch nicht in dein Königreich gegangen?« fragte die Göttin ganz erstaunt. »Ich habe doch kein Königreich«, wunderte sich Bia. »Mit wem habe ich dann vorhin gesprochen? Der durchtriebene Tanoe also war das!« Im Todeskampf rief sie: »Tanoe, Tanoe!« Doch vergeblich wartete sie auf Antwort. Da begriff sie, daß Tanoe sie auch diesmal betrogen hatte. Vor großem Kummer brach sie in Tränen aus, aber was sollte sie anfangen? Es war nicht ihre Art, etwas, was sie vergeben hatte, wieder wegzunehmen. So bekam also Bia, der ihr am meisten gedient hatte, das wenigste von der Mutter. Sein Reich wurde der schmutzige stinkende Fluß.

Von Trauer erfüllt, ging die Göttin ins Schattenreich ein. Bia begab sich daraufhin zu seinem jüngsten Bruder und erzählte ihm von seinem Unglück. Eholie geriet in furchtbaren Zorn und schwor, ihm zu helfen und ihn vor Tanoe zu schützen. Der Bund der beiden Brüder währt bis heute. Niemand, der auf dem Fluß Eholie oder Bia zu Schiff fährt, wagt es, den Namen Tanoe auszusprechen. Umgekehrt darf man, wenn man auf dem Tanoe reist, nicht die Namen der beiden anderen Flußgötter aussprechen.

Die Herkunft der Anyi

Am Anfang schuf Gott Nyamia sieben Stämme, auf die er alle zu jener Zeit auf der Erde lebenden Menschen aufteilte. Ein Stamm nach dem anderen verließ den Ort der Schöpfung, Abolee, und begab sich in großen Bronzegefäßen, die mit Leinen am Himmel angebunden waren, auf die Erde. Zuweilen befanden sich zwei Stämme in einem Gefäß, so zum Beispiel die Manhile und Ezohile, die Mafole und Nwawile.

Die Manhile haben das Feuer mitgebracht, das bis zum heutigen Tage das Sinnbild ihres Clans ist. Die Ezohile brachten das Wasser vom Himmel mit. Während ihrer ersten Wanderung über die Erde stießen sie auf ein Reispflänzchen, und nachdem sie dessen Körner ihren Söhnen zum Kosten gegeben hatten, stellten sie fest, daß sie eßbar waren. Seit dieser Zeit ist der Reis das hauptsächliche Nahrungsmittel bei ihnen.

Auf ähnliche Weise haben auch die übrigen Stämme zur Einführung eines Nahrungsmittels, eines Gerätes oder eines Handwerks beigetragen. Die Azanhule haben die Eßbarkeit des Yams entdeckt; die Adahonhin haben die Früchte der Palmen probiert. Die Alohomba haben den ersten Palmwein hergestellt und als erste Kalebassen angefertigt. Die Nwawile haben die Eßbarkeit des Mais entdeckt und als erste die Abissa-Tänze getanzt. Die Mafole sind durch die Entdeckung des Goldes berühmt geworden.

Ashanti

Die göttliche Familie

Nyame hatte viele Söhne. Der älteste von ihnen, Bia, war der Liebling seines Vaters. Der zweite Sohn hieß Tano. Als Nyames Söhne das Jünglingsalter erreicht hatten, beschloß der Gott, ihnen etwas zu schenken, um dieses Ereignis gebührend zu feiern. Die Geschenke sollten den Verdiensten der göttlichen Nachkommen entsprechen.

Bia war stets zuvorkommend, folgsam und hilfsbereit, während Tano das genaue Gegenteil war. Nyame beschloß daher, seinem Sohn Bia ein fruchtbares Land mit angenehmem Klima und üppiger Natur zu schenken. Seinem Sohn Tano sollten statt dessen wüste, öde und nur schwach bevölkerte Landstriche zukommen. Bia also sollte die Herrschaft über das Land der Ashanti erhalten, dieses Volk würde ihn verehren und auf seinen Altären Schafe, Eier, Früchte und andere schmackhafte Dinge zum Opfer darbringen. Für Tano hatte Nyame ein trostloses Waldgebiet ausgesucht.

Um die Rechtmäßigkeit seiner Entscheidung noch einmal zu überdenken, rief Nyame die Ziege Akua Abirekyi, seine beste und treueste Dienerin, zu sich in den Palast. Er erklärte ihr sein Vorhaben und befahl dann, seine beiden Söhne herbeizurufen, um ihnen die Geschenke zu überreichen. Die Worte Nyames trafen seine Dienerin bis ins Mark und betrübten sie zutiefst. Sie war nämlich Tanos Vertraute und konnte es nicht verwinden, daß ihr Liebling eine so bescheidene Gabe erhalten sollte. Sie eilte zu Tano, erzählte ihm alles und gab ihm den Rat, diesmal sehr schnell, als Bia verkleidet, im Hause des Vaters zu erscheinen. Tano versprach ihr, den Rat zu befolgen, wenn es der Mühe wirklich lohne. Befriedigt zog die Ziege weiter zum Hofe Bias. Sie überbrachte ihm getreu Nyames Worte, vergaß aber nicht hinzuzufügen, daß er sich nicht sehr zu beeilen brauche, denn Nyame würde ihn sicherlich nicht zu früher Stunde empfangen wollen.

Am folgenden Tage hüllte sich Tano in seine besten Gewänder und befolgte zum ersten Male in seinem Leben den Wunsch des Vaters, rechtzeitig in seinem Hause zu erscheinen. Damit überraschte er Nyame so sehr, daß dieser ihm das ganze Land, durch das heute der Tano fließt, übereignete. Dieses Land umfaßt die Gebiete, die von den edelsten Clans der Ashanti bewohnt werden, sowie die goldreichen Gefilde Sefwhi. Doch Tano bedankte sich nicht einmal für dieses vorzügliche Geschenk, sondern eilte sofort davon.

Nach einer Weile erschien Bia in Nyames Haus. Da erst bemerkte Nyame seinen Irrtum, doch eine einmal getroffene Entscheidung zu ändern ziemt sich nicht. Schweren Herzens schenkte er seinem Lieblingssohn den trostlosen, von dichtem Wald bewachsenen Landstrich.

Unterdessen nahm Tano Wohnung im Lande des Glücks und änderte sein Benehmen. Von früh bis spät arbeitete er im Schweiße seines Angesichts, bis er sehr reich geworden war. Er sorgte für sein Volk, und die Menschen vergalten es ihm mit Liebe und überhäuften ihn mit Ehrerweisungen. Um seine Gunst zu erlangen, fragten sie, was er sich wünsche. Er dachte an den Dienst, den ihm die Ziege Akua Abirekyi erwiesen hatte, und gebot, sie mit besonderer Fürsorge zu behandeln. Darum findet man unter den Tieren, die Tano zum Opfer gebracht werden, niemals eine Ziege.

Die hinterlistige Akoko

Nyame hatte vier Frauen. Seine erste und bedeutendste Frau war das Huhn Akoko. Ihr unterstanden die drei anderen, aber nur bis zu einem bestimmten Tage.

Einmal rief Nyame alle seine vier Frauen zu sich und fragte sie, wie sie ihm dafür danken wollten, daß er sie über die gewöhnlichen sterblichen Frauen erhoben hatte. Die erste Frau versprach, sie werde sich stets um seinen Hof kümmern, ihn sorgfältig aufräumen und in bester Ordnung und größter Sauberkeit halten. Die zweite gelobte ihm, für seinen Magen Sorge zu tragen. Sie versprach, die erlesensten Gerichte zu kochen und niemals über die gewaltige Schar von Gästen zu klagen, die die göttliche Vorratskammer zu leeren pflegte. Die dritte empfahl sich als unübertroffene Weberin und gelobte, daß ihr göttlicher Ehemann stets schöne und kostbare Gewänder tragen würde. Auch das ganze Wasser, das er benötigte, wollte sie ihm bringen. Die vierte Frau versetzte alle in Erstaunen: Sie versprach, ihm ein goldenes Kind zu gebären.

Auch Nyame erschien das Versprechen der letzten Frau als das vortrefflichste. Er konnte dies nicht offen aussprechen, um nicht die Eifersucht der drei anderen Frauen zu wecken, durch sein Handeln verriet er sich jedoch auf Schritt und Tritt. Jeden Tag schlachtete er ein Schaf, und das beste Fleisch schickte er der, die ein im wahrsten Sinne des Wortes teures Kind zur Welt bringen wollte.

Die Zeit verging, aber der ersehnte Sprößling hatte es nicht eilig, auf diese Welt zu kommen. Nyames Geduld ging allmählich ihrem Ende entgegen, als ihn endlich die freudige Nachricht erreichte: Die vierte Frau war schwanger. Sofort rief er seine erste Frau Akoko und gebot ihr, die Schwangere mit aller Fürsorge zu behandeln und strenge Aufsicht über sie zu führen. Um sich angeblich besser ihrer Aufgabe widmen zu können, nahm Akoko die Frau zu sich in ihre Hütte. Als die Zeit der Entbindung gekommen war, befahl sie der Gebärenden, die Augen zu schließen und sie erst zu öffnen, wenn sie es erlaube. Dann lief sie aus der Hütte und kehrte nach einer Weile mit einem großen Krug zurück.

Gerade in diesem Augenblick gebar Nyames Frau Zwillinge. Das erste Kind war aus Silber. Kaum hatte es den Mutterleib verlassen, nahm es Akoko sofort weg und steckte es in den Krug. Das zweite Kind war ganz aus purem Gold und teilte sogleich das Los des ersten Bruders.[29] Schnell rannte Akoko ein zweites Mal aus der Hütte und kehrte bald mit zwei Fröschen zurück. Sie legte sie aufs Bett der Mutter und befahl ihr, die Augen zu öffnen, um sich am Anblick der Kinder zu erfreuen. Nach diesen Worten nahm sie den Krug, verließ zum dritten Mal die Hütte und rannte auf den entfernten Busch zu. Sie lief bis zu dem vertrockneten Baum Odum, verbarg dort den Krug mit den Zwillingen und kehrte eilends nach Hause zurück. Bevor sie jedoch zu ihrer Hütte zurückkam, machte sie noch einen Besuch in Nyames Palast. Sie berichtete ihm von der Geburt der Zwillinge und lud ihn ein, sich die Kinder anzusehen.

Nyame brauchte diese besondere Einladung nicht. Sofort stand er auf und eilte zur Hütte, in der die Wöchnerin lag. Wie groß war da seine Bestürzung, und welcher Zorn ergriff ihn, als er statt des versprochenen und ersehnten goldenen Sprößlings zwei häßliche Frösche vorfand! Sofort gab er Befehl, die Frösche zu töten, und ließ die Frau aus Haus und Hof in den entferntesten Winkel seines Reiches vertreiben.

Nun geschah es, daß in Nyames Reich ein Jäger wohnte, der sich im entfernt gelegenen, wilden Busch eine Hütte gebaut hatte. Eines Tages stieß er auf der Jagd nach wilden Tieren auf den abgestorbenen Baum Odum. Da wurden seine Augen plötzlich von ungewöhnlich grellen Strahlen geblendet, die so in die Augen stachen, daß er unwillkürlich ausrief: »Was ist denn das?« – »Wir sind Nyames Kinder«, antworteten die Zwillinge. Er wollte es nicht recht glauben. Den Goldstaub, der von ihren Körpern gefallen war, sammelte er sorgfältig in seinen Beutel. Dann nahm er die Kleinen und trug sie in seine Hütte. Lange Zeit hielt er die Kinder verborgen und erzählte niemandem von ihnen. Wann immer er Geld brauchte, kratzte er ein wenig

Goldstaub von den Zwillingen und verkaufte ihn an vorüberziehende Kaufleute. Bald war er ein reicher Mann geworden. An Stelle seiner ärmlichen Hütte baute er ein riesiges Gehöft, um das im Laufe der Zeit eine große Stadt wuchs.

In der Nähe wohnte Anansi, Nyames Diener. Eines Tages begab er sich in den Busch, um weiße Ameisen zu sammeln, die das Lieblingsfutter seiner Hühner waren. Wie groß war da sein Erstaunen, als er an Stelle der ärmlichen Hütte eine wohlhabende Stadt mit vielen Menschen erblickte. Von der Neugier getrieben, betrat er die herrliche Stadt, lief durch ihre Straßen und traf zufällig auf den Jäger, der mit den Kindern spielte. Ohne Mühe erkannte Anansi in ihnen die Kinder Nyames und beeilte sich, seinem Herrn von der bedeutsamen Entdeckung Nachricht zu bringen.

Anansis Anwesenheit in der Stadt war der Aufmerksamkeit des wachsamen und umsichtigen Jägers nicht entgangen. Von weitem schon sah er, wie Anansi herbeikam, deshalb sagte er zu den Zwillingen: »Da ihr gesagt habt, daß ihr Nyames Kinder seid, ist es höchste Zeit, daß ich euch zu ihm bringe.«

Früh am nächsten Morgen ordnete er die Hängematten, zog den Zwillingen schöne Kleider an und machte sich auf den Weg zu Nyame. Unterwegs lagen die Kinder ihrem Vormund in den Ohren, er solle doch eine Rast einlegen. Sie müßten kleine Steinchen für das Wari-Spiel[30] sammeln, um mit deren Hilfe dem Vater ihre ganze Geschichte erzählen zu können.

Nach einem langen, beschwerlichen Weg traten sie schließlich vor Nyames Angesicht. Der Jäger rückte Holzstühle heran und fragte Nyame, ob er nicht mit den Buben Wari spielen möchte. Nyame ging gern auf den Vorschlag ein. Das erste Spiel begann das silberne Kind, und während die Steinchen über das Brett geschoben wurden, sang das goldene Kind ihre abenteuerliche Geschichte, von der Hochzeit ihrer Mutter bis zur Begegnung mit dem Vater. Es erzählte von der Niedertracht der ersten Frau Akoko und von der guten Tat des Jägers, der ihnen nicht das Leben genommen, sondern ganz im Gegenteil, sie für ein wenig Silber- und Goldstaub gehütet und ernährt hatte.

Aufmerksam sah sich Nyame die Zwillinge an und erkannte ohne Mühe in ihnen seine Kinder. Er befahl, die zu Unrecht beleidigte und davongejagte Mutter sofort aus dem Busch zurückzuholen. Schmutzbedeckt und ungekämmt erschien sie. Eigenhändig wusch Nyame die Frau und machte sie zurecht, und als sie ihre frühere Schönheit wiedererlangt hatte, ließ er die erste Frau Akoko holen.

Auf den Anblick der Treulosen hin geriet er in unbändigen Zorn. Er band die Betrügerin mit dem Fuß an einen Pfahl und verfluchte sie. Dann warf er sie vom Himmel herab auf die Erde und schwor ihr, kein Erbarmen mit ihr zu haben. Nyames Drohung gilt der ganzen Art. Deshalb müssen die Hühner auch heutzutage, wenn sie Durst haben, lange um einen Tropfen Wasser bitten, indem sie bettelnd ihren Schnabel zum Himmel recken. Nyame gebot, daß in Zukunft ein jeder den Göttern Hühner zum Opfer darbringen solle.

Der goldene Thron

In den ersten Jahren der Herrschaft Osei Tutus soll ein Mann namens Anokyi an den Hof gekommen sein und erklärt haben, daß er ein Gesandter des höchsten Gottes sei. Er habe ihm eröffnet, daß Nyamia beschlossen habe, die Ashanti zu einem großen und mächtigen Volk zu machen.

Die Worte des Gottesgesandten riefen große Erregung hervor. Sofort berief man in Kumasi, der Hauptstadt der Ashanti, eine große Versammlung ein. Regenschwangere Wolken waren aufgezogen, der Himmel erdröhnte vom Rollen des Donners und erleuchtete im Schein der Blitze. Anokyi reckte seine Hände zum Himmel empor, da sank vom Himmel ein hölzerner Thron, der mit einer Goldschicht überzogen war, herab. Dieser Thron ließ sich auf den Knien König Osei Tutus nieder. Darauf erklärte der Gottesgesandte dem Herrscher und allen Versammelten, daß er das Sunsum enthalte, die Seele des Volkes der Ashanti. An diesem Thron hingen Stärke, Gesundheit, Tugend und Erfolg der Ashanti. Sein Verlust bedeute die Vernichtung des ganzen Volkes. Man erzählt, daß der vom Himmel herabgesandte Thron niemals die Erde berührt habe und daß niemals ein Sterblicher auf ihm gesessen habe.

Die Gründung des Königreiches Bono

Nach der Überlieferung von Bono-Mansu, des ältesten, um 1300 gegründeten Königreiches, sind dessen Herrscher aus einer Stadt in einer großen weißen Wüste gekommen. Mit ihren Rindern und Pferden zogen sie ins Land Diala, das sich entlang eines großen Flusses erstreckte. Dann wanderten sie weiter in die nördlich der Goldküste gelegenen Gebiete, wo sie unter den Mossi ein kleines Reich gründeten. Nach einem Krieg, den sie verloren hatten, mußten sie dieses Land verlassen und flohen weiter nach Süden. An der Spitze der Versprengten standen drei Männer, von denen zwei während der

Flucht starben. Der dritte von ihnen, Nana Asaman, trennte sich vom Zug und setzte über den Schwarzen Volta über. Bald erreichten die Flüchtlinge den Rand großer tropischer Wälder und wohnten zunächst im Dickicht und in unbewohnten Höhlen, von denen es in dieser Gegend viele gab. Doch immer häufiger stürzten ihre einfachen Unterkünfte ein. Nana Asaman befragte den Orakelgott Biakuru, und der gebot ihm, eine Stadt zu errichten. Den göttlichen Willen befolgend, ließ Nana Asaman zuerst Yefri und dann Bono-Mansu bauen, das zur Hauptstadt des neu entstandenen Königreiches Bono wurde.

Die Herkunft der Etsi

Einst wohnten die Etsi im Norden in der Nachbarschaft der Bono.[31] In einem Fluß, der breiter als der Volta war, fingen sie Fische und verkauften ihren Fang an die Bono. Bald brach eine Hungersnot in dieser Gegend aus, und die Etsi waren gezwungen, die heimatlichen Gefilde zu verlassen und sich auf die Wanderung entlang der großen Flüsse zu begeben. Schließlich ließen sie sich, geführt von Kwakwa Dentse, an den Ufern des Benue[32] nieder. Dort führten sie ein ruhiges Leben, lebten vom Fischfang und beförderten ihre Fische über große Entfernungen.

Eines Tages drangen Fremde in ihr Land ein. Sie fielen über die Etsi her, die schwach und von geringer Zahl waren, und verjagten sie aus der Ebene am Benue. Nach langer Wanderung fanden die Etsi in der Nähe der Stadt Benin Zuflucht. Benin war damals die größte Stadt, in der Menschen verschiedenster Stämme lebten. An den Körpern der Einwohner konnte man die unterschiedlichsten Stammeszeichen sehen. Manche waren beschnitten, manche waren bekleidet, andere liefen nackt, und andere, wie die Etsi, hüllten ihre Körper in Baumrinde. Die Einwohner von Benin waren geschickte Bildhauer und stellten für den Hof des Herrschers reich verzierte Gegenstände her. Von ihnen lernten die Etsi, wie man aus ausgehöhlten Baumstämmen Boote baut, und übernahmen von ihnen auch die dreieckigen Ruder. Doch auch in Benin war es den Etsi nicht vergönnt, in Ruhe und Frieden zu leben. Kriegerische Völker aus dem Norden, die keine Stammeszeichen an den Körpern trugen, griffen Benin an und eroberten es. Die Etsi flohen und verbargen sich in einem Palmhain südlich des Königreiches. Dort führte sie das Schicksal mit den Vorfahren der Koromantse zusammen, die sich an diesem Ort ebenfalls versteckt hielten. Dieses Volk aus dem Norden kannte den Ackerbau nicht, und deshalb drohte ihm hier in der Fremde der Hungertod.

Sie raubten Etsi-Frauen und zwangen sie zur Arbeit auf ihren Feldern. Wieder entschlossen sich die verfolgten Etsi zur Flucht und fuhren entlang der Meeresküste bis zur Mündung des Volta und von dort aus weiter nach Westen. Sie gründeten das heutige Anomabu und setzten in dem kleinen See,[33] aus dem das Flüßchen entspringt, das durch die umliegenden Dörfer fließt, den heiligen Fisch aus, den sie aus dem ›großen Strom des Nordens‹ mitgebracht hatten.

Krachi

Was man von Gott Wulbari und seinem Sohn erzählt

Die Krachi glauben, daß Gott Wulbari in den ersten Tagen des Bestehens der Welt unter den Menschen auf der Erde gewohnt hat. Doch mit der Zeit bevölkerte sich die Erde, und es wurde eng. Die Menschen belästigten sich nicht nur gegenseitig, sondern machten auch ihrem Schöpfer das Leben schwer. Deshalb erhob er sich ein Stück in den Himmel, aber auch dort fand er keine Ruhe. Eine Alte war dabei, Fufu, ein Gericht aus Yamswurzeln, zuzubereiten, und dabei holte sie mit dem Stößel weit aus und verletzte Wulbari aus Versehen. Der Schöpfergott ertrug den Schmerz mit Geduld, doch noch bevor die Alte mit ihrer Arbeit fertig war, erhob er sich noch höher, weiter, als menschliche Hände reichen.

Wulbaris Kinder sind die Höhlen und Felsen. Sein bekanntester Sohn ist Bruku, der in den Siari-Bergen wohnt. Nur der höchste Priester und dessen Diener dürfen die heilige Stätte dieses Gottes betreten. Bruku hat die Aufgabe, das Orakel der Stadt Siari zu verwahren. Siari war eine Pilgerstadt. Ein Teil der Bevölkerung war unmittelbar mit der Pflege und dem Schutz des Orakels beschäftigt, andere versorgten die Pilgerer mit Nachtlagern.

Bruku gewährt den Frauen Fruchtbarkeit und schenkt den Feldern reiche Ernten. Seine wichtigste Aufgabe aber ist es, Söhne zu zeugen, die niederen Gottheiten, die als Statthalter in den von Siari weiter entfernten Dörfern herrschten.

Eines Tages überkamen Bruku Geburtswehen, und aus seinem Schoß heraus kam Dente, der erstgeborene Sohn. Von göttlicher Kraft getrieben, überquerte Dente die Siari-Berge, wobei er eine Spur in Gestalt eines tiefen Grabens hinterließ. Heute fließt in diesem Graben der Sabu. Als Dente das erste Hindernis bezwungen hatte, lag auf seinem Wege der gewaltige Felsen Kedjebi. Da er bis in die herrlichen Ebenen am Oti-Fluß und zu den geheimnisvollen Ufern des Volta vorstoßen wollte, warf er den Felsen mit einem kräftigen Schlag zur Seite. Nun gelangte er mühelos an den ihm bestimmten Ort in einer finsteren Grotte im Dickicht, das die Ufer des Frao bedeckte.

Dente konnte den Anblick von Blut nicht ertragen und war ein Gegner des Blutvergießens. Menschenopfer, an denen er besonderen Gefallen hatte, brachte man ihm dar, indem man die Menschen bei lebendigem Leibe unter Erdhaufen begrub oder ihnen das Genick brach.

Der listige Anansi

Gott Wulbari wohnte im Himmel, umgeben von einem herrlichen Hofstaat, der vor allem aus Tieren bestand, die ihm gern dienten.

Eines Tages kam der Höfling Anansi zu Gott Wulbari gelaufen und bat ihn um eine einzige Kornähre. Dieser schlug die Bitte nicht ab, doch wollte er wissen, wozu Anansi diese belanglose Sache bräuchte. »Herr, im Austausch für diese einzige Kornähre bringe ich dir in Kürze hundert Sklaven!« antwortete er und machte Wulbari noch neugieriger.

Nachdem Anansi die Ähre bekommen hatte, empfahl er sich, ohne Zeit zu verlieren, auf die Erde. Seinen Fuß setzte er in der Stadt Krachi auf und erkundigte sich dort, wie er zur Hauptstadt der Dagomba, nach Yendi, gelangen könne. Die Leute beschrieben ihm genau den Weg, und Anansi verließ die Stadt. Noch am selben Tage erreichte er die Stadt Tariasu, und weil die Dunkelheit schon hereingebrochen war, bat er den Dorfältesten um ein Nachtlager. Man schickte Anansi zur Gästehütte. Als er sich zur Ruhe begeben wollte, fragte er den Hausherrn, wo er seine Ähre sicher verstecken könnte. »Ich habe diese Ähre von Wulbari bekommen und soll sie nach Yendi bringen«, erklärte er seine merkwürdige Sorge um eine Sache von so geringem Wert. Man zeigte ihm eine gute Stelle im Dach, und dann gingen alle schlafen.

In der Nacht stahl sich Anansi heimlich aus der Hütte, nahm die Ähre aus ihrem Versteck und warf sie den Hühnern vor. Am nächsten Morgen bat er, als ob nichts gewesen wäre, ihm die zur Aufbewahrung übergebene Ähre auszuhändigen. Als sich herausstellte, daß die Ähre verschwunden und die Körner aufgefressen waren, schlug er Krach und begann laut zu lamentieren. Er gab erst Ruhe, als er einen Korb voll Körner als Ersatz erhalten hatte. Dann verließ er Tariasu und setzte seinen Weg fort.

Vom Tragen des schweren Korbes ermüdet, ließ er sich im Schatten eines Affenbrotbaumes am Wegrand nieder. Da kam ein Mann an ihm vorüber, der in der Hand ein Huhn trug. Anansi grüßte ihn, fing eine Unterhaltung mit ihm an, und schon bald plauderten sie miteinander wie zwei alte Freunde. Nach einer Weile bot Anansi dem Wanderer zur Erinnerung an die geschlossene Freundschaft seine Körner im Austausch für dessen Huhn an.

Der zögerte keinen Augenblick; wer hätte auch schon an einem solchen Handel, dazu noch mit einem engen Freund, keinen Gefallen gefunden!

Am Abend traf Anansi in Kpandae ein. Nachdem er den Dorfältesten begrüßt hatte, bat er auch ihn um ein Nachtlager. Weil er sehr müde war, ging er sofort in die ihm zugewiesene Hütte. Zuvor jedoch zeigte er noch den Leuten das Huhn und erklärte ihnen, daß es Wulbari gehöre, der ihm befohlen habe, es nach Yendi zu bringen. Da änderten die Leute ihre Haltung gegenüber dem hohen Gast, verneigten sich tief vor ihm und wiesen ihm einen festen, gut gesicherten Hühnerstall zu.

Die Dorfbewohner lagen alle schon in tiefem Schlaf, als Anansi das Huhn aus dem Stall stahl und sich mit ihm aus dem Dorf davonmachte. Dort tötete er das unglückliche Tier, und nachdem er die blutigen Federn auf die Schwelle der Hütte des Dorfältesten gelegt hatte, ging er schlafen. Kaum hatten die Hähne mit lautem Krähen den Anbruch des Morgens verkündet, konnte man auch schon Anansis lautes Weh und Ach vernehmen. Wie besessen rannte er umher und schrie, daß ihm jemand das Huhn gestohlen habe, weshalb er sicher nicht länger an Wulbaris Hof bleiben dürfe. Er verfluchte das verräterische Dorf Kpandae und kündigte an, daß seine Bewohner die wohlverdiente Strafe treffen werde. Das Geschrei riß Menschen und Tiere aus dem Schlaf. Anansi, der Bestürzung vorgab, zeigte auf die blutigen Federn auf dem Hof des Dorfältesten.

Diese Tatsachen sprachen für sich. Niemand zweifelte daran, daß ihr Dorfältester Gott gelästert hatte, woran zu denken schon schlimm genug war. Alle flehten Anansi an, er möchte ihnen doch verzeihen, ihnen sagen, wodurch sie die ihnen drohende Gefahr abwenden könnten. Anansi dachte lange nach, dann sagte er, daß Wulbari ihnen möglicherweise verzeihen würde, wenn er statt des Huhns ein Schaf nach Yendi bringe. »Ein Schaf?« riefen die Leute ungläubig aus. »Wir geben dir so viele, wie du dir nur wünschst.« Anansi gab sich mit zehn ausgesuchten Tieren zufrieden und setzte seinen Weg fort.

Die stattliche Schafherde vor sich hertreibend, näherte er sich nach einiger Zeit der Stadtgrenze von Yendi. Weil er ein bißchen müde war, setzte er sich im Schatten eines Baumes nieder und ließ seine Schafe weiden. Plötzlich drangen Weinen und Klagen an seine Ohren. Bald darauf erblickte er eine Gruppe von Menschen, die einen Toten auf ihren Schultern trugen. Anansi grüßte sie und erfuhr, daß ein Jüngling gestorben war. Jetzt trugen sie ihn in sein Heimatdorf, um ihn dort zu begraben. Anansi erkundigte sich nach dem Namen des Dorfes, und als man es ihm genannt hatte, sagte er, daß es sehr weit entfernt sei und der Leichnam bestimmt auf der langen Reise verwesen würde. Schließlich schlug er einfach vor, seine Schafe gegen den Toten einzutauschen. Dieser Vorschlag war zwar merkwürdig, aber niemand vermutete etwas Schlechtes daran. Nach kurzem Zögern überließen ihm die Männer den Leichnam, sie selbst aber zogen mit den Schafen von dannen.

Anansi wartete bis zum Einbruch der Dunkelheit, dann betrat er die Stadt, auf seinem Rücken trug er den Toten. Nachdem er im Palast des Königs der Dagomba angelangt war, bat er ihn um ein Nachtlager. »Ich habe einen Gefährten bei mir«, sagte er. »Es ist der Lieblingssohn von Gott Wulbari. Er war sehr müde und schläft schon, also suche ich nun ein passendes Nachtlager für ihn.«

In Blitzesschnelle verbreitete sich diese großartige Neuigkeit in ganz Yendi, und eine Hütte für Wulbaris Lieblingssohn war sofort gefunden. Anansi legte den Körper des Jünglings darin nieder und deckte ihn mit einem Tuch zu, so daß er wie ein Schlafender aussah. Dann verließ Anansi die Hütte, ein reichliches Abendessen wartete auf ihn. Nachdem er sich satt gegessen hatte, erbat er auch für Wulbaris Sohn ein Abendessen. Er trug es in die Hütte und ließ es sich noch einmal schmecken. Dann brachte er das leere Geschirr zurück und lobte die Kochkunst der Einwohner Yendis, deren Gerichte sogar Wulbaris Sohn mundeten.

Die Leute von Yendi fragten schüchtern an, ob ihr Gesang und Tanz die Gäste nicht stören würden, denn damit wollten sie das für sie so bedeutende Ereignis würdigen. Anansi versicherte ihnen, daß sie machen könnten, was ihnen nur gefiele. Und er fügte noch hinzu, daß Wulbaris Sohn immer sehr fest schliefe und daß er, um ihn zu wecken, ihn jeden Morgen prügeln müsse, denn rufen und rütteln seien bei ihm völlig zwecklos. So tanzten und spielten die Einwohner von Yendi.

Am nächsten Morgen wachte Anansi früh bei Sonnenaufgang auf und erklärte, daß sie die gastliche Stadt leider schon verlassen müßten. Dann erlaubte er den Kindern des Herrschers der Dagomba, die ihre fröhlichen Lieder und Tänze noch nicht beendet hatten, hineinzugehen und den Gottessohn zu wecken. Wie Anansi am Vortag gesagt hatte, schlugen sie sogleich auf ihn ein. »Schlagt nur kräftig zu«, riet Anansi, als der Jüngling nach den ersten Schlägen noch nicht wach geworden war. Die Kinder des Herrschers befolgten seinen Rat und schlugen einige Male mit aller Kraft zu. Als Wulbaris Sohn auch davon nicht aufwachte, trat Anansi herzu, schüttelte ihn und stellte dabei voller Entsetzen fest, daß er nicht mehr lebte.

Die Kunde vom Tode des Wulbarisohnes verbreitete sich im Nu in der Stadt, ihre Bewohner packte die Angst. Als der Herrscher den Toten mit eigenen Augen gesehen hatte, gelobte er in seiner Angst, die eigenen Kinder zu opfern, um so den Schmerz und Zorn seines Gottes zu besänftigen. Schließlich erklärte er sich sogar selbst bereit, den Tod zu erleiden, wenn nur sein Volk vor der Vernichtung verschont bliebe. Anansi gab sich ganz verzweifelt, und die immer neuen Vorschläge, Wulbaris Vergebung zu erflehen, fanden bei ihm kein Gehör. Er befahl, den unglücklichen Jüngling zu begraben; dann ließ er die Leute von Yendi noch einen ganzen Tag und eine ganze Nacht im ungewissen. Am darauffolgenden Abend rief er den Herrscher zu sich und sagte zu ihm: »Ich kehre zu meinem Herrn Wulbari zurück, denn ich muß ihm schließlich erzählen, wie sein Sohn ums Leben gekommen ist. Habt aber keine Angst! Ich werde alle Schuld auf mich nehmen. Doch dafür gebt mir hundert junge Männer mit, damit sie das, was ich sagen werde, bezeugen.«

Die Einwohner von Yendi waren froh. Sie wählten aus ihren Reihen die hundert trefflichsten Männer aus und versorgten sie für die lange Reise in Wulbaris Reich. Alsbald machte sich Anansi mit ihnen auf die Rückreise. Schon von weitem sah Wulbari, daß sich Anansi in Begleitung zahlreicher Männer näherte. Er ging ihm sogar zur Begrüßung entgegen, und Anansi erzählte ihm, wie er für nur eine einzige Ähre hundert ausgesuchte Sklaven bringen konnte. Wulbari war so mit ihm zufrieden, daß er ihn in seinem Amt als Höfling bestätigte und seinen Namen Anyankon in Anansi änderte, den er bis heute trägt.

Wie Anansi seinen Herrn überlistete

Anansi prahlte sehr mit seiner Tat, und noch manchmal zeichnete er sich durch außerordentliche Schläue aus. Schließlich maßte er sich sogar an, sich für klüger als der Schöpfergott Wulbari zu halten. Es geschah, daß dieser zufällig davon hörte und sich natürlich sehr darüber ärgerte.

Am darauffolgenden Tage rief er Anansi zu sich und befahl ihm, etwas zu bringen, was er aber nicht genauer beschrieb. Anansi sollte selbst den Wunsch Wulbaris erraten. Den ganzen Tag über dachte Anansi nach, und am Abend versuchte er, durch eine List Wulbari einige nähere Angaben zu entlocken. »Du sollst mir etwas bringen. Du rühmst dich, mir in allem ebenbürtig zu sein; dann beweise es auch!« erwiderte ihm der Schöpfer und ließ ihn stehen.

Am nächsten Tag verließ Anansi das Himmelreich und begab sich auf die Suche nach diesem Etwas. Lange irrte er umher und fragte hier und dort, und als er schon fast daran zweifelte, die ihm übertragene Aufgabe erfüllen zu können, kam ihm plötzlich ein guter Gedanke. Er setzte sich am Wegesrand nieder und rief alle Vögel zu sich. Von einem jeden erbat er sich eine Feder, dann entließ er sie wieder. Aus diesen Federn fertigte er sich ein wunderschönes Gewand an, zog es über und machte sich dann auf den Weg zu Wulbaris Stadt.

Dort angekommen, kletterte er auf einen hohen Baum, der gegenüber Wulbaris Haus wuchs. Nach einer Weile erschien Wulbari auf der Schwelle seines Hauses. Kaum hatte er den märchenhaft bunten, ihm bisher unbekannten Vogel erblickt, rief er die Diener herbei und fragte sie, wie er hieße. Die Diener waren nicht weniger von dem ungewöhnlichen Anblick geblendet, und niemand von ihnen wußte, wie dieser Vogel heißt. Es wußte nicht einmal der Elefant, der die Geheimnisse der entlegensten Winkel des Busches kennt. Da schlug jemand vor, vielleicht Anansi danach zu fragen. Wohl oder übel gestand ihnen da Wulbari ein, daß er diesen mit einer Aufgabe weggeschickt hätte und er ihnen deshalb leider nicht helfen könnte. Als sie ihn genauer nach der Aufgabe fragten, erzählte er: »Anansi hat sich allzusehr gebrüstet. Er war dabei so dreist, allenthalben zu verbreiten, daß er klüger ist als ich. Ich habe ihm deshalb befohlen, mir etwas zu bringen.« Gleich fragten ihn alle, woran Wulbari dabei gedacht habe. Schließlich gab er preis, daß dieses Etwas die Sonne, der Mond und die Finsternis waren.

Die Diener gingen auseinander, priesen die Weisheit Wulbaris und lachten über Anansis Anmaßung. Unterdessen hatte Anansi in seinem feinen Federgewand aufmerksam der ganzen Unterhaltung zugehört. Nachdem sich die Versammlung aufgelöst hatte, kletterte er geschwind vom Baum herunter und floh unbemerkt in den Busch. Dort warf er die Federn ab und machte sich auf den Weg. Niemand weiß, wohin er ging. Jedenfalls gelang es ihm, sowohl die Sonne als auch den Mond und die Finsternis zu holen. Er steckte sie in einen Sack und eilte zu Wulbari.

Am späten Nachmittag traf er im Hause seines Herrn ein. Er warf den mitgebrachten Sack von der Schulter und holte die Finsternis heraus. Im Nu war alles dunkel, und niemand konnte mehr etwas erkennen. Dann zog er den Mond aus dem Sack heraus, und man konnte wenigstens die Umrisse der Dinge wieder sehen. Schließlich holte er noch die Sonne aus dem Sack heraus. Ihr Schein war so grell, daß er alle, die Anansis Tun beobachteten, blind machte. Die anderen, die die Augen zugekniffen hatten, erblindeten auf einem Auge. Nur diejenigen, die in diesem Augenblick die Lider fest geschlossen hatten, konnten ihr Augenlicht bewahren. Seit dieser Zeit gibt es auf der Erde eine Augenkrankheit: die Blindheit.

Was man von Sonne, Mond und Sternen erzählt

Die Sonne war ein Mann und der Mond eine Frau. Nach einiger Zeit heirateten sie und zeugten viele Kinder, die Sterne.

Mit der Zeit langweilte die Mondfrau das Eheleben: Sie suchte sich einen Geliebten. Der Sonnenmann erfuhr alsbald von der Untreue seiner Gattin, und es grämte ihn entsetzlich. Als alle Ermahnungen nichts mehr nützten, verstieß er die Mondfrau und jagte sie am Ende aus seinem Haus. Er war jedoch nicht allzu streng mit seiner nun umherirrenden Gattin Mond und teilte mit ihr alle Felder und den übrigen Besitz. Ein Teil der Kinder ging mit der Mutter, die anderen blieben hingegen im Hause des Vaters.

Trotz dieser großherzigen Geste der Sonne fand sich die Mondfrau niemals mit ihrem entwürdigenden, wenn auch wohl verdienten Los ab. Oft vergriff sie sich an den Feldern ihres ehemaligen Gatten und tut es bis heute. Das gefällt den bei der Sonne gebliebenen Kindern natürlich nicht, und sie bemühen sich jedesmal, ihre Mutter davonzujagen. Dies führt immer wieder zu Prügelei zwischen den Sternen, die Kinder der Sonne sind, und den Sternen, die Kinder des Mondes sind. Auf der Erde treten dann Stürme auf, Donner rollen und Blitze zucken. Der Mond, der nur eine schwache Frau ist, lenkt dann gewöhnlich ein und ruft seine Kinder zurück. Er schickt seinen Boten, den Regenbogen, zu ihnen, und bittet sie, mit dem Streit aufzuhören. Manchmal dauert das ziemlich lange: Dann regt sich der Mond sehr auf, obwohl sein Bote mit den vielfarbigen Gewändern zum Zeichen winkt, daß er in Kürze zurückkehrt.

Zuweilen ertappt der Sonnenmann seine Gattin Mond beim Diebstahl. Dann verprügelt er sie unbarmherzig, und oft will er sie vor Wut auffressen. Auch die Menschen spüren dieses Familiengezänk, wenn es eine Finsternis gibt. Dann erheben sie ihre Stimme und schlagen die Trommeln. Auf diese Weise erlauben sie es der Sonne nicht, ihre zerstörerischen Absichten in die Tat umzusetzen.

Warum die Affen ein rotes Hinterteil haben

Nachdem Wulbari Sonne, Mond und Sterne an ihren Platz gesetzt und mit ihrer Hilfe die Zeit in Tag und Nacht eingeteilt hatte, verspürte er Mitleid mit den Menschen, unter denen er doch einst gelebt hatte. Er hörte, daß sie Hunger und Durst hätten. So beschloß er, sie Ackerbau zu lehren. Er rief Anansi herbei, gab ihm Samen aller Pflanzen und zeigte ihm, wie man ihn aussäen muß.

Anansi begab sich auf die Erde, und nachdem er die Menschen versammelt hatte, zeigte er ihnen all das, was er selber erst vor kurzem gelernt hatte. Da er sehr umsichtig war, befahl er, zunächst nur einen Teil des Samens auszusäen. Nach einigen Tagen rief er wiederum alle Menschen zusammen, damit sie sehen sollten, was ihre Arbeit erbracht hatte. Als die Menschen sich auf die Felder begeben hatten, stellten sie mit Entsetzen fest, daß die Affen sämtliche Pflanzen vernichtet hatten. Da begriff Anansi, daß er einen Fehler gemacht hatte: Die Felder lagen zu weit ab von den Siedlungen der Menschen. Er gab ihnen den restlichen Samen und befahl, ihn in der Nähe der Gehöfte auszusäen. Dann kehrte er zu Wulbari zurück.

Einst waren alle Affen Menschen. So wie die anderen Menschen auch hatten sie von Gott Samenkörner erhalten und gelernt, Felder zu bestellen. Das gefiel den Affen, und darauf waren sie sehr stolz. Nach der nächsten Regenzeit säten sie ihre Körner auf großen Flächen gerade niedergebrannten Buschs aus. Leider gab es dort viele Moskitos, die den Affen eine Menge Unannehmlichkeiten bereiteten. Sie kitzelten sie und krabbelten ihnen sogar in die Ohren. Die Arbeit war unter diesen Bedingungen für sie sehr beschwerlich. Sie setzten sich auf ihre Hacken und blieben solange darauf sitzen, bis ihnen die Stiele ins Hinterteil hineinwuchsen. Daher kommt es, daß die Affen heutzutage einen Schwanz haben und ihr Hinterteil wie glühendes Eisen leuchtet.

Wie der Tod zu den Krachi kam

Der mächtige Vogel Animabri[34] aß gern Menschenfleisch. Es schmeckte ihm so sehr, daß er zuweilen alle Menschen, denen er auf seinem Weg begegnete, tötete und wegschleppte. Nackte Angst hatte die Erdbewohner befallen, und ihr Schreien, Jammern und Weinen drang bis an Wulbaris Ohr. Nachdem er erfahren hatte, warum die Menschen so verzweifelt waren, versammelte er alle seine Hofbeamten, die Tiere, um sich und gebot ihnen, daß sich keiner von ihnen ohne Erlaubnis in die Angelegenheiten der Menschen einmischen dürfe. Dann bat er seine Beamten, ihm aufzuzählen, wofür sie verantwortlich sein wollen. Als erster ergriff der Elefant das Wort und erklärte, daß er den sehr weit von hier entfernten Busch beaufsichtigen wolle. Dann beschrieben der Reihe nach alle Tiere ihren Herrschaftsbereich. Die Ziege beispielsweise erklärte, daß sie die Wiesen beaufsichtigen werde, und der Hund wollte für das Wohl der Menschen sorgen.

Nachdem Wulbari die Antwort des Hundes gehört hatte, gab er ihm eine

Arznei, die die vom Vogel Animabri getöteten Menschen ins Leben zurückbringen sollte. Dann gingen die Tiere auseinander, ein jedes in sein Reich. Auch der Hund machte sich auf den Weg, aber er kam nicht weit. Als er unterwegs einen Knochen fand, legte er die Arznei zur Seite und machte sich daran, den Knochen abzuknabbern. Er war damit so beschäftigt, daß er die vorübergehende Ziege gar nicht bemerkte. Diese nahm die Arznei und verstreute sie auf der Wiese. Als der Hund seine Mahlzeit beendet hatte, konnte er die kostbare Medizin nicht wiederfinden. Er kehrte zu Wulbari zurück, doch der verweigerte ihm Hilfe. Aus diesem Grund sterben die Menschen und werden nicht wieder lebendig, währenddessen das Gras abstirbt, doch im nächsten Jahre zu neuem Leben erwacht.

Der Riese Owuo oder warum die Menschen sterben

Vor sehr langer Zeit herrschte auf der Erde eine große Hungersnot. Auf der Suche nach etwas Eßbarem stieß ein Jüngling tief in den Busch vor, dorthin wo er noch nie zuvor gewesen war. Da bemerkte er plötzlich etwas Großes, das wie ein Hügel aussah. Vorsichtig näherte er sich und erkannte in dem, was er entdeckt hatte, den Körper eines Riesen mit langen, strähnigen Haaren. Dieser Riese war so ungeheuer groß, daß er von der Stadt Krachi bis zur Stadt Salaga reichte.

Von diesem Anblick entsetzt, wollte sich der Jüngling sofort aus dem Staube machen, doch der Riese hatte ihn schon bemerkt und fragte ihn: »Was willst du?« Der Jüngling erklärte ihm, was ihn hergeführt hatte, und bat den Riesen um etwas zu essen. Der Riese schlug ihm die Bitte nicht ab, aber er stellte eine Bedingung: Der Jüngling sollte eine Weile sein Diener sein. Als er dem Ausgehungerten ein Stück schmackhaften Fleisches reichte, nahm der Jüngling die Bedingung an. Daraufhin offenbarte der Riese ihm seinen Namen, er hieß Owuo, ›Tod‹.

Niemals zuvor hatte der Jüngling solche Leckerbissen gegessen. Er diente seinem Herrn viele Jahre lang und erhielt dafür wohlschmeckende Speisen. Mit der Zeit bekam er Heimweh, er sehnte sich nach Hause und nach den Freunden und bat seinen Herrn um ein paar freie Tage. »Du kannst gehen«, war der Riese einverstanden, »aber du mußt mir dafür einen anderen Jüngling herbringen.« Der Jüngling kehrte nach Hause zurück, und nachdem er alle seine Erlebnisse erzählt hatte, überredete er seinen Bruder, ihn eine Weile im Dienst zu vertreten.

Nach einiger Zeit suchte erneut eine Hungersnot das Land heim. Da erinnerte sich der Jüngling an den Überfluß in Owuos Haus. Also beschloß er, zu seinem Herrn zurückzukehren. Der Riese ließ ihn in seine Hütte und erlaubte ihm, soviel Fleisch zu nehmen, wie er nur wollte. Er stellte ihm jedoch eine Bedingung: Er sollte ihm weiter dienen.

Die Zeit verging. Zu seiner Überraschung sah der Jüngling nie seinen Bruder, und immer, wenn er nach ihm fragte, erklärte ihm der Riese, daß er in Geschäften unterwegs sei.

Wieder packte den Jüngling das Heimweh. Auch diesmal erlaubte ihm Owuo zu gehen. Er befahl ihm nur, in der Zwischenzeit ein Mädchen herzubringen, denn er sei des einsamen Lebens überdrüssig. Diesmal überredete der Jüngling die eigene Schwester, und in Begleitung einer Sklavin schickte er sie zu Owuo.

Als der Jüngling zum dritten Mal ausgehungert auf dem Hof des Riesen erschien, zeigte sich dieser schon weniger erfreut über den Besuch des Schwagers. Dennoch gestattete er ihm, in die Hütte zu gehen und sich alles zu nehmen, wonach ihm nur verlangte. In der Hütte griff der Jüngling, vom Hunger geschwächt, nach dem erstbesten Knochen. Er wollte ihn gerade in den Mund stecken, als er voller Entsetzen entdeckte, daß es ein Knochen seiner Schwester war. Er warf einen Blick auf das daneben liegende Fleisch und erstarrte vor Schreck: Es waren die zerteilten Körper seiner Schwester und ihrer Sklavin.

Wie wahnsinnig rannte er aus Owuos Hütte und lief, so schnell ihn die Füße tragen konnten, ins Dorf. Dort erzählte er alles dem Ältestenrat. Nach einem erhitzten Streitgespräch beschloß man, in die Stadt Salaga zu gehen, bis zu der die Haare des Riesen reichten, und sie anzuzünden. Als die Flammen an den Haaren des Riesen wie an einer Lunte entlangkletterten, näherten sich die Leute dem Busch und warteten gespannt, wie sich der Menschenfresser verhalten würde.

Owuo fing zunächst an zu niesen, und dann brach er in Schweiß aus. Je näher die Flammen kamen, desto mehr würgte es ihn. Als die Flammen über seinem Kopf züngelten, stürzte das Ungeheuer zu Boden und gab seinen Geist auf. Vorsichtig näherten sich die Dorfbewohner dem riesigen Körper. Am dichtesten wagte sich der Jüngling heran. In den Überresten der Haare entdeckte er eine Arznei. Einer der Ältesten meinte, man sollte doch ihre Wirkung an den Knochen und Leibern der Getöteten ausprobieren. Zur Überraschung der Versammelten verwandelten sich die mit der Arznei bestreuten Teile in den Bruder, die Schwester und die Sklavin, und sie wurden wieder lebendig. Der Jüngling hatte noch etwas von der Arznei übrigbehalten und wollte sie auf den Körper des Riesen streuen. Doch die Versammelten widersprachen ihm empört, denn sie fürchteten, daß auch das Ungeheuer wieder lebendig werden könnte. Schließlich einigten sie sich darauf, den Rest der Arznei in Owuos Auge zu schütten. Kaum hatten sie das getan, öffnete sich das Augenlid. Voller Schreck ergriffen die Leute die Flucht.

Und ebendieses Auge ist die Ursache des Todes. Jedesmal, wenn das Ungeheuer das Auge schließt, stirbt ein Mensch.

Die Herkunft der Krachi

Vor langer Zeit hatte Gott Wulbari einige Männer an einer Kette zur Erde hinunterklettern lassen. Sie wohnten in den dichten Wäldern, die sich zwischen den heutigen Städten Nkomi und Krachi erstreckten. Einige Zeit später ließ Wulbari auf dieselbe Weise einige Frauen zur Erde herunter. Sie wohnten am Ostufer des Frao.

Diese Trennung gefiel den Männern nicht. Schließlich sagten sie ihrem Oberhaupt, daß sie nicht länger in Ehelosigkeit leben wollten. Dann riefen sie laut: »ka atshi«, ›laßt uns zu den Frauen gehen‹.

Daraus wurde später der Name Krachi. So vollzog sich die Gründung dieses Volkes.

Mossi

Warum sich Gott Wende von den Menschen entfernte

Der höchste Gott der Mossi ist Wende, man nennt ihn auch Widnam, den Schöpfer der Menschen und Tiere. Wende ist der Sohn eines Alten. In seiner Kindheit begab sich Wende auf einen Berg und schuf dort auf wunderbare Weise alle Menschen und Tiere. Dann lebte der Schöpfer auch unter den Menschen, bis sich eines Tages ein großes Unglück zutrug: Die Menschen schnitten sich ein Stück Fleisch vom Körper des schlafenden Wende ab. Sie wollten das Fleisch braten und dann essen, um auf diese Weise zu übermenschlichen Kräften zu gelangen. Der beißende Rauch erregte Wendes Sinne und weckte ihn auf. Voller Zorn auf die Menschen stieg er in den Rauchwolken zum Himmel empor. Nachdem sich Wende entfernt hatte, bedeckte sich die bis dahin öde Erde auf sein Geheiß mit Wäldern, und dann stiegen auch die Tiere hinab. Die Wälder und der grasbewachsene Busch gelten als Söhne des mächtigen Erdgottes Tenga.

Die Legende von der Herkunft der Mossi

Vierzig Generationen ist es schon her, viele Mossi glauben, daß es im 11. Jahrhundert war, als Naba Nedega, ›König Nedega‹, der auch unter dem Namen Toese und Kulugbaga bekannt ist, gelebt hat. Er wohnte in der Stadt Gambaga[35] und herrschte über die Dagomba, Mamprusi und Nankana.

Unwiderruflich nahte das Ende seines Lebens, und König Nedega hatte keine Nachkommen hinterlassen. Selbst die magischen Gegenstände der Ärzte und Medizinmänner, Wahrsager und Priester konnten nicht helfen. Naba Nedega wurde immer mehr in seiner Überzeugung bestärkt, daß seine Kinderlosigkeit die Erfüllung dessen war, was für ihn in den himmlischen Büchern vorherbestimmt war. ›Nichts auf dieser jämmerlichen Welt ist ewig‹, folgerte der König, ›so wird wohl auch meine berühmte Dynastie den Platz einer neuen Herrscherlinie räumen müssen.‹

Schließlich fand er sich mit seinem Schicksal ab. Es schreckte ihn jedoch der Gedanke an seine Einsamkeit im Alter. Bittend wandte er sich an die

Geister. Er versprach, wenn ihm ein Kind geboren würde, gleich, ob Mädchen oder Junge, selbst über dessen Unschuld wachen zu wollen.

Die mächtigen Geister erhörten sein Bittgebet. Schon bald empfing eine seiner Frauen und gebar eine Tochter.

Naba Nedega gab ihr den Namen Pogotoenga, ›Frau des Affenbrotbaumes‹. Eine diesem Baum geweihte Jungfrau gilt als dessen Ehefrau und darf deshalb nie einen Mann berühren. Indem der König seiner Tochter den namen Pogotoenga gab, bestimmte er, daß sie von den Pflichten ihres Geschlechtes befreit und nicht den Gesetzen der Natur unterworfen ist. Zur Besiegelung seiner Entscheidung befahl er, sie in Männersachen zu kleiden.

Pogotoenga, die auch unter dem Namen Nyennega bekannt ist, entwikkelte sich ungewöhnlich schnell. Mit elf Jahren vereinte sie in sich die Fülle weiblicher Reize, und als sie die Lüste der Erwachsenen überkamen, floh sie trotz strenger Aufsicht des Vaters aus dem Hause.

Die Diener des Herrschers, der um jeden Preis das einst den Geistern abgelegte Gelübde einhalten wollte, suchten lange Zeit nach ihr. Doch vergeblich! Rechtzeitig entging sie jeder drohenden Gefahr. Eines Tages, als sie im fremden Land Tenkodogo umherirrte, begegnete sie im Busch einem Jäger namens Rialle, der gerade auf Elefantenjagd war. Die einen behaupten, er sei der Sohn des mächtigen Herrschers von Mali gewesen. Andere sind eher geneigt, in ihm einen Jäger aus dem Stamme der Busansi zu sehen.

Rialle war ein einsamer, außerordentlich gewalttätiger Mann. Von Nyennegas Schönheit geblendet, verliebte er sich auf den ersten Blick in sie, aber auch sie sah in ihm die Erfüllung ihrer Sehnsüchte. Als ihre Zeit gekommen war und sie niederkam, brachte sie einen stattlichen Sohn zur Welt, den sie Uedraogo, ›Hengst‹, nannten. Dieser Name sollte alle an das kräftige Pferd erinnern, auf dem Nyennega aus dem Hause des Vaters geflohen war.

Einige Jahre später schickte Nyennega ihren Sohn nach Gambaga. Er sollte ihrem Vater, seinem Großvater, Grüße überbringen, ihm von ihrer Heirat erzählen und ihn gleichzeitig um Hilfe und Schutz bitten. Naba Nedega nahm den Jungen herzlich auf und sorgte für ihn väterlich, bis er wieder ins Land der Busansi zurückkehrte. Als Abschiedsgeschenk überreichte er ihm vier Pferde und fünfzig Kühe.

Von Dagomba-Reitern begleitet, verließ Uedraogo Gambaga. Die Reiter waren glücklich, daß sich ihnen auf diese Weise die Gelegenheit bot, die übervölkerte Heimat zu verlassen. Uedraogo, der die Reiter der Dagomba anführte, umging das Dorf seines Vaters und überfiel die Stadt Tankuru. Beim Anblick der heranstürmenden Reiterei erschraken die Bewohner, die Busansi, und ergriffen die Flucht.

Uedraogo und die Dagomba-Reiter heirateten Busansi-Frauen, und aus ihren Nachkommen gingen die Mossi hervor. Uedraogo heiratete eine Frau namens Puriketa, die ihm im Laufe der Zeit drei Söhne schenkte: Rawa, Diaba Lompo und Zungurana. Bald stießen zur Gruppe der Mossi neue Dagomba-Reiter aus Gambaga. Da sie nun stark genug waren und meinten, ihr Land vergrößern zu müssen, beschloß Uedraogo, die Nachbarvölker zu unterwerfen und seine Herrschaft auf ihre Länder auszudehnen. Er rief deshalb seinen Sohn Diaba Lompo zu sich und befahl ihm, die Ninisi, die das Land Fada N'Gurma bewohnten, zu unterwerfen. Rawa, den zweiten Sohn, beauftragte er, die Stadt Zandoma, die im Nordwesten von Tenkodogo lag, zu erobern. Die Ninisi unterwarfen sich ohne größeren Widerstand dem Herrscher der Mossi, die in Zandoma lebenden Dogon hingegen wollten sich Uedraogos Abgesandten nicht ergeben und flohen vor Rawa in die Felsen von Bandiagara. Uedraogos jüngster Sohn Zungurana blieb nach dem Willen des Vaters in Tenkodogo.

Die Erfolge der Mossi-Krieger waren dem Herrscher der Ninisi, der in Gilingu, einer Stadt in der Nähe von Wagadugu, residierte, nicht entgangen. Er sandte eine Frau zu Uedraogo und bat ihn um Hilfe im Kampf gegen seine Feinde. Uedraogo schlug diese Bitte nicht ab. Die Frau, die zu ihm gesandt worden war, hieß Pugotoenga. Er gab sie seinem jüngsten Sohn Zungurana zur Frau, und dieser Verbindung entsproß ein Junge namens Ubri.

Bald darauf wandten sich die Ninisi erneut an den Herrscher von Tenkodogo und baten um Hilfe. Auch diesmal zögerte Uedraogo nicht, unverzüglich begann er einen Eroberungsfeldzug gegen das Gebiet um Wagadugu. Er konnte ihn jedoch nicht zu Ende führen, denn der Tod riß ihn aus dem Kreise der Kämpfer.

Nach Uedraogos Tod wollten dessen ältere Söhne nicht die von ihnen eroberten Gebiete verlassen. Tenkodogo fiel an Zungurana, den jüngsten Sohn. Nachdem er seine Macht gefestigt hatte, sandte er seinen Sohn Ubri gegen Wagadugu, damit er das Eroberungswerk beende. Ubri hielt sich zunächst mit seinem Gefolge in Ubritenga auf, nach einigen Jahren setzte er die Eroberung fort, die mit der Unterwerfung Wagadugus gekrönt wurde. Nicht lange jedoch konnte er sich seines Besitzes erfreuen. Während eines neuerlichen Feldzuges, diesmal gegen die Kipirsi, die am Ufer des Schwarzen Volta lebten, kam er ums Leben.

Dagomba

Die Herkunft der Dagomba

Einst bewohnten Riesen, die Kondor, das Land der Dagomba. Sie waren so groß, daß sie sich nur aufzurichten brauchten, um einen Habicht zu ergreifen, der gerade mit einem Hühnchen davonfliegen wollte. Der Gesang der Kondor war über zwanzig Meilen weit zu hören, und durch ihre Armreifen hätte der größte Mensch bequem hindurchschlüpfen können. Die ersten Kondor errichteten die Stadt Gunairi im Gebiet von Karanga und die Stadt Yoggo im Gebiet von Sawelugu.

Diese Kondor, die sich jenseits des Flusses Oto angesiedelt hatten, waren die Vorfahren der Konkomba. Aus den neu errichteten Städten Gunairi und Yoggo zogen im Laufe der Zeit zehn Männer und ebenso viele Frauen aus. Sie bildeten den Ursprung der Nanumba und Adele. Andere Auswanderer sind die Vorfahren der Akabu, Bowiri und anderer. Die Kondor waren Schmiede und schmolzen Eisen. Erzlagerstätten waren über das ganze Land verstreut, und die Schmiede und Bergleute zogen von Ort zu Ort.

Die Herrscher der Kondor und die Priester saßen gewöhnlich auf Rinderhäuten, die mit Riemen aus Löwen- und Tigerfellen verziert waren. Diese Rinderhäute, die Symbole des Herrschers, wurden ada gbon genannt. Daher stammt Dagbon, der Name des Landes und der seiner Bewohner, Dagbamba (oder Dagomba).

Die Riesen starben mit der Zeit aus. Ihre Nachkommen, nunmehr von normalem menschlichen Wuchs, leben bis heute und gaben sich den Namen Dagbamba.

Die Geschichte vom gefräßigen Hund und vom dummen Ziegenbock

In früheren Zeiten starben die Menschen nicht, sondern führten – mit Ausnahme der Häuptlinge – das Leben von Sklaven. Dessen waren sie schließlich überdrüssig und beschlossen, Gott Wuni zu bitten, er möge sie nicht länger Diener sein lassen. Mit dieser Aufgabe betrauten sie ihren besten Freund, den Hund.

Auf seinem Wege, der ihn zum Wohnsitz des Gottes führte, kam der Hund in ein Dorf, in dem eine Alte etwas in einem Topf über dem Feuer kochte. Es schien ihm dies etwas sehr Schmackhaftes zu sein. Also setzte er sich in der Nähe nieder und wartete geduldig. Die Alte versuchte einige Male, ihn davonzujagen, aber das verstärkte nur seine Neugier und vergrößerte seinen Appetit.

Ein Ziegenbock hatte indessen das Gespräch der Menschen gehört und wußte nun von allem. Er kam in das Dorf und sah den wartenden Hund. So beschloß er, eine gute Tat zu vollbringen und Wuni den Wunsch der Menschen zu übermitteln. Also machte er sich wieder auf den Weg, den Hund ließ er zurück.

Nach einiger Zeit holte die Frau den Topf vom Feuer. Sie nahm das neben ihr spielende Kind auf den Arm und hob den Deckel vom Topf. Darin war aber nur ganz gewöhnliches Wasser, das zum Baden des Kleinen bestimmt war. Enttäuscht lief der Hund weiter. Unterwegs traf er den Ziegenbock, der ihm verriet, daß er von Gott Wuni zurückkehrt und ihm den Wunsch der Menschen überbracht habe. »Was hast du Wuni erzählt?« fragte der Hund beunruhigt. »Ich habe ihm gesagt, die Menschen hätten genug von ihrem Sklavendasein und wollten jetzt lieber sterben«, antwortete der Ziegenbock in aller Ruhe.

Der Hund ereiferte sich über die Dummheit des Ziegenbocks und lief weiter zu Gott Wuni, um den Fehler des Ziegenbocks wiedergutzumachen. Wuni wollte ihn jedoch nicht anhören. Er sagte dem Hund, daß er ihm nicht glaube, er habe schon alles beschlossen.

Dies ist der Grund dafür, daß der Tod heute zu allen Menschen kommt und die Menschen weiter Sklaven bleiben.

Die Geschichte vom tüchtigen Jäger Tohadjiye und seinem Sohn Kpogonumbo

Im undurchdringlichen Busch des Königreiches Mali[36] lebte einst in einer Höhle, die in einer bizarren Hügellandschaft verborgen war, Tohadjiye, ›der rote Jäger‹. Niemals fehlte es ihm an Nahrung, denn kaum einem Tier gelang es, die von ihm aufgestellten Fallen zu umgehen oder einem Pfeil seines Bogens zu entkommen.

Nach einiger Zeit suchte eine schlimme und langandauernde Dürre diesen Teil des Landes Mali heim. Es mußte dies wirklich ein furchtbares Unglück gewesen sein, wenn selbst der große Tohadjiye sich entschloß, seine Höhle zu verlassen und sich ins Innere des Königreiches zu begeben. Nach vielen Tagen der Wanderung machte er Rast im Gehöft einer Alten, die Pakurugu hieß. Durstig bat er sie um Wasser. Sie aber antwortete ihm: »Seit Monaten haben wir kein Wasser mehr gesehen. Schau meine Kinder und Enkel an. Sie sterben vor Durst! Doch höre mich an«, fügte sie nach kurzem Nachdenken hinzu. »Hinter unserem Dorf erstreckt sich ein großer, tiefer See. Aus ihm schöpfen wir gewöhnlich während der Trockenheit Wasser. Doch leider können wir das jetzt nicht mehr tun. Ein wildes Einhorn, das über diesen See herrscht, greift jeden an und tötet den, der es wagt, auch nur einen Krug Wasser zu schöpfen.«

Kaum hatte Tohadjiye das gehört, begann das Blut in seinen Adern zu kochen und seine ungestüme Jägernatur sich zu regen. Er nahm seinen Bogen und den Köcher, lud sich vier Kalebassen auf die Schulter, fragte nach dem Weg und eilte davon. Er hatte kaum die Gefäße ins Wasser des Sees eingetaucht, da erscholl schon ein entsetzliches Brüllen, und das gewaltige Tier rannte auf Tohadjiye zu, um sein langes, scharfes Horn in seinen Leib zu stoßen. Doch im selben Augenblick schwirrte mit schrillem Pfeifen ein Pfeil durch die Luft, und das Tier brach vor den Füßen des Jägers zusammen. Tohadjiye zog sein Jägermesser und schnitt damit den Schwanz des Einhorns ab. Nachdem er dann Wasser geschöpft hatte, kehrte er in aller Ruhe zur Alten zurück. Doch sie wollte das, was geschehen war, erst glauben, als er ihr zum Beweis den abgeschnittenen Schwanz vorlegte.

Im Gehöft der Alten herrschte eine große Freude, die man mit Worten gar nicht ausdrücken kann. Die Bewohner nahmen die Wasserkrüge und zogen mit Tohadjiye an der Spitze los, um Wasser aus dem See zu holen. Nach ihrer Rückkehr mit dem so lange vermißten lebenspendenden Naß gebot die Alte, neue Trommeln anzufertigen, bei deren Rhythmus die Feier der Danksagung, begleitet vom Siegestanz, stattfinden sollte. Das frohe Fest dauerte einige Tage. Seine Klänge drangen bis an den Hof des Königs von Mali, der schließlich wissen wollte, was die unaufhörlichen Trommelklänge und die fröhlichen Lieder bedeuteten.

Die in seinen Palast gerufene Alte erzählte ihm in allen Einzelheiten, was sich zugetragen hatte. Nachdem er ihren Bericht angehört hatte, befahl der Herrscher von Mali, den tüchtigen Jäger zu ihm zu bringen. Zum Zeichen der Anerkennung für seine Heldentat ließ er ihn zwei Tage lang bei sich wohnen, dann beschenkte er ihn großzügig und entließ ihn. Tohadjiye blieb noch ein paar Tage im Hause der Alten und machte sich dann wieder auf den Rückweg zu seinem Versteck im Busch.

Einige Stunden, nachdem Tohadjiye gegangen war, schickte ihm die Alte drei ihrer Söhne nach. Sie gab ihnen Kürbiskerne in die Hand und befahl ihnen, Schritt für Schritt dem Jäger zu folgen und die Kerne unauffällig auf den Weg, der zu seiner Höhle führte, zu streuen. Die Brüder befolgten die Anweisungen der Mutter sehr genau, und am vierten Tage erreichten sie die Höhle, die Tohadjiyes Versteck war. Nachdem der Jäger in ihrem Innern verschwunden war, streuten sie die letzten Kürbiskerne an ihrem Eingang aus und kehrten nach Hause zurück. Es war noch kein Monat vergangen, da säumten schon Kürbisstauden den Pfad im Busch, der von Tohadjiyes Höhle zum Gehöft der Alten führte.

Einige Monate später brach ein Krieg zwischen dem Königreich Mali und den ihm benachbarten Völkern aus. Die Leute von Mali verloren einige Schlachten, und nachdem sie beträchtliche Verluste erlitten hatten, mußten sie sich ins Landesinnere zurückziehen. In dieser schwierigen Lage erinnerte sich der Herrscher von Mali an Tohadjiye und fragte nach ihm. Die alte Frau wurde gebeten, sich mit der Bitte um Hilfe an ihn zu wenden. Schnell schickte die Alte ihre Söhne auf den Weg. Sie gingen an den Kürbisstauden entlang und stießen ohne Mühe auf die Höhle. Als sie dem Jäger ihre Botschaft erläutert hatten, brach er sofort mit ihnen auf und stand schon bald vor dem Angesicht des Herrschers. Er kam gerade noch rechtzeitig, denn der Feind hätte jeden Augenblick den tödlichen Angriff gegen das geschwächte Königreich beginnen können.

Tohadjiye beschloß, den ungezählten feindlichen Scharen allein die Stirn zu bieten. Schon sein Erscheinen auf dem Schlachtfeld löste unter den Angreifern Furcht aus. Hals über Kopf ergriffen sie die Flucht, und viele wurden von dem Jäger, der sie verfolgte, getötet.

Der König von Mali war von Tohadjiyes Taten hocherfreut, und um seine Verdienste gebührend zu würdigen, bot er ihm die Hand einer seiner Töchter an. Er ließ eine neben der anderen aufstellen und gebot dem Jäger, sich diejenige auszuwählen, die ihm am besten gefalle. Zur Überraschung des Königs und der Höflinge bat er um die Hand eines lahmen, verkrüppelten Mädchens. Er nahm es auf seine Arme und trug es in sein Versteck im Busch.

Die häßliche Königstochter erwies sich als sehr fruchtbar, und bald schon gebar sie dem Jäger einen Sohn, Kpogonumbo. Die unglückliche Frau starb jedoch im Wochenbett, und einige Wochen später ging auch Tohadjiye ins Land der Ahnen ein. Das kleine Kind blieb ganz allein in der Höhle zurück.

Kpogonumbo wuchs zu einem hochaufgeschossenen Jüngling heran und war in der Tat eine furchteinflößende Erscheinung. Blut strömte unaufhörlich aus einem Auge und aus dem anderen eine weiße Flüssigkeit. In einem

Nasenloch sammelten sich die Fliegen, in dem anderen hatten Bienen ihre Waben. Das also war der Enkel des mächtigen Königs von Mali.

Nach einiger Zeit geriet der König von Mali erneut in Schwierigkeiten. Wiederum rief der König die Alte herbei und bat sie, seinen Schwiegersohn Tohadjiye holen zu lassen. Auf den Ruf ihrer Söhne vor dem Eingang der Höhle erschien diesmal Kpogonumbo. Im Palast des Königs von Mali angekommen, erzählte er ihm vom Tod seiner Eltern und erregte damit das Mitgefühl des Herrschers, der über den Verlust der Tochter und den Tod des Schwiegersohnes in tiefe Trauer fiel. Er bat Kpogonumbo um Hilfe im Kampf gegen den Feind, denn er war davon überzeugt, daß er die Unerschrockenheit und andere Eigenschaften seines Vaters geerbt hatte. Und er sollte recht haben! Kpogonumbo rechnete mit den Feinden des Königs ebenso ab wie einst sein Vater Tohadjiye.

Danach verabschiedete sich Kpogonumbo vom Herrscher Malis und verließ dessen Reich. Er kehrte jedoch nicht zur Höhle zurück, sondern begab sich geradewegs nach Westen. Nach vielen Tagen erreichte er das Dorf Biung im Lande Gurma und versteckte sich im Gebüsch, das die Ufer des Yilinga bedeckte. Aus diesem Fluß schöpften die Leute von Biung während der Trockenzeit gewöhnlich ihr Trinkwasser.

So geschah es, daß zur selben Zeit der höchste Priester von Biung, Tindanna, junge Männer aussandte, damit sie unter der Aufsicht seiner Brüder Tindandjiye und Tindanbila sein Feld für die Aussaat vorbereiteten. Die Sonne brannte unbarmherzig, und die Männer, die auf dem Felde arbeiteten, fielen fast vor Durst um. Da schickte der Priester Tindanna seine älteste Tochter Sisabga los, um ihnen Wasser aus dem Yilinga zu bringen. Sie wollte gerade den Krug ins Wasser tauchen, als plötzlich Kpogonumbo aus seinem Versteck hervorsprang und auf sie zukam. Das Mädchen erstarrte vor Schreck und befürchtete das Schlimmste. Als Kpogonumbo ihr Entsetzen sah, fragte er sie mit freundlicher Stimme nach ihrem Vater. Als sie ihm daraufhin sagte, daß er in der Stadt sei, bat er sie, zu ihm zu gehen und ihn herbeizurufen.

Aufmerksam hörte sich Tindanna an, was seiner Tochter zugestoßen war. Dann begab er sich in Begleitung seiner Würdenträger an den Fluß. Die Begegnung mit Kpogonumbo machte auf ihn einen viel stärkeren Eindruck als die Erzählung seiner Tochter. Kpogonumbo zeigte einige Wunder, die ein gewöhnlicher Sterblicher zu vollführen nicht in der Lage ist. In einem Augenblick ließ er Hirse wachsen, reifen und zu Pito[37] brauen. Nachdem Tindanna mit seinen Würdenträgern Rat gehalten hatte, lud er Kpogonumbo in die Stadt ein und gab ihm seine Tochter zur Frau.

Kpogonumbo entschloß sich, in Biung zu bleiben, wo schon bald sein Sohn Namzisiele zur Welt kam, der von Kindheit an die Söhne des Priesters Tindanna bei ihren Jagdzügen in den nahegelegenen Busch, wo sie gewöhnlich Wildtauben jagten, begleitete. Bei der Verteilung der Beute betrogen sie ihn immer, sie gaben ihm nur die Krallen und die Flügel und meinten obendrein noch: »Das bekommst du nur um deiner Mutter, unserer Schwester, willen.« Von den erlittenen Demütigungen erzählte Namzisiele jedesmal seinem Vater, der – nach Meinung der Söhne des Priesters Tindanna – nur ein Dahergelaufener war.

Seit längerer Zeit schon fühlte sich Kpogonumbo in der ihm feindlich gesinnten Umgebung nicht wohl. Sein größter Traum war es, den Platz des Oberpriesters einzunehmen. Jetzt bot sich eine passende Gelegenheit dazu: Er konnte die ungebührliche Behandlung seines Sohnes rächen!

Die Zeit des großen jährlichen Opferfestes rückte näher. Im Hause des Priesters Tindanna wurden die Vorbereitungen getroffen. Man braute Pito und schlachtete einen Ochsen. Einen seiner Hufe schickte man Kpogonumbo, doch er lehnte diese bescheidene Gabe ab. Er forderte zwei Hufe und den Kopf des Tieres dazu.

Unterdessen hatte das Fest seinen Höhepunkt erreicht, der Umtrunk begann. Kpogonumbo beobachtete aufmerksam den Gang der Ereignisse. Plötzlich öffnete sich die Tür seiner Hütte, und taumelnd trat seine Frau Sisabga über die Schwelle. Diese Gelegenheit wollte Kpogonumbo nutzen. Er entlockte seiner Frau alle heiligen Geheimnisse des Priesters. Und das war auch nicht schwer, denn seine berauschte Frau hatte keine Gewalt mehr über sich.

Noch in derselben Nacht machte sich Kpogonumbo ans Werk. Er nahm einen Holzspieß, bestieg einen Esel und ritt, die Trommeln aus Flaschenkürbis dabei schlagend, zum Wohnsitz des Oberpriesters. Tindanna hörte das Rufen des Schwiegersohnes und trat, nichts Böses ahnend, vors Haus. Er hatte noch nicht die Schwelle überschritten, als ihn schon ein Speer durchbohrte. Kpogonumbo zog sein Schwert und schlug dem Priester das Haupt ab, das er dann auf den Hof von Tindandjiye, des jüngeren Bruders des Ermordeten, warf. Er bekleidete sich mit dem Kopfschmuck, den kostbaren Korallenschnüren und der Toga des Priesters, den wichtigsten Zeichen der priesterlichen Macht und Würde.[38]

Im Morgengrauen, als die Leute wieder nüchtern geworden waren und kamen, um ihren Priester zu begrüßen, entdeckten sie seinen entblößten und enthaupteten Körper. Entsetzen erfaßte sie. Während sie noch darüber nachdachten, wer dieses Verbrechen begangen haben könnte, fanden sie plötzlich Blutspuren, die zu Tindandjiyes Hof führten. Sie gingen weiter und stießen auf den blutenden Kopf des Priesters. Noch hatten sie sich nicht von dem Schreck erholt, als am Eingang zu Tindandjiyes Hof der mit den Zeichen des Oberpriesters bekleidete Kpogonumbo erschien. »Ich war es, ich habe ihn getötet!« rief er aus und begab sich mit majestätischem Schritt zur geweihten Hütte. Dann bestieg er den Thron des Priesters. Schweigend beugte sich die Menge dem Willen ihres Herren.

Während Kpogonumbos Herrschaft versuchte Daramani, ein mächtiger Fürst von Gurma, ihn zu stürzen und des Thrones zu berauben. Es gelang ihm jedoch nicht, und nach einiger Zeit herrschte wieder Eintracht zwischen ihnen. Um diese zu besiegeln, schenkte Daramani Kpogonumbo seine Tochter Soyini, die ihm einen Sohn, Na Gbewa, gebar.

Nach vielen Jahren folgte ihm Na Gbewa auf den Thron, doch nach kurzer Zeit wanderte Kpogonumbos jüngster Sohn mit einigen seiner Untertanen ins Land der Kusanga und Busanga. In Pusiga errichtete er seine Hauptstadt, von wo aus er über lange Zeit hinweg die Nachbarvölker plagte. Bis ins hohe Alter hinein konnte Na Gbewa jedoch die Kusanga und Busanga nicht in Botmäßigkeit halten. Neue Kriegszüge konnte er nicht mehr führen, deshalb sandte er seine Söhne Zirili und Kufogo an der Spitze seines Heeres los. Lange jagten sie hinter dem Feind her, und Na Gbewa wurde schon unruhig. Ihn quälte der Gedanke, daß jede Stunde sein Thron verwaist sein könnte. Er beratschlagte sich mit seinen Würdenträgern und beschloß dann, seinem Sohn Kufogo die Königsmacht zu übertragen. Er ließ dessen Mutter holen und erklärte ihr, wie sich Kufogo zu Zirili zu verhalten habe, der ohne Zweifel selbst den Königsthron besteigen wolle.

Doch der Bote irrte sich und rief Zirilis Mutter herbei. Der erblindete Na Gbewa erkannte sie nicht, und schon bald wußte sie, wie seine Entscheidung über das weitere Geschick des Reiches ausgefallen war. Zirilis Mutter gab sich mit keinem Wort zu erkennen. Nachdem sie ihren Gemahl verlassen hatte, lief sie geradewegs zum Heerlager und erzählte alles ihrem Sohn.

Zirili befahl, in der Nacht eine tiefe Grube auszuheben und mit Gras zu bedecken. Im Morgengrauen legte er Felle und bestickte Kissen darüber. Dann schickte er nach den Würdenträgern, die auf dem Schlachtfeld waren. Als sie sich alle versammelt hatten, nahm Zirili neben der Fallgrube Platz, seinem Bruder Kufogo aber bot er an, sich auf den Kissen auszuruhen. Da er keinerlei Verdacht hegte, ließ er sich auf den weichen Fellen nieder und stürzte im selben Augenblick in die Grube, in der ihn Zirili lebendig begraben ließ.

Großes Entsetzen überkam die Krieger, und keiner von ihnen wagte es, das Lager zu verlassen. Schließlich faßte sich der Heerführer Gushiago ein Herz, stahl sich heimlich aus dem Lager und begab sich nach Pusiga, um König Na Gbewa von dem Vorfall zu berichten. Damals durften nach altem Brauch peinliche oder traurige Nachrichten dem Herrscher nicht offen überbracht werden. Gushiago, der Heerführer, dachte lange nach, wie er dem König die Nachricht zukommen lassen könnte. Schließlich holte er sich eine Pfeife, eine Trommel und ein Horn aus Elfenbein. Als er sich der Stadt näherte, befahl er, darauf folgendes Lied zu spielen:

›Gbewa, o Gbewa! Getötet hat Zirili Kufogo!
Vater, o Vater! Dein tüchtiger Sohn lebt nicht mehr!‹

Zu dieser Zeit saß Na Gbewa vor seinem Palast. Als er die Melodie vernahm und den Sinn des Spiels der Instrumente begriff, warf er sich vor Kummer hin und her, so lange, bis sich die Erde spaltete und ihn bei lebendigem Leibe verschlang.[39]

Konkomba

Vom Anfang der Welt

Der, der die Menschen formte und sie weiterhin formt, ist der mächtige Gott Wumbor. Er war es, der den Mann und die Frau schuf und sie dann an verschiedenen Orten auf die Erde setzte. Der Mann war Jäger, die Frau lebte vom Sammeln der Früchte. Der Mann bemühte sich, die Frau ausfindig zu machen, doch diese floh stets vor ihm.

Eines Tages hatte der Jäger ein fettes Tier erbeutet und war nun dabei, es zuzubereiten. Der aus dem Topf emporsteigende angenehme Duft ließ die Frau sich zum ersten Male der Feuerstelle nähern und um eine Prise Schnupftabak bitten. Der Mann schlug ihr die Bitte nicht ab, und als sie wieder weggehen wollte, reichte er ihr noch ein Stück Fleisch und sagte: »Du bist zwar wegen des Schnupftabaks gekommen, doch wirst du wohl auch dies nicht verschmähen.«

Die Frau fand Gefallen an dem Fleisch, und der Jäger mußte ihr mehrmals nachreichen. Als sie satt war, bat der Mann: »Hilf mir, den Rest des Fleisches ins Haus zu bringen.« Die Frau lehnte nicht ab; und als sie sich in seinem Hofe befand, blieb sie auch bei ihm.

Wumbor ließ es geschehen, daß ihnen zahlreiche Nachkommen geboren wurden. Wumbor ist der Schöpfer. Er schuf den Himmel, die Erde und die Menschen, wenngleich niemand weiß, auf welche Weise er das getan hat. Er wacht ständig über seine Geschöpfe und behütet sie. Wumbor ist stark, und deshalb sind auch die Menschen kräftig und haben viele Kinder.

Nach einiger Zeit, als sich das Menschengeschlecht vermehrt und die Erde bevölkert hatte, versammelte Wumbor alle Menschen und sprach zu ihnen: »Was meint ihr, was ihr ohne meine Hilfe wäret?« Dann nahm er einen Stock, gab ihn dem ältesten unter den Menschen und sagte: »Du sollst Medizinmann und Zauberer sein!«

Dem nächsten überreichte er einen Bogen und machte ihn so zu einem Jäger. Und so lehrte er die Menschen der Reihe nach die verschiedenen Handwerke und Berufe.

In alten Zeiten lebte Wumbor mit seinen fünf Söhnen auf der Erde. Am meisten liebte er seinen jüngsten Sohn, was – wie unter den Menschen auch –

die Eifersucht der anderen weckte. Es geschah eines Tages, daß Wumbor ein großes Tier gejagt hatte. Er nahm sich die rechte Keule, alles andere überließ er seinen Söhnen. Der Tag war schwül und heiß. Die Vernunft sagte den vier älteren Brüdern: »Man muß noch heute das Fleisch essen, denn morgen schon wird es verdorben sein.« So aßen sie im Laufe des Tages das ganze Fleisch auf, das ihnen zugefallen war. Einige hatten so viel gegessen, daß sie geradezu krank wurden.

Der fünfte und jüngste Sohn indessen hatte sich anders verhalten. Er schnitt zwei Stückchen von seinem Fleisch ab, den Rest gab er dem Schlächter und sagte: »Ich bin der Sohn von Wumbor, deswegen verkaufe ich nichts, wie ich auch nichts kaufe. Nimm und verkauf du dieses Fleisch. Ich hingegen werde morgen zu dir kommen und dann jeden Tag wieder, dann sollst du mir jedesmal ein Stück frisches Fleisch von Tieren geben, die an demselben Tag geschlachtet wurden.«

So konnte sich der jüngste Sohn auch am nächsten Tag einen frischen, duftenden Braten schmecken lassen, während seine älteren Brüder an Magenschmerzen litten. Von dem Braten gab er auch seinem Vater, der darüber hocherfreut war, sowohl über das Geschenk als auch über die Klugheit seines jüngsten Sohnes. Er rief daraufhin die anderen zu sich und sagte ihnen: »Wißt, daß von heute an mein Jüngster mein Lieblingssohn ist.«

Die Zeit verging, und die göttliche Familie ging auseinander. Als erste verließen die beiden ältesten Söhne ihren Vater. Sie zeugten später Menschen, die Kondodena genannt werden, ›Riesen‹. Zu Hause waren jetzt nur noch drei Söhne, unter ihnen der Lieblingssohn des göttlichen Vaters.

Eines Tages rief sie Wumbor zu sich und sagte: »Es ist an der Zeit, daß auch ihr mich verlaßt und zahlreiche Völker der Welt gründet.« Er holte drei Geschenke aus seinem Hause: Geduld, Klugheit und Reichtum. Als erster durfte der Jüngste, sein Lieblingssohn, wählen. Die beiden anderen Söhne knirschten vor Wut mit den Zähnen, weil sie meinten, ihr Bruder werde den Reichtum oder die Klugheit nehmen, die sie doch selbst begehrten. Wie groß war da ihr Erstaunen, als der jüngste Sohn die Hand nach der Geduld ausstreckte. »Wozu mag die Geduld gut sein?« dachten sie laut nach. »Nur Reichtum kann jedes menschliche Verlangen befriedigen!« entschied einer der beiden älteren Brüder und griff gierig nach ihm. »Klugheit geht über alles«, meinte der andere, befriedigt darüber, daß er bekommen hatte, was er sich wünschte.

Der Sohn, der den Reichtum bekommen hatte, begab sich in eine große Stadt, in der er sich ein herrliches Haus baute. Bald füllte sich der Hof mit den verschiedensten Tieren, und im Haus traf man viele schöne Frauen.

Dem Reichen ging es bestens, was nicht zuletzt sein dicker Bauch zeigte. Eines Tages machte sich der Reiche auf den Weg, um dem Oberhaupt der Stadt einen Besuch abzustatten. Da er sich in der Welt nicht auskannte, wandte er sich an den erstbesten Alten, den er bei Hofe traf, und der befahl ihm zu warten, nachdem er von ihm eine kostbare Gabe verlangt hatte. Doch das konnte der Reiche nicht ertragen, weil er keine Geduld hatte. Als sich das Oberhaupt der Stadt endlich bereit erklärte, ihn zu empfangen, war er schon weggegangen. Es fehlte ihm an Geduld! Seine Unbeherrschtheit ließ ihn weder mit seinen Frauen und Kindern noch mit seinem eigenen Leben zurechtkommen. Als er schließlich begriffen hatte, was ihm am meisten fehlte, steckte er viel Geld ein und ging zu seinem jüngsten Bruder. »Ich will dir die Hälfte meines Vermögens für ein bißchen Geduld geben«, bat er demütig.

Der zweite Sohn, der mit der Klugheit beschenkt worden war, reiste viel in der Welt umher, und überall erledigte er lohnende Geschäfte. Die Leute strömten zu ihm, denn er kannte Sprichwörter, erteilte kluge Ratschläge, doch hatte er leider niemals die Geduld, seine Klugheit zu eigenem Nutzen anwenden zu können. Weil er ungeduldig war, geriet er leicht in Erregung und nannte die Leute Dummköpfe; dann wandten sie sich von ihm ab und wurden seine Feinde. Schließlich sagte er: »Niemand ist meiner Beachtung wert«, worauf ihm die Menschen entgegneten: »Dieser Mann ist in der Tat gefährlich und böse. Man muß ihn rechtzeitig unschädlich machen.« Nur dank seiner Klugheit konnte er einem bösen Schicksal entgehen. Er irrte von Stadt zu Stadt, bis er sich schließlich entschloß, seinen jüngeren Bruder aufzusuchen. Er bat ihn um Unterricht in Geduld, als Gegengabe bot er ihm die Hälfte seiner Klugheit an.

Der Jüngste hatte sich indessen am Hofe eines guten und klugen Häuptlings aufgehalten. Er hatte von ihm ein Stück Land bekommen, auf dem er sich ein Haus gebaut und ein Feld angelegt hatte. Der Häuptling und seine Untertanen liebten den Fremden, denn niemals überstürzte er sich oder verlor die Fassung. Als die Brüder zu ihm kamen, hatte er sich schon gut eingerichtet, war von allen geachtet und glücklich. Seine Frauen und Kinder galten als der Inbegriff aller Tugenden. Er wies seine Brüder nicht ab und lehrte sie Geduld, während sie ihm das gaben, was sie versprochen hatten: der eine die Hälfte der Klugheit, der andere einen Teil seiner Reichtümer.

Die Brüder merkten sich jedoch die Belehrungen des Jüngsten nicht. Ihre Nachkommen sind deshalb arme und ungebildete Leute, die unter der Unbesonnenheit ihrer Vorfahren leiden.

Es wurden immer mehr Menschen, und sie breiteten sich bis in alle Enden der Welt aus. Die Kondodena lebten weiterhin dort, wo sich jetzt das Land der Konkomba befindet. Sie waren Riesen, deren Rufe man von der Stadt Sunson bis zur Stadt Sekpiegu hören konnte. Ihre Köcher konnten normalen Menschen als Schild dienen, ihre Pfeile waren nicht kleiner als Speere. Im Laufe der Zeit wurden die Kondodena jedoch immer kleiner. Obgleich sich die Menschen des Landes Konkomba als deren Nachkommen betrachten, sind sie dennoch nicht größer als andere Menschen.

Eines Tages beschloß Wumbor, die überfüllte Erde zu verlassen. Er stieg zum Himmel empor und ließ auf der Erde seine zahllosen Diener, die Erdgeister, zurück.

Senufo

Wie die Welt erschaffen wurde

Am ersten Tag trat Kulo Tjolo aus dem Nichts heraus, schuf sich durch sein göttliches Wort einen himmlischen Wohnsitz und entflammte die Sonne, um den Tag zu erleuchten, und den Mond und die Sterne, um die Finsternis der Nacht zu bezwingen. Am zweiten Tag ließ er eine Schicht des himmlischen Firmamentes herab und schuf auf diese Weise die Erde und formte die Berge.

Am dritten Tag sandte er den Regen zur Erde nieder und gebot den Wassern, auf ihr zu fließen. Dank der Nässe, die von den Regengüssen stammte, bedeckte sich die Erde am vierten Tag mit Pflanzen.

Am fünften Tag schuf Kulo Tjolo den ersten Menschen, Wulo To genannt. Er war sehr groß und hatte weiße Haut. Obgleich er ein sterbliches Wesen war, besaß er eine Seele. Er trank nur Wasser.[40] Am sechsten Tag füllte sich die Erde mit Tieren und das Meer mit Fischen. Wulo To, der noch kein Fleisch und auch das Töten nicht kannte, lebte in Hirtenfrieden mit den Tieren. Am siebenten Tag erschienen über den Gräsern die ersten Bäume, die Früchte hervorbrachten. Die Tiere vermehrten sich. Wulo To spürte Hunger und stillte ihn mit Früchten. Seitdem war sein Körper den Gesetzen der Natur unterworfen.

Am achten Tag entdeckte er auf der Suche nach Nahrung immer neue nahrhafte Pflanzen, und aus den wildwachsenden machte er Kulturpflanzen. Er stellte die ersten Ackergeräte her, zunächst hölzerne, dann steinerne und eiserne. Aus den Fasern des Baumes Seri Tege fertigte er sich Kleidung an.

Am neunten Tag spürte Wulo To den Geschlechtstrieb. Der Einsamkeit überdrüssig, bat er seinen Schöpfer um eine Gefährtin. Sie hieß Wulo No, ›Unsere Mutter‹, und war weiß wie ihr Mann. Sie half dem Mann bei der schweren Arbeit auf dem Feld, und abends, nach Sonnenuntergang, versüßte sie ihm das Leben. Um sich mit der Frau zu verständigen, begann Wulo To zu sprechen. Am zehnten Tag baute sich das erste Menschenpaar aus Lehm und Stroh eine Hütte. Die Frau fertigte den ersten Krug zum Wasserschöpfen an.

Kusase

Gott Widnam, der Schöpfer der Welt

Der Schöpfergott der Kusase heißt Widnam. Er wird aber auch Nabwin oder Widnab genannt. In seiner Macht stehen Anfang und Ende allen Seins. Seine Herrschaft erstreckt sich über die ganze Welt und bestimmt den Lauf des Menschenlebens. Widnam ist der Schöpfer aller Dinge. Werden und Vergehen hat er einem ständigen Kreislauf unterworfen. ›Die Welt ist wie der Tau, der sich am Morgen zeigt, um dann wieder zu verschwinden‹, so beschreiben die Kusase die Macht ihres Schöpfergottes. Widnam soll so stark sein, wie der Himmel entfernt ist. Für den Menschen unsichtbar, lebt der Schöpfergott ›über den Himmeln‹. Er wacht über die Menschen und ist überall zugleich. Widnam will immer das Gute, nur verstehen die Menschen oft seine Entscheidungen nicht. Deshalb darf man den Gott nicht beschuldigen, auch wenn das Leben eines aufrechten Menschen verlischt. Vielleicht wollte Widnam nur einer Krankheit, Erblindung oder der Lepra zuvorkommen. Oder er erfüllt den Wunsch des Menschen, bald ins Haus des Gottes zurückzukehren. Vor der Geburt fragt Widnam jeden Menschen, wo er auf der Erde leben möchte. Auch Sonne, Mond und Sterne sind Widnams Werk. Im Gewitter offenbart sich der Zorn des Schöpfergottes, der Blitz ist das Messer Widnams, das auf einen Schuldigen fällt, um dann wieder zu Widnam zurückzukehren.

Die ersten Menschen auf der Erde

Gott Widnam gab dem ersten Menschen die Gestalt einer Schlange. Sie hatte kein Maul und keinen Magen. Gott befahl ihr, mitten in der Erde, wo eine entsetzliche Hitze herrschte, eine schwere Arbeit auszuführen. Kein Wunder, daß der Schlangen-Mensch bald keine Kraft mehr hatte und den Gehorsam verweigerte. Darauf hat Widnam erzürnt den Menschen in seiner heutigen Gestalt geschaffen. Die ersten Menschen verspürten Hunger, um ihn aber zu stillen, mußten sie hart arbeiten. Widnam gab den Menschen die entsprechenden Werkzeuge, und das Jahr teilte er in eine Trockenzeit und eine Regenzeit.

Warum sich Gott Widnam über die Menschen erzürnte

Gott hatte die ersten Menschen überreich mit allem Guten beschenkt. Zu ihren Füßen lagen Hirse, Sorghum[41] und Erdnüsse. In Reichweite des Menschen befand sich der Himmel, der ein riesiges Stück rohen Fleisches war. Die Menschen brauchten sich um nichts zu kümmern. Die Hungrigen sammelten von der Erde Körner und Früchte auf oder schnitten sich vom Himmel ein schmackhaftes Stück Fleisch ab.

Der Sohn des ersten Menschenpaares erkrankte an Lepra. Die Krankheit zerfraß seine Hände, so daß ihm nur die Arme blieben. So konnte er nicht mehr zum Himmel nach Fleisch greifen. Ausgehungert sammelte er trockenes Gras, zündete es an, und die Flammen züngelten zum Himmel empor. Auf diese Weise briet er das Fleisch und biß dann mit seinen Zähnen die Happen ab. Erzürnt hob Widnam den Himmel in seine jetzige Höhe empor, den Menschen aber nahm er alle Vorrechte.

Die Herkunft der Kusase

In uralten Zeiten ließ sich dort, wo heute das Dorf Zoaga liegt, ein Jäger mit seiner Familie nieder. Damals gab es dort noch keine Bewohner, das Land wimmelte von Ameisen, die bei den Mossi Salansansi heißen. Der Jäger zeugte viele Kinder, schon bald war seine Nachkommenschaft nicht minder zahlreich als die des Volkes der schwarzen Ameisen.[42]

Nach vielen Jahren kam in dieses Land ein Mann aus dem Volk der Mossi. Da ihm die Gegend gefiel, ließ er sich dort nieder, verliebte sich in einige Kusase-Frauen und zeugte mit ihnen zahlreiche Nachkommen, die die Mossi und Kusase Kusa Moga nannten. Unter ebendiesen Kusa Moga befand sich ein schrecklicher Wegelagerer und Räuber, der die Vorüberziehenden nicht nur ausraubte, sondern obendrein noch erschlug. Seine Opfer vergrub er sofort. Die Nachbarn der Kusase wußten sehr gut über diese Verbrechen Bescheid und nannten alle Kusa Moga höhnisch Gballi.[43]

Ga

Warum der Mond manchmal klein wird

Ein Mann und eine Frau lebten einmal in einem Dorfe. Sie hätten gerne ein Kind gehabt, aber die Frau war unfruchtbar. Eines Tages suchten sie einen Heilkundigen auf. Als er ihre Geschichte gehört hatte, fühlte er Mitleid mit ihnen, und deshalb gab er der Frau eine Medizin. Eines Tages, als der Mann auf sein Feld gegangen war, gebar die Frau einen Knaben. Da sonst niemand im Hause war, überlegte die Frau, wer wohl gehen würde, um ihren Mann zu rufen. Aber da sagte das Kind plötzlich: »Mutter, schicke mich!« Die Frau war überrascht, aber da die Sache dringend war, stimmte sie zu, und das Kind ging los, um seinen Vater nach Hause zu rufen.

Drei Tage bevor das Kind einen Namen bekommen sollte, nahm sich sein Vater vor, in die Hauptstadt zu gehen, um seine Verwandten zu benachrichtigen, aber das Kind sagte: »Vater, ich werde gehen.« Der Vater, der seinen Sohn kannte, sagte nichts und erlaubte dem Kind zu gehen. Die Verwandten hießen den Jungen herzlich willkommen und gaben ihm bei seiner Rückkehr viele Kleider und Stoffe mit und sagten zu ihm: »Zweige nirgends vom Wege ab, geh geradewegs heim, denn es gibt viele Diebe und Wegelagerer.«

Dann brach das Kind auf. Als es ein gutes Stück gegangen war, begegnete es Vater Sonne und dem Mond, die gerade pflügten. Da es sehr müde war, legte es seine Sachen hin und legte sich selbst nieder, um zu schlafen. Es schlief lange, und als es wach wurde und weitergehen wollte, konnte es seine Sachen nicht finden. Deshalb fing der Junge an zu weinen, denn er kannte niemanden hier, wo er war. Die Sonne und der Mond waren immer noch beim Pflügen, deshalb bat der Junge sie: »Bitte, habt ihr gesehen, wer meine Sachen weggenommen hat?« Der Mond antwortete: »Wir waren so mit Pflügen beschäftigt, daß wir überhaupt niemanden gesehen haben.« Aber das Kind war damit nicht zufrieden und fing deshalb an, die beiden zu untersuchen, um seine Sachen zurückzubekommen. Doch der Mond hielt den Jungen fest und wollte zuschlagen.

Deshalb brachte das Kind den Fall vor den Gerichtshof des Königs. Der König gab ihm zwei Älteste mit, und als man den Mond untersuchte, fand man die verlorenen Sachen bei ihm. Der Mond wurde für schuldig befunden, und man gab ihm eine Frist, in der er zwölf Schnüre Kauris zu zahlen hatte. Als die Frist abgelaufen war, konnte er nicht alles bezahlen, deshalb sagte man ihm, er solle behalten, was er gebracht habe, und als Strafe einmal im Monat für den König pflügen. Diese Arbeit war nicht leicht. Zwei Wochen bevor dieser Tag kam, machte sich der Mond so große Sorgen, daß er ganz mager wurde; sobald er aber die Arbeit beendet hatte, wurde er froh und setzte wieder Fleisch an. Dies ist die Ursache, weshalb der Mond manchmal klein wird und dann wieder groß.

Wobe

Warum Elefant und Panther Freundschaft schlossen

Vor sehr langer Zeit hatten sich die Gewässer, die die Erde bedeckten, an einen geheimen und verborgenen Ort zurückgezogen. Verschwunden waren von der Erde die stürmischen Ozeane und Meere, die gewaltigen Flüsse und die reißenden Bäche, die stillen Gewässer und die friedlichen Lagunen. Dies ereignete sich, als alles noch in Unordnung war und noch nichts seine endgültige Form angenommen hatte. Auf der Erde herrschte verheerende Dürre. Versunken in eine endlose Nacht, verwandelte sich die Erde in eine riesige Wüste, in der hohe Berge aufragten, die mit undurchdringlichen Wäldern bedeckt waren.

Diese Wälder bevölkerten uns heute noch bekannte Tiere, besonders zahlreich waren die Schimpansen.[44] Es lebten in diesen Wäldern aber auch heute längst ausgestorbene und nicht einmal mehr dem Namen nach bekannte Tiere. Den Schatten und die Kühle des Urwaldes teilten sie mit Geistern und Ungeheuern.

Die Erde war ausgetrocknet und hörte auf, fruchtbar zu sein. Die Tiere verendeten vor Hunger, Durst und Auszehrung. Zu trinken hatten sie nur noch den Tau, der sich morgens auf den letzten welken Pflanzen sammelte. Besorgt und sehnsüchtig warteten sie auf die Rückkehr des Wassers, der Quelle allen Lebens. Sie litten lange, und ihr Leben war schrecklich. In dem Willen, die schlimmen Zeiten zu überleben, trugen sie erbarmungslose, blutige Kriege miteinander aus.

Eines Tages sagte der Elefant, der König der Tiere, nachdem er alle seine Untertanen versammelt hatte: »Wir haben kein Wasser. Tag für Tag töten die Panther viele von uns. Worauf warten wir noch. Laßt uns in die Berge fliehen. Dort werden selbst die Schwächsten von uns in Ruhe leben.« Nachdem er so zu den Tieren gesprochen hatte, führte er sie zu einer verborgenen Grotte, wo sie lange blieben, ohne von den anderen fleischfressenden Tieren entdeckt zu werden.

Da geschah es, daß ein vor Hunger halbtoter Panther auf einem seiner täglichen Beutezüge auf der sonnenverbrannten Erde die Fußspuren eines Elefanten entdeckte. Bald darauf traf er eine Spinne, die er fragte: »Spinne, teure Freundin! Wohin sind die Tiere alle geflohen, und warum kommen sie nicht zurück?« – »Sie haben Angst vor uns«, antwortete sie kurz, und weil sie selbst durstig und hungrig war, zeigte sie dem Panther die Grotte und eröffnete ihm folgenden Plan: »Geh und leg dich auf dem Wege nieder, den die Tiere gewöhnlich benutzen. Stell dich tot und erlaube den Fliegen, ihre Eier in deine Schnauze zu legen. Ich werde zum Elefanten gehen und ihm sagen, daß ich dich getötet habe und sie sich nicht länger vor dem grausamen Panther zu fürchten brauchen.«

Dieser Plan gefiel dem Panther sehr. Er legte sich auf dem Wege nieder, und die Spinne zog weiter zur Grotte. Einige der Tiere mit dem Elefanten an der Spitze hatten Mut gefaßt und das Versteck verlassen. Als sie ihren toten Verfolger erblickten, tanzten und sangen sie und brachten auf diese Weise ihre Freude zum Ausdruck. Da stellte sich der Panther plötzlich auf seine vier Pfoten und tötete auf entsetzliche Weise alle Tiere, derer er nur habhaft werden konnte. Die anderen Unglücklichen ergriffen die Flucht. Auch der Elefant wollte wegrennen, als auf einmal der Panther vor ihm stand und rief: »Freund! Hab keine Angst! Ich tue dir nichts Böses, denn dir habe ich zu verdanken, daß ich nicht Hungers gestorben bin.«

Seit dieser Zeit leben die Tiere nicht mehr in der Gemeinschaft und haben sich über die ganze Erde verstreut. Elefant und Panther hingegen wurden Freunde.

Die Dürre hielt weiter an. Erneut scharten sich alle Tiere um ihren König, den Elefanten, und klagten, daß sie vor Durst sterben müßten, wenn sie nicht irgendwo verborgenes Wasser finden würden. Der Elefant dachte nach, und schließlich entschloß er sich, einen der Waldgeister um Rat zu fragen. Bald erhielt er die Antwort: »Wasser befindet sich im größten Felsen, der sehr weit von hier emporragt.« Sofort versammelte der Elefant die Tiere und übermittelte ihnen die Worte des Geistes. Unverzüglich machten sie sich auf den Weg.

Nach Jahren der Wanderung gelangten sie schließlich an den Wunderfelsen und schlugen ihn, um Wasser herauszubekommen. Vom Hunger geschwächt und durch die lange Wanderung entkräftet, schlugen sie sich die Köpfe an den Felsvorsprüngen auf, und viele von ihnen fielen tot zu Boden, ohne das erlösende Naß erblickt zu haben. Schließlich näherte sich der Hase dem Felsen. »Sieh an, wie groß ich bin, und dennoch habe ich es nicht geschafft«, wollte ihm der Elefant abraten. Doch der Hase tat so, als hätte er die Warnung nicht gehört. Dreimal schlug er mit dem Kopf gegen den Felsen, und beim vierten Schlag rieselte ein Bächlein Wasser heraus. Bald füllte er das Meer, dann die Flüsse und ihre Nebenflüsse.

Zu jener Zeit lebten die ersten Menschen, die Tinyon, ›Die, die am Anfang lebten‹, im Himmel. Sie waren reine Geistwesen, den Kosri-Geistern, ja dem Schöpfer Kela selbst ähnlich. Die Tinyon warteten geduldig auf die Rückkehr des Wassers auf die Erde, dann baten sie Gott Kela um Erlaubnis, ihre menschliche Bestimmung verwirklichen zu dürfen. Und auch Gott Kela war der Meinung, daß es an der Zeit war, die Tinyon auf die Erde herabzuschikken. Also ließ er nicht lange auf sein Einverständnis warten.

Die Männer, Frauen und Kinder der Wobe von Sémien ließen sich an einem riesigen Felsblock zur Erde hinab. Die Wobe von Sandru ritten auf einem Ziegenböckchen hinunter. Alle anderen Menschen wurden an einer Kette zur Erde heruntergelassen.

Bevor die Tinyon auf die Erde kamen, schickte Gott Kela einen Teil der Kosri-Geister dorthin. Sie sollten die Menschen führen und ihnen helfen, die Erde zu bevölkern und sie mächtig zu machen.

Auf der Erde herrschte in jener Zeit der böse Geist Ginaru. Er gebot über die wilden Tiere, die Ungeheuer und andere Geister. Die Erde aber war eingehüllt in das Dunkel ewiger Nacht.

Der Felsen, das Ziegenböckchen und die Kette kamen langsam zur Erde herab an einen Ort nahe dem Himmel – den Gipfeln der Berge. Die Tinyon wohnten in den Wäldern, die die Erde bedeckten, und machten sich an den Bau von Siedlungen. Aus dem Himmel hatten sie das Feuer, die notwendigen Werkzeuge und Nahrungsvorräte mitgebracht. Als ihre Vorräte aufgebraucht waren, lebten sie von dem, was sie jagten oder sammelten, besonders schmeckte ihnen der Honig. Trotzdem gefiel ihnen das Leben auf der Erde nicht allzusehr. Es umgab sie undurchdringliches Dunkel, und ihnen war kalt. Sie baten Gott Kela, er möchte ihnen die Sonne schicken, in deren Strahlen sie sich wärmen könnten. Er erhörte ihre Bitte. So wurde der Tag geschaffen. Doch die Tinyon waren immer noch nicht zufrieden, denn die Nacht war ihnen zu finster. Da schenkte ihnen Kela den Mond, und zusätzlich hängte er noch zahllose Sterne an den Himmel. Schließlich beschenkte er die ersten Menschen mit den wichtigsten Pflanzen und lehrte sie, diese anzubauen.

Die Tinyon spürten immer deutlicher die Vorherrschaft des bösen Ginaru, der sie sich um jeden Preis unterwerfen wollte. Unendlich lange, kräftezehrende Kriege mußten sie mit ihm austragen. Sie waren um so schwerer, da auf Ginarus Seite Ungeheuer kämpften. Die Hilfe, die ihnen die wilden Tiere, besonders die Schimpansen, leisteten, nützte ihnen nicht viel. Die Menschen richteten sich nach himmlischem Recht, das ihnen Gott Kela gegeben hatte. Es reichte jedoch nicht aus, um sich damit auch auf der Erde verteidigen zu können. Da kamen ihnen die Kosri-Geister zu Hilfe. Sie verwandelten sich in kleine Menschlein, die unerwartet aus den Wäldern hervorkamen, und überbrachten den Tinyon neue Gesetze, die nach ihrem Auszug aus dem Himmel von Kela erlassen worden waren. Die Kosri-Geister lehrten die Menschen die auf der Erde geltenden Normen und Gesetze des Krieges, der Gerechtigkeit und des Verhaltens gegenüber den feindlichen Kräften der Natur. Diejenigen, die die neuen göttlichen Gesetze nicht beachteten, straften sie an Leib und Leben.

Als die Tinyon vom Himmel kamen, hatten sie lange Ohren, die sie auch ihren ersten Kindern vererbten. Mit der Zeit bekamen die Tinyon jedoch Kinder, die sich in ihrem Äußeren von ihnen unterschieden. Nicht nur, daß einige mißgestaltet waren, alle hatten sie kurze Ohren, ähnlich denen der heutigen Menschen. Durch Ginarus Einfluß vermehrten sich die Tinyon genau wie die heutigen Menschen. Aber als sie die Entartung ihrer Söhne bemerkten, kehrte einer nach dem anderen wieder in die himmlische Welt Kelas zurück. Bevor sie in den Himmel aufstiegen, sprachen sie einen göttlichen Fluch[45] über ihre Kinder und Kindeskinder. Der letzte Tinyon war der Begründer des Geschlechtes der Sianyon und hieß Nyon Soa.

Gott Kela hatte den drei ersten Menschen der Sianyon, dem Mann Kabako und seinen beiden Frauen Gnole und Yan, den Reis geschenkt, der zur wichtigsten Kulturpflanze der Wobe wurde. Er hatte sie gelehrt, diese Pflanze anzubauen und zu pflegen. Die Sianyon mußten anfangs ununterbrochen arbeiten, denn es war immer Tag: Die Helligkeit des Mondes und der Sterne kam den Strahlen der Sonne gleich. Gott Kela erhörte die Bitten der Menschen und ließ das Licht des Mondes und der Sterne schwächer werden. Auf diese Weise entstand die Nacht.

Die Geschichte vom Jäger Sedyikpa und vom Bauern Segbo

Lange Zeit hindurch war Sedyikpa der bevorzugte Held der Tinyon. Sie schätzten seine Verdienste als Krieger und seine großen Jagderfolge sehr. Der stolze und eitle Sedyikpa machte sich über Segbo, der sich in einem Dorf niedergelassen und dem Ackerbau verschrieben hatte, lustig. Er wußte, daß er seinem Widersacher in nichts unterlegen war, und das genügte ihm. Selbst einen Berg hätte er auf seinen Schultern tragen können, wenn ihn jemand daraufgelegt hätte!

Sedyikpa setzte unterdessen seine Jagdzüge fort. Er war so stark, daß er ohne Furcht allen Tieren, die damals die Erde bewohnten, die Stirn bot.

Eines Tages hatte sich in einer seiner Fallen ein junger Elefant gefangen, der ihm große Schwierigkeiten bereitete. Er, der niemals fremde Hilfe in Anspruch zu nehmen brauchte, kam diesmal nicht allein zurecht. Er rief Leute aus zehn umliegenden Dörfern zu Hilfe, aber auch sie konnten das Tier nicht überwältigen. »Geht und holt den Bauern Segbo her!« befahl er.

Bald darauf erschien der Gerufene, packte den Elefanten an den Vorderbeinen und zerriß ihn in zwei Teile. Danach wandte er sich an Sedyikpa, drückte ihm die Hand und sagte: »Ich kann nicht länger unter den Menschen leben, da meine Kraft nun bekannt ist. Ich stelle sie in den Dienst der Tiere des Waldes.« Nach diesen Worten zog er sich in den Busch zurück und verschwand. Niemand hat den Bauern Segbo seit dieser Zeit je wiedergesehen. Die Leute glauben, daß er ihnen aber weiterhin bei der Feldarbeit hilft, bei der Aussaat, bei der Pflege der Pflanzen, bei der Ernte. Einziges Zeichen seiner Anwesenheit auf der Erde ist der Donner.

Warum eine Ehefrau nicht ausreicht

Vor sehr langer Zeit lebte ein Mann, der eines Tages beschlossen hatte, ein großes Fest zu geben. Als er sich die Fülle an Vorbereitungen, die auf seine Frau zukommen würden, vorstellte, sagte er zu ihr: »Ich werde wohl noch eine zweite Frau nehmen, damit sie dir bei den Vorbereitungen hilft.« – »Ich schaffe schon alles allein. Ich könnte sogar tausend Gäste versorgen!« erwiderte sie im selben Atemzug. »Also gut, fang an Feuerholz zu sammeln«, erklärte sich ihr Mann einverstanden.

Zehn Tage lang schleppte die eifersüchtige Frau Kleinholz und Reisigbündel heran. Als ihr Mann sah, daß sie schon eine ausreichende Menge zusammengetragen hatte, sagte er: »Jetzt schäle den Reis.« Während er seiner Frau immer neue Arbeiten auftrug, verbot er den Nachbarinnen strengstens, ihr dabei behilflich zu sein. Zwei lange Monate quälte sich die arme Frau mit dem Reisschälen ab, und als sie damit fertig war, erklärte ihr Mann: »Übermorgen kommen die Gäste. Du mußt aber schon morgen abend alles vorbereitet haben, denn es kann sein, daß jemand von fern kommt und über Nacht bleiben will.«

Zum Fest sollten Bewohner von sechzehn Dörfern kommen, aus jedem Dorf fünfzehn Gäste. Der vereinbarte Tag war gekommen. Schon am frühen Morgen erschienen die ersten Gäste. In allen Hütten und Gehöften bereitete die Frau das Festmahl vor, rannte von einer zur anderen. Nach einer Weile rief sie ihr Mann und gebot ihr, die Gäste zu begrüßen. Nachdem sie sie begrüßt und mit einem jeden höfliche Worte gewechselt hatte, lief sie in die Küche zurück und blieb erstarrt stehen: Alles, was sie gekocht hatte, war angebrannt.

Als sie sich wieder gefangen hatte, schüttete sie die Reste auf den Abfallhaufen und machte sich an die Vorbereitung eines neuen Mahles. Doch leider! Dauernd rief ihr Mann nach ihr, und ein Gericht nach dem anderen brannte an. Als sie zum sechzehnten Mal, nun mit Tränen in den Augen, neue Gäste begrüßte, hatten die ersten Geladenen noch immer nichts zu essen und zeigten sich ungeduldig und enttäuscht. »Ich begrüße euch von Herzen, wascht euch die Hände und ruht auf den Matten aus!« sagte sie und eilte in die Küche. Aber das Essen war schon wieder angebrannt.

Als sie schließlich in die letzte Hütte gekommen war, fiel sie neben dem Herd nieder und starb.

Wenn es der Frau gelungen wäre, das Fest auszurichten, hätte es die Mehrehe bei den Wobe wohl nie gegeben.

Limba

Die Geschichte vom schwarzen und vom weißen Kind

Vor sehr langer Zeit hatte ein Mann zwei Kinder. Das eine war weiß, das andere schwarz. Diese Kinder hatte Gott Kanu geschaffen und beide in den Schoß einer Mutter gelegt. Die Mutter hatte besonderes Wohlgefallen an dem weißen Kind, so großes, daß sie es ihre Freude nannte. Der Liebling des Vaters hingegen war das schwarzhäutige Kind.

Eines Tages sagte der Vater zur Mutter: »Es ist höchste Zeit, daß unsere Kinder selbständig werden. Verlassen wir also unser Haus und erlauben wir ihnen, für sich selbst zu sorgen. Wir werden sehen, wie sie zurechtkommen werden.« Nach diesen Worten öffnete er ein großes Buch und schrieb hinein, wie man die verschiedensten Geräte anfertigt und wie man sich ihrer dann zu bedienen hat. Auf diese Weise wollte er seinem Lieblingssohn die Aufgabe erleichtern. Dann nahm er eine Hacke und ein Buschmesser und sammelte Samen von Hirse, Erdnüssen, Pfeffer und anderen Pflanzen zusammen, wobei er an den weißhäutigen Sohn dachte. »Frau, nun können wir uns verstecken«, sagte er. »Wir werden beobachten, was die Kinder anstellen.« – »Gut«, erklärte sich die Frau einverstanden. »Aber was hinterlassen wir ihnen?« – »Ich werde darüber nachdenken«, log er, denn er hatte ja schon alles vorbereitet. Seine Frau wußte dies ganz genau und wollte das ›kluge‹ Buch in die Hand des weißen Sohnes kommen lassen.

Der Vater der Kinder war schon im vorgerückten Alter. Besonders seine Sehkraft litt an Schwäche. Sie war schon so schlecht geworden, daß er den einen Sohn nicht mehr von dem anderen zu unterscheiden vermochte. Da geschah es, daß er, in der Annahme, es befinde sich sein schwarzes Lieblingskind in der Hütte, sagte: »Mein Sohn, wenn du dich auf die Jagd begibst, dann geh nicht zu weit weg.« Die Worte drangen ans Ohr des weißen Kindes. Es begriff sofort die Absicht des Vaters, rannte auf den Hof hinaus, packte einen dort weidenden Hammel, schlachtete ihn und erschien schon bald wieder in der Hütte des Vaters. »Mein Vater, ich bringe dir Fleisch. Gerade eben bin ich von der Jagd zurückgekommen«, rief es aus.

Den Vater freute es, daß sich das Kind seine Worte gemerkt hatte und nicht vergaß, die Jagdbeute mit ihm zu teilen. Er nahm daher das ›kluge‹

Buch und gab es seiner Frau: »Dieses Buch sollst du dem Kind geben, das uns das Fleisch gebracht hat.« Die Frau nahm das Buch und überreichte es ihrem Lieblingssohn. Das weiße Kind machte sich sofort daran, es zu lesen, und lernte sehr bald eine Menge nützlicher Dinge.

Kurz darauf erschien der schwarze Sohn. »Ich grüße dich, mein Vater«, rief er von der Schwelle. »Hier habe ich einen Vogel gefangen und bin nun gekommen, sein Fleisch mit dir zu teilen.« – »O du mein unglückliches Kind«, seufzte der Vater da, als er seinen Irrtum bemerkt hatte. »Doch es ist geschehen! Nimm also diese Hacke und den Korb. Im Korb findest du Hirse und Erdnüsse. Du sollst auch noch viele andere Dinge bekommen, die dir bei der schweren Feldarbeit helfen werden. Denke daran, daß du auf der Welt weit mehr Dingen begegnen wirst, als ich dir jetzt geben kann.«

Bambara

Von der Erschaffung der Welt

Die Bambara glauben, daß die Welt, die wir wahrnehmen und in der wir leben, die dritte Etappe in der Entwicklung des Weltalls ist. Die vierte und letzte Etappe wird die zukünftige Welt sein. Die Welt ist das Werk der schöpferischen Kraft Zo, die durch Erschütterung des ewigen Hohlraums Gla erzeugt wird. Als Antwort auf die Anrufung der ›Stimme‹, die durch Erschütterung entsteht, gibt dieser Hohlraum einen Ton von sich. Dadurch wird ein neuer, durch Feuchtigkeit belebter Stoff gebildet, Zo Sumale. Der ewige Hohlraum Gla und der neu entstandene Stoff Zo Sumale geraten aneinander, eine kosmische Explosion entlädt sich, und dabei wird schwere und mächtige Materie auf die Erde geschleudert. In dieser Materie wird Gott Pemba herrschen. Gleichzeitig mit der kosmischen Explosion treten ›Zeichen‹ auf, die Symbole der entstehenden Dinge. Nach diesen Ereignissen beginnt nun unter Aufsicht des Verstandes Yo das Schöpfungswerk. Allem, was es heute auf der Welt gibt, liegen zweiundzwanzig ›lebenspendende Bereiche‹ zugrunde, die, vom Verstand Yo bewegt, allen menschlichen Wesen, Tieren, Pflanzen und Dingen das Leben geben. Der Schöpfergeist Yo hat auch die drei göttlichen Wesen, Faro, Pemba und Teliko, ins Leben gerufen. Die Gottheit Faro, der Herr der Welt, hat die sieben Himmel erschaffen, die den sieben Teilen der Erde entsprechen und bis heute von Faro durch den Regen belebt werden. Die Gottheit Teliko, der Geist der Luft, verleiht allen von Faro erschaffenen Dingen Leben.

Auf der Erde schuf Faro zuerst die tiefen, wassergefüllten Täler, die Abgründe des Meeres und die reißenden Ströme. Er grub selbst die ersten Brunnen und Teiche und öffnete die Quellen der Flüsse. Faro bestimmte die Ordnung der Regenfälle, die die Erde reinigten und die Ordnung im Weltall wiederherstellten. Dann bezeichnete er die Arten und Sorten der Tiere und Pflanzen, den Völkern gab er Namen und teilte die Menschen in Rassen ein. Er wies ihnen Nahrungsmittel zu und belegte einige Pflanzen und Tiere mit einem Tabu. Durch die Schmiede ließ er den Menschen acht Pflanzenkörner zukommen, die die Grundlage für die Ernährung der ganzen Menschheit bildeten. Den Lauf des Lebens auf der Erde überwachen von Faro gesandte Geister. Mit ihrer Hilfe lenkt der Herr des Wortes und der Schöpfergott Faro des Menschen Leben und all seine Taten.

Pemba, der Schöpfer der Welt

Gott Pemba ist der Schöpfer aller Dinge. Er bewegte sich, vom Windhauch getragen, sieben Jahre lang von einem Ort zum anderen. Von einem hohen Berg aus warf Pemba etwas in den Raum, das später den Namen Faro erhielt. Der göttliche Faro lenkte seine ersten Schritte nach Westen, dann nach Süden, anschließend nach Norden und schließlich nach Osten. Auf diese Weise kennzeichnete er die vier Enden der Welt. Er schuf die sieben Himmel, von denen jeder einem Teil der Erde entspricht. Dann zeugte Faro den Gott Teliko, ›den, der sich schnell bewegt‹, den Geist der Luft. Schließlich verlieh er der Erde das Leben, indem er aus dem siebenten Himmel Regen herabströmen ließ. Als Faro einmal selbst mit einem Regentropfen zur Erde hinabkam, merkte er, daß das Schöpfungswerk noch nicht abgeschlossen war. Die leeren Räume füllte er mit Wasser. Diese Wasserstellen sind jedoch bis heute verborgen. Durch die Erschütterung des Hohlraumes befruchtet, gebar Faro Zwillinge. Nach deren Geburt bedeckte sich die Erde mit Gras, und die ersten Skorpione erschienen. Sie sollten die Neugeborenen bewachen. Nach einiger Zeit fiel auf dem Berg, wo die Zwillinge zur Welt gekommen waren, starker Tau. Die Tropfen sammelten sich an einer Stelle und bildeten eine Quelle. Ein kleiner Bach entsprang ihr, dessen Lauf von einem Kokoni-Fisch[46] gelenkt wurde. Hinter ihm schwamm ein zweiter Kokoni-Fisch, der auf seinem Rücken Faro und dessen Kinder trug. Auch der erste Fisch brachte Zwillinge zur Welt, ein Mädchen und einen Jungen. Noch vor ihrer Geburt hatte Faro seinem Boten, der Schwalbe, aufgetragen, die Seelen der Zwillinge in die ›Fruchtwässer‹ des Fisches zu geben. Diese Zwillinge zeugten später die Vorfahren der Bozo, die, wie Faros Kinder auch, im Wasser leben konnten. Dann schuf Faro die anderen Fischarten und bestimmte sie den Bozo zur Nahrung. Anschließend rief er die verschiedensten Lurche und Wassertiere ins Leben. Nachdem Faro nun das Werk der Erschaffung der Erde als beendet betrachtete, stieg er in den Himmel auf.

Gott Pemba schwebte noch immer vom Wind getragen durch den Raum. Dessen überdrüssig, ließ er sich schließlich zur Erde hinab und verwandelte sich in einen Balansa-Samen, der auf guten Boden fiel und bald keimte. Aus dem kleinen Samen wuchs ein Balansa-Baum.[47] Er lebte jedoch nicht lange, schon bald vertrocknete er und starb ab. Zurück blieb ein Holzkloben, Pembele. Dieser Kloben, die Verkörperung des Gottes Pemba, lag verlassen auf der Erde. Niemand vermutete, daß er die Kraft zur Erschaffung von Pflanzen und Tieren in sich barg. Unter dem Holzkloben sammelten sich Fäulnisstoffe. Schließlich fing der faulende Kloben an sich zu bewegen. Der Wind wehte die dabei herabfallenden Teilchen auf einen Hügel. Diese faulige Masse vermischte Pemba mit seinem Speichel. Und nachdem er ihr eine Seele eingegeben hatte, gab er ihr eine Form. Auf diese Weise entstand sein Ebenbild Dia, das er dem Schutz des Gottes Faro anvertraute. Vier Tage lang ruhte Pemba auf dem von ihm erschaffenen Wesen. Am fünften Tag hörte er unter sich eine Frauenstimme: »Steh endlich auf, ich bin erschöpft!« Dieses Wesen erinnerte nur schwach an eine Frau, denn es hatte ungewöhnlich lange und spitze Ohren, einen Schwanz und eine Tierbrust. Es versicherte Pemba seiner Liebe zu ihm, und trotz seines eigenartigen Aussehens wurde dieses weibliche Wesen bald Pembas Frau und bekam den Namen Musso Koroni Kundie, ›die kleine Alte mit dem weißen Kopf‹: ›klein‹, weil sie in einem anderen Wesen ihren Anfang genommen hatte, ›Alte‹, weil sie als Ausstrahlung Pembas ebensolange lebte wie er, und ›weiß‹, weil sie so rein war wie ihr Schöpfer. Von ihrem göttlichen Gemahl empfing sie viele Samen und brachte Pflanzen und Tiere zur Welt. Alle ihre Kinder hatten Ni-Seelen und Dia-Ebenbilder. Die Erde füllte sich mit verschiedenen Geschöpfen, die Gott Pemba als ihren Schöpfer ansahen. Der wollte diesen Umstand nutzen und das ganze irdische Reich in seine Hand nehmen. Deshalb bat er seine Frau Musso Koroni, ihn in die Erde zu stecken. Daraufhin wuchs er zum ersten Balansa-Baum empor, der während der Trockenzeit grünte und in der Regenzeit abstarb.

Die ersten Menschen wohnten in Felshöhlen und gehorchten den Geboten des Gottes Faro. Eines Tages näherten sie sich einem Balansa-Baum, weil sie sich vor der Sonnenglut schützen wollten. Sie erkannten, daß dieser Baum über Macht verfügte, denn obwohl es Trockenzeit war und alle Bäume ihre Blätter verloren hatten, war der Balansa-Baum über und über grün. Die Menschen fielen auf die Knie und fingen an zu beten. Der Baum erhörte ihre Gebete und gab ihnen Gebote, die ihnen sagten, wie sie ihr Leben auf der Erde führen sollten. Der Baum eröffnete ihnen auch, wie man Feuer entfacht, indem man einen Stein gegen einen anderen schlägt.

Damals waren die Menschen noch unsterblich. Sie hatten keine Kleider und konnten sich nicht unterhalten. Es fiel ihnen auch schwer, die Geschlechter zu unterscheiden. Auf Musso Koronis Rat machte sich jeder Mann drei und jede Frau vier Schnitte ins Gesicht. Die ersten Menschen ernährten sich von Speisen, die sie unmittelbar vom Himmel erhielten. Mit dem Regen sandte Gott Teliko Steine zur Erde, in denen Palmnüsse steckten. Daraus preßten die Frauen Öl, das sie zur Zubereitung ihrer Speisen benutzten. Eines Tages wischte sich eine Frau, die gerade Öl aus vier solchen Nüssen gepreßt hatte, ihre fettigen Hände an dem Balansa-Baum ab. »Danach verlangt mir«, rief der Baum. Seitdem brachten alle Frauen zu Beginn der Trockenzeit diesem Baum Öl. Und später wurde dies auch zur Pflicht der Männer.

Gott Pemba, der sich in dem Balansa-Baum verkörpert hatte, war bald nicht mehr mit einer Frau zufrieden. Deshalb gab er kund, daß ihm alle Jungfrauen zustünden. Bei der Vereinigung mit ihnen vergrößerte sich seine Lebenskraft und Macht. Als die eifersüchtige Koroni hörte, wie sich ihr göttlicher Gatte aufführte, beschloß sie, sich ihm nie mehr zu nähern. Sie liebte ihn nicht mehr und brach das Gelöbnis der Treue, das sie Pemba einst gegeben hatte. Koroni nahm auch nicht länger am Schöpfungswerk teil, bei dem sie Pemba zur Seite gestanden hatte. Ja, sie fing an, bereits erschaffene Dinge zu zerstören. Da verwünschte sie der Balansa-Baum, und als sie sich ihm wieder nähern wollte, verstieß er sie. Diese Erniedrigung konnte Koroni nicht ertragen, und sie verlor den Verstand darüber. Koroni durchmaß Himmel und Erde und verbreitete überall Holzstückchen, weil sie glaubte, daß aus ihnen einmal Balansa-Bäume wachsen würden. Als sich Koroni einmal mit dem Holzkloben Pembele vereinigen wollte, verletzte sie sich. Ähnliche Wunden wollte sie nun auch den Menschen zufügen. An allen Menschen, denen sie unterwegs begegnete, nahm sie Beschneidungen vor. Nicht einmal sich selbst verschonte sie. Mit ihren Fingernägeln und Zähnen brachte sie sich Wunden bei, dabei floß zum ersten Mal Menstruationsblut. Die rasende Musso Koroni verriet daraufhin den Menschen alles, was sie von ihrem Mann Pemba erfahren hatte und was sie hatte geheimhalten sollen. Sie wurde ein unreines Wesen, und alles, was sie berührte, wurde befleckt. Unrein wurde auch die Erde. Auf diese Weise brachte Musso Koroni Unordnung in das Schöpfungswerk. Sie verursachte den Beginn des Bösen, des Unglücks und des Todes. Pemba und Faro verfolgten Musso Koroni unermüdlich, um ihr die Macht und das Wissen um die geheimen Dinge zu entreißen. Schließlich starb sie, doch zuvor lehrte sie die Menschen den Ackerbau.

Das Leben auf der Erde entfaltete sich, und Gott Pemba benötigte immer mehr Lebenskraft. Er schöpfte diese Kraft während der Vereinigung mit Frauen aus deren Wasser, doch mit der Zeit genügten ihm auch diese nicht mehr. Der Welt drohte die Vernichtung. Da geschah es, daß ein Alter sich ein junges Mädchen zur Frau nahm. Aber der hatte nicht mehr genug Kraft, um das Verlangen des Mädchens nach Liebe zu befriedigen. Deshalb vereinigte sich die junge Frau mit dem Balansa-Baum. Er wurde völlig mit Blut bedeckt, denn das Mädchen war eine Jungfrau gewesen.

Von diesem Blut wurde der Baum ganz heiß. Seine Glut vertrieb jeden, der es wagte, sich ihm zu nähern. Nun brauchte Pemba das Wasser der Frauen nicht mehr. Die verschreckten Jungfrauen wandten sich an das Orakel und fragten, was Pemba nun von ihnen fordern würde. Das Orakel offenbarte ihnen, daß der Gott an Menschenblut Gefallen gefunden hätte. Die Menschen wußten nicht, wie sie diesem Wunsch gerecht werden und die schrecklichen Bedürfnisse Pembas befriedigen sollten. Da erhob sich der Älteste, der die Gabe des Hellsehens besaß, und wischte den blutbefleckten Baum zuerst ab, und dann wusch er ihn mit Wasser. Am dritten Tag blieb er mit seinem Arm am rissigen Stamm hängen und schnitt sich dabei die Pulsader auf, aus der ein Strahl hellroten Blutes hervorschoß. Seit dieser Zeit tränkten die Menschen den Baum zweimal jährlich mit Blut, mit dem der Baum seine Kraft zu weiterem Wuchs und zur Verleihung von Lebenskraft an die irdischen Wesen erneuerte. Das erste Blutopfer brachten die Männer zur Trockenzeit dar. Unter Leitung des Ältesten versammelten sie sich am Baum, öffneten die Pulsader am rechten Handgelenk und besprengten den Stamm mit Blut. Damit opferten sie dem Gott die Hälfte ihres Ichs und die Hälfte des Ebenbildes Dia. Nach dem Opfer verbanden sie die Handgelenke mit Pflanzenfasern, und die Wunden verheilten schnell, ohne Narben zu hinterlassen. Während dieser feierlichen Zeremonie wurden die Greise wieder jung, Menschen über neunundfünfzig Jahre wurden zu siebenjährigen Kindern.

Der Balansa-Baum verlangte auch Blut, das während der Menstruation und der Geburt floß. Auf seinen Wunsch hin schnitzten die Menschen ein männliches Glied aus Holz und hängten es an seinen Stamm. Der große Blutverlust beeinträchtigte unterdessen spürbar die Gesundheit der Menschen. Auch die Erde war nicht mehr imstande, die große und ständig wachsende Zahl der Bewohner zu ernähren. Eine Hungersnot brach aus. Eines Abends stürzte eine abgemagerte Frau, die auf der Suche nach etwas Eßbarem in den Busch gegangen war, ohnmächtig inmitten wilder Tomaten hin. Als sie wieder zu sich gekommen war, verführte sie der in den nahegelegenen Gewässern weilende Faro, von den ihr bisher unbekannten Früchten zu essen. Im Körper der Frau verwandelten sich die Tomaten in Blut. Sie schöpfte neue Kräfte, erhob sich und ging zum Niger, um dort zu baden. Kaum hatte sie einen Fuß ins Wasser gesetzt, faßte sie Gott Faro an den Hüften, schnitt ihr

Nase und Nabel ab und öffnete ihren Bauch. Er zählte die Tomatenkerne: Es waren sieben. Jede Tomate enthielt Blut und Lebenssaft, die für das Leben der Menschen unerläßlich sind. Gott Faro hatte diese beiden Lebensspender in die Tomaten gegeben. Immer, wenn die Menschen Tomaten essen, erneuern sich ihre Kräfte, und sie können wieder mit ihrem Blut den Balansa-Baum tränken, der als Gegengabe die Alten jung werden läßt.

Nun wurde die Gegenwart des Gottes Faro deutlicher. Allzulange hatte er den Untaten Pembas zugesehen, der sich nach Blut lechzend in seinen Herrschaftsbereich eingeschlichen hatte. Um menschliches Leben aufrechtzuerhalten und Blut in den Menschen entstehen zu lassen, brauchte er Wasser und Tomaten. Diese aber wurden von Faro verwaltet. Nun stellte Faro dem Balansa-Baum seine Bedingungen: Die Vermehrung der Menschen durch die Vereinigung der Frauen mit dem Balansa-Baum, der Verkörperung Pembas, sollte aufhören. Von nun an sollten die Tomaten diesem Zweck dienen. Doch Pemba dachte gar nicht daran, auf diese Bedingungen einzugehen. Wutentbrannt riß er sich samt den Wurzeln los und stürzte sich auf Faro. Ein erbitterter Kampf entbrannte, aus dem der umsichtige und gewitzte Faro als Sieger hervorging. Pembas unangefochtene Herrschaft auf der Erde war beendet. Nach sieben Tagen verließen die ersten Frauen, die die Pflanzen und Tiere zur Welt gebracht hatten, den Balansa-Baum. Alle zogen zum Fluß, tranken Wasser und stillten ihren Durst. Gott Faro hatte jedoch heimlich Tomaten ins Wasser geworfen. Auf diese Weise wurden die Frauen befruchtet. Sie brachten Zwillinge mit gelenkigen Gliedmaßen zur Welt. Nach den Frauen trennten sich auch die Männer vom Balansa-Baum. Sie warfen sogar seine Zweige ins Feuer, damit es nicht verlöschte. Um sich gegen die Angriffe der Menschen zu verteidigen, verfluchte sie der Balansa-Baum. Nun wurden die Menschen krank, haßten sich, waren eifersüchtig und beschimpften sich. Die Wunden, die sie sich bei den Blutopfern zugezogen hatten, wollten nicht mehr heilen und eiterten. Die Menschen wollten das ändern. Acht aus dem Ältestenrat begaben sich zum Balansa-Baum. Tapfer ertrugen sie die Gluthitze, mit der er sie lähmen wollte. Als sie sich dem Baum genähert hatten, schnitten sie sich in die Zungen und opferten noch einmal dem Baum das herausströmende Blut. Ihre Ergebenheit fand Lohn: Der Balansa-Baum hauchte sie an und bewahrte sie so vor dem nahen Tod. Er verwandelte die Menschen in Tatugu-Kononi-Vögel und gebot ihnen, ihre Rücken so lange am Stamm zu reiben, bis sie alles Blut verloren hätten. Federn und Körper der Vögel wuchsen mit dem Baum zusammen, und ihre Knochen verschmolzen mit seiner weißen Rinde. Der Balansa-Baum blühte wieder auf und brachte Früchte hervor, die Menschenblut enthielten. Die

Menschen fanden an ihnen Gefallen und ernährten sich von ihnen. Die Zweige des Baumes schnitten sie ab und gaben sie den Tieren. Da geschah es, daß ein Mann in die Wipfel des Baumes stieg und dessen schönste Knospen abschnitt. Zu spät erkannte er seinen Fehler und versuchte entsetzt, sich durch Flucht ins Land der Mande zu retten. Aber er entging der verdienten Strafe nicht, und es ereilte ihn ein schlimmer Tod. Die Mande kannten den Tod nicht und meinten, der Fremde sei in einen tiefen Schlaf gefallen. Also legten sie den Toten in eine Hütte. Sie versuchten sogar, ihn zu ernähren, und seinen Körper rieben sie mit Sauerampfer und Olivenöl ein. Auf diese Weise blieb der Tote einige Tage unverändert, doch nach zehn Tagen fing der Körper an zu verwesen. Der Tod Nyama verließ nun die kümmerlichen Überreste des Fremden, fiel über andere Menschen her und raubte ihnen das Leben.

Unterdessen hatten sich die Eltern des Verstorbenen auf die Suche nach ihrem vermißten Sohn begeben. Sie fanden nur seine Knochen und nahmen diese mit. Als sie in ihr Land zurückgekehrt waren, gebot ihnen der Balansa-Baum, die Knochen zu zermahlen und damit seine verletzten Zweige zu bestreichen. Kaum hatten die bekümmerten Eltern dies getan, erklärte ihnen der Baum, daß er nun kein Menschenblut mehr benötige. Er eröffnete den Menschen, daß er sie nicht mehr verjüngen könne und sie alle durch die Pforte des Todes schreiten müßten. Als die Menschen sahen, daß sich der Balansa-Baum von ihnen abgewandt hatte, begaben sie sich verzweifelt an den Fluß. Lange Zeit verhallten ihre inbrünstigen Gebete ohne Echo. Schließlich vernahmen sie die Stimme des Gottes Faro: »Ich werde euch Regen schenken, den eure Felder, Quellen, Wasserfälle und Flüsse brauchen. Merkt euch, daß das Wasser heilig ist und daß ihr es entsprechend achten müßt! Vom Tod kann ich euch jedoch nicht erlösen. Ich werde mich aber bemühen, ihn von euch abzuwenden.«

Dann lehrte Faro die Menschen die Worte und die Sprache. Bald darauf starben die ältesten Menschen. Die Pflanzen und Tiere vermehrten sich nun selbständig. Die von Faro befruchteten Frauen brachten Zwillinge zur Welt, die nun aber nur noch menschliche Wesen waren. Zwillingsgeburten waren üblich, bis Faro, durch den Verrat der Menschen erzürnt, ihnen Einhalt gebot. Als der Luftgeist Teliko den Versuch unternommen hatte, die Herrschaft über die Welt an sich zu reißen, waren die Menschen nämlich zu ihm übergegangen. Als Sieger hatte sich aber Faro erwiesen, der die Abtrünnigen nun damit strafte, daß es keine Zwillingsgeburten mehr gab. Seitdem ist die Geburt eines Kindes normal, und die Geburt von Zwillingen ist ein seltenes Vorrecht.

Nach dem Sieg über den Balansa-Baum und der Unterwerfung Telikos konnte sich Faro nun in Ruhe dem Werk der Schöpfung und der Vervollkommnung der Welt widmen. Er kräftigte die schlaffen Gliedmaßen der Menschen und gab ihnen Gelenke, so daß sie körperliche Arbeiten ausführen konnten. Dann begab er sich nach Osten, Westen, Norden und Süden und bestimmte dadurch die Enden der Erde. Genau maß er den zurückgelegten Weg, die Höhe des Himmels über der Erde und die Tiefe der Erde und die Entfernungen zwischen den einzelnen Teilen der Welt. Er führte die Jahreszeiten ein und setzte der ursprünglich ewigen Nacht ein Ende. Nun wechselten sich Tag und Nacht miteinander ab. Nachdem er all dies vollbracht hatte, ließ er sich in der Mitte des Weltalls nieder.

Die Brüder Niangolo und Baramangolo

Die beiden Brüder Niangolo und Baramangolo waren auf ihrer Flucht vor Feinden an die Ufer des Baule gelangt. Vergebens schauten sie nach einem Boot aus, das sie ans andere Ufer bringen konnte. Ihre vergebliche Suche nach einem Boot brachte ihnen den Beinamen Kulubali ein, ›Leute ohne Boot‹. Eine große Horde erzürnter, lautes Kriegsgeheul anstimmender Verfolger war ihnen auf den Fersen. Die beiden Brüder hatten schon alle Hoffnung aufgegeben, als plötzlich ein großer Fisch aus dem Wasser auftauchte, der sich, vom Los der beiden Unglücklichen gerührt, erbot, sie auf die andere Seite des Flusses zu bringen. Als erster sprang Baramangolo auf den Rücken des Fisches und war schon bald am anderen Ufer. Er dankte seinem Retter, und indem er ihm von der Undankbarkeit und Grausamkeit seines Bruders erzählte, wollte er ihn bei sich behalten. Doch der Fisch tat, als höre er nichts von seinen Warnungen und Beschwörungen. Er schlug nur mit dem Schwanz und schwamm davon. In letzter Minute kam er bei Niangolo an. Die ersten Verfolger hatten schon das am Ufer wachsende Gebüsch erreicht. Niangolo sprang ins Wasser, hielt sich am Schwanz des Fisches fest und schwamm hinter ihm ans andere Ufer. Kaum hatte er festen Boden unter den Füßen, packte er den Dank erwartenden Fisch, erwürgte ihn und machte sich daran, ihn zu verspeisen.

Baramangolo sah das wütend mit an. Er riß die Reste des Fisches dem Bruder aus der Hand und warf sie ins Wasser. Mit größter Strenge verbot er seinen Nachkommen, Fische dieser Art zu fangen und zu essen.[48]

Malinke

Die Geschichte von König Sundjata

Eines Tages erschien am Hofe Maghan Kon Fattas, des Königs von Mali, ein Fremder. Auf den ersten Blick schien dies nichts Besonderes zu sein, denn häufig bereisten Kaufleute aus fremden Ländern diese Gegend, die sich fast nie die Gelegenheit entgehen ließen, mit dem König selbst Handel zu treiben. Der Fremde, von dem hier die Rede ist, kam jedoch nicht an Maghans Hof, um zu handeln. Auch trieb ihn nicht die Leidenschaft, die Welt kennenzulernen, hierher. Er kam, um dem König anzukündigen, daß in Kürze zwei Männer an seinem Hofe erscheinen werden. Sie würden ein unvorstellbar häßliches Mädchen namens Sogolon mitbringen. Dieses solle Maghan Kon Fatta zur Frau nehmen, wenn er von der Größe des Königreiches Mali träume.

Der König brauchte nicht lange zu warten, bis sich die Ankündigung des geheimnisvollen Fremden erfüllte. Das Mädchen, das er zur Frau nehmen sollte, war noch viel häßlicher, als er es sich ausgemalt hatte. Es war eine Büffel-Frau. Doch was blieb ihm übrig! Ruhm- und machtgierige Leute müssen eben zuweilen solche Opfer bringen. So auch Maghan, der schließlich der Welt beweisen wollte, daß der starke Löwe nicht ohne Grund der Schutzherr seines Clans ist. Er nahm also die häßliche Sogolon zur Frau und machte sich unverzüglich daran, seinen ehelichen Pflichten nachzukommen. Zu seiner großen Verwunderung war Sogolon jedoch unnahbar. Nach vielen vergeblichen Versuchen beschloß er, enttäuscht und wütend, die Undankbare zu opfern. Der Unglückliche wußte nicht, daß sein Schutzgeist mit dem Abbild des Mädchens rang, um es zu entführen, wenn er die junge Frau besitzen wollte. Zur festgesetzten Zeit nahm Maghan also seine Frau bei den Haaren, und als er ihr den Todesstoß versetzen wollte, fiel sie ohnmächtig zu Boden. Dieser Vorfall verhinderte ihre Tötung, und als Sogolon wieder zu sich gekommen war, pulsierte in ihrem Schoße neues Leben.

Es kam der Tag ihrer Entbindung. Obgleich die Sonne hoch am Himmel über den Köpfen der Menschen stand, war es doch finstere Nacht. Vom Osten zogen schwarze, schwere Wolken auf und verdunkelten die sengenden Strahlen. Es war zwar Trockenzeit, dennoch hörte man von Ferne das Rollen des Donners. Und bald fielen vom blitzdurchfurchten Himmel schwere Regentropfen hernieder. Sturm kam auf, und ein greller Blitz zerschnitt den Himmel von Osten nach Westen. Kaum war das dumpfe Grollen des Donners verhallt, kaum hatte es aufgehört zu regnen, da strahlte am Himmel schon wieder die Sonne. Eine der neun Hebammen, die bei der Geburt geholfen hatten, rannte aus Sogolons Hütte, um dem König die Freudenbotschaft von der Geburt eines Jungen, des Sohnes eines Löwen und einer Büffel-Frau, zu überbringen.

Am achten Tage, nachdem das Kind zur Welt gekommen war, gab man ihm den Namen Mari Djata, einen Namen, den noch kein Fürst der Mandingo getragen hatte. Man nannte ihn auch Sogolon Djata, um an den Namen derjenigen zu erinnern, die ihn geboren hatte. Dieser Name wurde später zu Sundjata verkürzt.

Sundjata hatte eine schwere Kindheit. Er entwickelte sich außergewöhnlich langsam, und noch mit drei Jahren kroch er unbeholfen auf allen vieren. In nichts ähnelte er seinem Vater, dessen stattliches Aussehen und Güte die Herzen aller seiner Untertanen höher schlagen ließen. Er hatte einen solch riesengroßen Kopf, daß es schien, er könnte ihn niemals hochheben. Große Glotzaugen vervollständigten sein häßliches Aussehen. Wortkarg und träge verbrachte er alle Tage in den vier Wänden seiner Hütte. Sein einziges Vergnügen war das Essen, bei dem er kein Maß kannte. Vergeblich versuchte Sogolon seine Gier zu bremsen. Aber wann immer sie die Hütte verließ, kroch er schnell zu den Töpfen und leckte die Reste der Speisen aus. Nur dann huschte ein flüchtiges Lächeln über sein mürrisch dreinschauendes Gesicht.

Das unglückliche Kind war den Eltern und dem ganzen Königreich Anlaß zur Trauer. Es gab jedoch jemanden, der sich über seine Gebrechlichkeit freute. Das war die eifersüchtige erste Frau des Königs, Sasuma Berete. Sie hatte ihre Freude an den Sorgen der anderen Königsfrau. Als sie erfahren hatte, daß Sogolon schwanger war, wollte sie sie mit Hilfe magischer Kräfte und mit der Unterstützung der besten Zauberer des Landes umbringen. Dann, als Sundjata zur Welt gekommen war, ließ die Angst um ihren eigenen Sohn Dankaran Tuman ihren Haß noch wachsen. Als Sundjata geboren wurde, war der gerade acht Jahre alt geworden, und da er der einzige männliche Sproß in der Königsfamilie war, sah ihn seine Mutter als Thronfolger. Jetzt war die Sache schwieriger geworden, und sie mußte sich anstrengen, um die Aufmerksamkeit des Königs von Sogolon und deren Sohn abzuwenden. Da kam ihr ein gewöhnliches Ereignis zu Hilfe. Sogolon wurde wieder schwanger und gebar eine Tochter, Kolonkan, deren Häßlichkeit den König nun vollends Abneigung gegen seine Frau und deren mißratene Sprößlinge empfinden ließ. Enttäuscht verwies er Sogolon seines Hofes und nahm an ihrer Stelle die schöne Namandje zur Frau.

Ein Jahr später gebar Namandje einen Sohn, der den Namen Bukary, und später Manding Bory, erhielt. Der König beschloß, aus diesem Anlaß die Wahrsager nach der Zukunft seines jüngsten Sohnes zu befragen, und erfuhr zu seinem Erstaunen, daß dieser die rechte Hand des künftigen großen Königs Sundjata werden wird. »Wie ist das möglich?« fragte er seinen Griot,[49] und dieser antwortete ihm: »Der allmächtige Gott hat seine Geheimnisse. Er läßt aus einem kleinen unscheinbaren Körnchen einen riesigen Baumwollbaum[50] wachsen.«

König Maghan Kon Fatta konnte an all das jedoch nicht glauben und beschloß, noch die Meinung eines ergrauten und erblindeten Alten, des berühmtesten Schmieds und Wahrsagers der Stadt Niani, einzuholen. »Wenn ein Samenkorn keimt, bereitet ihm das zuweilen Mühe. Große Bäume wachsen im allgemeinen langsam, aber ihr verzweigtes Wurzelwerk lassen sie tief in die Erde eindringen«, antwortete der Weise. Zu Sasuma Beretes großer Verzweiflung nahm der König die verstoßene Sogolon wieder in Gnaden auf, die ihm alsbald eine zweite Tochter, Djamaru, gebar.

Und wieder begann ganz Niani vom verkrüppelten Sohn der Sogolon zu reden. Er war nun schon sieben Jahre alt, aber er kroch noch immer auf allen vieren. König Maghan war unterdessen alt geworden und ahnte sein nahes Ende. Also rief er eines Tages Sundjata zu sich und sagte ihm: »Bald werde ich nicht mehr unter den Lebenden weilen. Ich möchte dir daher das überreichen, was jeder Herrscher seinem Thronfolger gibt. Nimm hier deinen Griot Balla Fasseke! Seid von heute an unzertrennliche Freunde! Aus seinem Munde wirst du die Geschichte deiner tüchtigen Vorfahren kennenlernen, von ihm wirst du die Kunst, die Mandingo zu regieren, erlernen. Ich hinterlasse dir ein blühendes Königreich, das von vertrauenswürdigen Verbündeten umgeben ist. Vergiß niemals, daß Niani deine Hauptstadt ist und daß dieses Land die Wiege deiner Ahnen ist.«

Kurze Zeit darauf ging König Maghan Kon Fatta ins Reich der Ahnen ein. In seinem Palast versammelte sich daraufhin der Ältestenrat, und obwohl sich der Griot des verstorbenen Königs bemühte, dessen letzten Willen durchzusetzen, wählte man Dankaran Tuman, den Sohn der durchtriebenen Sasuma Berete, zum König. Doch schließlich übte sie selbst die Macht im Reiche aus. Als erste Amtshandlung verjagte sie Sogolon und ihre Kinder aus dem Palast und wies ihnen eine ärmliche Hütte außerhalb seiner Mauern zu.

Eines Tages kam die erniedrigte Sogolon zur Königin-Mutter, um von ihr Blätter des Affenbrotbaumes zu erbitten. Die allgewaltige Königin ließ sich die Gelegenheit nicht entgehen, das Leben der ohnehin schon unglücklichen Frau noch schwerer zu machen. »Nimm, du Armselige, soviel du willst. Als mein Sohn sieben Jahre alt war, konnte er schon auf die höchsten Affenbrotbäume klettern und mich mit ihren Blättern versorgen. Nur du mußt noch immer betteln gehen!« Getroffen und in ihren mütterlichen Gefühlen verletzt, schleppte sie sich mit Mühe nach Hause. Kaum hatte Sundjata von ihrer Erniedrigung gehört, befahl er den königlichen Schmieden, eine schwere Eisenstange zu schmieden. Hundert Schmiede arbeiteten an ihr. Als sie fertig war, stützte sich Sundjata mit aller Kraft auf sie und stand bald auf seinen Füßen, während sich die Eisenstange zu einem Bogen formte.

Von allen Seiten eilten die Leute herbei. In Blitzesschnelle hatte sich nämlich die Kunde von diesem Ereignis herumgesprochen. Auch die Königin-Mutter kam beunruhigt herbei, und als sie den auf seinen Füßen stehenden Sundjata erblickte, zitterte sie vor Wut. Kaum hatte Sogolons Sohn dies gesehen, warf er herausfordernd seine Stange zur Seite. Die Menge trat auseinander und wartete mit angehaltenem Atem, was sich nun ereignen würde. Sundjatas erste Schritte waren die Schritte eines Riesen. Er richtete sie geradewegs aus der Stadt heraus, wo ein hoher Affenbrotbaum wuchs. Von ihm pflückten die Kinder gerade Blätter ab, die ihren Müttern als Gewürz dienten. Mit einer Handbewegung riß Sundjata den Baum samt Wurzeln heraus, warf ihn sich über die Schulter und machte sich auf den Rückweg.

Mari Djata konnte gehen! Von diesem Augenblick an kannte die Königin-Mutter keine Ruhe mehr. Sundjatas Ruhm wuchs von Tag zu Tag. Gestern noch verachtet und verlacht, war er heute der Liebling ganz Nianis geworden. Das Volk schätzt nämlich Mut und fürchtet sich gleichzeitig vor Stärke. Aus einem Krüppel wuchs Sundjata zu einem stattlichen Jüngling heran, der die Weisheit des Stammes und die Geschichte der Könige, die ihm der Griot Balla Fasseke vermittelte, begierig in sich aufnahm.

Den größten Gefallen fand Sundjata an der Jagd, die so viele Gefahren und Abenteuer in sich barg. Er war ein hervorragender Bogenschütze und erwarb sich alsbald, im Alter von knapp zehn Jahren, den Ehrennamen Simbon, ›Meister der Jagd‹. Nur den größten Jägern gelang es, diesen Ehrennamen zu erhalten. Auch seine Mutter half ihm beim Lernen, sie machte ihren Sohn mit den Namen und Eigenschaften der Heilpflanzen bekannt, die jeder gute Jäger kennen sollte.

Sundjatas Ruhm wurde so groß, daß die Königin-Mutter anfing, sich um das Wohl ihres Sohnes und seiner Herrschaft Sorgen zu machen. Da sie keine andere Lösung sah, beschloß sie, den Thronanwärter zu töten. Mit der Ausführung ihres Planes betraute sie die neun besten Hexen des Landes. Doch als Sundjata diese dabei ertappte, wie sie im Garten seiner Mutter stahlen, bestrafte er sie nicht, sondern erlaubte ihnen, sich auch in Zukunft von dem hier wachsenden Gemüse zu nehmen. Von Sundjatas Güte gerührt, gestanden die Hexen ihre Beteiligung an der Verschwörung gegen ihn ein und ließen ab von ihm.

Dieser Vorfall versetzte Sundjatas Mutter in große Unruhe. Jetzt hatte sie keinerlei Zweifel mehr, daß Sasuma alles tun würde, um ihre ganze Familie umzubringen. Nachdem sie sich mit ihrem Sohn Sundjata beraten hatte, beschloß sie, das Land zu verlassen. Sundjatas Griot Balla Fasseke arbeitete sorgfältig einen Fluchtplan aus. Sasuma Berete erwies sich jedoch als schneller. Auf ihr Drängen faßte der Ältestenrat den Beschluß, eine Gesandtschaft zu Sumaoro Kante, den mächtigen König der Sosso, zu entsenden. Zum Gesandten ernannte man Sundjatas Griot. Auf diese hinterhältige Weise wurde Sundjata seines engsten Freundes und treuesten Beraters beraubt.

Als er nach seiner Rückkehr von der Jagd von diesem unvorhergesehenen Ereignis erfuhr, geriet er in entsetzlichen Zorn. »Wie konnte man mir meinen Griot nehmen, den ich von meinem Vater bekommen habe«, rief er aus, während er seinen Bogen mit der Hand umklammerte. Kurz darauf trat er in Begleitung seines Stiefbruders Manding Bory, nachdem er die Palastwachen beiseite gestoßen hatte, vor das Angesicht des Königs: »Wenn du mir auch Balla Fasseke genommen hast, bleibt er dennoch für immer mein Griot. Ich werde das von deiner rücksichtslosen Mutter unterdrückte Land der Mandingo verlassen, aber ich werde bald wiederkommen!« drohte er mit aller Entschiedenheit.

Nachdem Sogolon und ihre Kinder Niani verlassen hatten, ließen sie sich in Djedeba nieder, am Hofe des Mansa Konkon, ›König Konkon‹, der in dem Ruf stand, ein großer Zauberer zu sein. Eines Tages schlug er Sundjata vor, Wari zu spielen. Der Einsatz war sehr hoch. Wenn Konkon gewinnen würde, mußte Sundjata dies mit seinem Kopf bezahlen. Wenn aber Sundjata gewinnen würde, mußte ihm der König all das opfern, was der Gewinner von ihm forderte.

Mansa Konkon bot alle seine Fähigkeiten und Zauberkräfte auf, dennoch war das Schicksal Sundjata hold. Dieses glückliche Schicksal kam in Gestalt der schönen Königstochter, die, von dem Jüngling bezaubert, Sundjata verriet, daß ihr Vater von Sasuma gedungen worden war, nach seinem Leben zu trachten. Sie erklärte ihm auch, wie er Wari spielen müsse, um ihren heimtückischen Vater zu besiegen. Sundjata nahm sich die Warnung und den Rat der Königstocher zu Herzen. Nachdem er den König geschlagen hatte, forderte er von ihm den Säbel. Der König jedoch hielt sein Versprechen nicht, sondern jagte vor Wut über seinen Mißerfolg den Jüngling aus dem Palast.

Das Schicksal warf Sundjata nun ins Land Futa Djalon, das von den Kamara und Djalonke bewohnt wurde, und dann ins Königreich Wagadu, das Land der Sarakolle. Es hatte schon so ausgesehen, als hätten die Fliehenden endlich Ruhe gefunden, als Sogolon, Sundjatas Mutter, von einer schweren Krankheit heimgesucht wurde. Nur ein Wechsel des Wohnsitzes konnte sie retten, doch das bedeutete die Rückkehr zum Niger.

Sie ließen sich nunmehr am Hofe des Herrschers von Mema nieder, wo ihnen ein herzlicher Empfang bereitet wurde. Sundjata war gerade fünfzehn Jahre alt geworden, und der König von Mema nahm ihn zum ersten Mal in seinem Leben mit auf einen Kriegszug. Durch seine Kraft und seinen Kampfesmut setzte Sundjata das ganze Heer in Erstaunen. Mit Begeisterung beobachteten die erfahrenen Krieger den Jüngling, der Schrecken unter den Feinden verbreitete. Nach siegreicher Schlacht nahm der König von Mema, Mansa Tunkara, Sundjata beim Arm und sagte zu ihm: »Ein günstiges Schicksal hat dich nach Mema geführt. Ich werde einen großen Krieger aus dir machen!« Nach drei Jahren treuen Dienstes ernannte der kinderlose Mansa Tunkara Sundjata zum Vizekönig.

Sundjata war mittlerweile achtzehn Jahre alt. Er war gut gebaut, hochgewachsen und kräftig: Kein Krieger war in der Lage, seinen Bogen zu spannen. Gewiß hätte sich wohl jeder andere über den in solch jugendlichem Alter errungenen Ruhm gefreut, Sundjatas Aufmerksamkeit wurde indes von anderen Sachen gefesselt. Gerade hatte ihn die Nachricht erreicht, daß die Mandingo in die Abhängigkeit von Sumaoro Kante, dem mächtigen König der Sosso, geraten waren. Den Kern seines Heeres bildeten die Schmiede, die nicht nur für sich selbst vortreffliche Waffen fertigten, sondern auch für zahllose Scharen anderer Krieger. Über Sumaoros Erfolge entschieden aber seine Zauberkräfte. Er wohnte im siebenten Stock seines Palastes, dessen Fußböden die Häute seiner Feinde bedeckten. In der Kammer der magischen Gegenstände befanden sich unter anderem neun Köpfe von Herrschern, die Sumaoro besiegt hatte. Sumaoros Hauptstadt war von einer dreifachen Mauer umgeben.

Sundjata glaubte fest an das, was andere Herrscher in Zweifel zogen. Er glaubte daran, daß mit der Zeit auch diese Macht ins Wanken geraten würde, daß auch dieser Koloß, der auf Gewalttaten gegen andere Völker gegründet war, einstürzen würde. Er glaubte, daß sein Griot Balla Fasseke ihm die Treue halten würde, und rechnete fest mit ihm. Er wußte, daß jener sich

Sumaoros Gunst erschleichen, ja selbst dessen Griot werden würde, doch nur, um im rechten Augenblick seinem eigentlichen Herrn unschätzbare Dienste zu erweisen. Er glaubte, daß ihm in den Auseinandersetzungen mit Kante seine Stiefschwester Nana Triban helfen würde, die man mit Gewalt gezwungen hatte, die Frau des gefährlichen Nachbarn zu werden.

Und er sollte recht behalten! Ausgelöst wurden die gewaltigen Ereignisse durch einen unbedeutenden Vorfall. Sumaoros Neffe erklärte seinem Onkel den Krieg, weil dieser ihm seine Lieblingsfrau genommen hatte. Diese Gelegenheit zum Kampf für die Befreiung des Landes nutzend, erhob sich Dankaran Tuman, der König von Mali. Obgleich der siegreiche Sumaoro zur Vergeltung die Stadt der Malinke in Schutt und Asche legte, wuchs doch der Widerstandsgeist dieses Volkes von Tag zu Tag. In alle Himmelsrichtungen schickten sie ihre Leute, die Sundjata suchen sollten, den einzigen Menschen, der ihre Heimat befreien konnte.

Als die Gesandten der Malinke die Stadt Mema erreicht hatten, war gerade Sogolon, Sundjatas Mutter, gestorben. Obwohl Sundjata in tiefe Trauer versunken war, beschloß er, unverzüglich in seine Heimat zurückzukehren. Der König von Mema, der ihn liebte und mit Ehren überschüttete wie einen leiblichen Sohn, stellte ihm die Hälfte seines Heeres zur Verfügung. Auch der Herrscher von Wagadu bot ihm seine Hilfe an und übergab ihm einen beachtlichen Teil seiner Reiterei. Zur Seite standen Sundjata die mit ihm befreundeten Könige samt ihren Kriegerscharen.

Die Entscheidungsschlacht sollte bei der Stadt Nagueboria, im Lande Bure, ausgetragen werden. Sundjatas Reiterei drang tief in die feindlichen Reihen ein und trieb sie auseinander. Als diese daraufhin die Reiterei in die Zange nehmen wollten, prasselte auf ihre ungeschützten Flügel ein Hagel von Pfeilen hernieder, die von den im Busch versteckten Bogenschützen abgeschossen worden waren. Von zwei Seiten unter Feuer genommen, geriet Sumaoros Heer in Verwirrung, die jedoch erst das Vorspiel zu einem fürchterlichen Gemetzel war. Sundjata war daran nicht beteiligt. Er hielt Ausschau nach Sumaoro. Er wollte sich davon überzeugen, ob dessen magische Kräfte ihn tatsächlich vor allen Gefahren schützen könnten. Schließlich erspähte er ihn und schoß unverzüglich einen Pfeil auf ihn ab. Im selben Augenblick verwandelte sich Sumaoro jedoch in eine schwer zu treffende Fliege. Es war dies eine der siebzig Gestalten, die Sumaoro annehmen konnte. Sundjata versuchte verschiedene Male seinen Feind mit dem Speer zu treffen, doch der prallte stets von dessen Brust wie von einem Stein ab. Immer weiter in die Enge getrieben, erhob sich Sumaoro schließlich in die Höhe und löste sich in Luft auf.

Die Kunde von Sumaoros Niederlage erreichte die entlegensten Winkel seines Reiches. Sundjatas Triumphzug wurde von einer unzähligen Menschenmenge begleitet. Alle Städte öffneten ihm ihre Tore, und die Dörfer stellten für die Krieger die für ihren langen Marsch erforderliche Verpflegung bereit. Mit jedem Tag vergrößerte sich Sundjatas Heer um stets neu gewonnene Krieger. All das erfreute zwar Sogolons Sohn, doch ein Gedanke ließ ihm keine Ruhe: Sumaoro war noch nicht endgültig besiegt. Konnte man ihn aber wirklich bezwingen?

Mit dieser Frage wandte sich Sundjata an die Wahrsager. Als er auf ihren Rat hin viele Tiere geopfert hatte, kamen seine Stiefschwester Nana Triban sowie sein treuer Griot Balla Fasseke zu ihm. Sie waren aus dem Königreich der Sosso geflohen, und als sie gehört hatten, daß ›der Löwe seine Kette gesprengt hatte‹, waren sie Sundjata entgegengeeilt. Da Balla Fasseke Sumaoros Griot gewesen war, kannte er genau alle magischen Kräfte seines ihm aufgezwungenen Herrn. Ebenso Nana Triban, die Frau des Sosso-Herrschers. Auch sie kannte alle seine Geheimnisse. Sie war es auch, die Sundjata wissen ließ, daß das einzig wirksame Mittel gegen Sumaoro ein Pfeil ist, dessen Spitze mit dem Sporn eines weißen Hahns, der Zauberwaffe des Sosso-Königs, versehen ist.

Der Tag der endgültigen Abrechnung war gekommen. Die beiden feindlichen Heere standen einander in der Ebene, die die Stadt Krina umgab, gegenüber. Sumaoro wollte zuerst den tapferen Sundjata einschüchtern und sandte eine Eule zu ihm. »Halt ein, junger Mann! Jetzt bin ich der König der Mandingo. Wenn du Frieden willst, dann kehre dorthin zurück, wo du hergekommen bist!« schlug sie vor. Sundjata sandte daraufhin seine Eule mit einer Antwort zu Sumaoro. »Ich kehre zurück, Sumaoro, um mein Reich in Besitz zu nehmen. Wenn du Frieden willst, dann mußt du meinen Verbündeten die Verluste ersetzen und ins Land der Sosso zurückkehren, wo du der unbestrittene und rechtmäßige Herrscher bist.« – »Dank der Stärke meines Heeres bin ich König der Mandingo«, erwiderte Sumaoro. »Und ich werde dir durch die Stärke meines Heeres das Land der Malinke entreißen und dich aus meinem Reich verjagen«, erwiderte Sundjata mit aller Entschiedenheit.

So tauschten sie noch eine Weile Worte aus und versuchten einander einzuschüchtern, bis nach dem Wortgefecht schließlich die Stunde kam, die Schwerter zu kreuzen. Am Vorabend der Schlacht veranstaltete Sundjata ein großes Fest. Mit Einbruch der Dunkelheit begann der Griot die Kämpfer an die Geschichte ihrer tapferen Vorfahren zu erinnern, damit sie sich am darauffolgenden Tage ihres ruhmvollen Angedenkens würdig erwiesen. Und sie enttäuschten nicht! Sundjata selbst feuerte sie durch sein Vorbild zum Kampf an. Wo immer er auftauchte, schmolzen vor seinen Augen die feindlichen Reihen zusammen. Plötzlich erkannte er im Gewühl seinen ärgsten Feind, Sumaoro. Der König der Sosso wollte seinem Gegner nicht unmittelbar gegenübertreten und zog sich hinter die Mauer, die seine Untertanen bildeten, zurück. Sundjata ergriff deshalb den Bogen, legte den Pfeil an und spannte die Sehne. Der Hahnensporn streifte nur knapp den sich zur Seite neigenden Sumaoro, aber er zeigte dennoch die erwartete Wirkung. Der König zitterte, wie von Fieber geschüttelt, stieß einen markerschütternden Schrei aus und ergriff die Flucht. Alle Krieger der Sosso, die bisher erbitterten Widerstand geleistet hatten, stürzten ihm nach. Sundjata heftete seinen Blick auf den in Begleitung seines eigenen Sohnes fliehenden Sumaoro und nahm die Verfolgung auf. Nach langer Verfolgungsjagd fiel Bala, Sumaoros Sohn, in Sundjatas Hände, Sumaoro Kante selbst hingegen verkroch sich in einer in der Nähe der Stadt Kulikoro gelegenen Höhle, um sie niemals mehr zu verlassen. Auf diese Weise entzog er sich der letzten Erniedrigung und Demütigung durch den jungen Herrscher der Malinke.

Nach dem Sieg über Sumaoros Heer zog Sogolons Sohn gegen Sumaoros Hauptstadt, ließ sie in Flammen aufgehen und machte sie dem Erdboden gleich. Es traf sie das gleiche Los, das auch die Hauptstadt der Malinke getroffen hatte. Sundjata unterwarf sich die ehemaligen Vasallen der Sosso, anschließend begab er sich in die Stadt Kaba, wo ihm zwölf Herrscher huldigten und um seinen Schutz baten. Eine ähnliche Versammlung fand alljährlich dann auch in der Hauptstadt Niani statt, die Sundjata sehr schnell aus Schutt und Asche wiedererstehen ließ. Das Werk des Wiederaufbaus des Landes der Malinke führte er fort bis ans Ende seiner Tage.[51]

Dogon

Die Erschaffung der Welt

Die Sonne hat die Form eines weißglühenden Topfes. Umgeben ist sie von einer Spirale aus rotem Kupfer mit acht Windungen. Der Mond erinnert mit seiner Form an die Sonne, auch er ist umgeben von Spiralen, ebenfalls acht an der Zahl, aus weißem Kupfer. Gott Amma entzündet nur den vierten Teil des in ihm enthaltenen Lichtes.

Nach der Erschaffung von Sonne und Mond nahm Gott Amma einen Klumpen Lehm zur Hand, knetete ihn durch und schleuderte ihn in den Raum. Im Handumdrehen blitzten am Himmelsgewölbe Tausende Sterne auf. Ein Teil des zerdrückten Lehms fiel auf den Norden, der sich oben befindet. Von dort fiel er zum Süden hinunter, der im unteren Teil der Welt liegt. So entstand die Erde. Den Menschen scheint es, die Erde sei flach, die Stammesältesten lehren indessen, daß der Norden sich im oberen Teil befindet. Die Erde streckt ihre Glieder nach Osten und Westen, so wie es der Embryo im Mutterleib tut. Die Erde hat die Form eines Frauenkörpers.

In weit, weit zurückliegenden Zeiten wurden die weiblichen Geschlechtsteile der Erde von einem Termitenhügel bedeckt, der ihre Klitoris bildete. Schon lange hatte die Einsamkeit den höchsten Gott Amma geplagt. Wen wundert es also, daß er sich eines Tages der Frau-Erde näherte, um sich mit ihr zu vereinigen. Der Befriedigung seines Wunsches stand jedoch der Termitenhügel im Wege, der wie ein aufgerichtetes Glied emporragte und ihm das Eingehen in die Erde verwehrte. Erzürnt schlug Gott Amma den Termitenhügel ab und wohnte dann der auf diese Weise beschnittenen Frau-Erde bei.[52]

Diese Handlung von Gott Amma war die erste ernste Störung der Ordnung im Weltall. Das Hindernis in Gestalt des Termitenhügels hatte Ammas Erregung gedämpft und bewirkt, daß sein Beischlaf mit der Erde nicht die volle Befriedigung brachte. Statt der erwarteten Zwillinge brachte die Erde den Schakal Yurugu zur Welt. Seine Geburt sollte für alle Zeiten die Schwierigkeiten versinnbildlichen und in Erinnerung rufen, denen Amma begegnet war, als er sich der Erde genähert hatte.

Nach einiger Zeit wohnte Amma erneut seiner Frau-Erde bei, diesmal gelang die Vereinigung ohne jedes Hindernis. Der Regen, der göttliche Samen, drang tief in den Schoß der Erde ein. Als ihre Zeit gekommen war, brachte sie die Zwillinge Nommo zur Welt. Sie hatten wäßrige Körper, und ihre Gliedmaßen waren schlaff und hatten keine Gelenke. Sie waren halb Menschen, halb Schlangen. Vom Kopf bis zur Hüfte erinnerten sie an Menschen, wenngleich sie rote, weit aufgerissene Augen und wie Schlangen gespaltene Zungen hatten. Unterhalb der Hüfte sahen sie aus wie eine Schlange. Die glatten und wie ein Spiegel funkelnden Wasserkörper wurden von kurzen, grünen Haaren bedeckt, die den künftigen Pflanzenwuchs ankündigten.

Die Nommo-Zwillinge, die ohne jegliche Störung empfangen und im Schoß der Mutter gewachsen waren, erwiesen sich als der göttlichen Tat würdige Geschöpfe. Wegen ihrer acht Glieder war ihre Zahl die Acht, das Symbol des Wortes. Die Neugeborenen waren also vortreffliche und vollkommene Wesen. Sie waren aus göttlichem Samen entstanden, dem Wasser, das die Quelle der Lebenskraft der Welt, aller Bewegung und der Beständigkeit der geschaffenen Wesen ist. Obwohl wir wissen, daß Amma seine ersten Kinder, die Nommo, zu sich in den Himmel geholt hat, sind sie doch allgegenwärtig. Man kann sie in allen Gewässern antreffen: in den Meeren, Flüssen, Seen und in den Gefäßen, aus denen man trinkt. Auch das Blut ist Wasser. Selbst im Stein kann man Feuchtigkeit finden.

Obwohl die Nommo-Zwillinge aus Wasser bestehen, lassen sie die Sonnenstrahlen hervorgehen. Sie machen das, indem sie Kupferspiralen in den Weltraum werfen. Diese Strahlen sind Licht und sind auch Wasser, denn sie stützen die irdische Feuchtigkeit auf ihrem Weg nach oben. Dann erleben wir die Sonnenstrahlen, wie sie in Materie übergehen. Mehrmals sahen die Nommo-Zwillinge, während sie von oben herabschauten, die Erde nackt und stumm, die wegen des Vorfalls bei ihrer ersten Vereinigung mit Gott Amma litt. Dieser Zustand mußte beendet werden. Also stiegen die Brüder aus der Höhe herab und brachten himmlische Pflanzen mit, zehn Handvoll. Diese teilten sie in zwei Hälften und fertigten daraus einen Rock, der die Scham ihrer Mutter bedeckte. Zu Spiralen gedreht und feucht, denn sie waren von der Anwesenheit der Nommo durchdrungen, enthielten diese Fasern auch das Wort. Während sie also den Rock webten, führten sie ihre Hände zum Mund, und die Feuchte ihrer Worte übertrug sich auf diese Weise auf das Fasergeflecht und von dort auf die Mutter-Erde.

Mit dem Rock bekleidet, konnte sich die Erde von diesem Augenblick an der ersten und ursprünglichsten Sprache der Welt bedienen.

Der in seiner Einsamkeit umherirrende Schakal Yurugu war unterdessen zu einer ernsten Bedrohung der bestehenden Ordnung in der Welt geworden. Von Amma gezeugt, der erzürnt war, weil die Erde widerspenstig und nicht erregt gewesen war, streunte er herum und kehrte immer wieder zurück, ohne einen ruhigen Platz für sich finden zu können. Immer heftiger quälte ihn die Ehelosigkeit, zu der er von Anfang an verurteilt war. Um jeden Preis wollte er darüber hinaus die Fähigkeit zu sprechen erlangen.

Eines Tages paßte er seine Mutter-Erde ab und griff sie am Rock. Die entsetzte Erde wollte es nicht zur Blutschande kommen lassen und versteckte sich deshalb in ihrem eigenen Schoß, das heißt im Termitenhügel. Noch erregter kroch der Schakal in den Termitenhügel hinein, und schließlich mußte sich die Erde geschlagen geben.

Dieser Akt der Blutschande hatte schwerste Folgen: Der Schakal erlangte die Fähigkeit zu sprechen und konnte von diesem Augenblick an künftigen Sehern alle Vorhaben Gottes enthüllen. Durch seine Vereinigung mit der eigenen Mutter floß zum ersten Mal Menstruationsblut, das die schönen Rockfasern befleckte. Der Zustand der Erde, die nun unrein geworden war, war mit der Herrschaft Gottes unvereinbar. Gott wandte sich also von dieser Frau ab und entschloß sich, auf unmittelbarem Wege Lebewesen zu schaffen. Er nahm etwas feuchten Lehm, formte daraus den Schoß einer Frau, legte ihn auf die Erde und bedeckte ihn mit einer vom Himmel herabgefallenen Kugel. Ebenso fertigte er ein männliches Glied, legte es auf die Erde und deckte es mit einer anderen vom Himmel gefallenen Kugel zu. Beide Kugeln begannen Menschengestalt anzunehmen, bis sie sich schließlich in eine Frau und einen Mann verwandelt hatten.

Die Nommo-Zwillinge schauten dem Tun ihres Gott-Vaters zu, und schließlich wollten sie auch am Schöpfungswerk teilhaben. Sie zeichneten zwei übereinanderliegende Umrisse auf die Erde, zwei Seelen, deren eine männlich und die andere weiblich war. Diese beiden Umrisse nahm der von Amma aus Ton geformte Mann an, sie wurden seine beiden Seelen beiderlei Geschlechts. Auf gleiche Weise wurde auch die Frau gebildet, die ebenfalls mit den beiden Seelen beider Geschlechter beschenkt wurde. Die weibliche Seele des Mannes wählte als ihren Sitz dessen Vorhaut, die männliche Seele der Frau befand sich in ihrer Klitoris.

Die Nommo-Zwillinge erkannten sehr bald diese mißliche Lage. Das Leben der Menschen konnte sich nicht in das dieser Doppelwesen fügen. Deshalb entschlossen sie sich, den Mann zu beschneiden, um alle Weiblichkeit, die sich in seiner Vorhaut befand, von ihm zu nehmen. Dann wohnte der Mann der Frau bei, die ihm das erste von acht Kinderpaaren, den Ahnen aller Dogon, gebar. Weil die Frau bei der Geburt Schmerzen in der Klitoris hatte, schnitten sie die Nommo heraus.

Das erste, von Amma geschaffene und von den Nommo-Zwillingen vervollkommnete Menschenpaar zeugte acht Nachkommen, deren vier erste männlich, die anderen vier weiblich waren. Ihre Nachkommen, die Vorfahren der Dogon, waren im Grunde genommen zweigeschlechtig, sie konnten sich selbst befruchten. Von ihnen stammen die acht Dogon-Sippen ab.

Die ersten Menschen waren unsterblich. Nach einiger Zeit erwachte im Ältesten der Ahnen ein dunkler Instinkt, der ihn zum Termitenhügel trieb, den zeitweilig die Nommo-Zwillinge bewohnten. Während er dorthin ging, trug er auf seinem Kopf eine hölzerne Schale, aus der er sich erfrischte, um sich gegen die Sonnenstrahlen zu schützen. Als er an Ort und Stelle angekommen war, setzte er seine Füße in den Termitenhügel, also in den Schoß der Mutter-Erde, und drang in ihn ein, bis er schließlich ganz darin verschwunden war. Auf der Erde blieb allein die hölzerne Schale zurück, die einzige Spur des Ahns.

Der Nommo-Mann geleitete den Ahn ins Innere der Erde und führte ihn zum Wasser im Schoß der Nommo-Frau, deren Schoß jetzt Teil des Schoßes der Erde geworden war. Der Ahn nahm dort die Gestalt eines Embryos an, dann verwandelte er sich in Wasser, das heißt in Ammas göttlichen Samen. Danach erhob er sich, da er die Kenntnis des Wortes besaß, zum Himmel. Im Laufe der Zeit machten alle acht Ahnen nacheinander diese Entwicklung durch und fanden sich schließlich im Himmelreich wieder.

Der siebente Ahn gilt als der Vollkommene, denn auch die Zahl Sieben ist die Zahl der Vollkommenheit, weil sie die Zahl Vier umfaßt, die die Weiblichkeit darstellt, und die Zahl Drei, das Sinnbild der Männlichkeit. Die Zahl Sieben ist deshalb das Sinnbild der vollkommenen Vereinigung des Männlichen mit dem Weiblichen. Als dieser siebente Ahn in den Schoß der Erde eingedrungen war, wollte er sich ihrer bemächtigen. Sein Mund verschmolz allmählich mit den Rändern des Termitenhügels, und der Eingang zum Termitenhügel wurde schließlich zu seiner Kehle. Im Mund wuchsen achtzig Zähne. An einem von ihm selbst bestimmten Tage spie er aus seiner Kehle achtzig Baumwollfäden aus, die er dann zwischen den oberen und unteren Zähnen spannte, als wären sie ein Webrahmen. Indem er seinen Mund öffnete und schloß und seine Unterlippe dabei als Weberschiffchen benutzte, webte er ein Tuch. Er hauchte es an und gab ihm dadurch das Zweite Wort ein. Die Worte, die der siebente Ahn von sich gab, füllten alle Zwischenräume im Gewebe. Sie waren das Gewebe, und das Gewebe war das Wort.[53]

Während der siebente Ahn noch mit seiner Arbeit beschäftigt war, näherte sich eine Termite dem Hügel und schlüpfte durch die Öffnung, das heißt den Mund des siebenten Ahns, hörte dabei alle von ihm gesprochenen Worte und merkte sie sich. Später überbrachte sie diese Worte den Menschen, die in den umliegenden Gebieten wohnten. Bevor die Ahnen in den Termitenhügel eingedrungen waren, wohnten die Menschen in ausgehobenen Erdlöchern oder auch Lagerplätzen von Tieren. Eines Tages bemerkten sie die hölzernen, umgestülpten Schüsseln, die ihre Ahnen auf der Erde zurückgelassen hatten. Dann fiel ihr Blick auf den Termitenhügel, dessen Form ihnen besser geeignet schien als ihre Erdlöcher. Nach seinem Vorbild begannen sie sich Hütten zu bauen, in denen sie nicht nur vor der Sonnenglut und den Regengüssen Zuflucht suchten, sondern auch ihre Vorräte aufbewahrten.

Mit Freude begrüßten die Nommo-Zwillinge die acht verwandelten Ahnen im Himmel. Obgleich sie jetzt alle eines Wesens waren, besaßen die Nommo dennoch einen Vorzug, wie er den Älteren zukommt. Die Neuankömmlinge hatten eine Reihe von Beschränkungen zu beachten. Die Zwillinge sonderten sie voneinander ab und verboten ihnen, sich gegenseitig zu besuchen.

Gott Amma schenkte den acht Ahnen acht Körner als Nahrung, für die der erste Ahn verantwortlich war. Eines dieser Körner war das kleine Fonio-Korn.[54] Der Ahn, für den es bestimmt war, verachtete es jedoch, es sei zu klein und zu schwer zuzubereiten. Deshalb schwor er, es niemals in den Mund zu nehmen. Als einmal aber alle Körner aufgegessen waren, mißachtete der zweite Ahn das Gebot der Trennung und ging zum ersten, und sie beschlossen, zusammen auch das Fonio-Korn zu verzehren. Durch die Mißachtung des Gebotes wurden sie unrein, und weil sie sich im Himmel nun fremd fühlten, wollten sie ihn verlassen. Ihnen schlossen sich auch die übrigen Ahnen an. Sie hielten miteinander Rat ab und beschlossen, auf die Erde all das mitzunehmen, was den Menschen, zu denen sie sich begeben wollten, nützlich sein könnte.

Der erste Ahn nahm einen geflochtenen Korb mit runder Öffnung und viereckigem Boden mit. Er stülpte ihn um und bedeckte sein Flechtwerk mit Lehm vom Himmel. An allen vier Seiten brachte er je eine Treppe mit zehn Stufen an. Auf diese Weise entstand ein Speicher.

Das auf diese Weise errichtete Gebäude hat folgende Bedeutung: Die runde Öffnung unten stellt die Sonne dar, das viereckige Dach ist das Abbild des Himmels. Die Treppenstufen versinnbildlichen die Nachkommen der acht Ahnen. Den Bau nannte man ›Speicher des Herrn der reinen Erde‹, denn in seinen acht Kammern befanden sich die acht Körner, die Gott Amma den Ahnen geschenkt hatte.

Auf das flache Dach des Speichers legte der erste Ahn Werkzeuge und Schmiedegeräte, denn er wollte die Menschen lehren, sich des Eisens zu bedienen, um ihnen somit den Ackerbau zu ermöglichen. Auch einen eisernen Bogen und eiserne Pfeile nahm er mit. Einen der Pfeile befestigte er am Dach des Speichers und wickelte um ihn einen langen Spinnenfaden. Das Ende des Spinnenfadens befestigte er an einem zweiten Pfeil und schleuderte ihn zum Himmelsgewölbe.

Bevor sich der erste Ahn auf die Erde hinabließ, schlich er sich in die Schmiede der Nommo und stahl mit Hilfe eines Stockes, an dessen Ende ein Haken befestigt war, ein Stückchen Sonne in Form weißglühenden Eisens. Dann flüchtete er sich in die Kammern, in denen die Körner aufbewahrt waren. Dabei war er so aufgeregt, daß er den Ausgang nicht wiederfinden konnte. Er irrte durch die Kammern, bis er schließlich die Treppen fand und über sie aufs Dach kletterte, wo er die gestohlenen Sachen in einem der Schmiedeblasebälge versteckte.

Ohne Zeit zu verlieren, stellte der erste Ahn, der Schmied, seinen Speicher auf einen Regenbogen, und so, wie sich der Spinnenfaden, der mit dem Pfeil am Himmelsgewölbe befestigt war, abwickelte, bewegte sich der Speicher nach unten. Auf dem Dach des Speichers stand der Ahn mit Hammer und Bogen in der Hand, bereit, sich gegen jeden zu verteidigen. Aber der Angriff kam unerwartet. Begleitet von Donnerschlägen fiel alsbald eine Fackel aufs Dach des Speichers herab, die die Nommo-Frau vom Himmel geworfen hatte. Der Ahn-Schmied ergriff einen Blasebalg, riß ihn auseinander und schwenkte dieses Leder über seinem Kopf. Das Leder ließ das Himmelsfeuer nicht durch. Die brennende Fackel,[55] die das Zerstörungswerk in Windeseile beenden sollte, verlosch von dem Wasser, das der Ahn vom Himmel mitgenommen hatte.

Ein zweiter Blitz folgte dem ersten, diesmal vom Nommo-Mann geschleudert. Doch auch diesmal gelang es dem ersten Ahn, die Brandfackel[56] zu löschen.

Während sich der erste Ahn zur Erde herunterließ, trug er noch die Eigenschaften des Wassergeistes an sich, und sein Körper, der zwar schon einer menschlichen Gestalt ähnelte, hatte noch die vier, den schlangenartigen Beinen der Nommo-Zwillinge ähnlichen Gliedmaßen. Der Erdboden kam schnell näher. Da war der Speicher am Ende des Regenbogens angekommen und hatte auf der Erde aufgesetzt. Eine gewaltige Staubwolke erhob sich zum Himmel, die die Tiere, Pflanzen und Menschen, die auf den Treppen des Speichers standen, einhüllte. Als sie sich verzogen hatte, stand der Schmied noch immer auf dem Dach des Speichers und blickte nach Norden.

Als der Speicher aufsetzte, brachen ihm Hammer und Amboß die Hände und Beine. Auf diese Weise bildeten sich an seinen biegsamen Gliedern Gelenke. Durch die Arbeit wurden seine Gliedmaßen allmählich fest und dienten ihm immer besser bei seinen Schmiedearbeiten.

Am Anfang, gleich nach der Erschaffung durch Gott Amma, war die Erde fruchtbar und rein, wie es auch der Lehmklumpen, den der Gott in den Raum geworfen hatte, gewesen war. Erst die Blutschande des Schakals hatte die Welt durcheinander gebracht und die Mutter-Erde befleckt. An das Werk der Reinigung machten sich nun die Ahnen. Wo immer sie erschienen, gaben sie der Erde ihre frühere Würde und Reinheit zurück, indem sie die Fläche urbaren Landes vergrößerten. Als erster ging der Schmied an die Arbeit. Er steckte Felder und Gärten auf der Erde ab, dann verteilte er sie an die acht Menschengeschlechter, die seine und seiner Himmelsbrüder Nachkommen waren. Er konnte jedoch nicht alle ihm begegnenden Schwierigkeiten überwinden und ganz allein die manchmal schweren Aufgaben bewältigen. Er war nur Schmied, doch jetzt sollte er ganz andere Arbeiten übernehmen.

Als seine Brüder sahen, wie er sich abmühte, stiegen sie alsbald vom Himmel hernieder: der Ahn der Schuhmacher, der Ahn der Griots und die anderen, jeder brachte seine Geräte, Werkzeuge und Instrumente mit. Da kam es zu einem Zwischenfall, der das Werk der Neuordnung in die rechte Bahn lenken sollte. Der achte Ahn mißachtete die festgelegte Reihenfolge und stieg zusammen mit dem siebenten, dem Herrn des Wortes, zur Erde hinab. Das erzürnte jenen so sehr, daß er sich gleich, nachdem er auf der Erde angekommen war, wütend gegen den anderen wandte. Er verwandelte sich in eine Schlange, kroch in den Himmelsspeicher und vernichtete die darin aufbewahrten Samenkörner. Der Ahn der Schmiede riet den Menschen, die Schlange zu töten, ihr Fleisch zu essen, den Kopf aber ihm selbst zu geben. Das taten sie auch. Der Schmied nahm den Schlangenkopf und legte ihn neben den Stein, auf dem er zu sitzen pflegte, wenn er Eisengeräte schmiedete. Dann grub er ein tiefes Loch, steckte den Schlangenkopf hinein und deckte ihn mit dem Stein zu.

Seitdem der erste Ahn, der Schmied, auf die Erde gekommen war, kamen alle Menschen mit Gelenken an ihren Gliedmaßen zur Welt. Obwohl sie ihre Gliedmaßen in den Gelenken bewegen konnten, vermochten sie dennoch nicht alle Feldarbeiten zu erledigen. Als der Schmied die manchmal vergeblichen Anstrengungen der Menschen sah, schmiedete er aus Eisen eine Hacke und versah sie mit einem Stiel. So verlängerte er die Arme der Menschen, die nun viel besser auf dem Feld arbeiten konnten. Bevor der Speicher auf die Erde herabgelassen worden war, war sie nur von wildwachsender Baumwolle bedeckt, und lediglich Termiten, Schakale und Echsen lebten auf ihr.

Der älteste Mensch auf Erden hieß Lebeh und gehörte zum achten Geschlecht, das ein besonderes Vorrecht hatte, denn der siebente Ahn war der Herr des Wortes, der achte Ahn hingegen war der Herr der Sprache. Die Sprache trennte sich allmählich von dem, der sie aus den Worten gebildet hatte, also vom siebenten Ahn, und ging über zum achten Ahn. Es kam die Zeit, da das Zweite Wort den Platz für das Dritte Wort frei machen sollte. Dieses neue, Dritte Wort sollte der siebente Ahn aussprechen, doch der ruhte unten in der Erde. Lebeh, der erste Mensch, beschloß, ihn aufzusuchen und ihm das Dritte Wort zu entlocken, das den Beginn der menschlichen Sprache bilden sollte. Wenn er aber dort hingelangen wollte, wo der Herr des Wortes weilte, mußte er zuvor sterben. Er starb aber nur scheinbar, denn als Tod bezeichnete man damals das Eingehen in die Welt des siebenten Ahns, was nicht mit dem Verlust der Lebenskraft verbunden war. Der wirkliche Tod kam erst später auf die Erde.

Unterdessen arbeitete der Schmied in seiner Schmiede. Der Widerhall der Hammerschläge drang in die Erde ein und bis zum siebenten Ahn vor. Im Takt der Hammerschläge stieg er hoch und höher, bis er schließlich am Grab des nur scheinbar toten Lebeh angelangt war. Er verschlang ihn, doch dann spie er, vom Hall der Hammerschläge begleitet, Steine und Wasser aus. Dort wo Lebehs Körper gelegen hatte, bildete das Wasser, das der siebente Ahn ausgespien hatte, einen großen Weiher. Daraus entsprangen fünf Flüsse, die in jene Richtungen flossen, in denen vorher der Kopf und die vier Gliedmaßen von Lebeh gelegen hatten. Im Laufe der Zeit verließen Lebehs Knochen den Schoß des siebenten Ahns und verwandelten sich in bunte Steine, die sich so legten, daß sie die Umrisse des Suchers des Dritten Wortes bildeten. Vor der Geburt eines jeden Menschen zeichnen die Nommo-Zwillinge nämlich dessen Umrisse, ähnlich denen, die von den aus Lebehs Knochen entstandenen Steinen gebildet worden waren.

Als der siebente Ahn den in Steine und Wasser verwandelten Menschen Lebeh aus sich herausbrachte, halfen ihm dabei die Nommo-Zwillinge. Sie sandten starken Regen vom Himmel herab, der die ausgespiene Flüssigkeit nicht nur forttrug, sondern zugleich auch die Flüsse reinigte und die Ackerflächen bewässerte. Jetzt konnte der erste Ahn, der Schmied, darangehen, die Menschen die Kunst des Ackerbaus zu lehren.

Nach einiger Zeit, als die Erdbewohner beschlossen hatten, das bisher bewohnte Land zu verlassen, weil es ihnen zu klein geworden war, erfuhren sie von den wunderbaren Vorgängen, die sich in der Erde abgespielt hatten.

Bevor sie sich jedoch auf den Weg machten, wollten sie Lebehs Knochen mitnehmen. Sie öffneten also sein Grab, und der älteste von ihnen, er hieß Dyon, schaute hinein und fand darin bunte Steine und eine große lebende Schlange. Das war das sichtbare Zeichen der Fruchtbarkeit der Erde, wenn ein toter Körper in ihr zu neuem Leben erwachte. Dyon meinte deshalb, daß es gut und nützlich sei, ein wenig von dieser Erde in ihr neues Heimatland mitzunehmen, um es auf diese Weise mit den Wesen der Ahnen zu durchtränken.

Der alte Dyon nahm eine Handvoll Erde, und die anderen folgten seinem Beispiel. Dann zog er auf verborgenen Wegen unter der Erde los, und die Schlange, die er in Lebehs Grab gefunden hatte, kroch hinter ihm her. Die unterirdische Wanderung endete oberhalb einer Felswand, wo der alte Dyon durch die Öffnung eines Bambusrohres an die Erdoberfläche trat. Seine Nachkommen nennt man bis heute ›die aus einem Bambusrohr hervorgekrochen sind‹. Andere Menschen kamen in Amami an die Erdoberfläche, wieder andere am Fuße des Berges Bamba. Es gab auch einige, die auf gewöhnlichen Wegen die gleiche Richtung genommen hatten, bis sie sich schließlich mit den übrigen wieder vereinten.

In der Stadt Kani-Bonzon südlich der Felswand errichtete der alte Dyon den ersten, Lebeh geweihten, Altar. Die mitgebrachte Erde legte er unter einen Stein, den er mit Mörtel bedeckte. Dann nahm jeder Anführer und Auswanderer etwas Erde von diesem Altar und legte sie unter einen von ihm an anderer Stelle errichteten Altar. Auf diese Weise breitete sich die Kraft, die sich in Lebehs Grab verbarg, über ihre neue Heimat aus und reinigte deren Erde. Die Schlange, Lebehs Sinnbild, folgte einem jeden, der einen neuen Altar baute.

Warum die Menschen sterben müssen

Der Rock der Erde hatte sich wegen der Blutschande des Schakals Yurugu vom Menstruationsblut rot gefärbt. Er trocknete jetzt auf dem Termitenhügel in der Sonne. Die Farbe der Fasern war so leuchtend, daß die Vorüberziehenden verwundert stehenblieben und einander fragten: »Ist das die Sonne? Ist das Feuer?« – »Das ist weder die Sonne, noch ist es Feuer, sondern etwas ganz anderes«, antwortete eine geheimnisvolle Stimme aus dem Termitenhügel.

Eines Tages kam eine Frau vorüber, die der Versuchung nicht widerstehen konnte und den bunten Rock stahl. Als sie ihn angezogen hatte, löste sie unter den Menschen in ihrer Umgebung ein merkwürdiges Entsetzen aus. Diesen Umstand wollte sie ausnutzen. Wegen ihrer eigenartigen Kleidung brachte man ihr solche Achtung entgegen, daß sie sich bald wie eine Königin aufzuführen begann. Schließlich faßten sich die Männer ein Herz und rissen ihr den Rock vom Leibe. Mit seinen Fasern schmückten sie dann ihre eigenen Körper. Zufrieden und glücklich fingen sie an zu tanzen, was unter den ihnen zuschauenden Frauen Bewunderung hervorrief.

Sie hatten ihre Beute vor dem Ältesten verborgen. Damit verletzten sie das Gebot der Achtung und des Gehorsams gegenüber ihrem Oberhaupt. Der auf diese Weise verachtete Alte, der am Ende seiner Lebensbahn angekommen war, hatte wie alle Ältesten die Verwandlung in einen Nommo-Geist durchgemacht. Er war aber nicht wie gewöhnlich in den Himmel emporgestiegen, sondern nahm manchmal die Gestalt einer großen Schlange an. Eines Tages, als die mit den Rockfasern bekleideten Männer ins Dorf zogen, tauchte auf ihrem Wege eine Schlange auf. Aus Zorn, weil er getäuscht worden war, machte der Älteste sie in der Sprache der Dogon auf sich aufmerksam. Und das war der Grund seines Unterganges. Denn weil er die menschliche Gestalt verlassen hatte, deren Sprache das Dritte Wort war, hätte er die Sprache der Geisterwelt, der er jetzt angehörte, benutzen müssen, das war die Sprache des Ersten Wortes. Indem er sich an die Menschen mit der ihnen vertrauten Sprache wandte, verstieß er gegen das Verbot und schloß sich dadurch aus der übernatürlichen Welt aus. Unrein wie er jetzt war, konnte er dort nicht länger bleiben. In die Welt der Menschen durfte er auch nicht zurückkehren, also mußte er sterben.

Kurumba

Das eiserne Haus

Vor sehr langer Zeit war vom Himmel ein eisernes Haus herabgekommen und hatte im nahen Busch aufgesetzt. Das war keine gewöhnliche Hütte wie die, in denen die Bewohner jener Gegend lebten, sondern ein wirkliches eisernes Haus, dessen Erbauer mit Sicherheit kein menschliches Wesen gewesen ist. Den gewaltigen Lärm des herabfallenden Hauses hörten alle Menschen, die damals auf der Erde wohnten. Unter ihnen war ein Mann, der Konde Sawadugu hieß. Seine Schwester war gerade an jenem Tage Reisig holen gegangen und, als das Haus erschien, im Wald gewesen. Sie war der einzige Zeuge dieses ungewöhnlichen Ereignisses. In Schrecken versetzt, ließ sie das gesammelte Reisig liegen und rannte, so schnell sie nur konnte, nach Hause, um ihrem Bruder alles zu erzählen.

Von der Erzählung der Schwester neugierig geworden, beschloß Konde Sawadugu, unverzüglich die Richtigkeit ihrer Worte zu überprüfen. Ohne größere Mühe fand er das eiserne Haus, und als er sich ihm genähert hatte, stellte er zu seinem Erstaunen fest, daß es weder Fenster noch Türen hatte. Also nahm er eine Axt, um ein Fenster herauszuschlagen. Beim ersten Schlag floß Wasser von der Hauswand, beim zweiten tropfte Blut, und der dritte Schlag ließ Milch strömen. Sawadugu ließ die Milch Milch und das Blut Blut sein und lief zu der Öffnung, aus der das Wasser hervorquoll. Vorsichtig blickte er hinein, und mit Erstaunen sah er mitten im Haus drei Männer. »Guten Tag, ihr Freunde«, begrüßte er sie geschwind, aber keiner erwiderte seinen Gruß. Einer von ihnen nahm schweigend das erste von drei Bündeln, die im Haus lagen, wandte sich an seine Gefährten und sagte: »Nimm dir dieses Bündel.« Der zweite nahm das größere der beiden noch verbliebenen Bündel, und das kleinste, dritte Bündel fiel dem dritten Himmelsboten zu.

Nach einer Weile wandte sich der größte der Himmelsboten an Sawadugu und gebot ihm, mit der Axt sein Bündel zu öffnen. Konde Sawadugu holte aus und schlug mit aller Kraft zu, so daß die Axt knirschte und Scharten bekam. Im Bündel war ein Eisenstück. Dann öffnete der zweite Bote sein Bündel und fand Felle darin. Im Bündel des dritten Mannes waren königliche Gewänder. Davon begeistert, beschlossen Konde Sawadugu und die beiden anderen Himmelsboten: »Du sollst unser König sein.« Der neugewählte Herrscher nahm den Namen Sandigsa an, und dann gab er seinem Land einen Namen: Lurum.

Diese schnelle Wahl gefiel dem ruhmsüchtigen und ehrgeizigen Sawadugu bald nicht mehr. »Wie das«, sagte er bei sich, »ich war doch bereits vor der Ankunft des eisernen Hauses vom Himmel hier, also steht mir das Amt des Herrschers zu.« Sein Blut fing an zu kochen, als er sich daran erinnerte, wie er einmal den mit Pusteln übersäten Körper des Königs Sandigsa geheilt hatte, indem er ihn mit kostbarem Salböl eingerieben hatte. Dann dachte er daran, daß es jener Sandigsa gewesen war, der den nackten Erdbewohnern Kleidung gegeben hatte, und zwar auf magische Weise: Er hatte seine Hand zur Faust geballt und daraus sieben Baumwollstreifen gezogen, aus denen sich die Menschen Kleider machten.

Widersprüchliche Gefühle regten sich in ihm, doch am Ende gewann die Gier nach Macht die Oberhand: Er entschloß sich, dem König den Krieg zu erklären. »Warum willst du gegen mich kämpfen?« fragte der König verwundert. »Ich war Herr über die Erde, noch bevor du hier weiltest. Darum hast du auch kein Recht, mir Befehle zu erteilen!« erwiderte Sawadugu mit drohender Stimme. »Also gut, soll es Krieg geben!« antwortete darauf der junge König mit ruhiger Stimme, »doch wirst du mich niemals besiegen.«

Diese Worte reizten Sawadugu noch mehr, und mit Hilfe seiner magischen Kräfte verwandelte er sich in eine Hyäne. Im selben Augenblick nahm der Herrscher die Gestalt eines Löwen an, eines weitaus stärkeren Tieres als die Hyäne. Auf einmal verwandelten sich alle Mitglieder von Sawadugus Familie in Hyänen und griffen den einsamen Löwen an. Sofort verwandelten sich auch die Untertanen des Königs in Löwen und richteten unter den mutigen, aber schwächeren Hyänen ein Blutbad an. Diejenigen, die am Leben geblieben waren, wurden zu Bäumen, doch fast gleichzeitig verwandelten sich der König und seine Untertanen in Äxte, die erbarmungslos jedes Gewächs, auf das sie stießen, umhauten. Daraufhin verwandelten sich die Bäume in Nadeln, der König und seine Leute aber sofort in Fäden, die durch die Nadelöhre schlüpften und sich ihrer bemächtigten. Schließlich kehrten die Nadeln in ihre menschliche Gestalt zurück, und ihnen folgten auch die Fäden.

Besiegt und gedemütigt mußte der Mensch den Ankömmling aus dem Himmel als seinen Herrn anerkennen. »Sei mein Herr, ich aber möchte Hellseher werden und niemals von deiner Seite weichen«, bat er. König Sandigsa erhörte Sawadugus Bitte. Ihre Aussöhnung wurde dadurch besiegelt, daß der König bald darauf Sawadugus Tochter heiratete, während Sawadugu die Königstochter zur Frau nahm. Von dem Mann mit der Axt, das heißt von Konde Sawadugu, und König Sandigsa stammen alle Kurumba ab.

Das Ziegelwunder

Der erste Herrscher von Lurum hatte zwei Söhne. Der ältere Sohn regierte in der Stadt Zana und hieß Moyo, der jüngere, Tagayo, herrschte in der Stadt Taga.

Eines Tages faßte König Sandigsa den Beschluß, einen neuen Palast zu bauen. Er war damals schon ein betagter Mann und konnte allein von der Ausführung eines solchen großen Vorhabens nicht einmal träumen. Deshalb ließ er seinen älteren Sohn herbeirufen und wandte sich an ihn: »Du bist mein Erstgeborener und wirst daher mein Nachfolger sein. Du sollst deswegen Ziegel für einen neuen herrlichen Palast holen lassen, der sowohl mir als dann auch dir zur Verfügung stehen wird.« – »Ich denke gar nicht daran! Ich bin ein ebensolcher Herrscher wie du selbst«, hielt der Sohn ihm hochmütig entgegen und entfernte sich.

Was nun? Bekümmert und enttäuscht beschloß der König, sich mit derselben Bitte an den jüngeren Sohn zu wenden. Tagayo gehorchte dem Vater, schaffte viele Arbeiter herbei, und schon bald waren die Ziegel fertig. »Wie willst du sie auf den Bauplatz bringen?« fragte der König. »Das laß meine Sorge sein! Wenn ich sie herstellen konnte, dann werde ich sie auch irgendwie hinschaffen können«, erwiderte ihm der Sohn. Daraufhin befahl er den Einwohnern von Taga, ihm zu helfen, die Ziegel nach Lurum zu schaffen, doch die unbotmäßigen Untertanen weigerten sich. Er wurde sehr zornig, und in seiner Hilflosigkeit begann er zu weinen.

Da kam ihm ein kluger Gedanke. Er ging in den Busch zu dem dort herrschenden Geist Kinkiliga. Er erzählte ihm die ganze Geschichte, und von seinem Schicksal gerührt, versprach Kinkiliga ihm Hilfe. Er schnitt einen langen Stock ab und gab ihn wortlos Tagayo. Nach seiner Rückkehr nach Taga berührte er mit dem Stock den Ziegelberg, und ein Ziegel nach dem anderen setzte sich in Richtung Lurum in Bewegung.

Als König Sandigsa am nächsten Morgen früh erwachte, gewahrte er eine große, sich seiner Stadt nähernde Staubwolke. Weil er dachte, daß ungezählte Scharen eines ihm unbekannten Feindes heranrückten, wollte er schon die Flucht ergreifen, als plötzlich sein jüngerer Sohn angeritten kam und ihm erklärte, er sei mit den Ziegeln, die für den neuen Palast bestimmt sind, gekommen. Sofort machten sich König Sandigsas Untertanen an die Arbeit, und bald schon hatten sie die zehn königlichen Prachtbauten errichtet. Nach Beendigung der Bauarbeiten waren noch so viele Ziegel übriggeblieben, daß man aus ihnen einen Berg aufschüttete.

Noch vor dem Tode übergab König Sandigsa den Thron seinem folgsamen und tüchtigen Sohn Tagayo.

Bobo

Wie die Welt entstanden ist

Das Weltall hat sich aus einem Fonio-Korn gebildet, in dessen Mitte sich der Stern Sigi befand, umkreist von sechs anderen Sternen. Eine Schlange und zwei ihrer Frauen verbanden die Süd- und Nordwasser miteinander.

Die erste Welt war geschlossen und völlig ohne Bewegung. Als das erste Opfer dargebracht wurde, kam es zu einem Knall, und der Ur-Stern Sigi zerfiel in zwei Teile, die dann in weitere sieben Teile zerbarsten. Vier von ihnen, die aus dem linken Teil des Sternes stammten, bildeten den ›Bauch‹ der Welt, und die drei aus dem rechten Teil waren der ›Kopf‹.

Der Stern Sigi war zerfallen, weil eine Schlange, die sich auf seiner Oberfläche dahinschlängelte, versucht hatte in die unteren Wasser einzudringen. Da schlug ihr der große Jäger [Gott? S. P.] den Kopf ab.[57] Später hieb ein Fischer aus dem Stamm der Bobo der Schlange noch den Schwanz ab.[58] Vor Schmerzen warf sich die Schlange von einer Seite auf die andere, von Osten nach Westen. Durch diese Bewegung fing die ganze Welt an zu wanken: Was oben war, geriet nach unten, und umgekehrt. Das war der Beginn des Lebens auf der Erde.

Die siebenköpfige Schlange Minian

In den Randgebieten der Sahara war einst ein Mann namens Dinian mit seinem treuen Diener Simone unterwegs. Entkräftet, hungrig und vor Durst halbtot, trug er dem Diener auf, in den Brunnen, zu denen sie gekommen waren, nach Wasser zu suchen. Kaum hatte Simone einen Blick in den ersten Brunnen geworfen, da erschien ein wütender Geist, der sich als Herr des Brunnens erwies. Wie besessen stürzte er auf Simone los, doch der war stärker. Als Gegengabe für das ihm geschenkte Leben bot der besiegte Geist Dinians Diener einen Fürstensäbel an, der magische Kraft besaß. Wo immer auch sein Besitzer auftrat, sollte er zum Herrscher gewählt werden. Den Säbel übergab der treue Diener seinem Herrn.

Nach Jahren wurde Dinian Vater von Zwillingen, zwei Jungen: Lassan und Fuseini. Die beiden Brüder, die muslimische Namen trugen, kamen nach Wagadu und ließen sich unter einem Schibutterbaum[59] nieder. Alsbald erfuhren sie, daß in einem nahegelegenen Brunnen die Schlange Minian wohnte. Diese Schlange hatte sieben Köpfe, und alljährlich, wenn sich der Grundwasserspiegel hob, steckte sie einen nach dem anderen aus dem Brunnen heraus. Die Köpfe ließen es ringsum leuchtend hell werden. Die Frauen fingen daraufhin an, die Trommeln zu schlagen und zu tanzen, so wie sie es heute bei Vollmond tun.

Wenn der siebente Kopf aus dem Brunnen herausschaute, schnappte er eine Frau aus der Königsfamilie und zog sie mit sich in die Tiefe des Brunnens hinein. Diesem unersättlichen Untier, das Angst und Schrecken unter den Königstöchtern verbreitete, wollten die Brüder nun ein Ende bereiten. Der eine von ihnen, der ein Jäger war, schlug der Schlange mit einem Hieb seines Fürstensäbels alle Köpfe ab. Vor Schmerz rollte sich die Schlange zu sechs Knäueln zusammen, ihr siebenter Kopf hingegen erhob sich zum Himmel.

Als Dinians Sohn die Köpfe der Schlange abgeschlagen hatte, verließen deren Frauen die Unglückliche. Die eine erhob sich nach oben, die andere begab sich nach unten. Nachdem der Jäger das Untier getötet hatte, zog er ihm die Haut ab und verbrannte sie, die Asche verstreute er dann auf Feldern und in Gärten. Deshalb brennen die Bobo vor der Aussaat den Busch sorgfältig ab. Den Schlangenkörper teilte der Jäger in achtundvierzig Teile. Die in ihm schlummernde Kraft ermöglichte die Vermehrung der Ur-Pflanzen und die Vergrößerung der von ihnen hervorgebrachten Früchte.

Soninke

Die Geschichte von Mamadi, dem Schweigsamen

Vor langer Zeit wanderte ein Mann namens Dinga in das Dorf Yuri in der Gegend der Stadt Nioro. Er soll ein Nachkomme des großen Königs Salomo gewesen und aus dem Osten gekommen sein. Der Hofstaat, der ihn begleitete, war so zahlreich, daß er den letzten Mann des ihm folgenden Zuges nicht mehr zu erkennen vermochte. Dieser Zug machte in Dyara Ba, Biru, Dyoka sowie der heutigen Stadt Djenne Rast. Diese Städte bewohnten damals keine gewöhnlichen Menschen, sondern mächtige Djinn.[60] Da war es gut, daß Dinga seinen großen Zauberer Karabara Dyadyane mitgenommen hatte. Dank seiner gewaltigen Zauberkunst gelang es, das gesamte Heer der scheinbar unbesiegbaren Djinn zu schlagen.

Auf seinem Wege durch das Masina genannte Land heiratete Dinga zwei Frauen und später noch drei Töchter eines Djinn. Dinga zeugte zahlreiche Nachkommen und herrschte lange und glücklich. Unabwendbar näherte sich jedoch das Ende seines Lebens. Er beschloß, die Herrschaft seinem ältesten Sohn Kine zu übertragen, der in Daraga geboren worden war. Am Tage vor seinem Tode kam sein jüngerer Sohn Dyabe zu ihm und gab sich als Kine aus. Durch List erschlich er sich die Gunst des Vaters. Er reichte ihm nämlich das angefaulte Fleisch eines geopferten Widders, und als Dinga es gegessen hatte, mußte er sich erbrechen und spie dabei die Herrscherketten aus, die dem machtgierigen Dyabe in die Hand fielen. Da erst erkannte Dinga seinen Irrtum. Doch es war zu spät. Sein Erstgeborener mußte sich mit der magischen Kraft, Regen herabströmen lassen zu können, zufriedengeben. Diese hatte ihm der Vater noch verleihen können. Kine setzte alles in Bewegung, um seinen Bruder zu vernichten, aber Dyabe konnte in den Busch entkommen. Dort scharte er alsbald einhundertfünfzig Reiter aus dem Heer der Djinn um sich, die auf seinen Ruf sofort herbeigekommen waren.

Hier wollte Dyabe seine Hauptstadt erbauen; denn ihm hafteten die weissagenden Worte im Gedächtnis, die davon sprachen, daß er in Zukunft von der im Osten gelegenen Stadt Kumbi aus über das Sahel-Gebiet herrschen werde. Die Entscheidung über die Errichtung seiner Hauptstadt hatte er nicht eigenmächtig gefällt. Er hatte dazu den weisen Geier um Rat gefragt, und der hatte ihm, nachdem er sich an vierzig Lebern und vierzig Herzen von jungen Stuten gelabt hatte, den geeigneten Platz gewiesen. An diesem Platz befand sich ein Brunnen, den die schwarze, riesengroße Schlange Bida bewohnte, die unablässig Schrecken im ganzen Lande verbreitete.

Dyabe erhielt die Erlaubnis, sich unter der Bedingung, daß er der Schlange alljährlich die schönste Jungfrau seines Landes gab, in der Nähe des Brunnens niederzulassen. Die Schlange ihrerseits verpflichtete sich, fünfmal jährlich Regen zur Erde herabströmen zu lassen. Dieser Regen hatte besondere Eigenschaften. Wenn er aufgehört hatte, konnten die Menschen fünfzehn Tage lang Gold aufsammeln, das mit den Regentropfen herabgefallen war. So entstand an diesem Ort die Stadt Kumbi, die Hauptstadt des Königreiches Wagadu.

Dyabe hatte an seinem Königreich keine Freude. Eines Tages brach zwischen ihm und den Heerführern der Djinn ein Streit um die Herrschaft aus. Er endete mit Dyabes Sturz und der Krönung seiner Tochter zur Königin. Sie teilte die Macht mit vier Feldherren, die zu Statthaltern der einzelnen Provinzen ernannt wurden. Alljährlich zum Fest, das nach den ersten Regenfällen gefeiert wurde, kamen sie nach Kumbi und huldigten der Königin von Wagadu.

Das Königreich Wagadu wuchs dank der Schlange Bida zu Ruhm und Glanz empor. Jedes Jahr brachte man ihr die schönste Jungfrau zum Opfer, und bald danach fiel der ersehnte goldträchtige Regen. Manche sagen, daß dieser Regen einundvierzigmal gefallen sei. Andere hingegen behaupten, es sei dies vierhunderteinundvierzigmal geschehen. Während dieser Zeit herrschten sechs Könige aus dem Clan der Sise, und als siebenter König bestieg Wakanne aus dem Clan der Ture den Thron.

Da geschah es, daß man die schöne Asya Yatabare der grausamen Schlange zum Opfer ausersehen hatte. Wie ein spitzer Dorn traf diese Nachricht Mamadi Sefandan Kotte, ›Mamadi, den Schweigsamen‹, den Neffen des Königs Wakanne, ins Herz. Seit langem hegte er große Zuneigung für Asya und hatte schon die Tage gezählt, die noch vergehen mußten, bis er seine Erwählte heimführen durfte. Nun versperrte ihm das grausame Schicksal den Weg zu seinem Glück. Mamadi gab jedoch nicht auf. Um jeden Preis wollte er seine Geliebte retten und faßte den Entschluß, das Untier zum Zweikampf zu fordern.

Als die Schlange, in Vorfreude auf den bevorstehenden Festschmaus, aus der Höhle kroch, schlug ihr der auf der Lauer liegende Mamadi mit einem Schwerthieb den Kopf ab. Nackte Angst überfiel die Menschen, die dabeistanden. Ihr Entsetzen wurde zu panischer Angst, als sie den bluttriefenden

Kopf der Schlange zum Himmel aufsteigen sahen. Nachdem sie eine Weile den Atem angehalten hatten, erscholl eine Stimme: »Mein Tod wird euch großes Unglück bringen, wie ihr es nicht gekannt habt, solange ihr mich verehrtet. Sieben Jahre, sieben Monate und sieben Tage lang wird in Wagadu kein Tropfen Regen fallen, und ihr werdet kein einziges Körnchen Gold finden!« Die Stimme verstummte, und alsbald verschwand der Schlangenkopf in dichten finsteren Wolken.[61]

Der Urheber des Unglücks von Wagadu, Mamadi Sefandan Kotte, entging nur dank König Wakanne dem Zornesausbruch des Volkes. Verfolgt flüchtete er ins Dorf seiner Mutter Saman, das auf einer Nigerinsel in der Nähe der Stadt Ségou lag. Unverzüglich trat sie aus ihrem Haus heraus, wandte sich an die Verfolger ihres Sohnes und sagte: »Ich habe genug Vorräte, um alle Bewohner von Wagadu sieben Jahre, sieben Monate und sieben Tage lang zu ernähren. Hört also auf, an meinem tüchtigen Sohn Rache üben zu wollen!« Die Worte der Mutter hatten den gewünschten Erfolg, doch die Einwohner Wagadus wollten nicht auf das Angebot der Mutter eingehen. Sie entschlossen sich vielmehr, das unter dem Fluch stehende Land zu verlassen. Ein Teil von ihnen begab sich nach Westen, ein anderer nach Süden. Mamadi konnte nun ohne Sorge die schöne Asya heiraten und in sein Haus führen.

Als Mamadi in Asyas Hütte erschien, lag sie, auf einen Ellenbogen aufgestützt, auf ihrem Lager. Sie war sehr schlank, und selbst wenn sie vierzig Röcke getragen hätte, hätte eine Katze unter ihr hindurchgehen können, so schlank war ihre Taille. Die Griots begannen ihre Schönheit zu preisen und dem Bräutigam zu schmeicheln. »Gib mir etwas, womit ich sie belohnen kann«, sagte Asya zu Mamadi Sefandan. Er zog den Bubu-Mantel[62] aus und wollte ihn schon verschenken, als der oberste Griot hervortrat und erklärte, daß sie einen solchen schon besäßen. Ähnlich verhielten sie sich auch, als Mamadi ihnen Gold anbieten wollte. Da Mamadi die Sänger um jeden Preis belohnen und nicht an Ansehen verlieren wollte, schnitt er sich schließlich ein Stück von seinem Finger ab und überreichte es dem Griot, der sich hundertmal verneigte und bedankte und seine Heldentat noch mehr rühmte.

In der Nacht näherte sich Mamadi Asya, doch er wurde von ihr zurückgewiesen. Die Erwählte seines Herzens erklärte ihm entschieden, daß sie einen Mann ohne Finger nicht lieben könne. Was sollte er nun machen? Verzweifelt verließ Mamadi das Haus seiner Geliebten und zog ziellos umher. Heruntergekommen, hungrig und abgemagert trieb er sich tagelang in der Fremde herum. Eines Tages begegnete er auf seinem Wege einer Alten, die sich nach seinem Schicksal erkundigte. Er erzählte ihr von seinem Unglück, und sie gab ihm daraufhin ein Liebesamulett.

Kurze Zeit später tauchte Asya vor ihm auf, entschuldigte sich bei ihm und bat um Verzeihung. Mamadi ließ sich schließlich erweichen, und gemeinsam kehrten sie nach Hause zurück. Er ging jedoch nicht zu seiner Geliebten, sondern begab sich in sein Haus, befahl dem Sklaven, Mamadis Kleider anzulegen und zu Asya zu gehen. Asya vermutete nichts Böses, ließ den Sklaven ein und verbrachte die ganze Nacht mit ihm. Am nächsten Morgen in aller Frühe rief Mamadi seinen Sklaven, als der aus der Hütte Asyas trat. Als er sich Mamadis Pferd näherte, um es, wie gewöhnlich, zu striegeln, drehte es sich um, hob seinen Schwanz und machte den Unglücklichen von Kopf bis Fuß naß. »Das ist er, mit dem du geschlafen hast«, lachte Mamadi höhnisch. Asya schloß sich in ihrer Hütte ein, und als Mamadi dann eintrat, fand er seine Geliebte tot. Sie war vor Scham gestorben.

Wie die Soninke nach Dyahunu kamen

Eines Tages kam auf dem Versammlungsplatz von Kumbi, der Hauptstadt Wagadus, etwa eine halbe Million Menschen zusammen. Sie sollten darüber befinden, wem der goldene Säbel, der goldene Armreifen und das schnellfüßige Pferd überreicht werden sollten, die den Betreffenden zum König machten. Gleich zu Beginn der Ratsversammlung erhob sich ein berühmter Griot aus dem Stamm der Soninke und sagte, daß man dies alles Dyamena Sokona Dyaguraga, dem Sohn des Herrschers Ibrahima, überreichen solle. Unter den Versammelten begann ein reges Treiben wie in einem Bienenstock, denn Dyamena hatte wie jedermann viele ergebene Freunde, aber auch nicht wenige unversöhnliche Feinde.

Als sich nach einer Weile die Aufregung etwas gelegt hatte, erhob sich das Oberhaupt der Stadt und weigerte sich entschieden gegen den Vorschlag des Griots. Er drohte damit, daß Dyamenas Einsetzung zum König zu Ausschreitungen in der Stadt führen könnte. Erschrocken wandte sich der Griot ab und versteckte sich, niemand sollte ihn finden. Unterdessen beschlossen die Versammelten, das Pferd dem Ältestenrat der Stadt zur Verfügung zu stellen.

Der Griot kannte sich am besten in der Geschichte und den gegenwärtigen Belangen Wagadus aus und wollte deshalb Dyamena um jeden Preis auf den Thron bringen. Er besaß eine junge Stute, von der niemand in der Stadt etwas wußte. Eines Tages paßte er einen günstigen Augenblick ab und ließ das schnellfüßige Königspferd, das beim Oberhaupt der Stadt stand, zu seiner Stute. Doch dies blieb nicht unbemerkt, und an die fünfhundert Leute rannten bald hinter dem Pferd her, um eine Paarung der beiden Tiere zu verhindern. Doch sie kamen zu spät! Die Stute war trächtig und fohlte nach der üblichen Zeit. Die Freude des Griots kannte keine Grenzen. Die ganze Zeit brachte er mit der Pflege des Fohlens zu, doch tat er dies ganz im geheimen.

Eines Tages hörte das Fohlen das Wiehern seines Vaters und erwiderte es sogleich. Da rief das Oberhaupt der Stadt erzürnt und eifersüchtig: »Also doch! Laß das Fohlen nur groß geworden sein, dann werde ich schon wissen, was ich mit ihm zu machen habe!« Diese Drohung ließ dem Griot keine Ruhe, sondern vergrößerte nur noch seine Wachsamkeit. Kaum war das Fohlen herangewachsen und so schnell wie sein Vater geworden, versuchte der Griot, Dyamena zu einem Kriegszug zu überreden. Er brauchte sich nicht viel Mühe zu geben, denn in Dyaguragas Adern floß das ungestüme Blut seiner kriegerischen Vorfahren. Auf seinen Befehl begann man mit den Kriegsvorbereitungen. Der königliche Griot selbst war für die Anfertigung geeigneter Pfeile verantwortlich.

Als alles vorbereitet war, erklärten sie dem Ältestenrat von Wagadu den Krieg, und der bewaffnete Zug verließ die Stadt. Während die Krieger immer tiefer in den Busch drangen, steckten sie in jeden Baum einen Pfeil, um den Verfolgern den Weg zu weisen, die mit fünfundzwanzigtausend Mann Dyamena nachsetzten. Sie rückten von Baum zu Baum vor und machten an jedem, in dem ein Pfeil steckte, Rast. Dieses Laufen von einem Baum zum nächsten erschien dem Stadtoberhaupt bald sinnlos, und er gab seinen Leuten Befehl abzusitzen. »Wir kämpfen gegen Menschen und nicht gegen Bäume«, schrie er zornig. Seine Krieger waren jedoch viel zu erschöpft, um den Worten ihres Heerführers gebührend gehorchen zu können. Da wandte sich das Stadtoberhaupt an seinen Priester Sako Dyombera, um ein Stoßgebet gegen die irreführenden Bäume zu richten. Kaum hatte Sako die ersten Worte des Gebetes gesprochen, barsten die Bäume und fielen um. Aber Dyaguraga war schon zu weit weg. Bald hatte er Gidyume erreicht, wo er siebzig Jahre lang herrschte und andere Völker sich ihm anschlossen. Danach wanderte er mit seinen Leuten weiter und ließ sich in Dyahunu nieder.

Warum die Schlange Bida nicht getötet werden darf

Ein Mann aus dem Clan Marega hatte geheiratet, und bald schon gebar seine Frau einen Sohn. Der Unglückliche erblickte jedoch zu einem ganz ungünstigen Zeitpunkt das Licht der Welt, denn es herrschte gerade eine große

Hungersnot, und die abgemagerte Mutter hatte nicht einen Tropfen Milch in ihrer Brust. Sie legte also das Kind in ihre Hütte und ging in den Busch, um irgend etwas Eßbares zu finden.

Kaum hatte sie die Schwelle ihrer Hütte überschritten, schlängelte sich die schwarze Schlange Bida in die Hütte und rollte sich um das Kind, ohne ihm jedoch etwas zuleide zu tun. Kurz darauf wachte das Kind auf und begann zu weinen, während es mit seinem Mund nach der Brust der Mutter suchte. Sofort hob die Schlange ihren Schwanz und steckte das Ende ganz vorsichtig dem Kind in den Mund. Das Kind begann am Schwanz der Schlange zu saugen, und da quoll Milch aus ihm hervor, so daß es sich daran sättigen konnte.

Nach einer Weile kam die Mutter. Beim Anblick der um das Kind gerollten Schlange wäre sie fast vor Schreck gestorben. Doch als sie sah, daß das Kind lebte und zudem satt war, rief sie ihren Mann herbei und erzählte ihm alles haargenau. Sogleich versammelte ihr Mann alle Nachbarn und die anderen Leute aus dem Clan der Marega und erklärte ihnen, daß von nun an niemand die gute Schlange Bida töten oder verfolgen dürfe. Die Bida sollte ihr Totem sein.

Songhai

Die Tochter des großen Zabarkan

Es geschah, daß ein Ungläubiger, dessen Name nicht genannt zu werden verdient, die Tochter des Ahns der Zarma, des großen Zabarkan, zu sich lockte und entführte. Das war zu der Zeit, als der Prophet Muhammad die neue und wahre Religion, den Islam, zu verkündigen begann. Zabarkan gehörte zur Gruppe ihrer ersten Anhänger und war ein enger Freund Muhammads. Nachdem ihn dieses schreckliche Unglück ereilt hatte, bat er seinen Lehrer inständig, ihm beizustehen und zu helfen, die Tochter zurückzuholen und der Hand des Ungläubigen zu entreißen. Muhammad erhörte seine Bitte und schickte ihm seinen Schwiegersohn Ali zu Hilfe.

Unterdessen fristete Zabarkans Tochter, die schöne Tani Kumatu, ein kümmerliches Dasein unter dem Dach des Ungläubigen. Sie mußte den beißenden Geruch der Tierfelle einatmen, mit denen die Wände der Hütte ihres Entführers, der ein großer Jäger war, behängt waren. Als Ali die Hütte des Jägers betrat, steckte der Ungläubige gerade Elefanten und Löwen in den Kessel, die er gewöhnlich nach dem Kochen noch über dem Feuer briet. Er wandte sich mit keinem Wort an den Fremden, sondern betrachtete aufmerksam das über dem Feuer brutzelnde Fleisch. Nachdem er es fertig gebraten hatte, fing der Jäger an zu essen und lud mit einer Geste auch Ali zu Tisch. Der Gesandte des Propheten Muhammad lehnte jedoch höflich ab und wartete geduldig, bis sich der Jäger gesättigt hatte. »Nun, was möchtest du? Was willst du von mir, Fremdling?« fragte dieser, während er in einen Löwenschenkel biß. »Ich bin gekommen, um das Mädchen zu holen, das du seinem Vater Zabarkan geraubt hast«, antwortete Ali unmißverständlich und laut.

Das Gesicht des Jägers verfinsterte sich vor Wut, doch konnte er seinen Zorn noch beherrschen. »Wirst du denn dazu in der Lage sein?« fragte er höhnisch. »Mit Allahs Hilfe werde ich es schaffen«, erwiderte Ali und fügte hinzu: »Ich werde die Tochter meines Freundes nicht bei einem Ungläubigen lassen!« Jetzt konnte der Jäger seinen Zorn nicht mehr bändigen. Er ergriff seinen Spieß und schleuderte ihn gegen Ali. Geschwind sprang Ali auf sein Pferd, gab ihm die Sporen und stürzte auf den Ungläubigen zu. Er griff nach seinem berühmten todbringenden Säbel, doch bevor er ausholen konnte, sah er, daß sich sein Gegner in ein zehnköpfiges Untier verwandelt hatte. Er zögerte einen Augenblick, denn er wußte nicht, welcher Kopf der richtige und welche das Zauberwerk des Ungläubigen waren. Dreimal wandte er sein Pferd, doch konnte er sich nicht zum Schlag entschließen. »Der Kämpfer steht auf seinem Platz. Doch was, wenn es keinen Krieg gibt!« rief er.

Dieser verzweifelte Ruf Alis verhallte nicht ohne Echo. Bald darauf ließ sich die Stimme des Propheten Muhammad vernehmen: »Du kämpfst gegen einen gewaltigen und gewitzten Zauberer. Wenn du ihn besiegen willst, frage ihn, in welchem Kopf sein Leben ist.« Den Rat des Propheten Muhammad befolgend, rief Ali seinem Gegner zu: »Was bedeuten schon zehn Köpfe, wenn in keinem Leben ist?« – »Und dieser hier, was ist mit dem?« hielt ihm der Ungläubige entgegen und wies auf einen der Köpfe, wodurch er sich verriet. Im selben Augenblick pfiff Alis Säbel durch die Luft, und der Ungläubige wälzte sich in seinem eigenen Blute auf der Erde. Ali holte die von den Ereignissen ganz benommene Tochter Zabarkans aus der Hütte, setzte sie auf sein Pferd und kehrte mit ihr ins Haus Muhammads zurück.

Der dankbare Zabarkan beschloß, seine einzige Tochter Muhammad zur Frau zu geben. Der Prophet lehnte jedoch ab. Es sei unziemlich, für die Tat seines Schwiegersohnes Ali, die er doch zum Besten und zum Ruhme des Islams vollbracht hatte, eine Belohnung anzunehmen. Diese Antwort überzeugte Zabarkan jedoch nicht, und er fragte, ob seine Tochter nicht im Hause eines Kalifen, eines Nachfolgers des Propheten, bleiben dürfe. Auch diesmal erhielt er eine abschlägige Antwort.

Das überraschte und bekümmerte Zabarkan, doch sagte er sich keineswegs von der neuen Religion los. Er erklärte sich immer bereit zu ihrer Verteidigung mit dem Schwert in der Hand, selbst fern von Medina, der Stadt des Propheten Muhammad. Also machte er sich nach Westen auf den Weg und erreichte nach langer beschwerlicher Wanderung das Königreich Mali im Lande, das Sudan genannt wird.

Wie ein Sklave die Zarma vor dem Tod errettete

Zabarkan hatte der neuen Religion die Treue gehalten und ihr mit allen seinen Kräften gedient. Auf seiner Wanderung nach Westen waren ihm alle Stämme, denen er unterwegs begegnete, feindlich gesinnt. Nirgends konnte er sich mit seinen Leuten niederlassen, bis er das Königreich Mali[63] erreicht hatte. Dieses Land geriet allmählich in die Abhängigkeit von den Fulbe.

Auch der kleine Stamm der Zarma konnte sich ihnen nicht widersetzen und wurde alsbald von ihnen abhängig. Es begann eine Zeit großer Unterdrükkung und großen Unglücks. Die Tyrannei der Fulbe machte das Leben der Zarma fast unerträglich. Das ging so weit, daß sich ihre Kinder Fliegen als Zielscheiben bei ihrem Spiel aussuchten, die auf den Körpern der erwachsenen Zarma saßen und auf die sie ihre Pfeile schossen.

Nach Zabarkans Tod wurde Matu Führer der Zarma. Er herrschte nur drei Jahre, dann riß ihn der Tod aus dem Kreis der Lebenden. Bevor man den neuen Herrscher, er hieß Sombo, Zabarkans Sohn, gewählt hatte, versammelte er alle Kinder der Zarma, befahl ihnen, sich mit Speeren zu bewaffnen, und führte sie in eine nahegelegene Tongrube zum Baden. Um keinen Verdacht bei ihren Verfolgern zu erregen, versteckten die Zarma die Speere im Sand und sprangen ins Wasser. Kurz darauf kamen die Fulbe-Kinder. Sie badeten und nahmen dabei wie gewöhnlich die Kleider der Zarma-Kinder als Waschlappen für sich. Sombo spürte unter ihnen Umaru Dadie auf, den Sohn des Fulbe-Herrschers, ergriff seinen Speer und durchbohrte ihn mit einem kräftigen Stoß.

Nachdem Sombo den Sohn des Fulbe-Herrschers getötet hatte, gab er mit seinem Speer den anderen Zarma-Kindern ein Zeichen, daß sie ihm folgen sollten. Die Kinder der armen Zarma griffen die Fulbe, ihre Verfolger, an. In diesem ungleichen Kampf besiegten die bewaffneten Zarma-Kinder ohne Mühe die überraschten Fulbe-Kinder. Bei dem blutigen Gemetzel erlitten alle Fulbe-Kinder, die an jenem Tage in der Tongrube gebadet hatten, den Tod.

Vom Sieg berauscht, kehrte Sombo stolz ins Dorf zurück und rühmte seine Tat vor den Verwandten. Als sie davon hörten, gerieten sie in Schrecken. Die Lage war sehr ernst. Man befahl, sofort die sieben Kriegstrommeln des Königreichs Mali zu schlagen, die sich im Gewahrsam der Zarma befanden. Auf den Ruf der Trommeln hin erschienen die Vertreter aller Clans der Zarma und überlegten, welche Folgen wohl die verbrecherische Tat Sombo Zabarkans haben könnte. Sie waren sich darin einig, daß sie im Falle einer kriegerischen Auseinandersetzung der Tod von Feindeshand erwartete, für eine Flucht war es ohnehin schon zu spät.

Unerwartet kam ihnen der freigelassene Sklave Allamin zu Hilfe, der sich anbot, die Zarma mit Hilfe seiner magischen Kräfte zu retten. Er befahl, einen Sockel, Daba, zu bauen, auf dem man gewöhnlich einen Speicher errichtete. Dieser Sockel wurde aus geflochtenem Stroh gefertigt. Dann stellten sich alle Zarma mitsamt ihrer Habe darauf. Allamin nahm nun eine Peitsche und schlug mit ihr an jede Seite des Sockels. Dann wedelte er mit einem

Fächer, und der Luftstrom hob den Daba samt allem, was sich darauf befand, in die Höhe.

In diesem Augenblick kam der verspätete Ahn der Schmiede, Kundu Garasa, herbeigelaufen, den eine Horde Fulbe-Krieger verfolgt hatte, die ihre Kinder rächen wollten. Zabarkans Sohn Sombo hatte Mitleid mit dem Unglücklichen und hielt ihm die magische Peitsche hin. Sich an sie klammernd, entging der Schmied Kundu Garasa in letzter Minute dem sicheren Tod.

Der Geist und sein königlicher Sohn

Eines Tages erfuhr der Herrscher Sonni Ali Ber von den Hofwahrsagern und Hellsehern, daß seine Schwester Kassai in Kürze einen Sohn zur Welt bringen wird, der seiner Herrschaft ein vorzeitiges Ende bereiten würde. Von dieser schlechten Prophezeiung bestürzt, erließ Sonni Ali Ber den Befehl, jedes neugeborene Kind männlichen Geschlechts zu töten, das von seiner Schwester geboren wird. In Ausführung des königlichen Befehls, für dessen Nichtbefolgung entsetzliche Strafen angedroht waren, wurden die unschuldigen Söhne der unglücklichen Kassai getötet.

Die Zeit verging. Machtlos gegenüber ihrem mächtigen Bruder, verfiel Kassai in immer größere Verzweiflung. Schließlich erbarmte sich ein Geist der Ärmsten, der auf einer Nigerinsel in der Nähe der Stadt Gao wohnte. Er besuchte sie ein ums andere Mal und gewann bald ihr Zutrauen. Von da an erschien er jeden Donnerstag zur Abendzeit im Hause der Prinzessin Kassai, bis sie schließlich von ihm schwanger wurde. Kurze Zeit später war auch ihre Sklavin, sie hieß Bargu, in anderen Umständen.

Als ihre Zeit gekommen war, gebaren beide Frauen. Die Prinzessin brachte einen Sohn zur Welt, ihre Sklavin gebar ein Mädchen. Die beiden Frauen tauschten untereinander die Säuglinge aus, und auf diese Weise wurde der neugeborene Sohn der Kassai, man nannte ihn Mamadu, vor dem sicheren Tod bewahrt.

Von der treuen Sklavin gestillt, wuchs das Kind in Geborgenheit heran. Es war ein außergewöhnliches Kind. Kaum war es zwei Jahre alt geworden, konnte es schon alle Kinder der Stadt Gao in Angst und Schrecken versetzen. Es war so kräftig, daß es ohne Mühe die Knochen der Kälber, Ziegen und Hammel brechen konnte, die sich in die Reichweite seiner Hände wagten. Von allen Seiten trafen im Königspalast Klagen über das dämonenhafte Kind der Sklavin des Herrschers, Bargu, ein. Sonni Ali beachtete sie nicht, ganz im

Gegenteil, er freute sich, daß unter seinem Dach ein neuer unerschockener Krieger heranwuchs.

Unterdessen war das Kind noch kräftiger geworden. Kälber, Ziegen und Hammel genügten ihm nicht mehr. Es nahm mit Pferden, Büffeln, ja selbst erwachsenen Männern den Kampf auf. Mamadu gab niemandem nach, der ihm in den Weg trat. Schon bald war der Junge der Schrecken der ganzen Gegend geworden. Erst da begannen den Herrscher düstere Gedanken und Befürchtungen zu verfolgen. Er rief seine Schwester Kassai zu sich und sagte zur ihr: »Das Kind ist nicht der Sohn der Sklavin. Er ist dein Sohn, du hast ihn auf hinterhältige Weise vor mir geheimgehalten. Aber er wird seinem Schicksal nicht entrinnen!«

Kassai sagte kein Wort. Als sie wieder in ihrem Haus war, erzählte sie alles ihrem Sohn. Das Kind ließ sich durch die Drohung des Herrschers keineswegs erschüttern, es bat einzig darum, die Mutter möchte ihm doch seines Vaters Namen verraten. Kassai konnte nicht länger schweigen, rot vor Scham gestand sie, daß sein Vater ein großer Geist sei, der eine der Nigerinseln bewohnt. »Gedulde dich bis zum Donnerstag, dann kannst du ihn mit eigenen Augen sehen«, fügte sie hinzu.

Seit diesem Tage wohnte Mamadu bei seiner richtigen Mutter. Endlich wurde es Donnerstag, ein Tag voll sehnsüchtiger Erwartung des ungewöhnlichen Gastes. Um Mitternacht wurde es in Kassais Hütte strahlend hell. Durchs Dach trat eine merkwürdige Gestalt ein. Mit ihrem Aussehen erinnerte sie an einen gewöhnlichen Menschen von außerordentlicher Schönheit. Es war der Geist, Mamadus Vater. Er faßte seinen Sohn bei den Schultern, verneigte sich dann vor Kassai und verließ die Hütte zusammen mit Mamadu wieder durchs Dach. Auch diesmal entging Mamadu dem Zorn seines Onkels, des Herrschers Sonni Ali Ber. Seine Krieger durchsuchten Kassais Haus und Hof, durchstöberten die ganze Stadt und schließlich das ganze Land, aber Mamadu fanden sie nicht.

Jahre vergingen. Selbst Sonni Ali Ber hatte vergessen, daß es Mamadu gab. Der Geist hatte unterdessen all die Jahre hindurch eifrig seinen Sohn auf die Übernahme der Macht im Königreich Songhai vorbereitet. Endlich kam der vorherbestimmte Tag, der mit einem wichtigen islamischen Fest zusammenfiel. Auf dem weiten Betplatz ließ sich Sonni Ali Ber auf seinem Throne nieder. Von Wachen umgeben, schaute er stolz und erhaben auf seine Untertanen herab.

Da tauchten plötzlich am Horizont Staubwolken auf. Kurz darauf war eine Reiterschar zu erkennen, die sich in geschlossenen Reihen bewegte. Zunächst meinte man, es wäre dies ein Würdenträger mit seinem Hofstaat, der noch zum Fest eilte. Es war ein so fesselnder Anblick, daß selbst der König wie gebannt hinschaute. Die Reiter näherten sich dem Betplatz und hielten an. Aus ihrer Mitte kam ein Reiter in goldbesetzter Tracht auf einem Schimmel hervor und bahnte sich einen Weg durch die Menge. Er ging geradewegs auf den Herrscher zu, neben dem, als Mann verkleidet, dessen Schwester Kassai stand. Bevor einer der Leibwächter begriff, was vor sich ging, hatte er schon den Säbel gezogen und mit einer blitzschnellen Bewegung dem Herrscher den Kopf abgeschlagen. Er stieg vom Pferd und versetzte dem blutüberströmten, noch zuckenden Körper einen Fußtritt.

Die versammelten Leute standen wie erstarrt. Als erste kamen die Leibwächter wieder zu sich und wollten sich schon auf den Königsmörder stürzen, als Prinzessin Kassai die Maske vom Gesicht riß und sich ihnen in den Weg stellte. »Dieser Reiter ist mein Sohn«, rief sie aus, »er hat den Onkel getötet, um nicht von ihm getötet zu werden. Dem Recht dieses Landes zufolge ist er jetzt euer Herrscher.«

Die Nachricht vom Tode des Herrschers verbreitete sich in Blitzesschnelle durch das ganze Land. Einige Schwestern standen jedoch auf Seiten des ermordeten Bruders. Von unbezwingbarer Wut gepackt, riefen sie aus: »Er hat den König getötet, aber er wird niemals König werden!« Beschwörend wiederholten sie ohne Ende die Worte ›a si tia‹, ›er wird es niemals werden‹.

Mamadu ließ sich durch ihre Worte aber nicht beunruhigen. Dank seiner tüchtigen Reiterschar wurde er zu dem, der er nicht hatte werden sollen. Um den Tanten seine ganze Verachtung zu zeigen, gab er sich ihre beschwörenden Worte als Beinamen Asitia, der im Laufe der Zeit zu Askia verkürzt wurde. Die Menschen anerkannten den neuen Titel und wiederholten ihn freudig selbst in den fernsten Winkeln des Landes.

Die Zeit verging, Mamadu hielt das Ruder fest in seinen Händen. Als er Eroberungszüge begann, kam seine Mutter zu ihm und sagte: »Denke daran, daß dich die Milch der Brust der Sklavin Bargu ernährt hat. Denke daran, daß du niemals Krieg gegen das Land derjenigen führst, die für dich Mutter gewesen ist.« Askia Muhammadu vergaß jedoch die Worte seiner Mutter sehr bald. Aber als er Krieg gegen das Land der Bargu führte, mußte er eine schmerzliche Niederlage hinnehmen.

Kanta, der Herrscher von Kebbi

In alter Zeit lebten die Kebbi in einem fernen Land, in Ägypten. Obgleich der Boden dort fruchtbar und ertragbringend war, machten ihnen die ständigen Reibereien mit den Nachbarvölkern das Leben unerträglich. Nach einer solchen Auseinandersetzung faßte der Führer der Kebbi, Kulai dan Mashiri, ›Kulai, der Sohn von Mashiri‹, den Beschluß, das ungastliche Land ein für allemal mit seinem Volk in Richtung Westen zu verlassen.

Lang und beschwerlich war die Wanderung, sie zog sich über die Regierungszeiten vieler Herrscher hin. Kulai führte sein Volk bis in ein Land, das Fezzan[64] hieß. Sein Nachfolger Sakai und nach ihm Gimba führten die Auswanderer bis zur Oase Ghat an die Grenze des Landes Fezzan. Von dort zogen die Kebbi zur befestigten Stadt Bawa im Hausa-Land Katsina, wo sie einen gewissen Gimba zu ihrem Herrscher wählten. Sein Sohn Makata heiratete die Tochter des Königs von Katsina, und dieser Ehe entsproß Muhammadu, der später Kanta genannt wurde.

Schon in seiner Kindheit zeichnete er sich durch außerordentlichen Mut, Kraft und Entschlossenheit aus. Es verwundert deshalb nicht, daß er, als er erwachsen war, nach der Herrschaft über das gesamte Volk der Kebbi strebte. Kaum hatte er den Thron bestiegen, unternahm er seinen ersten Kriegszug und stieß, ohne daß ihn etwas hindern konnte, ins Land Bornu vor. Zunächst war Gande seine Hauptstadt, bald aber verlegte er sie nach Surame, das zu jener Zeit noch ein kleines Dörfchen war.

Muhammadu war ein ausgezeichneter Ringer und der beste unter den Boxern. Kein Wunder also, daß ihn allenthalben die kräftigsten und mutigsten Männer umgaben, die in ihm ihren Meister sahen. Die abenteuerliche Art, in der Muhammadu die Macht ausübte, versetzte den König von Bornu in Unruhe, der schließlich noch dazu gezwungen war, seine Kräfte mit ihm zu messen. Er nahm zwei seiner Höflinge und begab sich in ihrer Begleitung nach Surame, um den ungestümen Nachbarn zum Zweikampf zu fordern. Zu Beginn, der zugleich das Ende des Zweikampfs werden sollte, wählten sie Ringen. Während sie sich hin- und herwarfen, verließen sie den Kampfplatz und fielen abwechselnd auf das von den Kebbi bewohnte Gebiet. Die Wohnhütten bedeuteten für sie nicht das geringste Hindernis. Eine nach der anderen brach unter dem Aufprall ihrer Körper zusammen. Schon schien es, als würde der Kampf weder einen Sieger noch einen Besiegten kennen, als Muhammadus Hand plötzlich blitzschnell nach oben fuhr und nach der Kehle des Herrschers von Bornu griff. Ein kurzes Knacken war zu vernehmen, und der Gegner fiel tot vor Muhammadu zu Boden.

Muhammadus Krieger folgten seinem Beispiel. Sie stürzten sich auf die Höflinge des Herrschers von Bornu und ihre Begleiter. Ihre Übermacht war so eindeutig, daß die Angegriffenen sich nicht einmal zu verteidigen versuchten. Man ergriff sie und führte sie vor den Herrscher der Kebbi, und dieser befahl ihnen, einen neuen Führer zu wählen. Angesichts der ihnen drohenden Gefahr beschlossen sie einmütig: »Du sollst unser Führer und König von Bornu sein!« – »Von jetzt an will ich nicht mehr Muhammadu heißen. Nennt mich Kanta! Dieser Name soll fortan das höchste Heiligtum für die Leute von Bornu und für die Untertanen der Kebbi sein!« Nach diesen Worten brach Muhammadu Kanta auf nach Gungu, wo sich sein Heerlager befand.

Nachdem Kanta alle Gegner vernichtet hatte, machte er sich an die Ordnung der inneren Verhältnisse des Landes. Zu jener Zeit bestand in Gungu, der Kriegerstadt, ein spürbarer Mangel an Frauen. Aus diesem Grunde kam es oft zu Streitereien und Schlägereien, die sich sehr nachteilig auf die Moral und die Schlagkraft des Heeres auswirkten. Kanta mußte eine strenge, aber die einzig vernünftige Regelung treffen: Er verwies alle Frauen aus Gungu und siedelte sie in den von der Stadt weit entfernten Bergen an. Die Krieger durften ihre Liebsten nur dann besuchen, wenn sie dafür eine Genehmigung erhalten hatten.

Kanta war ein außerordentlich jähzorniger, aber auch stolzer Mann. Er verlangte den ihm gebührenden Ehrerweis selbst von seinen leiblichen Brüdern, doch scherte er sich selber nicht im geringsten um die Würde seiner Untertanen. Wenn er sich nicht auf Kriegszug befand, liebte er es, sich zu vergnügen und gut zu essen. Den größten Gefallen hatte er am Kebbi-Fluß, auf dem er häufig mit einem von fünfzig Ruderern getriebenen Schiff reiste. Die Leute erzählten, Kantas Schiff sei bei Hochwasser in der Nähe der Stadt Birnin Kebbi gekentert.[65]

Die Geschichte vom Helden Faran

Kobe Taka bestieg den Thron zum Zeitpunkt des Todes seines Vaters, und das soll der Tag seiner Geburt gewesen sein! Eines Tages rief Mutter Kobo den Führer der Sorko zu sich und sagte ihm: »Schaffe Eisen herbei und befiehl den Schmieden, für meinen Sohn einen Wurfspieß zu schmieden. Er soll sich im Fischfang üben. Ein Sorko, der nicht in seiner Jugend lernt, die Harpune zu werfen, wird diese Kunst nicht beherrschen, wenn er erwachsen ist.«

Die Sorko schafften viertausend Eisenstücke herbei, schmolzen sie ein und gossen daraus eine einzige Harpune. Dann fällten sie drei riesige Bäume, banden sie aneinander und machten daraus den Harpunenschaft. Dann gebot die Mutter dem Sohn, die Waffe zu nehmen, doch der junge Kobe Taka warf sie auf die Erde und brach in Tränen aus. »Wenn mein Vater noch lebte, hätte er zu mir gesagt: ›Nimm diese Nadel und stecke sie in einen Strohhalm‹« schluchzte er. »Du hast recht, mein Sohn!« versuchte ihn die Mutter zu beruhigen. »Nimm trotzdem einstweilen das, was dir die Sorko anbieten.«

Kobe Taka zögerte einen Augenblick, nahm dann die Harpune und begann Fische zu fangen. Er wanderte von einem am Niger gelegenen Dorf zum anderen und ernährte sich von dem, was er fing. Zum Frühstück pflegte er gewöhnlich fünf Nilpferde zu verspeisen! Eines Tages, als er den Fischfang schon über hatte, kehrte er nach Gao zurück und sagte zu seiner Mutter: »Ich werde jetzt sehr weit fortgehen. Ich will meine Kräfte messen, und daher will ich losziehen und jemanden suchen, der mir ebenbürtig ist. Derjenige, der mich besiegt, soll mein Herr werden!«

Tagelang wanderte er umher und kam in viele Städte, doch nirgends fand er einen, der ihm an Kraft gleich war. Schließlich gelangte er ins Land der Hausa, wo einer der Bewohner zu ihm sagte: »Wenn du jemanden suchst, der dir ebenbürtig ist, dann zieh ins Land Gurma. Dort lebt die mächtige Fatimata mit ihren drei Söhnen. Niemand hier hat je eine solch große Frau gesehen! Wenn sie in den Schlaf sinkt, dann ist ein Jahr für sie wie eine Nacht. Ihre Söhne sind vortreffliche Jäger. Auf jeder Jagd töten sie mit einer Hand dreihundert Elefanten.«

Kobe Taka brauchte keine weitere Aufmunterung. »Ich werde ins Land Gurma gehen!« rief er aus und machte sich unverzüglich auf den Weg. In Gurma angekommen, richtete er seinen Schritt geradewegs auf Fatimatas Gehöft und fing mit ihr ein Gespräch an. In diesem Augenblick ließ einer ihrer Sklaven ihr Kleid zur Erde herabfallen, dessen Saum auf Kobe Taka fiel und ihn bedeckte. Dem Armen wurde die Luft knapp. Obgleich er aus Leibeskräften schrie, hörte niemand seine Stimme. Er wäre ganz sicher gestorben, wenn Fatimata nicht gewesen wäre. »Wo ist mein Gast geblieben?« fragte sie und gebot dem Sklaven, ihr Kleid hochzuheben. »Hier, hier ist dein Gast, Herrin!« rief da der Sklave verwundert aus.

Beschämt wollte Kobe Taka nicht eingestehen, daß er nur knapp mit dem Leben davongekommen war. Als er sich gefaßt hatte, erklärte er, ein kleines Schläfchen gemacht zu haben. »Ich suche jemanden, mit dem ich mich messen kann«, sagte er laut und vernehmlich, nachdem er zu seiner Dreistigkeit zurückgefunden hatte. »Im Wald sind meine Söhne, geh zu ihnen!« erwiderte Fatimata mit einem Lächeln.

Bereitwillig befolgte Kobe Taka ihren Rat. Zuerst traf er Akhali, den ältesten Sohn, und bot ihm seine Hilfe an. Der aber sah ihn von oben herab an und schickte ihn zu seinem jüngeren Bruder Ahambala. Doch auch Ahambala war nicht bereit, auf Kobes Angebot einzugehen, und schickte ihn weiter zum jüngsten Bruder, der Bokoliten hieß. Der musterte ihn und sagte dann: »Also gut, nimm hier meine Sandalen!« Vergeblich mühte sich Kobe Taka und geriet außer Atem. Er konnte die Sandalen nicht vom Fleck bewegen. Rot vor Scham, floh er nach Gao zurück.

Dort heiratete er, doch bald zog er wieder nach Gurma, um Fatimata zu töten. Er kam gerade recht, denn Fatimata schlief tief, hingestreckt auf die Erde. Er ergriff seinen Speer und begann sie damit zu stechen. Er tat das den ganzen Tag über, doch Fatimata wachte nicht einmal auf davon. Unterdessen waren die Söhne nach Hause gekommen. Als sie sahen, was da vor sich ging, brachen sie Kobe das Genick.

Als die Sorko vom Tod ihres Herrschers erfahren hatten, rüsteten sie zum Rachezug gegen Gurma. Ihnen entgegen trat Akhali, der älteste Sohn. Als sie sich ihm näherten, schlug er mit einem Stock nach ihnen und tötete mit einem Schlag tausend Sorko-Fischer, der Rest stob auseinander und flüchtete Hals über Kopf nach Gao zurück.

Die Sorko verließen ihre Stadt erst wieder zu jenem denkwürdigen Ereignis, das Ngasas Entbindung war. Ngasa war die Frau ihres tragisch ums Leben gekommenen Herrschers. Die Kunde von der Geburt eines Prinzen erfüllte die Herzen der Sorko mit Freude und Zuversicht. Jetzt hatten sie den ersehnten Thronfolger. Ohne lange zu warten, töteten sie viele Tiere und bereiteten das Fest der Namensgebung vor. Sie beschlossen, ihrem künftigen Herrn den Namen seines berühmten Großvaters zu geben, der Faran lautete.

Als Faran etwas älter geworden war, spielte er oft mit anderen Kindern. Wann immer es zu einer Rauferei kam, setzte er ihnen arg zu. Darüber beleidigt, ärgerten sie ihn, indem sie ihn an den unrühmlichen Tod seines Vaters erinnerten. Aufgeregt rannte Faran daraufhin einmal zu seiner Mutter und fragte: »Ngasa, meine Mutter, sag mir die Wahrheit. Stimmt es, daß Fatimata meinen Vater erschlagen hat?« – »Lüge, gemeine Lüge!« verneinte Ngasa. »Kein Mann von den Gurma war imstande, deinem Vater die Stirn zu bieten, ganz zu schweigen von einer schwächlichen Frau.«

Jahre vergingen. Eines Tages erschien Faran wieder bei seiner Mutter und erklärte ihr: »Ngasa, meine Mutter. Es komme, was mich erwartet. Morgen werde ich ins Land der mächtigen Fatimata aufbrechen, von der man immer lauter reden hört!« – »Faran«, sagte Ngasa mit ruhiger Stimme, »ich sage dir nicht: Geh! Ich sage dir aber auch nicht: Geh nicht! Doch frage zuvor deine Schutzgötter«, riet sie. Faran befand den Rat der Mutter für richtig und begab sich zu den Göttern Karmankoya, Marmankoya und Kayankoya. »Tu, was du dir vorgenommen hast. Doch mußt du noch ein wenig warten!« lautete die Antwort. Die Götter hielten ihn sieben Tage lang auf und dann noch einmal sieben Tage. Schließlich unterwiesen sie ihn, wie er sich zu verhalten hätte. Faran verabschiedete sich herzlich von seiner Mutter und zog los.

Sein treuer Diener Albarka Babata stieß Farans Boot ins Wasser, und als er hineingesprungen war, ruderten sie schnell stromabwärts. Das Land Gurma erreichten sie zu jenem Zeitpunkt, als Fatimata gerade ein neues Lager aufgeschlagen hatte. Sie hatte einen Schlauch genommen und war an den Fluß gegangen, um ihn mit Wasser zu füllen. Mit dem rechten Fuß stand sie an dem einen Ufer des Flusses, mit dem linken Fuß am anderen. Als sie sich nach vorn beugte, um Wasser zu schöpfen, löste sich ein Zipfel ihres Gewandes, in das sie gehüllt war. Gerade in diesem Augenblick näherte sich ihr das Boot. Faran lag auf dem Boden und ruhte, während seine Männer beharrlich ruderten und dabei nicht bemerkten, daß sie durch Fatimatas Schoß fuhren und sich in ihrem Bauch wiederfanden. Auch Fatimata hatte die Anwesenheit der ungebetenen Gäste nicht wahrgenommen. Erst als das Boot anhielt, weil es an ihr Herz angestoßen war, weckten die Ruderer Faran auf: »Steh auf! Wir haben das Ende des Flusses erreicht!« – »Seid ruhig, ihr Taugenichtse!« brummte Faran zornig. »Bis zum Ende des Flusses ist es noch sehr weit. Einstweilen habt ihr das Ende von Fatimatas Bauch erreicht!«

Als sie daraufhin beschämt zwischen Fatimatas Beinen herausruderten, rief ihr Faran zu: »He, Fatimata! Du Ungläubige, die du zu Gott nicht betest und seinen Propheten nicht kennst! Mach Platz, daß ich ungestört vorbeifahren kann!« – »Ich gehe erst weg, wenn mein Wasserschlauch gefüllt ist«, entgegnete sie herausfordernd. Erzürnt sprang Faran ans Ufer, griff nach einem Ende des Schlauchs und wollte daran ziehen, um Fatimata auf diese Weise ins Wasser zu stürzen. Fatimata zog aber gleichzeitig am anderen Ende, und so zerriß der Wasserschlauch mittendurch in zwei Teile. »Dafür wirst du bestraft«, schnaubte sie vor Wut, »das Auge, das dich zu sehen pflegte, soll dich nicht mehr sehen.«

Faran ergriff die Harpune, schleuderte sie gegen Fatimata und durchbohrte sie. Die Frau zog die Harpune aus ihrem Leib und warf sie gegen Faran zurück, der aber noch rechtzeitig zur Seite springen konnte. Der nächste Schlag warf Fatimata zu Boden. Da stürzten sich Farans Ruderer auf sie und trampelten sie zu Tode.

Farans gewaltige Harpune tötete auch die Söhne der Fatimata. Faran hatte beschlossen, Fatimata Tigil zur Frau zu nehmen, deren Mutter der Reihe nach alle Männer, die um die Hand ihrer Tochter angehalten hatten, töten ließ. Faran wußte davon, doch er konnte seine heiße Liebe nicht bezwingen. Durfte er sein Schicksal noch einmal herausfordern?

Der Versuch von Farans künftiger Schwiegermutter, den Schwiegersohn zu vergiften, mißlang. Das in Honig gemischte Gift gelangte durch einen Zufall in den Magen von Farans Ruderern, doch durch magische Kräfte war ihr Herr imstande, den Tod von ihnen zu nehmen.

Trotz des Einspruchs der Mutter gab Fatimatas Vater sie Faran zur Frau. Er tat es aus Angst vor dem Schwiegersohn, der vor ihren Augen einen Teil seiner Macht bewiesen hatte. Er hatte eine Mauer umgestürzt, unter seinem Druck war eine aus getrockneten Ziegeln gebaute Hütte zusammengebrochen, und ein Affenbrotbaum war durch die Stärke seiner Hand gewichen. Die Mutter des Mädchens gab jedoch noch nicht auf. Sie reichte der Tochter ein Teufelspulver, das sie den Gewürzen beimischen sollte, doch auch dieses Vorhaben scheiterte.

Da schickte Farans Frau, die ihren Mann haßte und seinen Tod herbeisehnte, ihn los, um Flußpferdfett zu holen. Das Flußpferd galt bis dahin als unbesiegbares Tier. Faran hatte keine Furcht vor der Begegnung mit diesem Tier. Bevor er jedoch losging, warnte er seine Frau, denn wenn er ums Leben käme, würde sie von seinen Freunden getötet werden. Würde er hingegen das Nilpferd töten, dann würde er sie eigenhändig umbringen.

Faran ging aus diesem Kampf als Sieger hervor und führte aus, was er seiner Frau angedroht hatte.

Die Legende von König Fono

Einer der Herrscher, Fono, weilte in Gurao und regierte von dort das ganze Land. Immerzu wiederholte er, daß er nicht seinesgleichen habe. Jeden Morgen, bevor er auf Jagd ging, brüstete er sich vor seinen Untertanen, den Sorko-Fischern. Er erlegte dreihundert Flußpferde und fing ebenso viele andere Lebewesen, die in den Tiefen des Niger zu Hause waren. Dann pflegte er zu sagen: »Alle sollen herkommen, um zu sehen, was ich heute gefangen habe. Man soll überall verkünden, daß ich, Fono, nicht meinesgleichen habe, daß ich, Fono, alle Sorko übertreffe an Schönheit, Zahl der magischen Amulette, an Geschicklichkeit und Schnelligkeit.« Und fast jedes Mal rühmte er sich auch, über siebenhundert Dörfer Macht auszuüben, und daß keine Sorko-Frau einen ihm Gleichen geboren hat und gebären wird.

König Fono hatte zwei Frauen. Die eine hieß Nana Laburu, die andere Wende Nkosa. Die zweite liebte ihn nicht, und oft sagte sie zu ihm: »Laß mich in Ruhe! Es gibt einen anderen Sorko-Mann, der wichtiger ist als du und dich in jeder Hinsicht überragt. Er heißt Faran, wohnt in Gao, und seine Macht reicht viel weiter als die deine.« Obgleich Nana Laburu versicherte, daß die andere Frau lügt, quälte ihn in seiner Eitelkeit die Ungewißheit, bis er schließlich seine Untertanen versammelte und ihnen den Befehl erteilte: »Macht mir dreihundertdreiunddreißig Boote fertig. Ich habe beschlossen, mich mit jenem Sorko-Mann zu messen, der in der Stadt Gao herrscht.«

Die Sorko begaben sich unverzüglich in den Wald, fällten Bäume, schafften sie ins Dorf und machten sich eifrig an die Arbeit. Bald schon waren die Boote fertig. Fono befahl, Verpflegung einzuladen, und teilte die Besatzungen ein. Als alles vorbereitet war, ließ er ablegen und in Richtung Gao fahren. Wenig später rief er seinen Sohn Mahmani und gebot ihm, die Waffen in sein eigenes Boot zu legen. Auch einen Topf und einen Herd lud er ein, anschließend sprang er in das sich langsam entfernende Boot.

Die Fahrt verlief schnell und sehr fröhlich, bis die Vorräte aufgezehrt waren. Die hungrigen Ruderer wandten sich daraufhin an Fono: »Herr, wir sterben vor Hunger. Niemals werden wir bis zu diesem verfluchten Gao kommen!« – »Ich werde nicht umkehren, bevor ich nicht meine Kräfte mit jenem Sorko-Mann gemessen habe«, entgegnete Fono erbost. Er befahl, ihm eine Harpune zu bringen, setzte sich an die Spitze des Bootes und begann mit seinen Augen die Flußtiefen zu ergründen. Da erblickte er einen großen Hendyere-Fisch und schleuderte im selben Augenblick die Harpune nach ihm. Sogleich kamen die Ruderer und griffen nach dem Harpunenschaft. Sie zogen und stemmten sich mit den Füßen gegen das Boot, so kräftig, daß der Schaft brach. Aber es gelang ihnen, den Fisch mit ihren Händen ans Ufer zu ziehen. Sie nahmen den Fisch aus und zerteilten ihn. Damit beluden sie dann die Boote.

Als alles fertig war, sprang Fono ans Ufer, nahm eine Axt zur Hand und sagte, daß er in den Wald gehen wolle, um einen neuen Harpunenschaft zu beschaffen. Kaum hatte er es gesagt, verschwand er schon im dichten, finsteren Wald und schaute sich nach einem entsprechenden Baum um. Plötzlich sah er einen Ameisenhügel auf seinem Wege, unter dem ein Python auf seinen Eiern lag. Als die Schlange den Menschen erblickt hatte, erhob sie sich und verwandelte sich in ein junges, hübsches Mädchen. Von ihrem Anblick geblendet, rief Fono nach seinem Sohn, damit er ihm den Beutel mit seinen Prachtgewändern brächte. Er zog sich schnell um, wandte sich an das Mädchen und fragte: »Jungfrau, gefalle ich dir?« – »Du gefällst mir überhaupt nicht. Laß mich in Ruhe!« antwortete das Mädchen freimütig. »Wenn du mich nicht magst, nehme ich dir deine Eier weg und zerbreche sie«, drohte Fono. Dann nahm er seinen Korb, legte die Eier hinein und befahl, sie ins Boot zu bringen. Er selbst ging weiter und schaute sich nach einem Baum um.

Unterdessen war der Python auf kürzestem Wege weitergekrochen und erschien nach einer Weile von neuem auf Fonos Weg, diesmal in Gestalt eines Harpunenschafts. Er hatte sich in einen schönen Baum verwandelt. Aufmerksam betrachtete Fono den Baum, der in seiner Phantasie zu einem vorzüglichen Schaft wurde. »Kein Sorko hat jemals etwas Ähnliches gefunden«, rief er erfreut aus. Doch dann zögerte er einen Augenblick und überlegte: ›Ich werde diesen Baum wohl trotzdem nicht nehmen. Das ist sicher eine Zauberei des Pythons, der mich für die weggenommenen Eier bestrafen will.‹ – »Sorko aus Gurao«, rief die erkannte Schlange aus, »ich werde dir nicht folgen. Bevor du Gao erreichst, muß einer von uns umkommen.«

Fono ging zu seinem Boot zurück, legte sich zur Ruhe und sagte zuvor noch zu seinem Sohn: »Mahmani, achte auf die Ruderer! Es ist nicht ausgeschlossen, daß sie den Python erblicken, der sich in eine ihre Begier erwekkende Sache verwandeln kann. Sie dürfen sie nicht anrühren, sonst kommen ich und mein Volk ums Leben.« Die Warnung erwies sich als nicht unbegründet. Kaum hatten sie vom Ufer abgelegt, zeigte sich Fonos Dienern ein prächtiges Ruder, das auf den Wellen schaukelte. Mahmani paßte jedoch auf. Er ließ nicht zu, daß jemand dieses schöne Ruder anfaßte, das in Wahrheit sehr gefährlich war.

Die Schlange gab jedoch noch nicht auf und verwandelte sich bald darauf in einen Busch, der über und über mit reifen, herrlichen großen Brustbeeren bedeckt war. Mahmanis Warnungen nutzten nichts. Die Ruderer stürzten sich auf die Beeren und taten sich an ihnen gütlich, bis sie sich satt gegessen hatten. Sogleich erblindeten die einen, die anderen bekamen Bauchschmerzen, wieder anderen schmerzte der Kopf oder taten die Arme weh.

Bestürzt weckte Mahmani den Vater und erzählte ihm die ganze schreckliche Geschichte. »Beruhige dich«, sagte Fono leise, »mich bezwingen keine Zauberkünste.« Dann nahm er seinen Beutel, schüttete Holzasche heraus und mischte sie mit Wasser. Diese Mixtur ließ er seine Ruderer trinken, die davon auch völlig gesundeten. Anschließend gab Fono Befehl, sich wieder in Richtung Gao auf den Weg zu machen.

Unterdessen hatte der Herrscher von Gao, Faran, erfahren, daß am nächsten Tag ein Sorko aus Gurao in seiner Stadt erscheinen werde. Er rief seine Ruderer mit Albarka Babata an der Spitze zu sich und teilte ihnen mit: »Es hat mich die Kunde erreicht, daß Fono zu uns kommt. Rudern wir ihm also entgegen!« Dann sprang er in sein Boot, dreihundertdreiunddreißig Ruderer folgten ihm. Schnell und beinahe geräuschlos glitten sie über die ruhigen Wasser des Niger dahin, bis am Horizont Fonos Boote auftauchten. Faran und seine Leute ruderten an das rechte, Gurma genannte Nigerufer, Fono hingegen an das Hausa genannte, linke Ufer. Nachdem sie einander begrüßt hatten, überquerten Faran und seine Leute den Fluß und näherten sich Fonos Booten. Während sie weiter Grußformeln austauschten und Allah priesen, erhob sich aus dem Fluß ein gewaltiges Flußpferd, aus dessen Rachen Feuerflammen loderten.

»Mein Bruder«, ließ sich Fono vernehmen, »sag mir, was ist das für ein Flußpferd?« – »Dieses Flußpferd ist heilig; seit Generationen weilt es in dieser Gegend«, antwortete Faran andächtig. »Ach, so ist das, Faran«, rief Fono aus, »du bist ein Ungläubiger, denn du kennst Allah und seinen Propheten nicht, beachtest die Gebetszeiten nicht, fastest nicht und gibst keine Almosen. Wenn du nicht sofort das Flußpferd tötest, bringe ich dich um und rotte deinen gesamten Stamm aus.« – »Ich mache schon, was du verlangst«, flüsterte Faran aus Angst, daß sich die entsetzliche Drohung erfüllen würde. Er ergriff die Harpune und schleuderte sie gegen das Flußpferd, doch er verfehlte das Ziel. Das Feuer, das aus dem Rachen des Tieres loderte, verbrannte den Harpunenschaft, und die Spitze fiel ins Wasser. Nun erhob sich Fono, stellte sich aufrecht hin, griff seine Harpune und schleuderte sie los. Das getroffene Tier tobte vor Schmerz im Wasser. »Nun, niemand ist bisher geboren worden, der mir ebenbürtig wäre und – er wird auch niemals geboren werden. Ich überrage jeden Sorko in dreierlei Hinsicht: Ich bin der Geschickteste, der Schönste und bin Herr über die stärksten magischen Kräfte«, ließ er seiner Prahlsucht freien Lauf. Dann wandte er sich an seine Ruderer und sagte: »Ihr seid meine Zeugen, daß ich mich mit Faran gemessen und ihn besiegt habe.«

Das erzürnte den stolzen Faran. Er nahm eine neue Harpune und warf sie auf das Tier. Doch statt in den Körper des Tieres einzudringen, landete die Harpune wiederum im Wasser. Dreimal wiederholte sich dieses Schauspiel, und dreimal ging Fono als Sieger hervor. Dann rief er den Sohn seines Gegners und sagte zu ihm: »Auch du bist Zeuge, daß ich mich mit deinem Vater gemessen und ihn besiegt habe.« Als Bande Ntumani diese Worte hörte, begann er zu weinen und schluchzte, während er sich die Tränen abwischte: »Mein Vater, Gao, alle Leute des Landes werden dich verachten. Wie konntest du einem Sorko-Fischer aus Gurao unterliegen?«

Vor Wut kochend, nahm Faran noch einmal eine Harpune, sprang auf seine Beine, prüfte das Gewicht der Harpune in seiner Hand und warf sie dann mit ganzer Kraft. Diesmal durchbohrte die Harpune den Körper des Flußpferdes im Fluge. Fono griff nach Farans Harpune und rief aus: »Das Flußpferd wird nicht sterben!« – »Es wird doch sterben!« entgegnete Faran. So ging es noch eine Weile hin und her, bis Faran schließlich außer sich geriet und den Fluß anrief. In einem Augenblick versammelten sich die Wasser an einem Fleck, um ihn anzuhören. »Ich schwöre, daß ich euch zu ausgedörrter Erde mache, wenn ihr Fono und seine Boote nicht verschlingt«, drohte er. Daraufhin bot der Fluß alle seine Wasser auf und verschlang den prahlerischen Fono samt seinen dreihundertdreiunddreißig Booten und Ruderern. Faran zog daraufhin das Flußpferd aus dem Wasser, legte es in sein Boot und versetzte ihm den Todesstoß. Dann wandte er sich noch einmal mit einer Warnung an den Fluß: »Wenn Fono jemals wieder auftauchen sollte, werde ich dich austrocknen.« Anschließend kehrte er ins heimatliche Gao zurück.

Fulbe

Tyanaba, der erste Hirt auf der Erde

Gott Geno ist der Besitzer aller Herden der Fulbe. Hüter der göttlichen Rinder auf Erden ist ein übernatürliches Wesen namens Tyanaba. Es hat die Gestalt einer riesigen Schlange, und seinen Körper bedecken sechsundneunzig Schuppen, diese Zahl entspricht den den Fulbe bekannten Farbmischungen bei Rindern. In kleiner Gestalt ist Tyanaba in Begleitung der zweiundzwanzig ersten Kühe, die Gott Geno seiner Obhut anvertraut hatte, aus dem ›Salzwasser‹ genannten Meer gestiegen. Dann kroch dieses Wesen in den Senegal und schwamm gegen den Strom dieses Flusses. Nachdem es den Senegal verlassen hatte, begab es sich weiter zu Lande bis zu den Nigerquellen und heiratete dessen Strömung. Nach seiner Ankunft in der am Niger gelegenen Stadt Bafulabe[66] gab es sich den Namen Nikinanka.

Zu jener Zeit war Tyanaba-Nikinanka noch ein hilfloses und unbeholfenes Wesen. Ein gewisser Ilo hatte damals Mitleid mit ihm und veranlaßte seine Mutter, dieses Wesen in die Familie aufzunehmen. Von dieser Zeit an zählte Tyanaba als dessen Zwillingsbruder. Damals vermehrten sich die Rinder so schnell, daß Tyanaba mit ihnen nicht mehr fertig wurde. Er vertraute sie daher der Obhut seines ›Stiefbruders‹ Ilo an, der ihn nun überallhin begleitete und half, die Rinder zu hüten. Sie zogen stromabwärts den Niger entlang.

Tyanaba hatte volles Vertrauen zu Ilo und übertrug ihm immer neue Aufgaben. Zuvor jedoch warnte er ihn vor einem; er verbot ihm mit aller Entschiedenheit, sich einer Frau zu nähern, die einen gelben Körper und rote Augen hätte sowie ohne Brüste wäre. Zwischen beiden war alles in Ordnung, bis sie nach Sama kamen. Jeden Tag ging Ilo in die Stadt, und während der Tänze lernte er eines Tages eine Frau kennen, deren Äußeres genau der Beschreibung entsprach, die ihm Tyanaba gegeben hatte.

Ilo verliebte sich in diese Frau und verlobte sich mit ihr. Nachdem er Tyanaba verschiedene Andeutungen gemacht hatte, besorgte er die üblichen Geschenke für die Frau und deren Eltern. Da erinnerte ihn Tyanaba an das Verbot und das Versprechen, das ihm Ilo gegeben hatte, aber es war zu spät! Bald zog Ilo aus der Hütte des Freundes aus und richtete sich in der Hütte der Frau ein.

Dreimal täglich – morgens, mittags und abends – füllte Ilos junge Frau vier Kalebassen mit Milch, die sie dann zu Tyanaba schickte. Von Zeit zu Zeit kam eine Alte zu ihr, um der jungen Frau die Haare zu legen. Bei ihrem dritten Besuch fragte die Alte: »Wohin schickst du die viele Milch?« Ilos Frau erklärte ihr, daß sie sie ihrem Schwager schicke. »Hast du ihn jemals gesehen?« fragte die Alte weiter. »Nein, ich habe ihn nicht gesehen, ich soll es nicht tun. Mein Mann sagt mir, es ginge hierbei um unser Glück.« – »Oh, du Dumme!« rief die Alte aus, »nur Frauen, die in ihre Männer verliebt sind, können so dumm sein. Ganz sicher hat er sich eine zweite Frau genommen!«

Die Worte der Alten erregten in Ilos Frau mancherlei Zweifel und gaben Anlaß zu vielen Gedanken. Es war Montag, und Ilo begab sich wie gewöhnlich auf den Markt. Seine Frau nutzte diese Gelegenheit, lief zu Tyanabas Haus und schaute durch ein Loch in der Wand hinein. Ihr Blick begegnete Tyanabas durchdringenden Augen. Das war zuviel! Tyanaba schwoll vor Zorn an und wurde immer dicker, bis die Hütte in Stücke barst. Er begab sich zum Fluß, und alle Rinder folgten ihm. Ilo konnte ihn nicht aufhalten. Vergeblich rannte er der Herde nach, die ihm nicht die geringste Aufmerksamkeit schenkte.

Nachdem sich Ilo einige Tage vergeblich gemüht hatte, fand Tyanaba Mitleid mit dem Unglücklichen und sagte zu ihm: »Nimm diesen Stock Nelbi und schlage damit den Rindern auf die Hörner.« Wann immer Ilo die Hörner eines Tieres mit dem Stock berührte, blieb es stehen und kehrte folgsam um. Auf diese Weise gewann Ilo nach und nach seine Herde zurück.

Tyanaba war unterdessen durch das Masina genannte Land gezogen und hatte den See Debo erreicht. Hier schloß er einen Bund mit dem Geist Ga, der in diesem See herrschte. Der Geist Ga nahm Tyanaba als Gast auf. Mit der bei ihm verbliebenen Herde tauchte Tyanaba im Wasser des Sees unter, durchquerte ihn, indem er am Grunde entlangzog, und kam an der anderen Seite wieder heraus. Dann begab er sich zum See Oro und beschloß dort sein Leben.

Die Geschichte von den Bororo-Hirten

Ein Mann namens Pullo hatte sich einige Kühe angeschafft, was seinen Nachbarn so wenig gefiel, daß sie ihn aus der Fulbe-Siedlung wegjagten. Eines Tages erschien ihm ein Wassergeist und sagte ihm, daß er für ihn große Reichtümer erwerben würde, um die ihn selbst diejenigen, die ihn davongejagt hatten, beneiden würden, aber er müsse seine Befehle befolgen. Manche erzählen, er habe alle Tiere füttern sollen und als Belohnung dafür eine Rinderherde bekommen. Andere behaupten, der Geist habe ihm befohlen, geduldig am See zu warten, bis aus ihm Rinder aufsteigen würden, die Quelle seines zukünftigen Reichtums. Anschließend befahl ihm der Wassergeist, die Herde in der Savanne zu weiden, doch niemals zu vergessen, bei Einbruch der Abenddämmerung Feuer anzuzünden, denn sonst könnten die Tiere wieder wild werden und auseinanderlaufen.

Kumen, der Zauberer

›Ich bin Kumen mit den verschiedenen Gesichtern. Ich bin ein Staub aufwirbelnder Sturm und eine hohe Wälder versenkende Flut. Ich habe Macht über den Menschen und tauche ihn in das Sonnenbad. Ich flüstere ihm ins rechte Ohr den verborgenen Namen der Kühe. Ich verrate ihm die magischen Worte, die die Herden vergrößern und die Milch der Kühe zur rechten Zeit fließen lassen. Ich bin Kumen, der dem Schüler an seiner Zunge zu saugen erlaubt.

Mich kennt der Schöpfergott Geno. Er machte mich zu einem ewigen Kind. Mir gehorcht die Erde. Ich kam vom Himmel herab, als die Wasser brodelten und mit der Erde, der Mutter der Weiden und Äcker, schwanger gingen. Ich bin Kumen, der Zauberer. Ich verwandele die Tiere mit hohem Widerrist und krummen Buckeln in fette, schön anzuschauende Rinder. Wenn mich die Wut packt und ich die Herde anhauche, dann verwandele ich sie in Büffel oder fege sie vom Angesicht der Erde hinweg.

Ich bin Kumen mit einem ehrwürdigen Bart. Meine Worte sind bestimmt für feine Geister und treffen in feinfühlige Herzen. Ich bin der Eigentümer des Mörsers zum Zerkleinern des magischen Staubes, der über dem Feuer, das gegen die Einfältigen lodert, verbrennt. Ich bezaubere durch die Kraft der Straußenfeder und seines Eis, das lange im Nest lag und nicht geplatzt ist. Ich spreche mit den Tieren, und die Wurzeln der Pflanzen offenbaren mir ihre Geheimnisse. Das Murmeln der Wasserquellen, das Rauschen der Blätter an den Bäumen, die Strahlen eines hellen Sterns – alles verrät mir seine Geheimnisse.‹

Die Herkunft der Fulbe

Vor sehr langer Zeit gab es einen Araber, der Okwa hieß. Der Prophet Muhammad sandte ihn ins Land Futa Djalon, damit er die Leute dort den Koran lehrte, die Gebete, das islamische Recht und die Gotteslehre. Damals lebten in der Hochebene Futa Djalon Menschen, die ihre Abstammung auf Mose zurückführten. Sie waren Untertanen des mächtigen Herrschers des Königreiches Mali.

Als Okwa am Hofe des Königs von Futa Djalon angelangt war, traf er dort Menschen, die im ›Koran des Mose‹ bewandert waren. Er ließ sich davon nicht beeindrucken und machte sich sofort daran, sie den Koran des Propheten Muhammad zu lehren, und alle fanden Gefallen an ihm. Zur Belohnung gab der König von Futa seine eigene Tochter dem gelehrten Araber zur Frau. Bald schon hatten er und sein ganzer Hof die Lehre des Propheten Muhammad angenommen.

Nur die Königstochter, Okwas Frau, war nicht imstande, die Verse und Suren des Korans zu beherrschen. Vielleicht deshalb, weil sie nicht erfreut war über ihr kümmerliches Dasein in der armseligen Hütte ihres Mannes, die sich weit ab von der Stadt im finsteren Busch befand. Vielleicht aber auch deshalb, weil sie nicht ertragen konnte, daß die Haut ihres Mannes hell war. Aus diesem Grunde floh sie auch häufig in den Palast ihres Vaters.

Nachts hatte Okwa die Angewohnheit, ein großes Feuer zu entzünden. Dann versammelten sich die Menschen, und beim Schein der Flammen lasen sie im Heiligen Buch. Nur die Königstochter fiel in dieser Zeit stets in Schlaf. Eines Nachts, als die Menschen schon auseinander gegangen waren, wachte Okwas Frau auf, blickte zum verlöschenden Feuer hinüber und sah in der Asche eine Kuhherde. Von diesem Anblick entsetzt, rannte sie schreiend zur Hütte ihres Mannes. »Was hast du?« fragte er verwundert. »Ich habe etwas Schreckliches gesehen«, schluchzte sie. »Beruhige dich doch«, antwortete Okwa liebevoll und ging mit ihr schlafen. Seitdem widmete sie sich mit großem Fleiß dem Lesen des Korans. Weil sie schwanger war, verbrachte sie die Nächte nicht in der Hütte ihres Mannes, sondern kehrte stets in den Palast ihres Vaters zurück.

Bald bemerkte auch ihr Vater, daß sie sich verändert hatte. Eines Tages fragte er sie: »Wer ist der Vater deines Kindes?« – »Mein Mann Okwa«, antwortete sie. »Wie ist das möglich? Erst mochtest du ihn nicht, weil er eine helle Haut hat«, wunderte sich der König von Futa Djalon. »Doch was soll's. Das ist deine Sache. Bis zu deiner Niederkunft kannst du im Palast bleiben.

Dann werde ich Geschenke einpacken und dich ins Haus deines Mannes zurückbringen«, sagte er.

Als die Zeit gekommen war, brachte die Königstochter ein Mädchen zur Welt. Ihr Vater gab Okwa sofort davon Nachricht und fragte, welchen Namen er seinem Kind geben möchte. »Nennt sie Mirjam«, bat er. Zwei Monate nach der Entbindung bereitete der König ein großes Festmahl, anschließend schickte er die Tochter mit dem Kind zu Okwa.

Zwei Jahre waren vergangen. Mirjam wuchs gesund heran, und deshalb beschloß die Mutter, sie zu entwöhnen. Wieder vereinigte sie sich mit ihrem Mann, empfing und gebar nach neun Monaten einen Jungen. Okwa nannte ihn Muhammad.

Mirjam hatte sich zwar sehr gut entwickelt, aber sie konnte nicht ein Wort sprechen. Sie lauschte nur der arabischen Sprache des Vaters, als ob sie bemerkte, daß sie sich von der Sprache der Mutter unterschied. Muhammad war unterdessen ein Jahr alt geworden, und die Mutter trug ihn nicht länger auf ihrem Rücken, wenn sie sich zum entfernten Fluß begab, um Wasser zu holen. Sie vertraute den Sohn der Obhut Mirjams an.

Eines Tages, als die Mutter nicht zu Hause war und das Mädchen sich mit dem weinenden Kleinen nicht zu helfen wußte, sprach sie ihre ersten Worte: »Mohaman Sambo, tata woya, dyeda! Dada dili diam o ton worra!«, ›Weine nicht, Muhammad, beruhige dich. Die Mama ist Wasser holen gegangen und wird gleich wiederkommen.‹ Und wirklich, während Mirjam ihren Bruder beruhigte, kehrte die Mutter zurück und hörte alles. Zuerst freute sie sich sehr, doch als sie aufmerksam hinhörte, verstand sie die Worte der Tochter nicht und wurde ganz traurig. Schnell lief sie zu ihrem Mann, um ihm alles zu erzählen, doch im entscheidenden Augenblick fehlte ihr der Mut.

Nach einiger Zeit hörte sie erneut, daß ihre Tochter sprach. Beim dritten Mal hielt sie es nicht mehr aus und lief wieder zu Okwa. »Unser Töchterchen kann sprechen! Ich habe gehört, wie es redet, und das schon dreimal. Es hat in einer mir unbekannten Sprache gesprochen.« – »Und was soll ich tun, damit auch ich sie reden höre?« fragte Okwa. »Warte ein wenig, bald gehe ich Wasser holen. Verstecke dich dann in der Nähe der Hütte, damit du alles hören kannst.«

Wie sie ausgemacht hatten, ging die Mutter Wasser holen, und Okwa versteckte sich. Bald begann Muhammad zu schreien, und Okwa hörte deutlich die Stimme der Tochter: »Mohaman Sambo, tata woya, dyeda.« – »Das ist doch die Ful-Sprache«, stellte er nicht ohne Verwunderung fest, doch fast im selben Augenblick fing er an zu klagen und zu jammern. Als seine Frau ihn fragte, schrie er nur und betete zu Allah. Dann rannte er aus dem Hause, rief nach seiner Frau und seinem Sklaven Djana und fragte sie: »Wißt ihr, welche Sprache sie spricht?« – »Wir wissen es nicht«, gaben sie zur Antwort. »Das ist die Ful-Sprache«, rief er aus und begann wieder schrecklich zu weinen. Während er sich noch die Tränen trocknete, wandte er sich an seinen Sklaven: »Geh in meine Hütte. Dort findest du ein Buch, das euch alles erklärt.« Gehorsam brachte Djana das Buch, öffnete es, und Okwa sagte, während er mit dem Finger auf die entsprechende Stelle wies: »Muhammad hat verkündet: ›Die Fulbe folgen uns nach, die einen sind gut, die anderen schlecht. Erst wenn ich gestorben bin, werden sie kommen.‹ Diese Worte hatte er in der Ful-Sprache niedergeschrieben. Jetzt wißt ihr, warum ich weine. Dies bedeutet, daß der Prophet Muhammad nicht mehr lebt.«

Nach einigen Tagen rief Okwa seinen Diener Djana zu sich und sagte: »Ich kann nicht länger hier bleiben. Ich will nach Medina eilen, wo sich das Grab des Propheten befindet. Ich will es aufsuchen und seinen Gefährten den Gruß entbieten: ›Friede sei mit euch!‹ Djana, ich lasse dir diesen Koran hier. Lehre die Menschen so, wie ich sie gelehrt habe.« Mit diesen Worten entfernte er sich und machte sich nach Medina auf den Weg. Ob er dort angekommen ist, weiß niemand. Die einen meinen, ja, andere hingegen behaupten, er sei unterwegs gestorben.

Okwas Frau und seine Kinder blieben im Lande Futa Djalon. Mirjam nannte ihren Bruder Muhammad Sambo, und dieser gab ihr den Beinamen Dasso. Ihre Mutter blieb allein, sie heiratete nicht wieder. »Was ist das für eine merkwürdige Sprache, die die Kinder sprechen«, pflegten die Nachbarn zu sagen. »Wie kann man eine Frau heiraten, deren Kinder eine andere Sprache sprechen.« Der König rief seine Tochter zu sich und sagte zu ihr: »Ich wünsche, daß du Djana zum Mann nimmst.« Dann wandte er sich an Djana und sagte ihm: »Wie du siehst, kehrt Okwa, dein Herr, nicht zurück. Ich will, daß du seine Frau heiratest.« Der Wunsch des Königs wurde alsbald erfüllt. Die Königstochter gebar zwei Kinder, zuerst einen Jungen, dann ein Mädchen.

Nun hatte die Tochter des Königs von Futa Djalon vier Kinder, und alle sprachen sie die fremde Ful-Sprache. Djanas Tage sollten bald gezählt sein, die Königstochter wurde wieder Witwe. Niemand heiratete die Frau. Ihre Kinder wuchsen heran und wurden immer weiser. Besonders Muhammad Sambo setzte die Menschen in Erstaunen, aus dem Gedächtnis trug er den Koran vor und kannte alle Bücher, die es zu jener Zeit im Königreich Mali gab. Der andere Sohn der Königstochter, der der Ehe mit Djana entsprossen war, wurde Schmied.

Eines Tages sandte der König von Futa Djalon seinen beiden erstgeborenen Enkeln einige Rinder. Der eifersüchtige und neidische Sohn Djanas stahl einige Kühe und verkaufte sie. Muhammad Sambo bemerkte den Diebstahl schnell. Er suchte Djanas Sohn auf, verprügelte ihn und sagte: »Was führst du dich so auf, du Sklave!« – »Ich bin kein Sklave«, ereiferte sich jener, »ich bin von derselben Mutter geboren wie du. Wir beide stammen aus demselben Schoß.« – »Das ist wahr! Er ist kein Sklave, sondern dein Bruder«, bestätigten die Leute.

Muhammads Mutter ging nur noch im Busch spazieren. Weil niemand sie leiden mochte, mied sie die Welt und die Menschen. Dort, in der Einsamkeit, konnte sie ihr Schicksal beweinen, daß sie Kinder geboren hatte, die die fremde Ful-Sprache sprachen.

Eines Tages, als sie wie gewöhnlich im Busch umherlief, stieß sie an einen großen schönen Baum, und dort, von seinem Blätterdach überschattet, befand sich eine kleine Lichtung. ›Das ist ein willkommener Ruheplatz‹, dachte sie bei sich, ›ein Schutzort, zu dem die sengenden Sonnenstrahlen nicht durchdringen.‹ Sie hatte sich kaum niedergesetzt, da erschien vor ihr ein Mann in einem schwarzen Gewand und mit verhülltem Gesicht. »Was machst du hier?« fragte er. »Ich ruhe mich aus«, antwortete die Witwe. »Erkennst du mich?« fragte der Fremde weiter, worauf sie verneinend den Kopf schüttelte. »Und du hast mich niemals gesehen?« gab er sich nicht zufrieden. »Nein, niemals«, entgegnete die Frau, nun schon ein wenig widerwillig. »Aber ich habe dich immer gesehen, habe dich immer geliebt, und heute – welch ein Glück – habe ich dich bei mir zu Gast!« rief er aus. »Gut«, sagte die Frau. Sie schliefen miteinander, und die Frau wurde schwanger. Den Mann sah sie nicht wieder.

Als die Frau merkte, daß sie ein Kind erwartete, ging sie nicht mehr in den Busch. Als ihre Zeit gekommen war, gebar sie einen Sohn. Die neugierigen Nachbarn fragten sich, wo das Kind hergekommen sei, wenn sie keinen Mann gehabt hat, und lachten höhnisch. Es gab auch solche, die sie einfach eine Hure nannten. Die Frau sagte dazu nichts.

Zehn Jahre vergingen. Der jüngste Sohn wollte mit den Kindern Okwas, Djanas und anderer Leute spielen. Doch die stießen ihn alle immer wieder fort und riefen: »Du bist der Sohn einer Hure!« Okwas Sohn, Muhammad, nannte ihn Barur, ›der im Busch Geborene‹. »Mein Vater hieß Okwa«, sagte Mirjam. »Und meiner hieß Djana«, fügte ihre Stiefschwester hinzu. Der Reihe nach nannten alle Kinder die Namen ihrer Väter und fragten schließlich Barur: »Und wo ist nun dein Vater, und wie heißt er? Na, du hast nur eine Mutter? Dann bist du ein Hurenkind!«

Das schmerzte den Jungen sehr. Eines Tages ging er zu Djanas Sohn und bat: »Du bist ein Schmied, mach mir ein Messer. Ich bezahle es dir auch gut«, fügte er noch hinzu. »Ich brauche dein Geld nicht! Ich mach es dir umsonst!« erklärte sich der Sohn Djanas einverstanden. Er schmiedete ihm das Messer, Barur nahm es und rannte zur Hütte der Mutter. »Wenn du mir nicht sagst, wer mein Vater ist, bringe ich dich um!« rief er ihr von der Schwelle entgegen. »Ich weiß, wer dein Vater ist, und ich werde ihn dir zeigen. Komm mit mir«, antwortete sie bestürzt.

Zusammen gingen sie in den Busch und erreichten bald den der Frau gut bekannten Baum. »Ich hatte mich damals unter diesem Baum ausgeruht«, begann sie zu erzählen. »Plötzlich stand vor mir ein Mann. Wir haben uns geliebt, er ist dein Vater. Leider kenne ich nicht einmal seinen Namen.« Barur schaute sich um, ging um den Baum herum, wandte sich dann wieder der Mutter zu und schrie: »Das ist eine Lüge! Ich habe keine Fußspuren gefunden. Du hast mich belogen, und deshalb mußt du jetzt sterben!«

Er hatte schon sein langes scharfes Messer gezogen, als er plötzlich einen Mann vor sich erblickte, der zu ihm sagte: »Töte deine Mutter nicht! Sie ist unschuldig. Ich, ich bin dein Vater. Ich habe mit deiner Mutter geschlafen und dich gezeugt. Ich bin kein gewöhnlicher Mensch, sondern ein Geist. Sei also nicht mehr böse auf deine Mutter, weil sie sich mir hingegeben hat, denn sie mußte es tun!« Dann wandte er sich an die Frau und sagte zu ihr: »Kehre zurück in die Stadt und warte!«

Als die beiden nun allein waren, fuhr der Geist fort: »Jetzt beschimpft man dich und läßt dir keine Ruhe. Man nennt dich ein Hurenkind. Doch wisse, daß noch eine Zeit kommen wird, da man dir nachlaufen wird. Denn die Väter werden ihren Kindern nichts hinterlassen haben, ich aber werde dich reich machen.« Anschließend trug er ihm auf, beim Schmied eine Axt zu bestellen und, wenn sie fertig sei, wieder zu ihm zurückzukommen. Barur ging in die Stadt zurück und tat, was sein Vater ihm gesagt hatte.

Sobald der Schmied ihm die Axt geschmiedet hatte, kehrte er in den Busch zurück und traf den Geist. »Du bist schon da? Hast du die Axt?« fragte dieser. »Du siehst doch, daß ich sie habe«, erwiderte Barur. »Bist du bereit, eine Aufgabe zu erfüllen?« fragte der Geist daraufhin. »Ich tue alles, was du mir befiehlst«, erklärte sich Barur bereit. »Schlage jetzt einhunderttausend Bündel Feuerholz und stapele sie in einer Reihe auf, vom Fluß bis hin zum nahegelegenen Berg. Wenn du damit fertig bist, laß es mich wissen«, sagte der Geist zu seinem Sohn.

Eifrig machte sich Barur daran, Holz zu schlagen und zu Bündeln zusammenzubinden und dann am angewiesenen Platz aufzustapeln. Neugierige kamen herbei und fragten ihn, was er hier mache. Barur meinte, daß es wohl besser sei zu arbeiten. Schon bald hatte er die Arbeit geschafft und ging los, es seinem Vater zu melden. Der Geist betrachtete das Holz, und dann sagte er: »Wenn alle Leute schlafen, dann geh zum Fluß und zünde dort die Holzbündelschlange an. Habe keine Angst und laufe auch nicht weg, wenn sich etwas aus dem Wasser erhebt.«

Den Worten des Vaters gehorchend, zündete der Jüngling nachts die Holzbündelschlange an. Als die roten Flammen zum Himmel emporloderten, begannen aus dem Wasser rote Rinder mit langen Hörnern aufzusteigen. »Schau dir diese Tiere aufmerksam an. Das sind die Kühe, die dein Reichtum sein werden!« erscholl die Stimme des Geistes. In dem Maße, wie Barur Holzbündel ins Feuer warf, stiegen immer neue Kühe aus dem Wasser herauf, bis sie sich im ganzen Busch verteilt hatten. »Halte das Feuer am Brennen bis zum Morgen«, befahl der Geist. So stiegen die ganze Nacht über Kühe aus dem Fluß herauf und bildeten eine lange Reihe. Es waren nicht weniger als einhunderttausend Kühe.

Als die Morgendämmerung anbrach, erschien der Geist von neuem und sagte: »Jetzt baue eine große Koppel. Geh hinein und rufe: ›Ho ya s'ho ya!‹«[67] Barur befolgte die Anweisungen des Vaters, und auf den Ruf ›ho ya‹ setzten sich alle Kühe in Richtung der Koppel in Bewegung. Der Geist trug ihm außerdem auf, in der Koppel viele Lagerfeuer anzubrennen und sieben Tage lang darin zu bleiben. Dann erst könne er die Kühe freilassen. Hungrig, wie sie wären, würden sie anfangen, Gras zu fressen, und niemals mehr in den Fluß zurückkehren. Barur ernährte sich die sieben Tage lang von der Milch der Kühe. Der Vater hatte ihn gelehrt, die Kühe zu melken und ihre Milch in verschiedenster Form zu genießen.

Endlich brach der achte Tag an. Der junge Mann ließ die Kühe aus der Koppel, füllte eine Kalebasse mit Milch und begab sich in die Stadt zu seiner Mutter. Zu Hause angekommen, reichte er seiner Mutter die Kalebasse mit dem wohlschmeckenden Getränk. »Was ist das?« fragte sie voll Verwunderung. »Das ist Milch, heute morgen frisch gemolken«, antwortete er. »Was soll ich damit machen?« fragte die Mutter weiter. »Du kannst sie trinken«, antwortete er. Sie fragte: »Wo bist du so lange gewesen? Ganze sieben Tage lang habe ich dich nicht gesehen!« – »Ich bin im Busch gewesen und habe mich von ebendieser Milch ernährt. Sie stammt von Kühen, die mir mein Vater geschenkt hat. Ich besitze einen großen Reichtum, viele kräftige, rote Kühe mit sehr langen Hörnern.«

Aber die Mutter wollte immer noch nicht trinken. Da trank er selber ein wenig und gab die Milch dann der Mutter. Jetzt kostete auch die Mutter von dem merkwürdigen Getränk, dreimal setzte sie zu einem Schluck an.[68]

Am Abend griff die Mutter wieder zum Milchkrug, doch die Milch war inzwischen sauer geworden. ›Also muß man die Milch immer morgens trinken‹, dachte sie bei sich. Sie wartete deshalb bis zum nächsten Tag. Doch am Morgen war die Milch noch dicker geworden, und unten hatte sich Wasser abgesetzt. Mit einem Stock schlug sie auf die dicke Masse ein, bis aus der Milch Butter geworden war. Als Barur zum zweiten Male mit frisch gemolkener Milch erschien, erzählte ihm die Mutter, was sich ereignet hatte. »Das ist Butter, Lebol, und Buttermilch, Pendidam«, erklärte er ihr.

Und so war es dann immer. Wenn Barur Milch brachte, schlug die Mutter Butter daraus, und aus der Buttermilch bereitete sie Fufu.[69] Nach einiger Zeit machte sich Barur zu seinem Vater auf den Weg. Bei ihm angekommen, sagte er: »Ich habe so viele Kühe, daß ich nicht mehr mit ihnen fertig werde. Es wäre gut, wenn ich eine Hilfe hätte.« – »Du solltest dir Hirten aus der Stadt holen«, riet ihm der Geist. Barur begab sich in die Stadt und warb viele Leute an. Jedem teilte er eine bestimmte Anzahl Kühe zu. Er selbst, der Eigentümer der Kühe, legte sich den Titel des Oberhirten Ardo zu. Die Axt trug er immer auf der Schulter. Die Leute, die sich bei ihm verdungen hatten, blieben im Busch und lebten nicht mehr in der Stadt. Sie wurden Bororo-Hirten.

Hausa

Die Legende vom Ursprung der Hausa

Der Ahn aller Hausa war Bayajida, der Sohn des großen Königs von Bagdad namens Abdullah. Man sollte meinen, daß nicht die Suche nach Reichtum einen Menschen von so edler Geburt in das von der Sonne verbrannte, von der Trockenheit rissig gewordene, arme afrikanische Land getrieben hat. Oder sollte er dort, ruhmgierig, nach großen Kriegsabenteuern Ausschau gehalten haben? Nichts dergleichen! An Möglichkeiten, seine Tapferkeit und seinen Mut unter Beweis zu stellen, hatte es ihm auch im eigenen Lande nicht gefehlt. Seit einer Reihe von Jahren verwüstete der heidnische Herrscher Ziduwa sein heimatliches Land, plünderte die umliegenden Dörfer und Städte, ohne ihre Bewohner zu verschonen.

Manches Schwert Bayajidas war von den Hälsen der hochmütigen Heiden stumpf geworden. Doch was half es, wenn König Abdullahs Kräfte zusehends abnahmen. Vergeblich bot er der übergroßen Zahl der Heiden die Stirn. Schließlich brach der Tag an, vor dem man sich so gefürchtet hatte. Die wenigen Verteidiger des Islam wurden zerschlagen in vierzig Grüppchen, die so schwach und kraftlos waren wie vierzig Scherben eines zerbrochenen Kruges.

Schweren Herzens verließ Bayajida die Heimat. Ihm folgten seine tüchtigen Reiter, die zur Verteidigung des heiligen Glaubens alles gegeben hatten und die sich wegen ihrer Begeisterung für ihren Glauben noch einmal aufzurichten und in einem ihnen unbekannten Land Zuflucht zu suchen vermochten. Allmählich verheilten ihre Wunden, zu Bayajidas Schar stießen immer neue Kämpfer, und Zuversicht zog in ihre Herzen ein. Als sie das Königreich Bornu am Tschadsee, im Herzen des Sudan, erreicht hatten, stellten sie bereits ein zahlreiches, geschultes und gut bewaffnetes Heer dar, das an Stärke das Heer des berühmten Königs von Bornu übertraf.

Bayajidas Brüder flüsterten immer häufiger miteinander und verrieten immer unverhohlener ihre Absichten: »Laßt uns den König von Bornu umbringen und die Herrschaft über sein Land übernehmen!« Als die Kunde von diesem entsetzlichen Vorhaben die Leute von Bornu erreichte, beeilten sie sich, ihren König vor der ihm drohenden Gefahr zu warnen. Die Mitglieder des Hofrates rieten ihm: »Es wird uns nichts anderes übrigbleiben, als Bayajida mit unserer geliebten Prinzessin zu verheiraten!« Der König von Bornu vertraute seinen Untertanen und war zugleich ein nüchtern denkender Mensch, so daß er diesen Rat als den angemessensten erkannte. Er zog es vor, seine Tochter zu opfern, die Prinzessin Magaram, und sie dem mächtigen Fremden anzutrauen, als den Thron zu verlieren oder das Leben Tausender seiner treuen Krieger zu opfern.

Die Heirat der Prinzessin Magaram mit Bayajida erfüllte die in sie gesetzten Hoffnungen: Zwischen den beiden entstand eine tiefe Freundschaft. Bayajida vertraute seinem Schwiegervater, dem König von Bornu, so sehr, daß er niemals nein sagte, wenn dieser, zu stets neuen Kriegszügen rüstend, ihn bat: »Könntest du nicht mein Heer mit deinen Kriegern verstärken?«

Nach der Heimkehr vom Kriegszug gab er Bayajida die Krieger jedoch niemals zurück, sondern beschenkte sie mit Städten und Landgütern und band sie auf diese Weise mit List an sich. Im Laufe der Zeit machte er so alle Krieger von Bayajida abspenstig, zwei-, vielleicht auch dreitausend tüchtige Reiter. Bevor Bayajida jedoch hinter diese List gekommen war, waren nur zwei seiner Brüder bei ihm geblieben. »Ihr habt hier nichts mehr verloren«, sagte er zu ihnen, »ich will, daß ihr aufbrecht und euch Städte sucht, in denen ihr euch ohne Gefahr niederlassen könnt.« Einer der beiden zog nach Bagirmi und machte nach Jahren als mächtiger Herrscher von sich reden. Der andere begab sich nach Kanem und herrschte dort. In Bornu blieb Bayajida zurück, nur mit seinem Pferd und seiner Frau, der Tochter des Königs von Bornu.

Trotzdem sah der Schwiegervater in Bayajida einen gefährlichen Mann. Deshalb wollte er ihn beseitigen. Nur durch sein feines Gespür und seine scharfe Beobachtungsgabe gelang es Bayajida, noch rechtzeitig nach Birnin Gabas zu fliehen. Seine Frau Magaram stand kurz vor der Entbindung. Es wundert daher also nicht, daß sie, in Birnin Gabas angekommen, völlig entkräftet war, so daß sie nicht mehr aufstehen konnte. An eine Weiterreise war nicht zu denken. Von Trauer erfüllt, ließ Bayajida die Prinzessin Magaram zurück, denn obwohl sie die Tochter seines Verfolgers und die Ursache all seines Mißgeschicks war, liebte er sie doch wegen ihrer Treue und auch, weil sie ihm in Kürze sein erstes Kind gebären sollte. Bald nachdem Bayajida gegangen war, gebar Magaram einen Sohn, den sie Buram nannte. Als er herangewachsen war, erkannte die ansässige Bevölkerung seine königliche Abstammung und rief ihn zu ihrem Herrscher aus.

Bayajida trotzte unterdessen hartnäckig der unbarmherzigen Sonne des Tages und erwehrte sich der Raubtiere des Nachts, bis er nach vielen Tagen die alte Stadt Daura erreichte, wo die mächtige Königin Daurama herrschte, eine tüchtige Jägerin und Zauberin zugleich. Sie hatte die Stadt nach ihrem Namen benannt, was keiner ihrer dort herrschenden Vorgängerinnen gelungen war: weder Yakani noch Tabwai, weder Waizam noch Waiwai, weder Gidigir noch Nagira.

Erschöpft von der Reise, ließ sich Bayajida auf dem Hofe einer Alten nieder, die Ayana[70] hieß. Als er sie durstig um Wasser bat, antwortete sie ihm mit trauriger Stimme: »In dieser Stadt haben wir nicht jeden Tag Wasser. Wir können es nur freitags schöpfen. Doch selbst am Freitag versammeln sich die Menschen zuerst im Schrein des Fetischs, sprechen Bittgebete, bringen Opfer dar und vollbringen Riten, bevor sie es wagen, zum Brunnen zu gehen und Wasser zu schöpfen, um ihren Durst zu stillen und ihre Tiere zu tränken.« – »Nur an einem der sieben Tage könnt ihr aus eurem Brunnen schöpfen. Wie ist das möglich?« rief Bayajida erstaunt aus. »Weil in unserem Brunnen eine mächtige Schlange herrscht«, entgegnete die Alte ehrerbietig. »Gib mir den Eimer dort«, befahl er zornig, während ihm das Blut in den Kopf schoß. Vom Ton seiner Stimme überrascht, gab ihm die Alte wortlos den Eimer. Im Laufschritt eilte Bayajida zum Brunnen und ließ den Eimer hinunter. Kaum hatte die Schlange, die Sarki, ›König‹, genannt wurde, das Eintauchen des Eimers ins Wasser vernommen, steckte sie ihren Kopf heraus und wollte – so, wie sie es immer machte – den Leichtsinnigen verschlingen. Da blitzte plötzlich die Klinge von Bayajidas Schwert auf, und das Geräusch eines Schnittes war zu hören. Triumphierend hob Bayajida den abgeschnittenen Kopf der Schlange in die Höhe, betrachtete ihn eine Weile und versteckte ihn dann in der Nähe des Brunnens. Anschließend schöpfte er Wasser, trank selbst, tränkte dann sein Pferd und brachte den Rest der Alten. So hatte die bis dahin allmächtige Schlange ihr Ende gefunden.

Im Morgengrauen des darauffolgenden Tages entdeckten die Leute von Daura die tote Schlange und konnten nicht begreifen, wer das getan haben könnte. Während sie noch überlegten und sich darüber wunderten, war die Nachricht von der Tötung der Schlange bereits in Windeseile Königin Daurama zu Ohren gekommen. Die Trommeln, die Nachrichten verbreiteten, hatten sich zwar noch nie geirrt, diesmal aber fiel es der Königin schwer, daran zu glauben, was sie verkündeten. In Begleitung des Hofstaates begab sie sich sofort zum Brunnen, um die getötete Schlange mit eigenen Augen zu sehen. »Ich schwöre, dem, der dies getan hat, die Hälfte meines Königreiches zu geben!« rief sie mit erhobener Stimme aus. Die Aussicht auf eine solche Belohnung lockte Scharen von Betrügern herbei, die jedoch alle zu ihrer Schande den versuchten Betrug eingestehen mußten, denn den Kopf der Schlange konnten sie nicht zum Beweis für die Wahrheit ihrer Worte vorweisen.

Da faßte sich die Alte, bei der der merkwürdige Fremde übernachtet hatte, ein Herz und ergriff das Wort: »Gestern abend betrat ein fremder Mann meinen Hof«, erzählte sie, »und hatte ein merkwürdiges Tier bei sich, das fast wie eine Kuh aussah. Aber es war keine Kuh!« Die Alte hatte noch nie in ihrem Leben ein Pferd gesehen, denn weder in Daura noch in den umliegenden Dörfern gab es damals Pferde. »Er nahm den Eimer«, fuhr sie fort, »und nach einer Weile brachte er Wasser. Er trank selbst etwas, tränkte dann sein merkwürdiges Tier, den Rest gab er mir. Woher hatte er das Wasser? Vielleicht war er es, der die Schlange getötet hat?«

Daurama befahl, sofort den Fremden zu suchen, und als er vor ihr stand, fragte sie: »Warst du es, der die Schlange getötet hat?« – »Ja, ich war's«, antwortete er ruhig. »Und wo ist ihr Kopf?« fragte sie. Bayajida holte den Kopf der Schlange aus dem Versteck und zeigte ihn der Königin. Ihres Versprechens eingedenk, verkündete Daurama vor ihren Untertanen: »Er hat die Schlange getötet, er bekommt die Belohnung. Ich gebe ihm die Hälfte meines Königreichs.« – »Das Königreich behalte für dich, Herrin! Es wäre mir der größte Lohn, wenn du mich zu deinem Gemahl machen wolltest«, sagte Bayajida, indem er sich tief verneigte. Königin Daurama war entrüstet über diese dreiste Bitte und lehnte entschieden ab: »O nein! Niemals darf ein Mann mit mir schlafen, denn ich besitze die Gabe, Wunderwerke zu tun, die dem entgegen stehen.« – »Also gut. Ich verspreche dir, daß ich dich, wenn du mich zum Manne nimmst, nicht ohne deine Erlaubnis berühren werde«, gab Bayajida sich noch nicht geschlagen.

Was sollte sie machen? Schweren Herzens mußte Daurama den Schlangentöter heiraten, doch ließ sie von ihrer Zauberei nicht ab. An ihrem Hofe hatte sie viele schöne Sklavinnen, eine von ihnen gab sie ihrem Mann als Konkubine. Sie gab ihr wohl auch ein gutes Herz, denn schon bald empfing die Konkubine, und als ihre Zeit gekommen war, gebar sie Bayajida einen Sohn, den sie Mun Karbi Gari nannte, ›Wir haben die Stadt erobert‹. Nach diesem Erfolg führte sich die Sklavin wie eine Prinzessin auf. Sie wagte sogar, beleidigende Bemerkungen über die Königin selbst zu machen!

Die Dreistigkeit der Sklavin reizte die Königin zu großem Zorn. Manche behaupten, es sprach ganz gewöhnliche Eifersucht aus ihr. Sie band alle Amulette los und legte ihre Ledergewänder ab. Nicht länger wollte sie Raubtiere jagen, sie haßte ihre Jägertracht. Sie warf ihre Zaubergegenstände weg, zerbrach den Bogen und entledigte sich der ganzen Jägerkleider. Sie wusch sich, kämmte sich die Haare und flocht sie dann wunderschön. Sie färbte die

Haare blau, Beine und Arme umwickelte sie mit Blättern des Dalla-Baumes, damit sie geschmeidig würden und rote Farbe bekämen, ihren Körper salbte sie mit Duftstoffen und hüllte ihn in Gewänder. Sie hängte sich eine Halskette um, auf Beine und Arme steckte sie Reifen, färbte sich die Wimpern und reinigte sich die Zähne, indem sie Tabakblätter kaute.

Als sie dann vor ihren Mann trat, stand er wie gebannt vor Verzückung, so schön und anziehend war sie. Benommen vergaß er sein Versprechen, und auch die Königin widersetzte sich nicht länger. Nach der üblichen Zeit brachte sie einen Sohn zur Welt, den sie Bawo[71] nannte.

Nach Bayajidas Tod, der seit seiner Heldentat den Beinamen Makas Sarki, ›der Schlangentöter‹, trug, erbte Bawo den Thron. Er herrschte lange und glücklich und zeugte sechs Söhne, die die sechs Stadtstaaten der Hausa begründeten. Der erste von ihnen, Gazaura, wurde König von Daura. Der zweite, Bagaudu, herrschte in der Stadt Kano. Beide stammten sie von derselben Mutter. Der dritte, Gunguma, bestieg den Thron von Zaria. Er und der König von Gobir Duma stammten ebenfalls von einer Mutter. Der fünfte Sohn, Kumayau, regierte in Katsina, und der sechste, Zuma Kogi, in Rano.[72]

Hadjerai

Was die Hadjerai über die Welt und ihre Götter erzählen

Der Mensch steht auf der untersten Stufe des Weltalls. Alle seine Gedanken erheben sich zum Himmel. Alles, was übernatürlich, übermenschlich ist, kann nur jenseits der Erde bestehen. Die Erde mit all ihren Formen und Wesen und die Welt der Toten befinden sich auf einer Stufe im Weltall. Hoch über der Erde wölbt sich das dem Menschen unerreichbare Firmament, wo der höchste Gott wohnt. Seine Zeichen sind die Wolken und der Regen, das Licht und die Blitze. Zwischen Himmel und Erde erstreckt sich die Welt der Geister. Gewöhnlich wirken sie auf der Erde, aber wenn es nötig ist, können sie sich auch zum Himmel erheben. Die Geister, die in unmittelbarer Nähe der Menschen leben, sind ihnen wohlgesonnen. Die Menschen stehen in Verbindung mit ihnen, teilen mit ihnen die täglichen Sorgen und Nöte, haben vertraute Beziehungen zu ihnen und kennen die Regeln für das Zusammenleben mit diesen Geistern.

Nicht immer waren Himmel und Erde so weit voneinander entfernt. Die Kenga erzählen, daß sich der Himmel Ra einst dicht über der Erde wölbte. Eine Alte, die in ihrem Mörser allerlei Heilkräuter zerstampfte, stieß ständig gegen den Himmel. Deshalb erhob sie den Kopf zum Himmel und bat: »Himmel Ra, erhebe dich etwas weiter nach oben!« Schließlich erhörte der Himmel ihre Bitte und entfernte sich von der Erde. Seitdem kann sich der Mensch nicht mehr zum Himmel erheben, denn die Welt der Geister trennt ihn von ihm. Alle Bitten und Wünsche, die an den höchsten Gott gerichtet sind, müssen nun die Geister weiterleiten. Von deren Willen hängt das Los der Menschen ab. Die Bewohner des Himmels, auch der höchste Gott, können auf die Erde gelangen und zu den Menschen gehen. Doch meistens bitten auch sie die Geister um Vermittlung. Obwohl das Totenreich sich auf derselben Stufe des Weltalls befindet wie die Erde, kann doch kein Mensch dorthin gelangen. Zuerst muß er zum Himmel emporsteigen, und von dort erreicht er das Land der Toten. Diese Reise kann jedoch nur eine vom Körper getrennte Seele unternehmen, die Seele eines Verstorbenen.

Die Djonkor stellen sich den höchsten Gott in menschlicher Gestalt vor.

Er ist jedoch größer und stärker als ein gewöhnlicher Mensch. Der höchste Gott wohnt im Himmel in seinem Haus und Hof. Einst hatte sich seine Tochter mit einem Menschen angefreundet und diesen dann geheiratet. Zu dieser Zeit gab es zwischen Himmel und Erde enge Beziehungen. Menschen und Tiere konnten den Himmel besuchen, und auch der höchste Gott stieg oft und gern zur Erde hinab, manchmal, um die immer hochmütigeren Menschen zurechtzuweisen.

Die Geschichte von der Erde, der Sonne und dem Mond

Die Erde ist eine dicke, runde Scheibe, die von zahllosen Flüssen durchzogen ist. Über das Erdtal wölbt sich der Himmel, der die Erde überdacht, ohne über ihre Grenzen hinaus zu reichen. Der Rand des Himmels ruht auf riesigen eisernen Pfählen, die auf der Erde stehen. Diese eisernen Säulen sind das Werk der die Erdenden bewohnenden Schmiede. Jenseits der Grenzen des Himmels und der Erde erstrecken sich unermeßliche Weltenräume. Niemand ist jemals dorthin gelangt, denn die Erde ist so groß, daß ein Menschenleben nicht ausreichen würde, um sie zu durchmessen. Auf der Unterseite der Erde leben ebenfalls Menschen. Über der Erde und ihrem Himmel befinden sich weitere sieben himmlische und irdische Stufen, ebenso viele Welten gibt es auch unterhalb der Erde. Das gesamte Weltall besteht also aus fünfzehn Stufen, die von Menschen bewohnt werden, die ihre Felder bestellen, Vieh hüten oder sich anderen Beschäftigungen widmen. Jede Stufe verfügt über zwei Sonnen, zwei Monde und zwei mit Sternen bedeckte Himmel, je einen für den oberen und für den unteren Teil. Am Tage wandert die Sonne über die Erde und kehrt nachts auf geheimnisvolle Weise zu ihrem Ausgangspunkt zurück. Eine solche Wanderung legt des Nachts auch der Mond zurück. Es kann vorkommen, daß der Mond gar nicht am Himmel zu sehen ist, dann hat er sich an einen schwer auffindbaren Ort zurückgezogen und schläft. Häufig ist auch nur ein Teil des Mondes zu sehen. Dann hat er mit der Sonne gekämpft und dabei viel Kraft verloren. Zuweilen geschieht es, daß die Sonne den Mond tötet. Wenn die Menschen singen, tanzen und lärmen, können sie den Mond zu neuem Leben erwecken.

Ndiki

Die ersten Menschen auf der Erde

Wer derjenige war und woher er gekommen ist, der den Menschen erschaffen hat, ist nicht bekannt. Der Schöpfer lebte allein auf der Erde, nicht einmal eine Frau hatte er. Auf seinem Hof lag ein runder, schwarzer Stein. Darauf saß der Schöpfer gewöhnlich morgens, und dann kam aus diesem Stein stets ein Junge heraus. Wenn er sich abends auf den Stein setzte, entstieg ihm ein Mädchen. Jedem seiner Kinder baute der Schöpfer eine eigene Hütte.

Mit der Zeit wuchsen die kleinen Jungen und Mädchen heran. Sie sahen, daß jedesmal, wenn sich ihr Vater auf den Stein setzte, er alsbald einen schreienden Säugling in den Armen hielt. Sie wunderten sich darüber und fragten einander, woher ihr Vater diese vielen Kinder nimmt.

Der Schöpfer sah, daß seine Kinder immer neugieriger und wißbegieriger wurden. Das freute ihn gar nicht, ganz im Gegenteil, es entsetzte ihn. »Was wird geschehen, wenn auch sie beginnen sich auf den runden, schwarzen Stein zu setzen?« Er versammelte also alle seine Kinder um sich, räusperte sich und wandte sich dann mit feierlicher Stimme an sie: »Meine Kinder! Auch wenn ich nicht auf dem Hof sein sollte, müßt ihr euch so verhalten, als wäre ich dort. Keinem von euch darf es einfallen, sich auf diesen Stein hier zu setzen! Wer mein Gebot mißachtet oder es vergißt, sich also auf den Stein setzt, läßt mich sterben. Ihr verliert dann euren Schöpfer und Vater.«

Die Kinder nahmen sich die Warnung des Schöpfers zu Herzen. Doch was geschieht, wenn Wissensdurst und Neugier manchen von ihnen keine Ruhe läßt? So trug es sich zu, daß ein Kind, als der Vater einmal vom Hof in den weit entfernten Busch gegangen war, um Nahrung für sie alle zu suchen, nur einmal ausprobieren wollte, wie es sich auf dem verbotenen Stein sitzt. Es hatte sich noch nicht einmal richtig daraufgesetzt, als der Vater völlig außer Atem aus dem Busch gerannt kam. Ohne jemanden zu fragen, nahm er den Stein und floh mit ihm in den Busch. Seit dieser Zeit haben die Kinder ihren Schöpfer niemals mehr gesehen. Diese Kinder waren die ersten Menschen auf der Erde, und mit der Zeit verteilten sie sich in alle Himmelsrichtungen.

Einer von ihnen war ein Mann namens Bayesek, er wohnte im Tal des Flusses Nomo. Er hatte vier Söhne: Munen, Nganite, Mutemp und Mofe.

Nach einiger Zeit faßte Bayesek den Entschluß, den Fluß Nomo zu verlassen, und kletterte auf einen Berg, den die Söhne nach seinem Namen Omban wo Bayesek, ›Bayeseks Berg‹, nannten. Von dort aus herrschte er über seine Nachkommen, die kein leichtes Los hatten. Mit Hacken gruben sie den schweren, harten Boden um und rangen ihm so seine Früchte ab.

Eines Tages trug Bayesek seinen Söhnen auf, das Essen vorzubereiten. Wie es seine Art war, stieg er dann vom Berg herab, um das Essen zu verteilen. Seinem Sohn Munen gab er einen gekochten Hahn, Mutemp und Nganite Fleisch anderer Tiere, Mofe hingegen erhielt einen Kessel Frösche. Die letzten drei fühlten sich benachteiligt, fingen miteinander Streit an und prügelten sich schließlich, wobei sie einander arg zusetzten und sich gegenseitig verletzten. Von einem weiteren Zusammenleben konnte keine Rede mehr sein. Nganite verließ die Ufer des Nomo, kletterte auf einen der Berge und wurde der Vater aller Bangante. Mutemp überquerte den Fluß und ließ sich jenseits von ihm nieder: Er wurde der Stammvater der Bamum. Mofe wanderte den Fluß entlang stromabwärts und gründete fern von seinen heimatlichen Gefilden den Stamm Bafia. Der mit dem wohlschmeckenden Fleisch des Hahns beschenkte Sohn Munen blieb bei seinem Vater und zeugte mit der Zeit viele Kinder. Sie waren die Ahnväter all der Menschen, die von ihm mit dem gemeinsamen Namen Banen benannt wurden. Einer der Söhne Munens hieß Ndiki, er war der Begründer des Volkes gleichen Namens.

Zu der Zeit, als Munen der Reihe nach seine Kinder gezeugt hatte, war in seinem Lande noch nichts von einer Waffe bekannt, die sich Flinte nannte. Eines Tages wurde Munens Land von einem Stamm überfallen, der sich ›schrecklicher Stöcke‹ bediente. Die Banen, die im Westen das Peitschen der Schüsse hörten, ergriffen in panischer Angst die Flucht. Sie dachten nämlich, daß ihre verstorbenen Ahnen auf diese Weise ihr sündhaftes Leben an ihnen rächen wollten. Als sie geflohen waren, hatten sie vergessen, das Feuer mitzunehmen. Nur einer der Söhne Munens, Tole, hatte einen kühlen Kopf behalten. Er hatte einen brennenden Scheit auf die Flucht mitgenommen, den er im Grabe seines Großvaters Bayesek versteckte.

Als der Krieg zu Ende war, oder richtiger, als die Angreifer schwer beladen wieder in ihr Land abgezogen waren, verließen die Banen die Wälder und kehrten in ihre Häuser zurück. Viele wilde Tiere hatten sie mitgebracht. Daran gewöhnt, nur Gekochtes zu essen, litten sie nun trotz der reichen Vorräte Hunger. Sie hatten schon alle Hoffnung aufgegeben, als plötzlich einer von ihnen den Rauch, der aus dem Grabe des Großvaters Bayesek aufstieg, bemerkte. Zunächst meinten sie, es breite sich Nebel aus. Als sie sich dem Grabe näherten, erkannten sie Tole, den Sohn Munens, der neben dem Grab saß. Er erhörte die demütigen Bitten seiner Brüder und gab ihnen Feuer, auch seinem Bruder Ndiki. Schnell eilte der zu seinem Hof, sammelte einen großen Haufen Holz zusammen und zündete ihn an. Gewaltige Flammen loderten zum Himmel, für alle Menschen, die in der Gegend wohnten, sichtbar. Bei diesem Anblick kamen sie zu Ndikis Hof gelaufen und baten ihn um Feuer. Wem immer er Feuer reichte, dem sagte er folgende Worte: »Von jetzt an gehörst du zu mir. Ich habe dich für mein Feuer gekauft.«

Von Tag zu Tag wuchs Ndikis Ansehen und vergrößerte sich seine Macht. Jeder, dem es gelang, einen Elefanten zu erlegen, mußte unverzüglich dessen Stoßzähne dem großen Ndiki bringen. Diejenigen, die sich zankten und die Ordnung störten, mußten ihm zur Strafe eine Frau geben. Alle begegneten ihrem Oberhaupt Ndiki mit großer Ehrerbietung.

Nach einiger Zeit brach im Hofe Munens wieder ein Streit unter seinen Söhnen um die Essenszuteilung aus. Da verließ Ndiki das Haus seines Vaters und begab sich nach Tolosa, einem kleinen bewaldeten Hügel, der sich vor einem großen Wald erstreckte. Dort lebte er lange glücklich und im Überfluß und zeugte fünf Söhne, die Stammväter der heutigen Ndiki-Clans. Diese Söhne hießen: Nyanya, Nimeki, Eten, Pembus und Bekek.

Fali

Wie die Welt geschaffen wurde

Zum Anbeginn der Welt waren ein männliches Schildkrötenei und ein weibliches Krötenei. Diese Eier rollten in entgegengesetzte Richtungen im Raum, der sich unterhalb des halbkugelförmigen Himmelsgewölbes befand. Einmal stießen sie aneinander, und aus ihren zerbrochenen Schalen kamen vier Tierpaare, ein Papaya-Baum sowie ein Hahnenkamm heraus. Diese neuen Wesen und Dinge ließen sich auf den zwei sich drehenden Erden nieder, die die Form von Quadraten hatten.

Nun begann die Schildkröte zu handeln. Sie durchschritt den Raum von West nach Ost, bezeichnete auf den Urwassern eine Achse und befahl den beiden quadratischen Erden, die sich zu beiden Seiten der Achse drehten, sich einander zu nähern und zu vereinigen. So entstand die eine Erde mit der deutlich auf ihr angezeigten Achse, die auch der Ur-Graben genannt wird. Alles, was sich einst auf den beiden Erden bewegt hatte, erhob sich nun in den Himmel. Einzig die Schildkröte blieb auf der Erde zurück.

Nach einiger Zeit erschien auf dem Ostteil der Erde der erste Mensch. Er hieß To Dino, ›Vater des Baobab‹. Auf die Erde war er mit Hilfe einer Bohnenranke hinabgestiegen. Dabei hatte ihn die Sonne begleitet, die bewirkte, daß die noch reglose Erde die Finsternis der Nacht von sich warf. Der erste Mensch war auf Geheiß Gottes zur Erde hinabgestiegen, der ihm befohlen hatte, ein Körnchen roter Hirse auf ihr zu säen. Nachdem der erste Mensch die ihm übertragene Aufgabe erfüllt hatte, ließ er sich in der Höhlung eines Affenbrotbaumes nieder.

Da kam der erste Regen zur Erde hernieder. Es regnete Tag und Nacht, und die Erde wäre gewiß völlig überflutet worden, wenn nicht eine Kröte in Erscheinung getreten wäre. Diese Kröte kam aus Westen, teilte dann die Wasser in stehende und fließende und öffnete ihnen einen neuen, unmittelbaren Zufluß zum Ur-Graben. Auf diese Weise bezeichnete sie die Mitte der Erde und teilte sie in vier Teile, den Wassern aber gab sie gegenläufige Strömungen. Aus dem von To Dino gesäten Körnchen war eine erste Rispe gewachsen, die sich in vier Teile spaltete und dann acht Körner verschiedener

Getreidesorten hervorbrachte. Die angesammelten Wasser trugen die Körner in alle vier Himmelsrichtungen.

Allmählich gewöhnte sich To Dino an die ihn umgebende Welt, er faßte Mut und verließ schließlich den Affenbrotbaum. Er hatte beschlossen, sich zuerst zur Höhle der Schildkröte zu begeben, die sich im Schoß der Erde befand. Gott bestrafte ihn für diese Eigenmächtigkeit schwer. Er ließ einen heftigen Wind von Westen aufkommen, der sich in einen Orkan verwandelte, allen Pflanzenwuchs auf der Erde vernichtete und dem verzweifelten To Dino den Rückweg zum Himmel abschnitt. Zum zweiten Mal hörte alles Leben auf der Erde auf. Zurückgeblieben waren nur die Kröte im Westen und die Schildkröte im Osten.

Um die Trockenheit auf der Erde zu beenden, schickte Gott später neuen Regen herab, und mit dem Regen, an eine Liane gehängt, eine Arche. In die Arche hatte er einen Papaya-Baum, das Sinnbild allen Pflanzenwuchses, vier Haustiere, zwölf wilde Säugetiere, Feuer, Eisen, Kupfer und Schmiedewerkzeuge gepackt, alles wohlgeordnet. Bald fand To Dino zu ihr. In die Gestalt des ersten Schmiedes verwandelt, durchschnitt er die Liane, und die Arche fiel im Ostteil der Erde zu Boden und zerbrach dabei in vier Stücke. Aus der zerborstenen Arche stahl To Dino das Feuer und die Handwerkszeuge, seine Frau hingegen nahm sich zwei Getreidekörnchen. Dann holte To Dino die Tiere, die Zwitter waren. Mit Hilfe der Liane teilte er jedes der Tiere ohne Blutvergießen in ein Männchen und ein Weibchen. Die Haustiere behielt er bei sich, die wilden Tiere hingegen entließ er in den Westteil der Erde.

In der Mitte der Erde, die für die Menschen bestimmt war, schlug der Papaya-Baum Wurzeln und zeugte das erste irdische Menschenpaar. Diese ersten Menschen zeugten zweimal Zwillinge weiblichen Geschlechts. Unterdessen ging die Schildkröte eine Verbindung mit dem Krokodil, dem Sinnbild der fließenden Wasser, ein, während sich die Kröte mit dem Waran, dem Sinnbild der jungfräulichen Erde, vereinigte. Aus diesen Verbindungen gingen zwei Zwillingspaare männlichen Geschlechts hervor. Alle diese Zwillingspaare bildeten vier Paare, die der Beginn des Volkes der Fali waren.

Die vier Ur-Tiere, das sind die Schildkröte, das Krokodil, die Kröte und der Waran, lehrten die Menschen der Reihe nach alle Arbeiten und Handwerke und vermittelten ihnen alles Wissen über das Weltall. Die Schildkröte lehrte die Männer, die Kröte hingegen unterrichtete die Frauen. Mit Hilfe des Krokodils und des Warans nahmen die Menschen Verbindung zur Welt der wilden Tiere auf. Dann gebot der Himmelsschmied To Dino den Menschen, die Zeichen ihrer doppelten Zugehörigkeit zur Welt der Menschen sowie zur Welt der Tiere zu tragen. Zu diesem Zweck feilte er die Zähne der

Männer spitz und durchlöcherte Lippen und Ohren der Frauen, um sie auf diese Weise ihren Ahnen, den vier Ur-Tieren, ähnlich zu machen.

Die ersten vier Menschenpaare teilten die Reste der Arche unter sich auf, aus jedem Stück schnitzten sie ein kleines Abbild der Arche. Sie teilten unter sich auch die Körner und Haustiere. Dann zog ein jedes Paar los und wählte sich ein Land in einer der vier Regionen der östlichen Welt aus.

So hatte die Schildkröte die Grenze zwischen der für die Menschen bestimmten Erde, der bekannten und geordneten Welt im Osten, und der unbewohnten, unbekannten und ungeordneten Erde im Westen, gezogen.

Fang

Wie Gott Nzame die Welt erschuf

Ganz am Anfang, als es noch nichts gab, als es noch keine Menschen gab und keine Pflanzen, als es noch keinen Himmel und keine Erde gab, als es in der Tat noch gar nichts gab, war nur Gott Nzame. Nzame ist ein Gott, doch offenbart er sich in dreierlei Gestalt: als Nzame, Mebere und Nkwa.

Am Anfang schuf Gott Nzame Himmel und Erde. Den Himmel bestimmte er für sich selbst. Dann blies er die Erde an und schuf auf ihr und um sie herum die Gewässer. Der Reihe nach schuf Nzame dann Sonne, Mond und Sterne, Tiere und Pflanzen. Als er sein Werk beendet hatte, rief er Mebere und Nkwa und zeigte ihnen seine Schöpfung und sagte: »Das ist es, was ich vollbracht habe. Gefällt es euch?« – »Ja, es gefällt uns«, antworteten sie einmütg. »Soll ich noch etwas schaffen?« fragte Nzame weiter. »Wir sehen viele Tiere, aber wir sehen nicht ihren Herrn. Wir sehen viele Pflanzen, aber wir entdecken nicht ihren Meister«, gaben sie zur Antwort.

Zu Meistern machten sie dann gemeinsam den Elefanten, denn er war weise, den Leoparden, denn er war stark und gewitzt, und den Affen, ein Tier, das zwar gehässig, aber wiederum fürsorglich ist. Nzame wollte jedoch noch mehr tun. Er wollte etwas erschaffen, was ein Abbild seiner drei Erscheinungen wäre. Aus einer seiner göttlichen Gestalten nahm er die Kraft, aus der zweiten die Macht und aus der dritten die Schönheit. Zu dem auf diese Weise geschaffenen Wesen wandte er sich dann mit den Worten: »Nimm dir die Erde! Von jetzt an bist du Meister über alles, was sich auf ihr befindet. Du hast Leben wie ich, und wie mir gehören dir alle Dinge. Von nun an bist du ihr Herr.«

Nzame, Mebere und Nkwa kehrten zurück in die Höhe in ihre himmlische Wohnung. Das neugeschaffene Wesen blieb auf der Erde, und alle ihre Bewohner beugten sich ihm. Das erste unter den Tieren blieb weiterhin der Elefant, das zweite an Rang der Leopard, und den dritten Platz nahm der Affe ein, denn so war es der Wille der beiden göttlichen Erscheinungen Mebere und Nkwa. Den ersten Menschen nannte Gott Nzame Fam, ›Macht‹.

Stolz auf seine Kraft, Macht und Schönheit – in dieser Hinsicht übertraf er sowohl den Elefanten als auch den Leoparden und den Affen – wurde der erste Mensch böse und hochnäsig. Er wollte nicht einmal mehr seinem Schöpfer die Ehre erweisen, ja, er erdreistete sich sogar, ihn zu mißachten, indem er sang:

»Jeje, o, lajeje!
Gott ist im Himmel, auf Erden aber der Mensch!
Jeje, o, lajeje!
Gott ist ein Gott, der Mensch aber ein Mensch!
Jeder von ihnen ein Herr für sich!«

Gott Nzame hörte das freche Lied und rief erzürnt aus: »Wer singt da?!« – »Wer sollte da schon singen? Jeje, o, lajeje! Ich, ich singe das!« erwiderte der Mensch mit gebietender Stimme. Da wurde Gott wütend und rief den Donner Nzalan herbei. Der kam sofort und schleuderte mit großem Getöse gewaltige Blitze. Zum Himmel loderten die Flammen der wie Fackeln brennenden Felder. Es brannten die Bäume und die anderen Pflanzen, und in ihnen die Tiere, die Vögel und die Fische. Nur Fam, der Mensch, blieb unberührt, denn als Nzame ihn ins Leben gerufen hatte, hatte er gesagt: »Niemals sollst du sterben!« Und was Gott beschlossen hatte, das änderte er nicht.

Nzame blickte hinab auf die verbrannte, schwarze, kranke Erde, und er wurde traurig. Er schämte sich sogar und wollte so schnell wie möglich ihr verfinstertes Gesicht wieder erhellen. Nzame, Mebere und Nkwa beschlossen, das verbrannte Antlitz der Erde mit einer neuen, fruchtbaren Bodenschicht zu bedecken. Mit der Zeit wuchs wieder ein erster Baum, und aus seinem Samen wuchsen weitere. Jedes von diesen Bäumen herabfallende Blatt nahm ständig an Größe zu und begann schließlich zu laufen – so kehrten alle Tiere auf die Erde zurück. Ein Blatt, das ins Wasser fiel, wölbte sich und nahm die Gestalt eines Fisches an. Bald war die Erde wieder genauso, wie sie gewesen war. Nur in ihrem Innern blieben steinharte, verkohlte Schichten zurück, stumme Zeugen des schrecklichen Unglücks.

Nzame, Mebere und Nkwa hielten erneut Rat miteinander, sie wollten einen Herrn wählen, der über alle Tiere gebieten sollte. »Laßt uns einen Menschen machen, der Fam ähnlich ist«, schlug Nzame vor, »doch wollen wir seinen Kopf umdrehen, damit er den Tod sehen kann.« So erschien der zweite Mensch auf der Erde, der Vater von uns allen. Nzame nannte ihn Sekume. Da er ihn jedoch nicht allein lassen wollte, sagte er: »Such dir einen von deinen Lieblingsbäumen aus!« Als Sekume sich einen Baum ausgesucht hatte, verwandelte sich dieser Baum in eine Frau. Sie erhielt den Namen Mbongwe.

Gott Nzame hatte Sekume und Mbongwe aus zwei Teilen geschaffen. Den äußeren Teil bildet der Körper Gnol, und den, der im Körper lebt, bildet die Schattenseele Nsissim. Dank Nsissim lebt der menschliche Körper. Wenn Nsissim sich entfernt, stirbt der Mensch.

Sekume und Mbongwe lebten glücklich auf der Erde und zeugten viele Kinder. Da beschloß Gott Nzame, ihnen Gesetze und Gebote zu geben. Er rief Sekume, Mbongwe und ihre Kinder zu sich und verkündete den Versammelten: »In Zukunft sollt ihr Rechte und Gesetze beachten, die ich euch jetzt bekanntgebe. Innerhalb eures Stammes dürft ihr niemanden bestehlen. Ihr dürft niemanden töten, der euch kein Unrecht zugefügt hat. Nachts dürft ihr anderen nicht nachjagen. Das ist alles, was ich von euch verlange. Lebt in euren Dörfern in Frieden. Diejenigen, die meine Gebote befolgen, werden belohnt. Alle anderen erwartet die verdiente Strafe!«

Diejenigen, die Nzames Geboten nicht gehorcht hatten, irren nach dem Tode umher und leiden Hunger und Durst. Und wenn die Finsternis der Nacht die Erde einhüllt, kommen sie zur ›Geisterstunde‹ ins Dorf und töten alle, denen sie begegnen. Sie tun ihnen alles Böse an, was nur in ihrer Macht steht. Ihnen zu Ehren veranstalten die Menschen Totentänze, Kedzam-Kedzam, aber auch das hilft nichts. Vor ihren Hütten stellen sie das beste Essen bereit. Die bösen Toten essen es auf, aber ihre Natur ändert sich dadurch nicht. Wenn alle die gestorben sind, die die bösen Menschen zu Lebzeiten gekannt haben, ertönt der Ruf des Totenvogels. Dann werden die bösen Toten immer dünner und hinfälliger, bis sie nun schließlich endgültig sterben. Vor dem Überqueren des großen Totenflusses warten sie lange auf einem großen, flachen Stein, wo sie Hunger und Kälte leiden. Schließlich werden sie von Gott Nzame im Ototolane, im ›bösen Ort‹, eingeschlossen, wo sie für alle Ewigkeit die Unglücklichen bleiben.

Auch die guten Menschen kehren nach dem Tode ins Dorf zurück. Zu den Lebenden sind sie jedoch freundlich, und die Bestattungszeremonien und der Totentanz erfreuen ihre Herzen. Nachts kehren sie in die Nähe derer zurück, die sie zu Lebzeiten kannten und gern gehabt haben. Sie erzählen ihnen, was man tun muß, um lange zu leben, großen Reichtum zu erlangen, treue Frauen zu heiraten, viele Kinder zu haben und bei der Jagd viele Tiere zu erlegen. Wenn alle ihre Bekannten gestorben sind, ertönt der Ruf des Totenvogels. Sofort werden alle guten Toten wohlbeleibt, und Nzame führt sie in die Höhe und geleitet sie dann auf den Abendstern. Von dort schauen sie auf die Menschen hernieder, betrachten sie und freuen sich, wenn die Menschen sie nicht vergessen.

Der erste Mensch, Fam, lebte einige Zeit gefangen unter der Erde. Mit einem gewaltigen Felsbrocken hatte Gott Nzame den Ausgang zur Erdoberfläche versperrt. Der böse Fam gab sich jedoch so leicht nicht geschlagen. Er fing an, einen Tunnel in die Erde zu graben, bis er sich schließlich nach vielen, vielen Jahren aus seinem Gefängnis befreit hatte. Wie groß war da sein Zorn, als er den neuen Menschen entdeckte, der über sein Reich herrschte! Machtlos versteckt er sich jetzt in den Wäldern und tötet hinterrücks Menschen. Oftmals hält er sich auch im Wasser auf und versenkt dort Boote.

Wie das Instrument Mwet entstand

Einst bewohnten die Fang das Nilufer. Später wurden sie von den Mwele [oder Bassa?] von dort vertrieben. Während der Flucht wurde ein gewisser Oyono Ada Ngono, ein begabter Musikant und großer Krieger, plötzlich ohnmächtig. Eine ganze Woche lang trugen die Fang den reglosen Körper, immer noch auf der Flucht vor den Verfolgern. Nach sieben Tagen erwachte Oyono ebenso unerwartet wieder zum Leben und erklärte den Flüchtlingen, daß er ein Mittel gefunden habe, das seinen Stammesbrüdern Mut verleihen könne. Dicht umringten ihn die Männer, Frauen und Kinder, und er sagte zu ihnen: »Meine Brüder! Die Mwele sind stärker als wir, deshalb gönnen sie uns keine Atempause. Doch irgend jemand wird es ihnen doch noch heimzahlen. Den verfluchten Mwele können wir nichts anhaben, deshalb wollen wir weiterziehen und jene Völker verfolgen und ausrauben, die uns über den Weg kommen. Wir wollen große und kleine Dörfer plündern. So wird es uns an nichts fehlen. Wir werden sie genauso quälen, wie uns die Mwele peinigen. Wir sind stark, wir müssen nur unserer Stärke vertrauen. Immer wenn ich sage: ›Ich säe Wind‹, antwortet ihr: ›Wir hören.‹ Wenn ich rufe: ›Ich schieße auf den Elefanten‹, antwortet ihr: ›Das ist wichtig.‹ Wenn ich rufe: ›Die Ohren sollen hören‹, antwortet ihr: ›Sie sollen unser Epos Mwet hören.‹ Laßt uns immer der Sonne nachgehen. Dort, wo sie sich zur Ruhe begibt, werden wir ein schönes Land finden. Dieses Land wird fruchtbarer und reicher sein als jenes, das wir verlassen mußten.«

Dann nahm Oyono Ada Ngono ein Bambusrohr, zog vier Fasern davon ab, ohne sie jedoch ganz abzureißen. An jeder dieser Fasern befestigte er einen Kranz aus Lianen. In die Mitte des Bambusrohres steckte er einen Stock, an dem er Saiten anbrachte, die viele verschiedene Töne erzeugten. So entstand das Musikinstrument Mwet. Während Oyono darauf spielte, erzählte er das Epos von einem kriegerischen Volk, das er Enong nannte.

Dieses Epos weckte die Fang auf. Wie ein Sturm fielen sie über die Völker von Südosten her und ahmten die Tapferkeit und den Mut der Helden des

Epos nach. Plündernd, alles zerstörend, was ihnen über den Weg kam, zogen die Fang entlang der Flüsse Uele und Ubangi, bis sie ihre Schritte schließlich nach Westen lenkten, in das Land, in dem der riesige Baum Kam Elone wächst. Er war so groß, daß die Fang einen Tunnel durch seinen Stamm schlagen mußten, um vorbeizukommen. Vom Namen dieses Baumes ist der Name Kamerun abgeleitet.

MAURETANIEN
MALI
NIGER
TSCHAD
Tschad
HADJERAI
SENEGAL
Senegal
MALINKE
SONINKE
GAMBIA
FULBE
GUINEA-BISSAU
GUINEA
LIMBA
SIERRA LEONE
LIBERIA
Niger
BAMBARA
DOGON
SONGHAI
FULBE
KURUMBA
BOBO
BURKINA
MOSSI
SENUFO
CÔTE D'IVOIRE
WOBE
BAULE
ANYI
AKAN
GAN
EWE
KUSASE
DAGOMBA
KONKOMBA
GHANA
KRACHI
TOGO
FON
VR
BENIN
HAUSA
FULBE
NIGERIA
NUPE
YORUBA
Niger
BINI
IJO
IGBO
TIV
EKOI
NDIKI
Benue
FULBE
FALI
KAMERUN
FANG
ÄQUATORIAL-GUINEA
GABUN

Anhang

Anmerkungen

Yoruba S. 17 bis S. 41

Die Yoruba gehören zu den zahlenmäßig stärksten und bestorganisierten Völkern Westafrikas. Ihre Zahl übersteigt fünfzehn Millionen. Sie bewohnen hauptsächlich den Südwesten Nigerias. Die Bundesstaaten Ogun, Ondo und Oyo sind fast homogene Yoruba-Staaten. Im Kwara-Staat (am Niger) gewinnt das Yoruba immer größeren Einfluß. Da die Hauptstadt Lagos im Verbreitungsgebiet des Yoruba liegt, hat diese Sprache durch die Konzentration der Verwaltung, der Industrie, des Verkehrswesens, der Kultur und anderer gesellschaftlicher Bereiche eine schnelle Entwicklung erfahren. Das Sprachgebiet reicht im Westen bis in die Volksrepublik Benin, wo das Yoruba als Anago oder Nago bekannt ist. Dort wird es von etwa 400000 Menschen gesprochen.

Über die Herkunft der Yoruba wie auch anderer westafrikanischer Völker existieren viele, stark voneinander abweichende Vorstellungen. Die Entdeckung der Kunstdenkmäler in Ife trug wesentlich zur Entstehung verschiedener, manchmal geradezu phantastischer Hypothesen bei. Anthoropologen stellten die sogenannte ›Hamitentheorie‹ auf, nach der in ferner Vergangenheit die negriden Völker Afrikas von den hellhäutigen Hamiten unterworfen worden seien, die aus dem Norden des Kontinents eine höhere Kultur mitgebracht hätten. Diese Kultur sei die Quelle aller technischen Errungenschaften der schwarzen Völker. In den letzten Jahrzehnten wurde diese Theorie einer vernichtenden Kritik unterzogen und ist heute nicht mehr vertretbar. Verschiedene Legenden der Yoruba erzählen, daß ihre Vorfahren aus dem Osten kamen. Ähnlichen Erzählungen begegnet man auch bei vielen anderen, vor allem islamisierten Völkern Westafrikas. Oft werden sie mit dem Hinweis auf eine ägyptische Abstammung interpretiert. Diese Ansicht vertreten selbst Yoruba-Historiker wie beispielsweise S. Johnson oder J. Olumide. Johnson meint, daß die Yoruba aus Oberägypten oder Nubien stammen und Untertanen des ägyptischen Eroberers Nimrod waren. Der einst bekannte islamische Führer und Gelehrte Muhammadu Bello, Sohn des Reformators der Fulbe, Scheich Usman dan Fodio, behauptet, die Yoruba würden von den Kindern des biblischen Kanaan abstammen, die vom Stamme Nimrods waren. Von einem gewissen Yaa-rooba, Sohn Kahtans, aus Arabien ins Gebiet zwischen Ägypten und Äthiopien vertrieben, seien sie ins Innere des Kontinents weitergezogen und hätten an allen Raststellen einen Teil ihrer Landsleute zurückgelassen. Und weiter, meint Bello, seien alle Völker, die die Bergregionen des geographischen Gebietes Sudan bewohnten, Nachkommen ebenjener Flüchtlinge. Diese und andere Interpretationen mögen auf den ersten Blick glaubwürdig erscheinen. Die Yoruba bedienen sich zum Beispiel beim Metallguß der Wachsgußtechnik, die im Niltal verbreitet war. Auch hatten sie vergleichbare Formen der Verwaltung des Staates einschließlich der Institution des Gott-Königtums. Archäologische, philologische und schließlich anthropologische (vor allem serologische) Untersuchungen erbringen jedoch dem widersprechende Resultate. Ausgehend von unserem heutigen Wissensstand können wir über die Herkunft der Yoruba nur sagen, daß ihre Urheimat nicht die jetzt von ihnen bewohnten Gebiete sind, daß sie wahrscheinlich aus der Gegend um den Tschadsee eingewandert sind. Die in diesem Band vorgestellte Legende über die Herkunft der Yoruba wurde von den Hofhistorikern von Oyo, dem politischen Zentrum der Yoruba-Staaten, bewahrt und überliefert.

Die Yoruba haben wahrscheinlich im Mittelalter große Städte und Stadtstaaten gegründet. Ife, die älteste Stadt der Yoruba und zugleich ihre mythische Wiege, entstand vermutlich im 11. Jahrhundert. Als Zentrum einer entwickelten und originären Kultur wurde sie auch zum Zentrum des religiösen Kultes. Politische Hauptstadt der Yoruba war der Stadtstaat Oyo, dessen Oberhoheit von allen anderen Yoruba-Staaten anerkannt wurde. Seit dem Beginn des 18. Jahrhunderts zeichnete sich der Zerfall der politischen Einheit der Yoruba ab. Es entbrannten interne Kämpfe und dynastische Streitigkeiten, aus denen die Vasallenvölker bereitwillig Nutzen zogen. Diesen Zwistigkeiten, aber zugleich auch der staatlichen Unabhängigkeit bereitete die Intervention britischer Kolonialtruppen ein Ende, die seit der Mitte des 19. Jahrhunderts ein Königreich der Yoruba nach dem anderen besetzten.

Die Yoruba haben wahre Meisterwerke der Kunst geschaffen. Durch hohe künstlerische Reife und technische Perfektion zeichnen sich besonders die Bronzeplastiken und Terrakotten aus. Die Yoruba waren jedoch nicht nur hervorragende Bildhauer, sie haben ihre künstlerischen Neigungen, insbesondere die Kunst des Bronzegusses, auch dem benachbarten Königreich Benin vermittelt.

Die Mythologie der Yoruba ist außerordentlich reich, nicht ohne Grund vergleicht man sie oft mit der griechischen Mythologie. Besonders die entwickelte Kosmogonie kennt zahlreiche lokale Varianten, denen gemeinsam ist, daß sie stets ethnozentrisch gefärbt sind. Mehr noch, die Schöpfungsmythen erzählen, daß nicht nur die Yoruba, sondern auch die anderen Völker ihren Anfang in der heiligen Stadt Ife genommen haben, wo das Schöpfungswerk begonnen worden sei. Im Denken der Yoruba hat das Weltall eine dreifache Struktur und besteht aus dem Ur-Himmel, dem Ozean und der zuletzt geschaffenen, von den Menschen bewohnten Erde. Die Yoruba haben verschiedene Bezeichnungen für diese drei Bestandteile des Weltalls. Den mythischen, präexistenten Himmel nennen sie Ile Orun, ›Himmelshaus‹, oder Oke Orun, ›Himmelsgewölbe‹. Die zuunterst gelegene Region nennen sie Ile, was heute zwar ›Erde‹ bedeutet, doch muß man berücksichtigen, daß die Ur-Wasser von den Yoruba als Korrelat zur Erde aufgefaßt wurden. Den Raum zwischen Himmel und Ozean, also die von den Menschen bewohnte Erde, nennen sie Ile Aiye, ›Welthaus‹.

Im ›Himmelshaus‹ herrscht der höchste Gott Olorun, der ›Herr des Himmels‹, auch Olodumare, der ›Allmächtige‹, genannt. Er regiert über den Himmel wie ein souveräner Herrscher über ein irdisches Reich. Jenseits aller Zeiteinheiten existierend, ist er die Quelle aller Macht und Stärke, des Lebens und der Weisheit. Der Schöpfergott Olorun gebietet zahlreichen an Rang niederen Gottheiten, Orisha. Ihren Status, ihren Platz unter den höheren Wesen und ihre Stärke verdanken sie ausschließlich Olodumare. In einigen Mythen sind sie als Oloruns Kinder dargestellt, in anderen stehen sie in einem ähnlichen Abhängigkeitsverhältnis, wie die Herrscher der Stadtstaaten der Yoruba vom höchsten König der Stadt Oyo, dem Alafin, abhängig sind. Olorun ist für den gewöhnlichen Sterblichen ein zu abstrakter Gott, allzu weit von ihm entfernt, als daß er sich an ihn mit alltäglichen menschlichen Sorgen wenden könnte. Nach dem in Afrika verbreiteten Grundsatz, daß man sich nicht unmittelbar an ranghöhere Würdenträger wenden darf, weil dies als Beleidigung und Mißachtung der ihnen gebührenden Ehre betrachtet wird, werden Gebete, Gesänge, Bitten und Opfergaben in erster Linie an die Orisha-Gottheiten gerichtet. Diese niederen Gottheiten, unter denen sich eine gewisse Hierarchie herausgebildet hat, sind die Vermittler zwischen dem höchsten Gott und dem ›Welthaus‹. Sie führen die unmittelbare Aufsicht über das, was auf der Erde vor sich geht, und sind dafür verantwortlich. Die dritte Art von Himmelswesen sind die Ara Orun, die ›Himmelsleute‹, zu denen die Abbilder der auf der Erde lebenden Menschen und die Seelen gehören, die auf ihre Wiedergeburt warten. Der Glaube an die Wiedergeburt begegnet uns übrigens nicht nur bei den Yoruba, sondern auch bei vielen anderen Völkern Westafrikas.

Die Erde ist das Königreich der Göttin Onile, der ›Herrin der Erde‹. In einigen Gegenden wird sie wie der höchste Gott geachtet, den Menschen jedoch näherstehend. Oft nennt man sie einfach Iya, ›Mutter‹. Sie nimmt die Seelen der Verstorbenen auf, die in ihr zu Geistern werden. Ausdruck ihrer Macht ist das Wirken der Rachegeister Ogboni, die schon im Diesseits die Menschen für ihre Verfehlungen bestrafen. Die im Reich der Onile lebenden Ahnengeister können mit der Zeit ins Himmelreich erhoben werden, wo sie durch Oloruns Macht wieder ins Leben, nämlich in die Körper ihrer Enkel, zurückgerufen werden. Die Geister des Himmels und der Erde werden von den Yoruba mit dem gemeinsamen Namen Irunmole bezeichnet. Das Leben eines Menschen auf der Erde gestaltet sich nur dann erfolgreich, wenn es ihm gelingt, die Verbindung zu den Gottheiten und Geistern der beiden anderen Regionen des Weltalls aufrechtzuerhalten. Noch vor der Geburt bestimmt der höchste Gott jedem menschlichen Wesen sein Schicksal, seine Persönlichkeit und sein Äußeres und vertraut es dann der Fürsorge zahlreicher Orisha an. Diese Gottheiten stehen ihren Anhängern bei, beschenken sie mit Nachkommen, Gesundheit oder Reichtum. Sie rächen sich, wenn ihnen nicht die gebührende Aufmerksamkeit zuteil wird oder sie gar mißachtet werden.

Bini S. 42 bis S. 46

Die Bini leben im Süden Nigerias, westlich des Nigers zwischen den Yoruba im Westen und den Igbo im Osten, hauptsächlich im Bundesstaat Bendel (Hauptstadt: Benin). Sie zählen zwei bis drei Millionen Menschen.

Im März 1897 eroberte eine britische Militärexpedition die Stadt Benin, die von der einheimischen Bevölkerung Edo genannt wird. Im September des gleichen Jahres wurde der fünfunddreißigste Oba, ›König‹ von Benin, von den Engländern nach Calabar deportiert. Damit endete die Unabhängigkeit eines der größten und ältesten westafrikanischen Königreiche im Bereich des Waldgürtels. Das Königreich wurde wahrscheinlich zu Beginn des zweiten Jahrtausends von den Bini gegründet. Die Portugiesen gaben ihm den Namen Benin, von ihnen stammen auch die ältesten, im 15. Jahrhundert verfaßten Berichte. In seiner Blütezeit erstreckte sich das Königreich bis in die Gebiete westlich des heutigen Lagos und im Osten bis zum Fluß Bonni. Es umfaßte nicht nur Länder der autochthonen Bini, sondern auch Siedlungsgebiete der Igbo im Osten, der Itsekiri und der Ijo im Südwesten und sogar einige Yoruba-Dörfer im Nordwesten. Das Königreich hatte feudalen Charakter, die Sklaverei spielte eine außergewöhnlich große Rolle. Der König war zugleich oberster Richter, der über Leben und Tod entschied. Die Einwohner Benins nannten sich selbst Ewien Oba, ›Sklaven des Königs‹, und trugen an ihren Körpern einheitliche Stammeszeichen, denn sie meinten eine vornehmere Herkunft als ihre Nachbarn zu haben. Ihre Überlegenheit konnten sie mit Hilfe eines starken Heeres unter Beweis stellen, das in der Lage war, selbst fern der Hauptstadt zu operieren.

Benins politische Macht wurde durch seine weltweit bekannten Kunstwerke repräsentiert. Die Kunst des Bronzegusses im Wachsgußverfahren erreichte im 15. bis 17. Jahrhundert ihren Höhepunkt. Von Bedeutung sind ebenso Plastiken aus Elfenbein oder Holz. Die Legende bringt den Bronzeguß mit dem Erscheinen eines Kunstgießers aus Ife am Hofe von Benin in Zusammenhang. Zumeist wurden Darstellungen menschlicher Köpfe, besonders der Herrscher und ihrer Nächsten, in Bronze gegossen, wie es heißt, zu Kultzwecken der Ahnenverehrung. Es entstanden aber auch Statuen von Höflingen, Jägern und Kriegern, Tier- und Vogelfiguren. Die Säulen der Paläste wurden mit Reliefplatten aus Bronze verziert. Von hoher Kunstfertigkeit zeugen auch die Elfenbeinschnitzerei und die Tanzmasken, sowie verzierte Hausgerätschaften und Kleinplastiken.

Die Herrscher der ersten Dynastie trugen den Titel Ogiso (ogie, ›Herrscher‹; iso, ›Himmel‹), ›Herrscher des Himmels‹. Sie wurden zu Helden vieler Volkserzählungen, in denen sie sich mit Tieren, Pflanzen, ja sogar mit Gegenständen unterhalten und sich durch ihre Weisheit vor der listigen Schildkröte Egwi auszeichnen. Die Herrschaft der Ogiso-Dynastie wurde durch einen Bürgerkrieg beendet. Lange blieb das Reich ohne König, bis sich die Höflinge entschlossen, zum Herrscher von Ife zu schikken und ihn um die Entsendung einer seiner Söhne zu bitten, der den Thron von Benin einnehmen sollte.

Die Bini glauben, daß das Weltall aus zwei Teilen besteht: der sichtbaren Welt,

Agbon, die von den Menschen bewohnt wird, und dem Wohnsitz zahlreicher Götter, Geister und übernatürlicher Kräfte, Erinvin. Der höchste Gott der Bini heißt Osanobua, der Schöpfer aller Wesen und Dinge in beiden Welten. Die Mythologie schildert ihn als einen König, der in großem Prunk lebt, von zahlreichen Frauen und Kindern umgeben. Zu seinen Kindern gehören die niederen Gottheiten sowie die ersten Könige von Benin, Ife und anderen Städten der Yoruba. Jeder Mensch kann sich mit der Bitte um Gesundheit, Nachkommen oder verschiedene irdische Güter an Osanobua wenden. Dazu wird ein kleiner Sandhaufen aufgeschüttet, in den ein mit einem Stück weißen Tuches geschmückter Stock gesteckt wird. Darauf werden Opfer, bestehend aus Kolanüssen, Kürbissen und Kreide dargebracht. Blutige Opfer werden heute fast vollständig abgelehnt. In einigen Bini-Dörfern wird Osanobua in einem besonderen Kult verehrt, der von einem anerkannten Priester geleitet wird. Drei seiner Heiligtümer befinden sich in der Stadt Benin.

Im religiösen Leben von Benin hat der Olokun-Kult immer die größte Rolle gespielt. Olokun, ›Besitzer des Meeres‹, gilt als ältester Sohn von Osanobua und wird mit dem Meer (okun) oder anderen Gewässern identifiziert, die ihren Ursprung im ›äthiopischen‹ Fluß haben. In diesem Fluß, der in der Nähe der Stadt Urhonigbe im südöstlichen Teil des Reiches entspringt, sollen alle Flüsse der Welt münden. Seine unmittelbaren Nebenflüsse gelten in der Mythologie der Bini als Olokuns Frauen. In Urhonigbe, dem Zentrum dieses Kultes, befindet sich ein großes Heiligtum. Hier werden lebensgroße Tonstatuen, die Olokun als würdevollen Monarchen darstellen, sowie Statuetten seiner Frauen und Kinder aufbewahrt. In einigen Dörfern ist der Olokun-Kult offizieller Brauch, andernorts wird er nur von einigen Familien ausgeübt. Olokun ist für die Fruchtbarkeit der Frauen verantwortlich und bringt Kinder, indem er sie durch die Gewässer, die die Erde umfließen, trägt. Der ›Gott des Eisens‹, Ogun, dem wir bereits in der Mythologie der Yoruba begegnet sind, wird von den Schmieden verehrt. Die Krieger und Jäger verehren ihn unter dem Namen Efae. Früher befand sich in jeder Schmiede ein Ogun-Altar, auf dem Opfer dargebracht wurden. Auch die Krieger und Jäger hatten für ihre Opferzeremonien besondere Ogun-Schreine. Die Gottheit Ogiuwu, der ›König des Todes‹, wurde in dem ihr geweihten Schrein in der Stadt Benin von den Angehörigen des Königshofes verehrt. Die Bini glauben, daß diese Gottheit dann einen Menschen zu sich holt, wenn das Ende seines Lebens naht. Um ihren Eifer zu dämpfen, wurden ihr verschiedene Tier-, gelegentlich sogar Menschenopfer dargebracht. Ogiuwu gebietet über seinen Gesandten Ofoe, der den Sterbenden ins Land der Geister geleitet. Es sind Abbildungen von Ogiuwu aus Messing sowie Plastiken aus Holz und Elfenbein erhalten geblieben. Die Mythologie der Bini kennt zu Göttern erhobene Heroen, die sich nach ihrem Tod in Naturkräfte, in Flüsse, Seen, Teiche und anderes verwandelt haben. Zu ihnen gehört die Göttin Ovia, die mythische Gattin eines Königs. Als sie von anderen Frauen beschuldigt wurde, sie hätte eine Krankheit über den König kommen lassen, verwandelte sie sich aus Trauer in einen Fluß. Der Ovia ist der größte Fluß im Königreich Benin.

Ijo S. 47 bis S. 51

Die Ijo leben im Gebiet des Nigerdeltas im Süden Nigerias (Bundesstaat Rivers). Sie zählen über eine Million Menschen.

Fon S. 52 bis S. 68

Die Fon leben im südlichen Küstengebiet der Volksrepublik Benin. Mit über zwei Millionen Menschen bilden sie die bedeutendste Völkerschaft in Benin. Fon ist die Sprache der größten ethnischen Gruppe, des ökonomisch am weitesten entwickelten Gebietes und der politischen Zentren des Landes, wird aber auch im Norden auf den Märkten als Handelssprache benutzt. Fon steht sprachlich dem Ewe sehr nah und wird auch als Dialekt des Ewe (Ost-Ewe) bezeichnet.

Das Königreich Dahomey entstand zu Beginn des 17. Jahrhunderts. Nach mündlichen Überlieferungen wurde es von Eroberern namens Adja gegründet, Mitgliedern der Königsfamilie aus Tado, einer bedeutenden Stadt, die sich heute auf dem Territorium der Republik Togo befindet. Im 16. und 17. Jahrhundert war Tado ein Kleinstaat, der nominell vom mächtigen Oyo abhängig war. Eine Legende berichtet, daß ein Teil der Höflinge der Adja nach dynastischen Auseinandersetzungen nach Osten geflohen sei und sich in der Nähe der heutigen Stadt Allada niedergelassen habe. Aber auch dort entstand bald wieder Zwietracht am Hofe: nach dem Tod des Vaters stritten drei Brüder um den Thron. Schließlich fiel er dem Ältesten zu, und die beiden anderen verließen das Land. Einer gründete die heute Porto Novo genannte Stadt und der andere im Norden das Königreich Abomey. In diesem Reich vermischten sich die Adja mit den Gedevi, Nachfahren der Yoruba, und begründeten eine neue ethnische Gemeinschaft, die Fon. Die Eroberung des Landes durch die Adja führte zu offenen Kämpfen zwischen den Einwanderern und den ansässigen Häuptlingen. Schließlich bestieg im 17. Jahrhundert ein gewisser Wegbadja den Thron, der von den Fon als eigentlicher Begründer der Dynastie angesehen wird. Bis zur Unterwerfung des Königreiches durch die Franzosen im Jahre 1892 folgten ihm neun Könige auf dem Thron. Als der energischste Krieger und König gilt Agadja (1708–1728), der im Jahre 1724 Allada und fünf Jahre darauf das Königreich Widah unterwarf und auf diese Weise den Weg zur Küste öffnete und damit den direkten Handel mit den Europäern. Im Jahre 1818 bestieg ein Reformator namens Gezo den Thron. Er führte ein straffes Verwaltungssystem ein und machte sich von den Herrschern in Oyo unabhängig. Als er 1858 starb, stand das Königreich in der Blüte seiner Entfaltung. Dreißig Jahre später (1892) versetzten die Franzosen Dahomey unter König Behanzin den Todesstoß.

Der Tod eines Königs von Dahomey hatte den Tod vieler Menschen zur Folge. Nach dem Tod von Adanzu II. im Jahre 1789 verloren sechshundert Frauen das Leben, die Zahl der Krieger, Amazonen und Diener nicht eingerechnet. Die Fon waren davon überzeugt, daß jede Tat eines Königs sofort ins Land der Ahnen gemeldet werden muß, diese Aufgabe wurde zumeist Gefangenen übertragen, von denen auf diese Weise jährlich mehrere Hundert ums Leben kamen. Am Hofe des Königs von Dahomey gab es besondere Heeresabteilungen, die aus Frauen zusammengestellt wurden. Diese Amazonen, ›Frauen‹ oder ›Mütter‹ des Königs genannt, wurden bei Todesstrafe zum Zölibat verpflichtet, nur der König durfte sie für sich in Anspruch nehmen. Anfangs wurden diese Abteilungen aus Frauen rekrutiert, die wegen eines Vergehens zum Tode verurteilt worden waren oder die sich eheliche Untreue zuschulden kommen ließen. Unter König Gelele wurde jedes Mädchen, das dem Herrscher gefiel, ins Heer eingezogen.

Der Vielzahl an Bräuchen und Institutionen des Königreiches entspricht ein breites Spektrum an Vorstellungen über das Entstehen und den Lauf des Weltalls. Schöpfungsmythen wurden nicht nur von Priestern der einzelnen Pantheone, sondern auch von höfischen Sängern in mündlicher Überlieferung weitergegeben. Das Amt von Sänger-Chronisten wurde wahrscheinlich bereits unter dem ersten König Agadja eingerichtet. Später befahl Gelele allen Clans, Angehörige in die Hauptstadt Dahomeys zu entsenden, damit sie die Mythen und lokalen Überlieferungen tradierten. Die fähigsten Sänger wurden dazu verpflichtet, die Geschichten in die Form von Epen zu kleiden, um sie für immer im Gedächtnis der Menschen zu bewahren. Trotz dieser Bemühungen gibt es keine einheitlichen Fassungen der Mythen und Legenden über die Anfänge der Welt und des Königreiches. Ein Grund dafür mag sein, daß die Fon die überirdische Welt in drei miteinander rivalisierende Pantheone einteilen: das Pantheon des Himmels, das der Erde und das des Donners. Ein jeder hat einen eigenen Priesterstand und eigene Anhänger, die dafür Sorge tragen, daß die eigenen Götter gebührend über die anderen erhoben werden und ihnen die Schlüsselrolle in der Entwicklung des Weltalls zugeschrieben wird. Als man einem Priester zwei Versionen ein und desselben Mythos vorlegte und ihn nach der richtigen befragte, meinte er: ›Beide.‹ Und er fügte hinzu: ›Die Götter offenbaren nicht jedem das gleiche. Jeder von uns überliefert das, was ihm die Götter offenbart haben.‹

Die Einführung des Mawu-Lisa-Kultes reicht weit in die Kulturgeschichte Benins zurück. Ein überlieferter Mythos verbindet den Beginn des Kultes der Himmelsgötter mit der Thronbesteigung des ersten Königs Agadja.

Neben der Priesterfassung der Mythen, die nur einem engen Kreis von Eingeweihten zugänglich ist, werden mythische Erzählungen auch in volkstümlicher Form überliefert. Diese sind abgerundeter und durchsichtiger und illustrieren einzelne Abschnitte der Schöpfung und der damit verknüpften Ereignisse.

Ewe S. 69 bis S. 71

Die Ewe leben im Südosten Ghanas östlich des Flusses Volta und im Süden Togos. In Ghana leben etwa 1,5 Millionen, in Togo etwa 1,3 Millionen Ewe. Sie sind mit den Fon, die im Süden der Volksrepublik Benin leben, eng verwandt.

Nach Überlieferungen sollen die Ewe aus dem Königreich Ketu stammen, das in ihrer Sprache Amedzofe, ›Geburtsstätte‹, oder Mahufe, ›Götterwohnstatt‹, heißt. Wahrscheinlich im 16. Jahrhundert ist ein beachtlicher Teil der Ewe in die Stadt Tado, am Ostufer des Nono in der heutigen Republik Togo gelegen, ausgewandert. Es ist möglich, daß unter anderem auch die expansionistischen Bestrebungen der Yoruba dazu geführt haben. Heute ist mit Tado eine ganze Gruppe von Dörfern in Togo gemeint. In einem von ihnen, in Adjatja, steht eine kleine Hütte, in der ein Krug mit den Schädeln der ersten Könige aufbewahrt wird. Von Tado aus haben sich die Ewe über die südlichen Provinzen der heutigen Republiken Ghana und Togo ausgebreitet und die Dynastien und herrschenden Schichten in Porto-Novo, Dahomey und Alade gestellt. Die zahlenmäßig größte Gruppe ließ sich in Nuatja nieder, von wo auch die hier vorgestellte Erzählung stammt.

Bei den Völkern der mittleren Region des Ewe-Landes, zwischen Lome, der Hauptstadt der Republik Togo, und der Republik Benin, verschmelzen die Gottheiten Mawu-Sogbla und Mawu-Sodza zur Gottheit So. Diesem Namen wird auch ›Hebie‹ beigefügt, denn in dieser Stadt soll So zum ersten Mal erschienen sein.

In der Stadt Matse ist eine Tradition lebendig geblieben, nach der die Gottheit Mawu-Ga am Anfang die Erdgötter Trowo (Singular: Tro) geschaffen haben soll. Die ersten Menschen habe sie zunächst in Höhlen untergebracht und ihnen erst nach einiger Zeit erlaubt, ins offene Land hinauszugehen. In einer anderen Stadt, in Gbelewe, erzählt man, daß das erste Menschenpaar vom Himmel gefallen sei. Die Frau sei auf einen Stein gefallen und habe dort ein Mädchen geboren, die Mutter aller Menschen.

Nupe S. 72 bis S. 74

Die Nupe leben in Mittelnigeria (vor allem im Bundesstaat Kwara), beiderseits des Kaduna und in der Nigerebene zwischen der Stadt Busa und der Mündung des Benue mit Bida als kulturellem Zentrum. Die Nupe zählen über eine Million Menschen.

Im späten Mittelalter gründeten die Nupe ein feudales Königreich, dessen legendärer Gründer Tsoede war. Die Genealogien der Nupe-Könige, die in den Bibliotheken muslimischer Gelehrter, aber auch im Gedächtnis der Hofgeschichtsschreiber überliefert wurden, datieren seine Regierungszeit etwa in die Mitte des 16. Jahrhunderts. Seine Blütezeit erreichte das Königreich unter dem neunzehnten König, Etsu Ma'azu (›König Ma'azu‹), der 1818 starb. Danach begann der allmähliche, aber unaufhaltsame Niedergang der Nupe. Dynastische Streitigkeiten nach Ma'azus Tod führten zunächst zur Teilung des Reiches und erleichterten dann auch seine Eroberung durch die Fulbe.

Die Mehrheit der Nupe bekennt sich seit einigen Jahrhunderten zum Islam. Die alten religiösen Überlieferungen sind deshalb heute nur in rudimentärer Form erhalten.

Die älteste Geschichte der Nupe erzählt von Tsoede, der von den Hausa auch Edegi genannt wird. Tsoede führte viele siegreiche Kriege gegen eine Vielzahl von Stämmen und Königreichen. Im Süden unterwarf er die Länder der Yagba und Bunu (die zu den Yoruba gehören) und der Kakanda. Im Norden besiegte er die Ebe, Kamberi und Kamuku. Acht Jahre lang diente ihm Nupeko (›Groß-Nupe‹) als Hauptstadt. Als sie jedoch weder die Menschen noch den Besitz weiter zu fassen vermochte, ließ er eine neue Hauptstadt in Gbara am Kaduna errichten. Tsoedes Herrschaft über die Nupe währte sechzig Jahre. Er starb hundertzwanzigjährig während eines Kriegszuges nach Norden. In Gbagede, wo Tsoede ums Leben gekommen sein soll, werden bis heute ein Paar Sporen und ein Schwert aufbewahrt, die angeblich Eigentum des ersten Etsu gewesen sein sollen. Die Überlieferung berichtet, daß Tsoede neben den Insignien der königlichen Macht und magischen Gegenständen auch verschiedene Handwerke zu den Nupe gebracht hätte, die in ihrem Land bislang unbekannt gewesen waren. Aus Eda ließ er Schmiede kommen, und mit ihnen kamen Sklaven, die die Nupe die Kunst des Schiffbaus lehrten. Verschiedene Zeugnisse scheinen die Richtigkeit dieser Überlieferungen zu bestätigen. Einige sakrale Plastiken aus Bronze (verschiedentlich aus fast reinem Kupfer), die im Dorf Tada und auf der Jebba-Insel im Niger gefunden wurden und im Wachsausschmelzverfahren[73] gegossen worden sind, erinnern an Ife- und Benin-Güsse. Den Nupe war diese Gußtechnik nicht bekannt. Ähnliches gilt auch für die sorgfältig gegossenen viereckigen Bronzeglocken, die für die Kunst Benins typisch sind, aber auch an vielen königlichen Trommeln in den Städten am Niger anzutreffen sind.

Ekoi S. 75 bis S. 77

Die Ekoi leben in der Provinz Calabar im Südosten Nigerias zwischen dem Fluß Cross und der Grenze nach Kamerun sowie im Westen Kameruns (im ehemals britischen Gebiet). Sie zählen einige Hunderttausend Menschen. Die Ekoi nennen sich selbst Ejagham.

Die religiösen Anschauungen der Ekoi sind mit dem Ahnenkult und der kultischen Verehrung der Naturkräfte verbunden. An der Spitze des Pantheons stehen der Gott des Himmels, Obassi Osaw, und die Erdgöttin, Obassi Nsi. Obassi Osaw ist der grausame Beherrscher der Welt. Er sendet Blitze, Donner und sengende Sonnenstrahlen zur Erde hinab. Obassi Nsi wohnt unter der Erde, sie ist gutmütig und nimmt die Toten in ihr unterirdisches Reich auf, sie läßt Pflanzen wachsen und Früchte reifen.

Tiv S. 78

Das Volk der Tiv, auch unter dem aus der Hausa-Sprache stammenden Namen Munchi (Munshi) bekannt, lebt im Osten Nigerias beiderseits des Benue bis an die Grenze nach Kamerun (vor allem im Bundesstaat Benue mit der Hauptstadt Makurdi). Die Tiv zählen etwa zwei Millionen Menschen.

Igbo S. 79

Die Igbo (Ibo) bewohnen die Ebenen an den Flüssen Niger und Cross im Südosten Nigerias (hauptsächlich in den Bundesstaaten Imo und Anambra). Sie zählen über zehn Millionen Menschen.

Die Zahl Vier hat für die Igbo symbolische Bedeutung: Sie teilen nicht nur die Welt in vier Teile, sie messen auch die Zeit nach Viertagewochen.

Baule S. 81 bis S. 87

Die Baule bewohnen das südöstliche Gebiet der Elfenbeinküste zwischen dem Fluß Bandama und der Grenze nach Ghana. Ihre Sprache ist eng mit Anyi verwandt. Anyi-Baule wird von fast zwei Millionen Menschen gesprochen.

Nach langwährenden inneren Streitigkeiten mußte ein Teil der Akan, die hauptsächlich das Gebiet des heutigen südlichen Ghana bewohnten, zu Beginn des 18. Jahrhunderts sein ursprüngliches Siedlungsgebiet verlassen. Zu ihrer neuen Heimat wählten die Auswanderer die Savanne und die Wälder nordwestlich ihrer Heimat, zwischen den Flüssen Nzi und Bandama (Territorium der heutigen Republik Elfenbeinküste). Dort bildeten sie ein neues Volk, die Baule. Zusammen mit den Ashanti sind sie durch die Ausarbeitung des komplizierten Systems der Gewichtsbestimmung bekannt geworden, das bei dem einst blühenden Goldhandel Anwendung fand. Die Baule gehören zu den am weitesten nach Westen vorgedrungenen Trägern der hochentwickelten Kultur Benins, der Stadtstaaten der Yoruba und Dahomeys. Sie sind eines der aus künstlerischer Sicht begabtesten Völker Afrikas, selbst Gegenstände des täglichen Gebrauchs sind bei ihnen kleine Kunstwerke. Darüberhinaus sind die Baule hervorragende Tänzer und Sänger.

Die Hauptgestalten der Mythen dieses Volkes sind der Gott des Himmels, Niamye, sein Bruder Anangama und seine Frau Assie. Die meisten Mythen der Baule führen uns in die Zeit zurück, als die ersten Menschen noch im Himmel und die Tiere auf der Erde lebten. Niamye wird als Wesen von menschlicher Gestalt beschrieben und erinnert eher an einen lokalen Herrscher mit all seinen menschlichen Schwächen und Gebrechen als an einen Gott des Himmels. Niamye unterhält herzliche Beziehungen zu den Baule, während diese ihm oder seiner Frau Geschenke bringen. Niamye belohnt und bestraft die Menschen, er schenkt ihnen ein langes Leben, wenn sie sich gut verhalten. Wenn sie ihn jedoch erzürnen, bewirft er sie mit Steinen.

Anyi S. 88 bis S. 91

Die Anyi bewohnen den äußeren Südosten der Elfenbeinküste und den Südwesten Ghanas an der Küste des Atlantischen Ozeans. Ihre Sprache ist mit Baule verwandt.

Einst bewohnten die Anyi das Land Agnuan-Agnuan, das in der Ebene des Pra, eines Nebenflusses des Volta, lag. Ein verlustreicher Krieg, der aus inneren Streitigkeiten heraus entstanden war, zwang die Anyi und die mit ihnen verwandten Baule im 18. Jahrhundert, in südwestlicher Richtung auszuwandern. Die Anyi zogen nach Südosten, der Clan Brafe gründete das Königreich Krindshabo, andere Clans, wie die Bettie, Ndenie und Anofue, zogen weiter nach Norden.

Ashanti S. 92 bis S. 98

Die Ashanti bewohnen die Zentralregionen Ghanas. Sie gehören zur Gruppe der Akan-Völker, die verwandte Sprachen sprechen. Zu diesen gehören im zentralen Teil Ghanas das Twi mit seinen Dialekten Akwapem (Akwapim), Asante (Ashanti), Akem (Akyem) und Fante (Fanti), und im Waldgürtel der Elfenbeinküste Baule und Anyi.

Zusammen mit den anderen Völkern, die Twi-Dialekte sprechen, zählen die Ashanti über fünf Millionen Menschen.

Die Akan-Völker hatten auf dem Territorium des heutigen Ghana eine Reihe von Staaten gegründet, von denen wir die bekannten Königreiche Bono, Akyerekyere, Twifo-Heman, Akwamu und Domaa erwähnen möchten. Zu Beginn des 18. Jahrhunderts entstand unter der Herrschaft Osei Tutus (1700–1730) das Reich der Ashanti, der Erben des im Südosten gelegenen Reiches Denkira. Nach Osei Tutus Tod überführte man den Thron ins ›Tischhaus‹ in Bantama, heute ein Stadtteil von Kumasi. Es ist dies eine Art Mausoleum, in dem die Throne aller Herrscher, nach deren Tod mit Farbe und Eigelb bestrichen, aufbewahrt werden. Das Mausoleum in Bantama ist das Zentrum des Ahnenkultes. Während des Adae-Festes, das die Ashanti zweimal in der dreiundvierzigtägigen Festperiode feiern, werden die Geister der verstorbenen Herrscher um ihre Zuneigung und ihr Wohlwollen gebeten.

Die Kultur und Zivilisation der Akan-Völker und der Ashanti im besonderen haben unter den Gelehrten verschiedene Spekulationen ausgelöst, die zu gelegentlich regelrecht phantastischen Vorstellungen Anregung gegeben haben. Der matriarchalische Aufbau der Ashanti-Gesellschaft, die Struktur ihrer Königreiche, ihre religiösen Überlieferungen und Sitten sollen von einer libysch-berberischen oder libyschphönizischen Herkunft zeugen. Manche meinten sogar, daß die Ashanti Nachfahren der alten Ägypter seien. Lokale Traditionen scheinen darauf hinzudeuten, daß die Ashanti tatsächlich aus dem Norden eingewandert sind, doch wohl kaum aus Nordafrika.

Alle Akan-Völker sehen Nyame, den Schöpfer des Weltalls, das kein Ende und keinen Anfang hat, als den höchsten Gott an. Die am Himmelsfirmament aufgehängten Sterne sind seine Augen, und das Feuer ist sein Körper. Die das Feuer entfachende und die Geburt der Welt auslösende Kraft war Kra. Nyame hat einen zweiten Namen: Ataopoma, ›der stets bereite Schütze‹, denn einen Teil seiner Kraft Kra schießt er auf die Menschen und Tiere und hält sie auf diese Weise so lange am Leben, bis die ihnen verliehene Kraft Kra an Macht verliert. Anfangs glaubten die Akan-Völker, daß die Muttergöttin Mond der Schöpfer des Weltalls gewesen sei. Heute trägt sie übrigens den Namen des jetzigen Gottes Nyame. Die niederen Gottheiten Abosom (Singular: Obosom) sind ein Teil von Nyames Macht. Ihre Existenz verdanken sie Frauen, die reichlich mit der von der Muttergöttin Nyame ausgehenden Lebenskraft Kra beschenkt worden waren. Eine dieser Frauen, die eine Obosom-Gottheit zur Welt gebracht haben soll, erhielt den Namen Oba Panyin, ›Führerfrau‹. Sie war das Oberhaupt der Verehrer ihres göttlichen Kindes. In schweren Zeiten offenbart sich eine solche Gottheit ihren Verehrern durch die Verwandlung in ein Tier, oder sie führt Durstende zu einer Wasserstelle, zeigt Hungernden Nahrung oder hilft einem vom Feind Verfolgten auf der Flucht. Ein solches Tier wird dann zum Totem der ganzen Gruppe, die diese Gottheit verehrt, und einen Clan bildet. Somit konnte eine Frau, wenn sie eine Gottheit geboren hatte, einen neuen Clan begründen, sogar ein Königreich errichten, wenn sie fähig war, mehrere Clans zu vereinigen. Die wichtigste Aufgabe der Muttergöttin war, den Fortbestand des Reiches zu sichern und es mit Hilfe der Lebenskraft Kra am Leben zu erhalten. Während der Entfaltung der Akan-Reiche herrschten Müttergöttinnen, die vom Rat der Frauen, die den einzelnen Clans vorstanden, unterstützt wurden. Der Rat hatte wichtige Entscheidungen zu treffen, obgleich der Muttergöttin das Entscheidungsrecht zustand. Bis zur Einführung der Männerherrschaft hatte die Muttergöttin auch die Funktion eines obersten Heerführers inne. Später nahm sie diese Funktion nur noch nach dem Tod des Königs oder nach dessen Amtsenthebung wahr, bis ein neuer Herrscher gekrönt wurde. Beispiele dieser Art lassen sich bis in unsere Zeit verfolgen, die Muttergöttin Ya Asantewa stand zum Beispiel nach der Verbannung des Königs Prempeh I. durch die Engländer an der Spitze eines Aufstandes gegen die damalige Kolonialmacht.

In der kosmogonischen Vorstellung der Akan stellt der Gott Odomankoma eine Anomalie dar, denn im Gegensatz zu den Abosom lebt er nicht durch die Lebenskraft Kra, die von der Muttergöttin ausgeht. Er ist auch keine Verkörperung des Mondes, sondern ein eigenständiger Gott. Auch ihm wird ein Anteil am Schöpfungswerk zugesprochen, er ›schnitzt‹ aus lebloser, des Kra noch entbehrender Materie die Welt. Mit dem Odomankoma-Kult ist die Einteilung der Zeit in siebentägige Perioden verknüpft. Er bewirkte, daß jeden Tag ein anderer Planet bestimmend ist. Dieser Glaube spiegelt sich bis heute in den Namen der Akan wider, die vom Namen des Tages, an dem sein Träger geboren wurde, hergeleitet sind. Kwasi bedeutet beispielsweise ›am Sonntag geboren‹, Kwadjo ›am Montag geboren‹, Afia ›am Freitag geboren‹ und Kwame ›am Samstag geboren‹. Mit dem Auftreten des Gottes Odomankoma wird die Macht der Muttergöttin allmählich eingeschränkt. In den Reichen der Akan, die gleichsam ein Abbild der Ordnung im himmlischen Reich sind, gehen immer mehr Funktionen in die Hand des Königs über.

Die Religion der Ashanti ist eine spätere Entwicklungsstufe der Religionen der Akan. Der höchste Gott der Ashanti ist der im Himmel lebende Nyame. Noch bis vor kurzer Zeit konnte man in jedem Gehöft einen ihm geweihten Altar finden, der aus einem geschälten, am oberen Ende mit einer Astgabel versehenen Baum bestand, an dem Opfergefäße hingen. Es gab auch Tempel für Nyame, die von besonderen Priestern, die das Symbol ihres Gottes – Schild und Halbmond – trugen, verwaltet wurden. Neben Nyame verehren die Ashanti niedere Gottheiten, Abosom. Diese verkörperten die Geister der Seen und Flüsse, in der Mythologie werden diese Gottheiten häufig als Söhne von Nyame bezeichnet. Es mag sein, daß der ausgeprägte Kult der Wassergottheiten eine Erinnerung der Ashanti an jene schweren Zeiten ist, als sie noch in einem wüsten und unwirtlichen Land lebten, in dem Wassermangel herrschte und die Menschen vor Hunger und Durst starben. Alle Überlieferungen gehen davon aus, daß die Ashanti aus den nördlichen, sonnenverbrannten Grenzgebieten der Sahara in die wasserreichen und fruchtbaren Ebenen eingewandert sind.

Ethnographen und Erforscher der mündlichen Überlieferungen der Ashanti unterscheiden vier verschiedene Mythen über die Erschaffung des Menschen. Nach der ersten Version webte die Spinne Anansi die Menschen (animalistisch-astraler Mythos).

In einer anderen Fassung sind die Menschen aus der Erde hervorgegangen (manistisch-chthonischer Mythos). In der dritten Version, den allgemein literarisch genannten Mythen, hat ein Schmied die Menschen geschmiedet. In den Himmelsmythen schließlich wird von der unmittelbaren Herkunft der Ashanti aus dem Himmel gesprochen.

Nach dem animalistisch-astralen Mythos sollen alle Menschen von Anansi, der Dienerin Gottes, stammen. Diese riesige, schwarze Spinne soll von Gott den Auftrag erhalten haben, Menschen zu schaffen. Ihre Aufgabe war es, den Rohstoff herzustellen, aus dem Nyame dann die menschlichen Wesen formte. Anansi war überaus fleißig und arbeitsam und spann so viele Fäden, wie es ihre Kräfte erlaubten. Aus den Resten des Spinngewebes schuf sie selbst ein kleines Wesen, das sie hütete und in das sie später einging, wobei sie ihm ihren Namen gab.

Dem manistisch-chthonischen Mythos zufolge sollen die Ahnen der bedeutendsten Ashanti-Clans aus der Erde hervorgegangen sein. Als der Schöpfergott Odomankoma, ›die Dinge schaffend‹, durch die Welt ging, habe er auf seinem Weg zwei dieser Vorfahren gesehen, wie sie gerade aus der Erde stiegen.

Im sogenannten literarischen Mythos habe Gott Odomankoma seinem Himmelschmied befohlen, zwei Dutzend Menschen und Tiere zu schmieden. Den göttlichen Willen befolgend, habe sich der Schmied sofort an die Arbeit gemacht und mit größter Sorgfalt die Körper der beiden Gattungen angefertigt. Gott habe dann die Gesichter der noch toten Geschöpfe mit Blättersaft benetzt, woraufhin diese ihre Augen geöffnet hätten. Danach habe Odomankoma die Wesen angeblasen und so den Menschen und Tieren die kostbare Gabe des Lebens verliehen.

Nach dem Himmelsmythos ist Gott Nyame der Schöpfer der Menschen. Als es Himmel und Erde bereits gab, die Menschen aber noch nicht lebten, sei eines Tages ein ergiebiger Regen gefallen. Mit diesem Regen soll Gott Nyame sieben Menschen, die er geschaffen hatte, an einer langen Kette zur Erde heruntergelassen haben. Diese Menschen haben das Feuer auf die Erde gebracht. Nachdem sie sich vermehrt und die Erde bevölkert hatten, kletterten die ersten Menschen, die Ahnen der gesamten Menschheit, wieder in den Himmel zurück.

Krachi S. 99 bis S. 109

Die Krachi leben in den östlichen Zentralgebieten Ghanas am Volta. Sie sind mit den Guang der Akan-Gruppe verwandt.

Der Name Krachi erscheint sehr häufig in Berichten von Reisenden und Angestellten der Kolonialverwaltung und wurde gleichsam zum Inbegriff für Reichtum an Vorstellungen über die Entstehung der Welt und die Entwicklung des Lebens auf der Erde. Dem Leser wird jedoch nicht entgehen, daß diese Meinung nicht in vollem Maße zutrifft, denn in den Mythen der Krachi stoßen wir auf Elemente aus Überlieferungen anderer Völker. Damit liefern sie wertvolles Material für die vergleichende Forschung und wecken durch ihre inhaltliche Vielfalt das Interesse breiter Kreise.

In den Mythen der westafrikanischen Völker, besonders der Völker Ghanas, ist oft vom Zusammenleben Gottes mit den Menschen in den ersten Jahren der Weltentstehung die Rede. Die Adele erklären sich das Zurückziehen Gottes von den Menschen damit, daß er sich nicht an den Qualm gewöhnen konnte, der von den Feuerstellen der Menschen aufstieg und ihn unaufhörlich in die Augen biß. Eine Erzählung der Ewe berichtet, daß Gott Mawu anfangs nicht weit von der Erde entfernt gewohnt habe und nur durch ein riesiges Handtuch von ihr getrennt war. Als die Menschen dann aber ihre Hände daran abtrockneten, erhob sich Mawu in den Himmel. Die Kassena aus Nordghana glauben, daß ihr Gott sich außerhalb der Reichweite der Menschen begeben habe, weil eine Alte jeden Morgen ein Stück von seinem Körper abschnitt, um sich daraus eine Suppe zu kochen.

In den Savannen nördlich des Waldgürtels im Nigerbogen, vor allem in Burkina Faso, und in den angrenzenden Gebieten Ghanas, Togos, Benins, der Elfenbeinküste und Malis leben die Gur-Völker, die verwandte Sprachen sprechen. Die Angaben zur Bevölkerungszahl der Gur schwanken von fünfeinhalb bis zwölf Millionen. Im vorliegenden Band werden Erzählungen folgender Völker der Gur vorgestellt: Mossi, Dagomba, Konkomba, Kurumba, Kusase, Senufo, Dogon und Bobo.

Mossi S. 110 bis S. 112

Die Mossi leben hauptsächlich im zentralen Teil Burkina Fasos um die Hauptstadt Ouagadougou (Wagadugu), wo sie etwa die Hälfte der Bevölkerung ausmachen, und im Norden Ghanas und der Elfenbeinküste. Die Mossi zählen etwa drei Millionen Menschen.

Zu Beginn unseres Jahrtausends schufen die Mossi drei mächtige Staatsgebilde: Wagadugu, Fada N'Gurma und Yatenga. Ihre politischen und militärischen Erfolge verdankten sie vor allem ihrer berühmten Reiterarmee, die bis tief in die Savanne vordrang: Im 14. Jahrhundert plünderten aus Yatenga stammende Mossi die Stadt Timbuktu, und im 15. Jahrhundert drangen sie tief in das Reich Mali ein, das kurz vor seinem Untergang stand, und zerstörten die Stadt Walata.

Über die Herkunft der Mossi gibt es verschiedene Ansichten: Es besteht die Meinung, daß sie aus dem Südosten, aus der Umgebung der Stadt Gambaga im Lande Dagomba (auf dem Territorium des heutigen Ghana) eingewandert sind. Andere glauben, daß sie aus dem Königreich Bornu stammen, denn die dort ansässigen Mossah ähneln ihnen im Aussehen. Aus Bornu seien die Mossi durch das Hausa-Land gezogen, hätten sich im Land der Dagomba niedergelassen und seien von dort schließlich in ihre heutigen Siedlungsgebiete gewandert.

Die Herkunft der Mossi ist Gegenstand verschiedener Legenden. Diese als offizielle Hofhistoriographie geltenden Erzählungen wurden von berufsmäßigen Chronisten und Sängern, den Griots, rezitiert, wenn der Herrscher von Wagadugu während der morgendlichen Feiern aus seinem Palast trat. Sie sanktionierten nicht nur die Macht der herrschenden Sippen, sondern erhielten gleichzeitig die bestehende politische Ordnung aufrecht. Diese Ordnung war so stabil, daß die französischen Kolonialherren, die 1897 die Kontrolle über dieses Gebiet übernahmen, die Königtümer der Mossi anerkannten und nur unwesentlichen Einfluß auf die Veränderung der bestehenden Verhältnisse bei ihnen hatten. Die Herrscher der vier Mossi-Königreiche waren unabhängige Monarchen, wenngleich der König von Wagadugu, der den Titel Mogho Naba, ›König des Mossi-Landes‹, trug, nominell als oberster Herrscher der Mossi galt. Ubri wurde als erster Herrscher und Gründer der Dynastie in Wagadugu anerkannt. Im Laufe der Zeit sollte das Königreich Wagadugu die von den beiden anderen Söhnen Uedraogos gegründeten Reiche an Ruhm bei weitem übertreffen.

Bei der Festigung des politischen Systems der Mossi spielte die Religion eine wichtige Rolle. Im Mittelpunkt der religiös-politischen Zeremonien stand der Ahnenkult (Keemse) beziehungsweise die kultische Verehrung der Erdgötter (Tengkuga). Jeder Mossi-Herrscher betrachtete Nyennega, die Frau aus dem Lande der Dagomba, und ihre Nachkommen Uedraogo und Ubri als seine Vorfahren. Der Besitz von Amuletten des Jägers Rialle legitimierte die Macht des Königs. Selbst in Kriegszeiten konnte kein Ursurpator Anspruch auf den Thron oder ein hohes Amt anmelden, wenn er nicht in den Besitz der Amulette gekommen war, sei es durch Gewalt oder Diebstahl.

Dagomba S. 113 bis S. 120

Die Dagomba, die sich selbst Dagbamba nennen, bewohnen das Gebiet zwischen Oti und Weißem Volta im Norden Ghanas. Sie zählen etwa zwei Millionen Menschen.

Zu Beginn des 15. Jahrhunderts gründeten die Dagomba ein frühfeudales Königreich, das bis zur kolonialen Eroberung im Jahre 1896 bestand. In der ersten Hälfte des 18. Jahrhunderts durchlebte dieses Volk eine Periode der verstärkten Islamisierung. Gegen Ende dieses Jahrhunderts geriet ihr Reich unter die Oberherrschaft der Ashanti. Ein ganzes Jahrhundert lang mußten sie ihnen Tribut in Form von Sklaven zahlen. So wurde die Hauptstadt des Königreiches, Yendi, ein Zentrum des Handels mit dieser lebenden Ware.

Die Dagomba hatten keine weltlichen Herrscher, sondern Priester der verschiedenen Gottheiten. Der Tempel des höchsten Priesters befand sich in Yoggo. Dieser Priester stand an der Spitze der Dagomba, bis Na Nyagse, der Urenkel des großen Kpogonumbo, um 1416 gegen die Willkürherrschaft der Priester rebellierte. Viele von ihnen tötete er, die anderen beraubte er ihrer Macht. Seine Söhne, Brüder und Brudersöhne machte er zu Würdenträgern.

An anderer Stelle haben wir bereits die Legenden und Mythen zweier Völker der Mossi-Dagomba-Gruppe vorgestellt, die von der gemeinsamen Herkunft dieser Völker erzählen. In den Legenden stößt man auf bestimmte, immer wiederkehrende Motive: Gründer beider Reiche war ein nicht näher bekannter Jäger, eine Gestalt, die mit ihren Taten ungewöhnlich und mit ihrem Aussehen furchterweckend war. Bei der Gründung der Reiche der Mossi und Dagomba sollen die Mande, repräsentiert durch den Herrscher beziehungsweise die Untertanen des Reiches Mali, eine große Rolle gespielt haben. Auf die tatsächliche Verwandtschaft der Mossi, Mamprusi und Dagomba verweisen neben diesen legendären Elementen auch die Sprachen, die politische Organisation und die Sozialstruktur dieser drei Völker.

Konkomba S. 121 bis S. 124

Das kleine Volk der Konkomba (etwa 130000 Menschen) bewohnt die Ebene am Fluß Oti in Nordost-Ghana. Im vorigen Jahrhundert ist ein Teil dieses Volkes in Gebiete ausgewandert, die heute zu Togo gehören. Sie selbst nennen sich Bekpokpam, ihre Sprache Lekpokpam und ihr Land Kekpokpam. Von den Dagomba werden sie Kpakpamba genannt, wovon der Name Konkomba abgeleitet ist.

Die Konkomba kennen keine Überlieferungen über die Herkunft ihres Stammes. Sie betrachten sich als autochthon und meinen, Gott Wumbor habe die ersten Menschen in ebenjenem Land geschaffen, in dem sie heute leben.

Die Konkomba besaßen keine strukturierte politische Organisation. Über ihre Geschichte erfahren wir nur durch Erzählungen benachbarter Völkerschaften. Um so reicher sind jedoch die mythologischen Vorstellungen der Konkomba über die Anfänge der Welt.

Senufo S. 125

Die Senufo bewohnen ein Gebiet, das vom Südwesten Burkina Fasos (Kreise Banfora und Orodoro) in die Elfenbeinküste (Gebiet von Korhogo im Norden) und nach Mali reicht. Die Senufo zählen etwa eine Million Menschen. Das Senufo ist die westlichste Gur-Sprache.

Die ursprünglichen religiösen Überlieferungen der Senufo unterlagen durch den Einfluß des Christentums und des Islams Modifizierungen und Veränderungen. Durch eine Analyse der Initiationsriten des religiösen Geheimbundes Poro, die der traditionellen Mythologie erwachsen sind, und durch die Auswertung der bis heute erhaltenen Mythen kann man die Vorstellungen der Senufo von der Entstehung der Welt zum großen Teil rekonstruieren.

Die Welt in ihrer heutigen Gestalt entstand im Ergebnis verschiedener Schöpfungsakte, die der höchste Wille, Kulo Tjolo, vollbracht hat. Nach dem Glauben der Senufo teilt sich das Schöpfungswerk in zwei Etappen: In der ersten wurden durch den Willen und die Kraft des Schöpfers Kulo Tjolo die Fundamente des Universums geschaffen. In der zweiten Etappe tritt die aktive und bewußte Präsenz der Menschen auf der Erde hervor.

Der hier vorgestellte Mythos über die Erschaffung der Welt schließt mit dem zehnten Tag der Schöpfung. Der elfte Tag beendet die mythische Chronologie und beginnt die geschichtliche Zeit, die Zeit der Entwicklung, die bis heute fortdauert. In dem Augenblick, da der Mensch in den Ablauf und die Vorgänge der Natur eingriff, traten erste ernsthafte Schwierigkeiten auf. Die Frau störte allein durch ihre Existenz die ursprüngliche Harmonie, denn sie war ein unreines Wesen. Verschiedene Tiere wurden feindselig, und der Mensch erfand, um sich gegen sie zu schützen, die ersten Waffen:

Bogen, Pfeile, Speer. Nachdem Wulo To den ersten Vogel erlegt und ihn dann roh gegessen hatte, kam zu seinen ursprünglichen Beschäftigungen, dem Ackerbau und dem Sammeln von Früchten, eine neue hinzu: die Jagd. Doch mit der Zeit wurde es immer schwieriger, die vom Menschen gehetzten Tiere zu jagen. Aus dem Jäger wurde ein Rinderzüchter. Wulo To ernährte sich auch von Fischen, die er erst mit der Hand, später mit Hilfe eines Netzes, das seine erfinderische Frau geknüpft hatte, im Fluß fing. Auch das Töpferhandwerk beherrschte Wulo To. Nachdem das erste Menschenpaar die wichtigsten Handwerke und Fertigkeiten erlernt und sich angeeignet hatte, zeugte es zahlreiche Nachkommen. Unter seinen Kindern, die verschiedene Hautfarben hatten und verschiedene Sprachen sprachen, war auch ein Junge mit schwarzer Hautfarbe, von dem alle dunkelhäutigen Menschen abstammen. Die Kinder gerieten untereinander in Streit und verteilten sich über die ganze Erde. Ihre Streitereien führten zu einem Krieg und forderten viele Opfer. Ein Mann namens Gbe war vom Anblick seines toten Freundes, dessen Leichnam gefräßige Hyänen zerrissen, erschüttert. Er verjagte die Raubtiere und bedeckte den Körper seines Freundes mit Steinen. Auf diese Weise errichtete er das erste Grabmal, das Symbol des unterirdischen Landes Kubele-Kan, wo die unsterblichen Seelen der Toten verweilen. Diese barmherzige Tat des Gbe bedeutete den Beginn des Ahnenkultes.

Kusase S. 126 bis S. 127

Die Kusase (Kusasi) leben in Nord-Ghana und in Burkina Faso. Sie zählen über 100000 Menschen.

Die meisten Völker der Gur-Sprachgruppe benutzen zur Bezeichnung des höchsten Gottes denselben Namen, der von der Wurzel We, ›Sonne‹, abgeleitet ist. Bei den Kusase ist die Sonne jedoch Symbol für das gesamte Firmament. Widnam ist also nicht ein ›Sonnengott‹, sondern eher ein ›Himmelsgott‹.

Die Lobi, die die Grenzgebiete der Elfenbeinküste und Ghanas bewohnen, haben ähnliche Ansichten über das Leben der ersten Menschen, wie sie in den Erzählungen der Kusase zum Ausdruck kommen:

Die ersten, vom Schöpfergott Ngalla erschaffenen Menschen, Olkon und dessen Frau Helignanu, waren Riesen. Damals befand sich der Himmel noch dicht über der Erde. Wenn die Menschen Hunger verspürten, schnitten sie sich ein Stück vom Himmel ab. Ngalla hatte ihnen jedoch streng verboten, während sie Fleisch kochten, den Deckel vom Topf abzunehmen. Eine Frau hatte dieses Verbot mißachtet. Als sie den Deckel abnahm, stieg eine Dampfwolke zum Himmel empor, die ihn hochhob, so daß ihn die Menschen nicht mehr mit ihren Händen erreichen konnten. Humpa, einer der drei Himmelsmenschen, der Nachkomme der einzelnen Lobi-Clans, hatte Mitleid mit seinen Brüdern auf der Erde und schickte ihnen ›eine Medizin gegen den Hunger‹: eine riesige Hacke, mit der die Menschen nun die Felder bestellten. Dabei hatten sie so kräftig zugeschlagen, daß Berge und Täler entstanden waren.

Ga S. 128

Die Ga bilden zusammen mit den nahverwandten Adangme eine der ethnischen Hauptgruppen Ghanas. Sie bewohnen den Südosten Ghanas in und um die Hauptstadt Accra. Die Ga zählen fast eine Million Menschen.

Die Ureinwohner des heutigen Landes Ga waren die Kpesi, die eine dem Twi ähnliche Sprache sprechen. Die einwandernden Ga vertrieben die Kpesi nicht, sondern ließen sich in den Randgebieten des Landes nieder. Gegen Ende des 17. Jahrhunderts verbündeten sie sich unter dem Druck der Überfälle von Sklavenjägern und schufen eine gemeinsame militärische Organisation. In dieser Zeit entstanden die Städte Osu und Accra, hundert Jahre später gründeten die Ga die Städte Tema, Nungwa, Labadi und Teshi.

Die sogenannten Ga-Masi, die ›Ga-Flüchtlinge‹, drangen im 16. Jahrhundert zur Goldküste vor und gründeten die Siedlungen Asere, Abola, Gbese und Sempe, die später Stadtbezirke von Accra wurden. Jeder dieser Stadtbezirke hat noch heute seinen eigenen Herrscher, den Mantse. Im Laufe der Zeit wurde der oberste Herrscher von Accra König aller Ga und nahm den Titel Ga-Mantse an.

Ein geschlossenes Bild von der Kosmogonie der Ga liefern nicht mythische Erzählungen, sondern die Schilderung des Rituals Kpele. In den Kpele-Kulthandlungen, insbesondere in den an verschiedene Gottheiten gerichteten Gesängen Lala, wird die Vorstellung der Ga vom Aufbau des Weltalls sichtbar. Jede Familie der Ga verehrt einen eigenen Gott. Über die Beachtung des Rituals wachen zwei Gruppen von religiösen Personen: die Priester Wulomo und die Priesterinnen Wongtse. Die Priesterfunktionen werden abwechselnd von den Ältesten der einzelnen Häuser, die zu einer Familie gehören, wahrgenommen. In Accra werden mit dem Kpele-Ritual folgende Gottheiten geehrt: Nai, der Gott des Meeres; Sakumo, der kriegerische Verteidiger der Ga; Naa Ede Oyeadu, die Göttin der Geburt; Dantu, der Gott der Zeit; Naa Koole, die Göttin des Friedens und Besitzerin des Landes der Ga; und Gua, der Gott der Schmiede.

Das Hauptanliegen des Kpele-Rituals ist die Wiederherstellung guter Beziehungen zwischen der Schutzgottheit und ihren Verehrern. Es wird deshalb immer dann vollzogen, wenn einzelne Personen oder Gruppen Schwierigkeiten haben oder Antwort auf schwere Fragen suchen. Dieses Ritual besteht aus verschiedenen dramatischen Elementen, die durch Gesang, Tanz, Musik, Gebete oder auch Opfer zum Ausdruck gebracht werden. Vor allem die Gesänge sind eine reiche Informationsquelle für die Vorstellungen der Ga von den Anfängen des Weltalls. Eine Analyse dieser Gesänge zeigt, daß der Kern der Kosmogonie in der Vorstellung einer in fünf Stufen gegliederten hierarchischen Ordnung der Wesen besteht.

An der Spitze steht das höchste Wesen, ihm folgen die göttlichen Wesen, die menschlichen Wesen, die Tiere und die Pflanzen. Der höchste Gott Ataa Naa Nyongmo ist ein ewiges, immer daseiendes Wesen, das sich um das Wohl des Weltalls und der die Erde bewohnenden Menschen sorgt. Ataa Naa Nyongmo schuf zuerst die physische Welt (Himmel, Erde, Meer), dann die niederen Gottheiten, danach die

Tiere und Pflanzen und zuletzt die Menschen. Die Ga glauben, daß Ataa Naa Nyongmo die Quelle allen Lebens und die Ursache aller seiner spezifischen Formen ist. In einem der rituellen Gesänge begründet ein Fisch sein häßliches Aussehen damit, daß Gott ihn eben so gewollt habe. Und eine Pflanze behauptet, daß sie ihre rote Farbe nicht durch den Laterit, sondern vom Schöpfer erhalten habe. Gott überwacht die kosmischen Vorgänge und lenkt das Leben der Menschen. Er teilt den Regen zu und bestimmt die Zeit, wann die Sonne scheint. Ataa Naa Nyongmo kann die Menschen strafen, indem er sie der Mittel beraubt, die sie zum Leben benötigen, oder Unglück, Epidemien oder Erdbeben über sie kommen läßt.

Die niederen Gottheiten sind den Menschen ähnlich. Die Gesänge des Kpele-Rituals beschreiben unter anderem die Göttin Naa Koole, die einen häßlichen Hals haben soll. Erwähnt wird ebenso der Phallus des Gottes Nai. Die Göttin Afieye und ihr Sohn Odame tragen Priestergewänder. In den Liedern werden den Gottheiten auch menschliche Namen gegeben, die teils auf Wochentage und teils auf die Umstände ihrer Geburt verweisen. Der Name der Göttin Ashiakle Dede bedeutet zum Beispiel ›die erstgeborene Tochter‹. Die Lala-Gesänge weisen zugleich auch auf die sozialen Verhältnisse bei den Gottheiten und Tieren, die denen der Menschen gleichen. Gott Olila, auch Buadza genannt, rüttelt mit Hilfe des Sturmes an den Menschen und ihren Sachen. Er verfinstert das Gesicht des höchsten Gottes und ist die Quelle all seiner Macht. Gott Sakumo ist der kriegerische Beschützer der Ga, symbolisiert durch einen Pfeil, der an den ihm geweihten Schreinen und Kopfbedeckungen seiner Priester befestigt wird. Sakumo wurden viele Ehrennamen gegeben, wie ›Unser Ahn, gut ist es, wenn du bei uns bist‹, ›Du, der du zerschlägst und wieder heilst‹, ›Wenn wir Sakumo anrufen, eilt er uns zu Hilfe‹, ›Du tötest zum Besten der Ga‹, ›Es fürchten dich die Ewe, und es fürchten dich die Ashanti‹. Sakumo hat mehrere Frauen und viele Kinder, zu seinen Frauen gehören unter anderem Naa Koole und Ogbede. Zum Herrschaftsbereich der Göttin Naa Koole, der Göttin des Friedens, gehört die Gegend von Accra. Ihre Verehrer besingen, wie sie einst die Ga vor einer Niederlage durch die Ashanti bewahrt hatte. Die Göttin hatte den Ashanti ein so wohlschmeckendes Mahl zubereitet, daß diese, völlig übersättigt, ihren siegreichen Vormarsch nicht fortsetzen konnten und der kleinen Schar der Ga unterlagen. Gott Oshwila bewohnt ein Flüßchen am Fuße des Okoi-Hügels. Er kennt die Sprachen und bietet seine Dienste den anderen Gottheiten an.

Wobe S. 130 bis S. 135

Die Wobe (Ouobe) bewohnen das Bergland im Westen der Elfenbeinküste, das von den drei Flüssen Sassandra, Ko und Niehi durchzogen wird. Die Wobe zählen etwa 50000 Menschen.

Für die meisten Wobe ist das alltägliche Leben ein Abbild der mythischen Urereignisse, die zwar im Dunkel der Geschichte versunken sind, jedoch auch in der Gegenwart ständig präsent sind. Die Mythologie der Wobe stellt ebenso wie die Vorstellungen der anderen westafrikanischen Völker von den Anfängen des Universums keine in sich geschlossene Geschichte dar. Neue Ereignisse werden in die alten mythologischen Vorstellungen eingebettet.

Die Weltgeschichte, so wie sie von den Wobe in ihren Mythen nachgezeichnet wird, zerfällt in zwei Etappen. Die erste, von der nur wenig erzählt wird, endet damit, daß sich die Gewässer von der Erde zurückzogen und eine allgemeine Katastrophe hereinbrach. Die zweite, bis zum heutigen Tag andauernde Etappe ist sozusagen die Freisetzung der Kräfte der Welt, die in der ersten Etappe der Schöpfung angesammelt wurden. In dieser zweiten Etappe wurde die Erde fruchtbar und ertragbringend, hat sich mit der Zeit bevölkert und ihre heutige Gestalt angenommen. Bei dem Bemühen, die Kräfte der Natur zu bannen, die Erde dem Menschen dienstbar zu machen, spielten zwei Helden, Sedyikpa und Segbo, eine große Rolle. Sedyikpa war Jäger und Segbo Bauer, beide lebten zur Zeit der Tinyon. Obgleich an einem Tage zur Welt gekommen, waren sie doch keine Brüder. Sie besaßen gewaltige Kräfte und zeichneten sich im Kampf gegen Untiere und Waldgeister aus. Anfangs lebten sie mit einem der Kosri-Geister, der die von Gott Kela erlangte Lebenskraft besaß, in enger Freundschaft. Dieser Kosri-Geist wollte die beiden Freunde auseinanderbringen und teilte deshalb die Lebenskraft zwischen sich, Sedyikpa und Segbo auf. Mit der Zeit wollte einer über den anderen herrschen, und schließlich führten diese Streitereien zum Bruch des Bündnisses.

Limba S. 136

Die Limba siedeln zwischen den Flüssen Rokel und Scarcie in Sierra Leone und nördlich davon in Guinea. Sie zählen etwa 200 000 Menschen.

Bambara S. 138 bis S. 145

Die Bambara gehören zu den Mande-Völkern. Zusammen mit den Malinke und Dyula werden sie auch als Mandingo bezeichnet. Die Bambara leben im Südwesten Malis zwischen den Flüssen Senegal und Niger. Als Minderheiten sind die Bambara in Senegal, Gambia, Mauretanien und Burkina Faso vertreten. Sie zählen etwa 1,7 Millionen Menschen. Das Bambara (auch Bamana) gehört zu den Mande-Sprachen und ist die wichtigste nationale Sprache in der Republik Mali. Das Bambara dominiert vor allem in den Städten als Verkehrssprache. Bei den mittelalterlichen Staatengründungen im Westsudan (Ghana, Mali, Ségou) hatten die Bambara eine aktive Rolle gespielt, so daß ihre Sprache schon frühzeitig als zwischenethnisches Kommunikationsmittel Verbreitung fand.

Die Bambara wanderten bereits im 10. Jahrhundert, also noch lange vor dem Entstehen des mittelalterlichen Königreiches Mali, in die heute von ihnen besiedelten Gebiete ein. Sie ließen sich unter den dort lebenden Bozo-Fischern nieder und standen unter dem politischen Einfluß der Soninke-Kaufleute, eines anderen Volkes der Mande-Gruppe, die aus dem Norden kommend häufig dieses Gebiet bereisten. Im 13. Jahrhundert ging die politische Macht in die Hände der mit den Bambara verwandten Malinke über, die von den Bambara bewohnten Landstriche standen unmittelbar unter deren Aufsicht.

Die Legenden der Bambara erzählen übereinstimmend, daß zwei Brüder in die von ihnen besiedelten Gebiete eingewandert sind, die Stammväter der späteren Bambara- und Fulbe-Herrscher der Königreiche Ségou und Kaarta. Eine Legende erwähnt die Bamana (oder Bambara), die östlich der heutigen Stadt Ségou im Lande Torone gelebt und gegen ihre Nachbarn, die Fulbe, blutige Kriege geführt haben. Nach einer verlorenen Schlacht flohen die beiden Söhne des im Kampf gefallenen Königs, bis sie nach einer einmonatigen Flucht mit einer großen Zahl ihrer Stammesbrüder in der Nähe der heutigen Stadt Ségou den Niger erreichten. Durch ihre große Zahl wollten sie die ansässige Bevölkerung nicht erschrecken, und deshalb beschlossen sie, sich zu teilen. Der ältere Bruder Baramangolo und eine große Zahl Freier und Sklaven wollten bei den Soninke bleiben und baten den König um Aufnahme. Der Herrscher der Soninke zeigte sich der demütigen Bitte Baramangolos geneigt, ließ ihn in sein Land und teilte ihm eine Provinz zu. Die Legende berichtet, daß sie lange in Ruhe und Eintracht miteinander gelebt hätten. Mit der Zeit übertrugen die Soninke, deren einzige Sorge die Handelsgeschäfte waren, Baramangolos Leuten den Schutz des Landes und leisteten ihnen große materielle Unterstützung. Die im Kampf gestählten Einwanderer bekamen allmählich das politische Übergewicht, und schon zwei Jahre nach ihrer Ankunft im Land der Soninke wurde Baramangolo zum König von Ségou ausgerufen, was die Eintracht der Bambara und Soninke jedoch in keiner Weise beeinträchtigte.

Baramangolos jüngerer Bruder Niangolo überquerte den Niger und zog weiter nach Süden. Nach zwei Wochen erreichte er die Gegend der heutigen Stadt Bamako, wo er an einem geeigneten Platz eine Siedlung errichten ließ. Auch die Einwohner von Bamako waren Soninke-Kaufleute, die allerdings weitaus kämpferischer als ihre Landsleute aus Ségou waren. Einige Male versuchten sie, die ungebetenen Nachbarn zu vertreiben, doch ihre Versuche endeten mit Mißerfolgen. Dazu trug auch die Flucht einer großen Zahl von Sklaven aus Bamako bei, die als Stammesbrüder Niangolos Heer verstärkten und wichtige Angaben zu den Verteidigungsanlagen der Stadt machen konnten. Niangolo zwang die Einwohner von Bamako, ihn zum Herrscher auszurufen, und legte ihnen einen schweren Tribut auf. Später zog er mit seinen Landsleuten und einem Teil der Soninke in einer siebentägigen Wanderung nach Nordwesten, wo er die in der Geschichte berühmte Stadt Keniedugu gründete. Nach dem Tod der legendären Kulubali-Brüder verfloß eine lange Zeit, bis zu Beginn des 17. Jahrhunderts die beiden voneinander unabhängigen Bambara-Reiche entstanden. Das erste, von Baramangolos Nachkommen gegründete Reich hatte seine Hauptstadt in Ségou, das Zentrum des von Niangolos Nachfolgern aufgebauten Reiches befand sich zunächst in Beledugu und später in Kaarta.

Die Kosmogonie der Bambara weist zwei Mythen auf: eine esoterische, für die Priester bestimmte Variante und eine exoterische, Laien zugängliche Variante. Für das Verständnis des ersten Mythos ist ein hohes Maß an Eingeweihtsein und Vertrautheit mit den Werten der verschiedenen Symbole und Philosophieinhalte der Bambara vorausgesetzt. Da wir diese Bedingungen hier nicht erfüllen können, stellen wir in diesem Band die volkstümliche Variante vor, die an nur wenigen Stellen zu priesterlichen Deutungen greift.

Der volkstümliche Mythos (vgl. ›Pemba, der Schöpfer der Welt‹, S. 139) stellt Gott Pemba an die Spitze der drei Gottheiten. Pemba soll Zwillinge, Musso Koroni und Faro, gezeugt haben. Nach einer anderen Fassung zeugte Pemba nur das Mädchen Musso Koroni. Er habe sie aus Staub erschaffen, den er mit seinem Speichel vermischt hatte. Als er sie anhauchte, schuf er ihre Seele Ni. Im volkstümlichen Mythos ist Faro männlichen Geschlechts. Das Schöpfungswerk wurde von Pemba und Faro vollbracht, wobei Faro Schöpfer der Menschen ist. Am Anfang schuf er die Bozo-Fischer, die später zu Herren des Wassers wurden und zu ihrem göttlichen Vater enge und herzliche Beziehungen unterhielten. Besonderes Wohlgefallen soll Faro an den Gewässern des Niger haben, obgleich er allgegenwärtig sein kann und oft auch andere Gewässer auf der Erde besucht. Sein Aussehen soll an einen Fisch erinnern: Seine Ohren sind von Kiemen verdeckt, und an Stelle der Beine hat er einen Fischschwanz. Faro ist eine Wassergottheit, die auch die Kräfte eines Donnergottes in sich birgt.

Malinke S. 146 bis S. 154

Die Malinke gehören zu den Mande-Völkern. Sie wohnen in Guinea (vorwiegend in Oberguinea und Kankan), in Guinea-Bissau, der Republik Elfenbeinküste, Gambia, Senegal und Sierra Leone. Die Malinke zählen etwa zwei Millionen Menschen.

Das Malinke ist dem Bambara und Dyula so ähnlich, daß man diese drei Sprachen gelegentlich als Dialekte einer Sprache, des sogenannten Mandingo, bezeichnet hat.

Gegen Ende des ersten Jahrtausends gründeten die Malinke einen Staat, der zwischen dem 13. und 15. Jahrhundert seine Blütezeit erreichte. Zunächst umfaßte dieses Reich nur ein kleines Gebiet zwischen dem Oberlauf des Niger im Osten und dem Oberlauf des Bakoye im Westen. Bis zum 13. Jahrhundert war das Königreich Mali vom Reich Ghana abhängig. Als im Jahre 1203 der zur Gruppe der Mande-Völker zugehörige Stamm der Sosso die ghanaische Hauptstadt Kumbi eroberte, nutzten die Malinke geschickt diese Gelegenheit aus und schufen ein eigenes Reich. Ihre Hoffnung, einen eigenen gefestigten Staat aufzubauen, sollte jedoch bald zerstört werden. Die Sosso, denen die Eroberung von Kumbi Ruhm eingebracht und unter den Nachbarvölkern verständliche Angst verbreitet hatte, erkannten sehr früh die Gefahr der zunehmenden Macht Malis, die ihre eigenen politischen Bestrebungen vereiteln konnte. Die Legende berichtet, daß die Sosso hinterrücks elf Söhne des Königs von Mali ermordet und nur den zwölften, einen Krüppel namens Sundjata, am Leben gelassen hätten. Vielleicht meinten sie, daß dieser, krank und körperbehindert, ohnehin niemals den Thron besteigen könnte. Aber sie hatten sich geirrt. Sundjata wurde gesund, und als er im Mannesalter war, gründete er ein großes Reich. 1235 zerschlug er das Heer der Sosso bei der Stadt Krina, jagte sie aus dem Land und drang in deren heimatliche Gebiete ein. So schob er die Nordgrenze Malis tief in die Sahara vor. Die Hauptstadt Niani entwickelte sich während seiner Regierungszeit aus einem kleinen Dorf zu einer großen Stadt (Nianiba, ›Niani, das Große‹). Nachdem Sundjata die

Opposition im eigenen Lande zerschlagen und die Sosso besiegt hatte, setzte er selbst wohl nie wieder seinen Fuß auf ein Schlachtfeld. Sein Heer war jedoch nicht untätig geblieben, die Landesgrenzen wurden ausgedehnt und erreichten im Westen sogar den Gambia-Fluß. Mali wurde zum mächtigsten Königreich des Westsudan.

Obgleich seit Sundjatas Herrschaft, den man gelegentlich auch Mari Djata nennt, mehr als sieben Jahrhunderte verflossen sind, ehren die Malinke sein Andenken bis zum heutigen Tag. Zahlreiche Legenden ranken sich um seine Gestalt, sorgfältig mündlich tradiert und häufig von Griots rezitiert. Die offizielle Version des Epos wird von Berufsgriots gehütet, die ihr Wissen von den Vätern und Großvätern, die am königlichen Hof angestellt waren, ererbt haben. Die offizielle Legende von Sundjata zeichnet sich durch eine relativ große historische Zuverlässigkeit und Genauigkeit der berichteten Ereignisse aus. Der Anfang der Legende folgt den Normen, die für diese literarische Gattung typisch sind. Besonders stechen die wunderbaren, außergewöhnlichen Umstände von Sundjatas Geburt hervor.

Dogon S. 155 bis S. 164

Die Dogon, bekannt auch unter den Namen Dogom, Habe, Tombo und Kipirsi, bewohnen die Gebiete, die sich südlich der Stadt Timbuktu im Nigerbogen in der heutigen Republik Mali und im angrenzenden Kreis Ouahigouya in Burkina Faso erstrekken. Ihr Stammland umfaßt das Bergmassiv Bandiagara, die angrenzende Hochebene und das Tiefland. Die Dogon zählen knapp 300000 Menschen. Sie sind eng mit den Lobi verwandt.

Französische Gelehrte haben nachgewiesen, daß das Leben der Dogon auf komplexen, wohlgeordneten Vorstellungen sowie einem System von Einrichtungen und Riten basiert, in dem nichts dem Zufall oder der Phantasie überlassen ist. Diese Menschen leben entsprechend einer Kosmogonie, einer Metaphysik und einer Religion, die sie auf eine Stufe mit den antiken Völkern stellen. Die europäischen Gelehrten waren seit der ersten Begegnung mit den Dogon und deren Vorstellungen und Anschauungen fasziniert, und einige versuchten sogar die Vorstellungen der Dogon von der Struktur des Weltalls mit den neuesten Erkenntnissen der Astronomie zu vergleichen.

Die Anschauungen der Dogon von der Entstehung und der Beschaffenheit der Welt und vom Platz der Menschen im Kosmos werden durch ›Zeichen‹ beziehungsweise Symbole zum Ausdruck gebracht. Durch dieses komplizierte System von Zeichen und Symbolen wollen sie zugleich die Abhängigkeit ihrer sozialen Organisation von der Ordnung im Universum verdeutlichen. Das Verständnis dieser Abhängigkeit erfordert jedoch ein hohes Maß an Eingeweihtsein und Vertrautheit mit dem Inhalt der Mythen esoterischen Charakters. Die Dogon glauben, daß die gesamte soziale Ordnung sich im Individuum widerspiegelt, das ein Teilchen des Makrokosmos ist, zugleich aber eine exakt definierte Aufgabe erfüllt, wie ein Rädchen, das eine bestimmte Rolle im Getriebe spielt. Im Individuum selbst gibt es keine spezielle Kraft, aber weil es eine Ganzheit darstellt, kann es die kosmische Ordnung beeinflussen.

Der kurze Überblick über die Anschauungen der Dogon und der Bambara von den Anfängen des Weltalls, den wir in diesem Band geben möchten, weist eine große Ähnlichkeit der Kosmogonien dieser benachbarten Völker auf. In den Mythen beider Völker treten ähnliche Gottheiten auf. Gott Pemba bei den Bambara entspricht dem Gott Amma der Dogon. Amma zeugte die verschiedengeschlechtlichen Zwillinge Nommo, Gott Pemba zeugte die Zwittergottheit Faro. Beide Kosmogonien schreiben die Schöpferkraft dem Wort zu, mit dessen Hilfe die Nommo und die Ahnen der Dogon sowie Gott Faro bei den Bambara die Menschen die verschiedenen Handwerke und Berufe lehrten. In der Stadt Sama am linken Nigerufer befindet sich ein in einen Felsen gemeißeltes Abbild des Gottes Faro: ein Frauenkopf mit langen Haaren, an Stelle der Ohren hat es Kiemen, an Stelle der Finger Flossen und an Stelle der Beine einen Fischschwanz. Erinnert dieses Abbild nicht an die Beschreibung der Nommo-Zwillinge? Sowohl bei den Dogon als auch bei den Bambara sind Ursubstanz und Materie das Wasser. Ähnlich sind auch die Werte der Symbolzahlen Sieben, Vier und Drei, um nur einige wenige Beispiele anzuführen, die auf den engen Kontakt dieser beiden benachbarten Völker hinweisen.

Kurumba S. 165 bis S. 168

Die Kurumba, ein kleines Volk von etwa 100000 Menschen, leben verstreut im nördlichen Teil Burkina Fasos, in einem Gebiet, das das traditionelle Mossi-Reich Yatenga umfaßt und darüber hinausreicht. Die Kurumba sind heute zum großen Teil islamisiert.

Die Gesellschaft von Lurum wird von zwei großen Familien regiert: der Familie der Herrscher und der Familie der Herren der Erde und Hervorrufer des Regens. Der um das wunderbare Erscheinen eines eisernen Hauses aus dem Himmel kreisende Mythos der Kurumba erinnert an die Geschichte vom Speicher der Dogon, der über den Regenbogen auf die Erde hinabgleitet. Das mythische eiserne Haus soll angeblich bis heute erhaltengeblieben sein und sich in der Stadt Ouré befinden, besuchen dürfen es allerdings nur eingeborene Kurumba.

König Sandigsa soll über siebenundvierzig Dörfer geherrscht haben. Von seinem Schwiegersohn und Höfling Sawadugu stammen alle Wahrsager und Griots ab. Eine andere Version dieses Mythos überliefert, daß Sawadugu und die anderen Menschen aus einer Felsspalte heraustraten und auf diese Weise auf die Erde gekommen waren. In dem vom Himmel herabgesandten Haus habe Sawadugu nicht drei, sondern fünf Männer gefunden: einen Schmied, einen Priester, einen, der das Lederhandwerk verstand, einen Höfling und einen König. Diese Version ist breiter ausgemalt und erwähnt unter anderem ein Wunder, das sich zur Zeit des ersten Königs Sandigsa ereignet haben soll.

Bobo S. 169 bis S. 170

Die Bobo, ein kleines Volk von etwa 400000 Menschen, bewohnen ein Gebiet im Westen von Burkina Faso und die angrenzenden Gebiete der Republik Mali (um

Bobo-Dioulasso). Die Bobo, die sich selbst Bwa (Bua) nennen, gliedern sich in eine Reihe von Untergruppen, wie die Bobo Fing (die Schwarzen Bobo), die Sankura, die Bobo Gbe (die Weißen Bobo), die Bobo Wule (die Roten Bobo) und andere.

Eine andere Variante des kosmogonischen Mythos der Bobo erzählt, daß das Werk der Erschaffung der Welt mit dem Erscheinen des Ur-Sternes Sigi beginnt, den man sich in Gestalt eines Uterus vorstellt. Nachdem dieser Uterus-Stern aufgesprungen war, floß aus seiner unteren Öffnung ein Teil des Fruchtwassers heraus und bildete die ›unteren Wasser‹, die im Süden der Welt angestauten Gewässer. Der andere Teil des Fruchtwassers sprudelte wie ein Springbrunnen nach oben und bildete die Nordwasser der Welt. Diese beiden Wasser wurden durch eine Kette, die aus siebzehn symbolischen Gliedern bestand, miteinander verbunden.

Der Mythos über die Erschaffung der Welt (vgl. ›Wie die Welt entstanden ist‹, S. 169) beschreibt die Ereignisse, die zur Tötung der kosmischen Schlange geführt haben. Zugleich knüpft diese Erzählung an eine Legende aus dem Königreich Wagadugu über eine Schlange an, die Untier und Wohltäter in einer Gestalt war. Interessant ist, daß die Schlange auch in der Kosmogonie der in Timbuktu lebenden Muslime die Zentralfigur ist.

Sie glauben, daß Gott zuerst die Schlange Minian geschaffen hat. Erst hatte er sich ihr Wesen erdacht, und dann hatte er sie ins Leben gerufen. Die Schlange ordnete er allem anderen über. Minian ist ein Berg, ihr runder Kopf befindet sich ganz hoch im Norden. Der Körper der Schlange hat die Gestalt einer Pyramide mit quadratischer Grundfläche, die sich nach oben verjüngt. Der Berg ruht auf einem undurchdringlichen Sumpf, der durch die Wasser von sieben Sümpfen gespeist wird. Nachdem Gott Minian erschaffen hatte, schuf er den siebenten Himmel und stellte ihn auf seinen Thron. Der schwarze Stein des Heiligtums von Mekka, die Ka'aba, ist ein Stückchen von ebendiesem Thron, das abbrach, als der Himmel vom Erdtal getrennt wurde. Danach schuf Gott vier Engel: Djibril, Michail, Asrail und Asrafil und sandte sie zu den vier Weltenden. Mit der Zeit wurden sie jedoch immer ungehorsamer, bis sie sich schließlich offen Gott widersetzten. Daraufhin befahl ihnen Gott, ya latif, ›er möge verzeihen‹, auszusprechen, und immer, wenn einer der Widerspenstigen diese Worte aussprach, schuf Gott einen Dämon. Diese Engel und Dämonen tragen den himmlischen Thron auf dem Kopf. Anschließend schuf Gott die dem Himmel ähnliche Erde, dann seinen Propheten Muhammad und die anderen, rangniederen Propheten und zuletzt den mächtigen Todesengel mit zahlreichen Köpfen und Zungen. Sein Schöpfungswerk krönte er mit der Erschaffung Adams, des ersten Menschen, und Evas, der ersten Frau, die aus Adams Rippe hervorgegangen ist. Die einträchtige Entwicklung im Weltall wurde durch die Darbringung des ersten Minian-Schlangenopfers gestört. Djibril hatte der Schlange den Kopf abgeschlagen, obwohl sie wie jeder Muslim einen bis zum Hals reichenden Turban trug. Zum Gedenken an dieses Ereignis hat der Prophet Muhammad bestimmt, daß am Tage der Hochzeit das Gesicht jedes Mädchens verschleiert sein muß. Djibrils Säbel, mit dem er den Schlangenkopf abgeschlagen hatte, fiel in der heiligen Stadt Mekka nieder, der Kopf jedoch erhob sich in den siebenten Himmel, und der Schwanz stieg in Begleitung der Sklaven und Albinos zur siebenten Erde hinunter. Der Rumpf geriet auf ›unsere Erde‹. Dieses erste Opfer bewirkte, daß die Menschen in Herren und Sklaven, in Glückliche und Unglückliche, Geehrte und Verachtete geteilt sind.

Die Bobo glauben an einen höchsten Gott, Debwenu, der sowohl Herr der lebenden Menschen als auch der Ahnen ist und allen Kräften des Weltalls gebietet. Da Debwenu im Himmel lebt, weiß und sieht er alles. Er ist Herr über Leben und Tod. Obwohl er Leben und Gesundheit, Wasser, Nahrung und Nachkommen schenkt, betet niemand zu ihm oder errichtet für ihn Altäre. Dafür kann man in fast jedem Dorf der Bobo ein kleines Bauwerk finden, das Do zun genannt wird, ›Hütte des Do‹. Gott Do ist der Mittler zwischen Gott Debwenu und den Menschen. Nach einer Überlieferung soll Do in einem kleinen, einem aus einem Baumstamm gehauenen Boot ähnlichen Trog vom Himmel herabgekommen sein. Debwenu selbst hatte ihn zur Erde gesandt und ihm aufgetragen, die Menschen zu lehren, die auf der Erde wachsenden Pflanzen zu nutzen, und ihnen zu zeigen, wie sie die unter der Erde ruhenden Bodenschätze heben und verarbeiten müssen. Er soll den Menschen auch beim Zusammenschluß in Dorfgemeinschaften und später bei der Bildung größerer gesellschaftlicher Organisationen geholfen haben.

Soninke S. 171 bis S. 176

Das Hauptsiedlungsgebiet der Soninke (Sarakole) befindet sich in Südwest-Mali (inneres Nigerdelta) und erstreckt sich bis nach Mauretanien, Senegal, Gambia und Burkina Faso. Die Soninke zählen etwa 800000 Menschen.

Die Soninke bildeten den Kern des berühmten westafrikanischen Königreiches Ghana, das zwischen dem 4. und 13. Jahrhundert bestanden hat. Seine Hauptstadt war Kumbi Saleh. Es hat früher auf dem Territorium des heutigen Mauretanien gelegen. Das legendäre Wagadu wird deshalb oft mit dem mittelalterlichen Königreich Ghana identifiziert. Die Soninke waren die ersten unter den westafrikanischen Völkern, die mit den Arabern in Berührung gekommen sind.

Obwohl die Historiker stets die Bedeutung der Soninke in der Geschichte Westafrikas hervorgehoben haben, befaßten sich die Ethnographen und Erforscher der mündlichen Überlieferungen erst relativ spät mit diesem Volk. Das meiste Material wurde in der Stadt Dyahunu im Westen der Republik Mali gesammelt. Die Überlieferungen über die Herkunft der Soninke unterscheiden sich kaum voneinander und betonen alle, daß die Soninke Nachkommen des Reiches Wagadu sind, das man heute mit dem in arabischen Quellen erwähnten Wakore gleichsetzt. Verschiedene Historiker bringen den Verfall des legendären Wagadu mit dem allmählichen Vordringen der Sahara in weiter südlich gelegene Gebiete in Zusammenhang. Die hier vorgestellte Legende scheint diese Hypothese zu bestätigen. Die Schlange wird in den Vorstellungen vor allem der westafrikanischen Völker sehr häufig als Symbol der Fruchtbarkeit betrachtet. Darüberhinaus bringt man sie mit Regen und Wasserreichtum in Verbindung. Die Tötung der Schlange kann hier also eine durchgreifende Veränderung der klimatischen Bedingungen symbolisieren. Wahrscheinlich mußten die Soninke allmählich ihr Reich verlassen und in von Malinke bewohnte Gebiete einwandern.

Viele Legenden berichten von den politischen Aktivitäten der Soninke. ›Wie die Soninke nach Dyahunu kamen‹, S. 174, erzählt, wie sich dieses Volk in Dyahunu, das bis zum 18. Jahrhundert eine selbständige politische Einheit bildete, niederließ.

Songhai S. 177 bis S. 192

Die Songhai (auch Songai, Songhay, Sonrai, Sonrhai) leben am Mittellauf des Niger, von Timbuktu (Mali) über Niamey (Niger) bis zu den Stromschnellen bei Busa in Nigeria. In der Republik Niger gehört etwa ein Fünftel der Bevölkerung (über eine Million) den Songhai an.

Die Zarma (auch Dyerma) bewohnen das Nigertal von Hombori (Mali) über Gaya (Niger) bis nach Kandi (Benin). Das Zarma ist ein Dialekt des Songhai und als eine der nationalen Sprachen in Niger anerkannt.

Die Zeit der Entstehung des Songhai-Reiches ist unbekannt. Nach arabischen Quellen existierte die Hauptstadt Gao bereits im Jahre 890. Das Königreich gewann jedoch erst dann an Macht, als der tüchtige und ehrgeizige Sonni Ali die Herrschaft übernahm (1464–1492), der unter anderem die Tuareg unterworfen, die Städte Djenne und Timbuktu erobert und die Mende und Mossi besiegt hat. Im Laufe seiner knapp dreißigjährigen Herrschaft verwandelte er das einst unbedeutende Reich in ein mächtiges Imperium, das weite Teile des Westsudan unter seiner Kontrolle hatte. Sonni Ali war ein energischer und unternehmungslustiger Mann und zugleich ein vorzüglicher Administrator, der alle Eigenschaften in sich vereinigte, die ein Herrscher zur Erringung politischer Erfolge benötigte. Leider fehlten ihm jedoch jene Züge, um derentwillen ihn das einfache Volk hätte rühmen können. In dessen Erinnerung lebt er als grausamer und rücksichtsloser Mensch. Nach Sonni Ali bestieg dessen Sohn den Thron, der sich allerdings nicht lange der Macht und Ehren erfreute. Bald nahm der Usurpator Muhammed Ture (1493–1528) aus dem Stamme der Soninke seinen Platz ein. Damit endete die Herrschaft der alten Lemta-Dynastie, die über acht Jahrhunderte gewährt hatte. Muhammed Ture gab sich den Titel Askia, der später von allen Herrschern der von ihm begründeten Dynastie beibehalten wurde. Unter Muhammed Ture dehnte sich das Songhai-Reich auf ein riesiges Gebiet aus: vom Senegal-Fluß im Westen bis zur Air-Hochebene im Osten, von der Stadt Busa im Süden bis zur Zentralsahara im Norden. Nachdem Muhammed Ture die Pilgerfahrt nach Mekka unternommen hatte, bei der ihn fünfhundert Reiter und tausend Fußsoldaten begleiteten, begann er weitere Eroberungen, die er nun schon unter dem Banner des Propheten führte. Im Westen besetzte er weiter Gebiete Malis, von dessen einstigem Ruhm nur verschwommene Erinnerungen geblieben waren. Im Osten unterwarf er die Tuareg-Nomaden aus der Hochebene Air. Gegen Ende seines Lebens traf Askia Muhammed eine schmerzliche Überraschung: Seine drei Söhne rebellierten gegen ihn und zwangen den von zahlreichen Kriegszügen Gealterten zum Abdanken. Damit endete im Jahre 1528 die Herrschaft eines der größten Monarchen in der Geschichte Westsudans. Mit seinem Sturz setzte der allmähliche, aber unaufhaltsame Verfall des Songhai-Reiches ein. 1591 durchquerte ein großes Heer des marokkanischen Sultans die Sahara, zerschlug das Heer der Songhai und ließ eine Reihe berühmter Städte in Flammen aufgehen, darunter Timbuktu mit seiner ehrwürdigen islamischen Universität Sankore. Obgleich die Marokkaner später besiegt und aus dem Lande verjagt wurden, hörte das Songhai-Reich am Anfang des 17. Jahrhunderts auf zu bestehen. Geblieben sind Legenden, die seine ruhmvolle Vergangenheit und die Taten der Völker, die es bewohnten, besingen.

Während der Kriegszüge, die Askia Muhammed in östlicher Richtung unternahm und die gegen die Stadtstaaten der Hausa und die Tuareg in der Hochebene von Air gerichtet waren, wurde er gewöhnlich von Kanta, dem König von Kebbi, einem kleinen Lehnkönigreich der Songhai zwischen dem Land der Hausa und dem Niger, begleitet. Ein Kriegszug gegen Air und die ungerechte Verteilung der dort gemachten Beute dienten Kanta als Vorwand für eine Rebellion gegen Askia und die Ausrufung der Unabhängigkeit von Kebbi. Hinter den Stadtmauern seiner Hauptstadt Surame, deren Ruinen noch heute die Besucher beeindrucken, trotzte er dem mächtigen Songhai-Heer. Am meisten befürchtete Kanta einen Angriff aus Osten, wo Mai Ali, der berühmte König des Reiches Bornu, besorgt das Anwachsen der Macht des Kleinstaates beobachtete, dessen König sich erkühnt hatte, selbst den Songhai zu trotzen. Schließlich beschloß König Mai Ali, die Flamme im Keim zu ersticken und zog an der Spitze seines Heeres los, um ebenso wie Askia Muhammed vor den Mauern von Surame eine vernichtende Niederlage hinzunehmen. Kanta führte zahllose Kriege. Man erzählt, daß er den besiegten Tuareg aus Azben (Air) befohlen habe, aus ihrem See Tashemu Wasser zu schöpfen und dieses in seine Hauptstadt Surame zu bringen. Auch habe er verlangt, Sand aus den Gebieten der Tuareg zu holen und ihn nach Gungu zu schaffen, wo ihn die Tuareg in Kantas Ställen unterzustreuen hatten. Auf diese Weise habe Kanta selbst seinen erbittertsten Feinden das Rückgrat gebrochen. Nach einer anderen Legende soll Kanta auf seinem letzten Kriegszug schwer verletzt worden sein, und das Heer mußte umkehren. Nachdem die Kebbi Fallgruben ausgehoben hatten, zogen sie sich zurück. Ihre Verfolger stürzten in die Gruben. Kanta überlebte den Rückzug nicht und soll in der Stadt Dan Ashita im Lande Kazaure (in Nordnigeria) gestorben sein.

Viele Legenden der Songhai ranken sich um ihren Nationalhelden Faran aus dem Clan der Sorko, der sich traditionell vom Fischfang ernährte. Die Legenden um Faran spiegeln den Kampf der Sorko-Fischer aus dem Nigerbogen gegen verschiedene Angreifer wider: gegen die Bella; gegen die Leute aus dem Clan der Aale, Gondo; gegen die Leute aus dem Clan des Fisches, Koraru; gegen den Clan der Hyäne und andere. Faran trifft oft auf Feinde mit phantastischer Gestalt: Untiere, Riesen oder mächtige Tiere. Sein Kampf mit den Tieren symbolisiert seine Auseinandersetzung mit den Clans, deren Totemtiere sie darstellen. Der Kampf mit dem Flußpferd beispielsweise versinnbildlicht den Kampf gegen die Malinke, deren Name ›Leute des Flußpferdes‹

bedeutet; der Kampf mit dem Krokodil meint den Kampf gegen die Bambara, die ›Leute des Krokodils‹, und die Otter steht für die Sosso. Die hier vorgestellte Legende von Faran beginnt mit der Geschichte seines Vaters Kobe Taka.

Fulbe S. 193 bis S. 202

Die Fulbe leben verstreut in den Savannengebieten Westafrikas, die größten Zentren befinden sich von Westen nach Osten in Senegal, Guinea, Nigeria, Niger und Kamerun. Verhältnismäßig wenig Fulbe leben in Burkina Faso, Benin (dem ehemaligen Dahomey), in Guinea-Bissau, Mauretanien, Gambia, Ghana und Togo. Über die zahlenmäßige Stärke dieses Volkes gibt es keine statistischen Angaben, man schätzt ihre Zahl auf etwa zehn Millionen.

Die Fulbe gliedern sich in zwei Hauptgruppen: in die städtischen beziehungsweise seßhaften Fulbe und die nomadisierenden Bororo. Die Bororo-Hirten pflegen sorgsam ihre alten religiösen Traditionen. Da sie jede Form einer seßhaften Lebensweise ablehnen, haben sie in hohem Maße ihre ethnische Reinheit bewahrt. Die seßhaften Fulbe sind größtenteils Muslime. Sie wohnen in Städten und Dörfern und haben sich durch eheliche Verbindungen vielfältig mit jenen Bevölkerungsgruppen vermischt, unter denen sie leben, und in der Regel auch deren Sprache übernommen.

Das komplexe und komplizierte Problem der Ethnogenese der Fulbe hat in der Wissenschaft zu mancherlei Mystifizierung geführt. Im allgemeinen suchte man die Ursprünge dieses Volkes fern von seinen heutigen Wohnsitzen und in ebenso ferner Vergangenheit. Die einen meinen, die Fulbe seien jüdischen oder syrischen Ursprungs und entlang der afrikanischen Mittelmeerküste nach Westafrika gewandert. Andere glauben an eine äthiopische Herkunft, dritte an eine Abstammung von den nordafrikanischen Berbern. Es gab aber auch Gelehrte, die die Wiege der Fulbe unter den Hyksos oder den Hindus, unter Zigeunern oder sogar malaiisch-polynesischen Völkern suchten. Diesen zuweilen phantastischen Hypothesen liegt die Tatsache zugrunde, daß sich die Fulbe von dem negroiden Typus ihrer Nachbarn unterscheiden. Ihre Haut ist oft hellbraun, sie haben einen kleinen Mund mit schmalen Lippen, ein längliches Gesicht und längere, weniger gekräuselte Haare. Wir vermuten heute, daß die Heimat der Fulbe die Hochebene Futa Toro im heutigen Senegal gewesen ist. Zu Beginn des zweiten Jahrtausends haben sie in mehreren Wellen diese Gebiete verlassen und sind nach Osten gewandert. Diesen Migrationen lagen ökonomische Gesichtspunkte zugrunde: Die Suche nach neuen Weideplätzen ließ die Fulbe-Hirten mit ihren Rinder- und Ziegenherden durch die Savanne ziehen, die sich zwischen der Sahara und dem tropischen Urwaldgürtel erstreckt. Nach dem Untergang des mächtigen Songhai-Reiches im 16. Jahrhundert gründeten die islamisierten Fulbe auf dessen Ruinen eine Reihe feudal-theokratischer Kleinstaaten und führten damit eine politische Neuordnung des Westsudan ein. Die hier vorgestellte Legende über die Herkunft der Fulbe erzählt von einem arabisch-islamischen Ursprung. Den zu Beginn der Erzählung genannten Araber Okwa könnte man vielleicht mit Okba ibn Nafi, dem Heerführer der Araber aus der Zeit der Eroberung Nordafrikas, identifizieren.

Die Initiation der Hirten, das heißt ihre Einführung in die Geheimnisse des Lebens der Nomaden, ist mit dem Vortragen des kosmogonischen Mythos verbunden, der Einweihung der Menschen in das Wissen um die Anfänge des Universums. Während der Initiationsriten wird die traditionelle Kosmogonie der Fulbe durch die Rezitation des entsprechenden Initiationstextes, Kumen, gelehrt.

Die Fulbe glauben, daß über allem Gott Geno steht, der unsterblich, allwissend und allgegenwärtig ist. Das Wort Geno ist vom Verb yendude abgeleitet, das in Ful ›ewig sein‹ bedeutet. Der höchste Gott wird auch Dundari genannt, ›der, der untrüglich am Werke ist‹, ›der Furcht erweckt‹. Geno ist nicht sichtbar und offenbart sich nicht auf der Erde. Er hat die Welt erschaffen, an deren Anfang ein Tropfen Milch war. Aus diesem Milchtropfen, der aus vier Teilen bestand, entstand ein Zwitterrind, das zum Symbol des Weltalls wurde. Dann bestimmte der Schöpfergott Geno die Verbindungen, die die Grundelemente des Universums miteinander eingehen. Die erste Reihe dieser Verbindungen bilden die Entsprechungen zwischen den vier Elementen des Ur-Stoffes, des Milchtropfens, und den vier Enden der Erde, den vier Himmelsrichtungen. Mit der Zahl Vier ist auch die Einteilung der Menschenrassen verbunden, denn die Fulbe teilen die Menschen in Weiße, Schwarze, Rote und Gelbe. Die gemeinsame Materie verbindet den Menschen mit seiner Umwelt: mit den Tieren, den Pflanzen, den Mineralien und den Sternen.

Das Leben der Bororo-Hirten kreist um die Rinder und die Rinderzucht. Auch der Initiationstext Kumen spielte eine sehr wichtige Rolle. ›Kumen‹ ist abgeleitet vom Namen des Helfers des mythischen Rinderhirten Tyanaba. Dieser Text erzählt vom Verlauf der Initiation des ersten Hirten auf der Erde, Sile Sadio. Daraus geht hervor, daß die Bororo-Fulbe die Initiation des Hirten als ein stufenweises Erlernen der Struktur der Elemente der Welt, der Bedeutung der Zeit und der Funktion des Raumes betrachten. Der Initiand muß der Reihe nach zwölf ›Waldlichtungen‹ durchschreiten, die das Jahr mit seiner Einteilung in zwölf Monate versinnbildlichen. Während der Initiand diese Lichtungen durchschreitet, das heißt die einander folgenden Teile des Textes kennenlernt und damit auch immer neue mythische Gestalten, betritt er gleichsam ein neues Land. Auf den ersten vier Lichtungen begegnet er den vier Elementen der Welt, die im Milchtropfen enthalten sind: Feuer, Erde, Luft und Wasser, und macht sich mit ihnen vertraut. Auf der fünften Lichtung wird der Initiand zur ›ganzen Person‹, auf den Lichtungen sechs bis zwölf erhält er das ›Initiationslicht‹. Wenn der Hirtenanwärter schließlich alle zwölf Lichtungen durchschritten hat, erhält er von Kumens Frau eine Schnur mit achtundzwanzig Knoten. Diese symbolisieren die Tage des Mondmonats. Der Initiand muß diese Knoten ›lösen‹, das heißt, er muß das Geheimnis der Zeitrechnung und die Grundlagen des astronomischen Wissens erlernen.

Tyanaba ist der mythische Schutzherr der Rinder, Kumen ist sein Gehilfe, ein Hirte und zugleich Hüter der mit der Initiation eines Hirten verbundenen Geheimnisse. Gott Geno übertrug ihm die Pflicht, Weideplätze und Tiere, die Wildtiere wie die Haustiere, zu bewachen. Er kann verschiedene Gestalten annehmen. Schwarz ist er, wenn er sich mit Mineralien befaßt; weiß, wenn er den wilden Tieren des Waldes dient, rot, wenn er Tyanaba zu Diensten steht oder Haustiere bewacht. Kumen kann Wildtiere in Haustiere verwandeln und umgekehrt. Den Menschen zeigt er sich gelegentlich in Gestalt eines drei-, sieben- oder neunjährigen Knaben. Unterstützt von seiner Frau Foroforondu, vermittelt er die Geheimnisse der Initiation jenen, die er in den Kreis der Hirten aufnehmen will.

Hausa S. 203 bis S. 207

Die Hauptsiedlungsgebiete der Hausa befinden sich in den nördlichen Bundesstaaten Nigerias und den angrenzenden Gebieten im Süden der Republik Niger. Außerdem leben Hausa im Norden von Benin, Togo, Ghana und Kamerun. Als Händler ziehen sie durch ganz Westafrika bis zur Küste. Hausa-Siedlungen kann man auch in Tschad und Sudan finden.

In Westafrika dient das Hausa als Kommunikationsmittel. Die Zahl der Menschen, die diese Sprache sprechen und sich ihrer bedienen, schätzt man neuerdings auf sechzig Millionen.

Über die Herkunft der Hausa gibt es verschiedene Ansichten und oft unbegründete Spekulationen. Die größte Anerkennung fand die Hypothese, daß die Ahnen der Hausa einst aus dem Norden, aus Air in der Sahara, in ihre heutigen Siedlungsgebiete gezogen sind. Den legendären Gründer der Hausa-Stadtstaaten identifiziert man oft mit Abu Yazid, dem Nationalhelden der Berber. Die Hausa selbst lassen, wie andere islamisierte Völker auch, ihre Vorfahren von der fernen Arabischen Halbinsel, dem Land der ersten Gläubigen, der Heimat des Propheten Muhammad, stammen.

Zwischen dem 8. und 10. Jahrhundert entstand eine Reihe von Stadtstaaten der Hausa, wie beispielsweise Daura, Katsina, Gobir, Kano, Zaria, Zamfara und Rano. Die Hauptstädte dieser Stadtstaaten wurden später, von Mauern und Gräben umgeben, zu Zentren des Handels und des Handwerks. Hauptbeschäftigung der Hausa ist seit alters her die Landwirtschaft. Ruhm und Reichtum brachten den Hausa die Produkte ihrer handwerklichen Künste ein: Tuche, Erzeugnisse aus Leder und Eisen. Die Lederwaren der Hausa waren nicht nur im Westsudan, sondern auch in Nordafrika geschätzt und gefragt.

Die Blütezeit der Hausa-Stadtstaaten war im 16. Jahrhundert, als nach dem Untergang des Songhai-Reiches ein bedeutender Teil des Transsahara-Handels in die Hand dieses Volkes überging. In dieser Zeit setzte auch der allmähliche, nie völlig abgeschlossene Integrationsprozeß der kleinen, oft miteinander verfeindeten Stadtstaaten der Hausa ein. Zu Beginn des 19. Jahrhunderts brach ein Aufstand der Fulbe aus, an dessen Spitze Scheich Usman dan Fodio stand. Aus religiösen Motiven heraus entstanden, nahm diese Erhebung mit der Zeit die Form eines Kampfes gegen die Feudalordnung insgesamt an. Diesem Aufstand schlossen sich auch die ärmsten Schichten der Hausa an. Seitdem nahm die Zahl der Anhänger des Islam unter den Hausa schnell zu, heute ist dieses Volk fast gänzlich islamisiert.

An dieser Stelle ist zu erwähnen, daß die ersten dokumentierten Kontakte der

Hausa mit der islamischen Welt bereits aus dem 14. Jahrhundert datieren. Die Chronik von Kano, des wichtigsten Stadtstaates, berichtet, daß bereits unter Yaji dan Tsamiya (1349–1385), Wangara, Mande-Händler, nach Kano gekommen waren und den Islam verbreitet hatten. Sie schufen die wichtigsten islamischen Institutionen, und der Herrscher von Kano gab den Einwohnern der ihm unterstellten Städte Befehl, die Gebote des Islam zu befolgen. Er ließ die erste Moschee unter einem Baum errichten, der bis dahin als Heiligtum des Fetischs Tsumburbur galt. Auch andere Tatsachen lassen vermuten, daß die Hausa noch früher mit dem Islam in Berührung gekommen sind. Die bereits erwähnte Chronik von Kano nennt Auseinandersetzungen der Herrscher vor Yaji dan Tsamiya mit Priestern des Fetischs Tsumburbur und Versuche, eine monotheistische Religion einzuführen. Die mündliche Überlieferung weiß darüberhinaus zu berichten, daß der Islam aus Kanem-Bornu ins Hausa-Land gekommen sei. Aus historischen Quellen wissen wir, daß der erste islamische Herrscher des Königreiches Kanem-Bornu Umme Djilme war, der von 1085 bis 1097 regierte. Da das Hausa-Land an ebendieses Königreich angrenzt, scheint es durchaus möglich, daß erste Berührungen der Hausa mit dem Islam bereits im 11./12. Jahrhundert stattgefunden haben.

Der starke Einfluß des Islam auf die Gesellschaft der Hausa hat zu einem beschleunigten Zerfall der traditionellen Sozialstruktur sowie zum fast völligen Verschwinden der ursprünglichen Religion dieses Volkes geführt. Elemente der traditionellen Religion haben sich lediglich im sogenannten Bori-Kult erhalten, der heute noch verbreitet ist, dessen ursprüngliche Bedeutung jedoch längst verwischt ist. Er ist heute eher ein vergnügliches und unterhaltsames Volksfest, ist eher eine Aufführung als die Nachvollziehung der mythischen Ereignisse. Nur unter der nichtislamisierten Bevölkerung, die in der Umgebung von Kano und Katsina Maguzawa und im Tal des Flusses Maradi Arna (Singular: Arne) genannt wird (›Nichtgläubiger‹, ›Heide‹, ›Nichtmuslim‹), scheint dieser Kult noch eng mit der ursprünglichen Religion der Hausa verbunden zu sein.

Der Bori-Kult stellt eine der vielen Formen des auf der ganzen Welt bekannten Phänomens der Besessenheit von Geistern dar. Der Begriff ›bori‹ bezeichnet in der Sprache der Hausa sowohl dieses Phänomen als auch den Geist selbst, dabei aber keinen bestimmten, denn jeder Geist hat seinen eigenen Namen, sondern den Geist im Sinne einer Gattungsbezeichnung. In diesem Falle kann er auch mit dem Begriff Iska (Plural: Iskoki) bezeichnet werden.

Anfangs waren die Iskoki die Schutzgeister der einzelnen Clans und wurden dementsprechend meistens nur von einem Clan verehrt. Mit dem Zerfall der traditionellen Stammesorganisation und infolge der intensiven Islamisierung traten auch in der ›Welt der Geister‹ entsprechende Veränderungen ein. Jeder Geist wurde nun über den Rahmen eines Clans hinaus bekannt. Heute verehrt man alle Geister zusammen während des gemeinsamen Bori-Kultes.

Die Bori-Geister manifestieren ihre Präsenz durch eine Frau, die God'iyar Bori, ›Stute des Geistes‹, genannt wird. Diese Frau, das Geistermedium, wird während besonderer Riten von den Geistern heimgesucht. Die Geister können verschiedene Krankheiten über die Menschen kommen lassen und bestrafen sie auf diese Weise für begangene Verfehlungen.

Nach der Mythologie der Hausa sind die Geister überall: im Himmel, in den Wäldern, auf den Bergen und im Wasser. Deshalb muß der Mensch achtgeben, daß er sie nicht aus Versehen beleidigt oder gar verletzt. Die Hausa glauben, daß sie durch Tieropfer an die Geister Unglück abwenden können. Dabei wird jedem Geist ein anderes Tier geopfert, mit einer bestimmten Fell- oder Gefiederfarbe. Sinn dieser Opferdarbringungen, die fester Bestandteil des Rituals sind, ist es, die Geister mit Blut zu tränken. Der Glaube, daß Geister Blut trinken, ist unter den Hausa weit verbreitet.

Die Priesterinnen des Bori-Kultes bilden besondere Vereinigungen, an deren Spitze die ältesten von ihnen stehen und entsprechend ihrer Funktionen verschiedene Titel tragen, wie zum Beispiel Iya (›Mutter‹) im Maradi-Tal oder Magajiya in der Gegend von Katsina. Zu ihren Pflichten gehört die Eintreibung der Abgaben aller Bori-Priesterinnen. Gemeinsam mit den Sarakunan Bori (Sarki, ›König‹, ›Oberster‹), den männlichen Kultdienern, veranstalten sie die Bori-Riten und stellen die Opfertiere bereit. Eine bedeutende Rolle kommt in diesem Kult der Uwar Saye, der ›Mutter der Wurzeln‹, zu. Sie kennt die heilenden Eigenschaften der Bäume und Kräuter, aus deren Wurzeln sie wirksame Arznei herstellt. Untrennbar mit den Kultpriestern sind die Musikanten verbunden, denn nur sie kennen die Worte und Rhythmen, mit denen sie die verschiedenen Geister herbeirufen können.

Die Initiation der weiblichen Anhänger des Bori-Kultes hat eher formalen Charakter und heißt Girka, ›Belehrung‹. Die Initiandin, Amaryar Bori, ›Verlobte des Bori‹, erlernt alle Gesten und Charakteristika der Geister, macht sich mit der Mythologie des Kultes vertraut und erlernt die Kunst der Heilkräuterkunde. Die Verbindung des Geistes mit seinem Medium wird auf bildliche Weise zum Ausdruck gebracht. Den Anfang der Verbindung des Geistes mit der God'iyar Bori, ›der Stute des Geistes‹, bildet das ›Aufsitzen‹ (hau, ›aufsitzen‹) des Geistes auf das Medium. Das Ende, signalisiert durch ein Husten und Niesen der vom Geist Heimgesuchten, ist das ›Absitzen‹ (sauka). Die Bori-Riten werden anläßlich großer Feste vollzogen. Den Geistern soll Ehre erwiesen werden, oder aber derjenige Geist, der Unglück, Erkrankung oder eine Naturkatastrophe gebracht hatte, soll um Gnade angefleht werden.

Die Geister des Bori-Kultes werden in zwei Gruppen geteilt: in weiße (gute) und schwarze (böse) Geister. Unter dem Einfluß des Islam werden die schwarzen Geister heute die heidnischen, die weißen die gelehrten Geister genannt. Die schwarzen Geister halten sich vor allem im Busch, die weißen Geister in der Stadt auf. Nach der Mythologie der Hausa ist die Hauptstadt der Geister die Stadt Jan Gari (›Rote Stadt‹), die in Jar Kasa (›Rotes Land‹) liegt, einem Land im Norden, irgendwo zwischen der Oase Ghat und dem Hochland Asben. Neben dem Eingangstor zur Stadt der Geister wächst ein riesiger Affenbrotbaum, zwischen dessen Wurzeln die Geister ihre Beratungen abhalten. Die Gesellschaft der Geister ist hierarchisch strukturiert und nach dem Muster der Feudalgesellschaft der Hausa organisiert. Die Stadt wird vom Sarki (›König‹) regiert. Er hat seinen Wesir (›Minister‹) und Beamte, er unterhält ein Heer von Kriegern, die die Stadt bewachen und auch gegen die Geister der Nachbarvölker kämpfen. Die Geister gründen eigene Familien und arbeiten wie die Menschen, es quälen sie die gleichen Sorgen und erfreuen sie die gleichen Freuden wie die Menschen.

An der Spitze der Geisterhierarchie steht die Inna (›Mutter‹), die auch andere Namen trägt: Bafillatana (›Ful-Frau‹), Uwar Gona (›Mutter des Feldes‹), Uwar Gari (›Mutter der Stadt‹). Inna ist die Mutter aller Geister. Als Ful-Frau ist sie Eigentümerin der Rinder und ernährt sich von Milch, die mit dem Blut der Opfertiere gemischt wird. Manche Maguzawa errichten für sie eine kleine Hütte als Tempel auf ihrem eigenen Hof. In diesem Tempel verbringen Inna und ihre nächsten Verwandten die freie Zeit. Wenn Inna nach der schweren Tagesarbeit nach Sonnenuntergang nach Hause zurückkehrt, ruht sie sich gern auf einem kleinen Stein aus, der eigens dafür in der Nähe ihrer Hütte liegt. Als Mutter des Feldes hängt von ihr der Ertrag der Ernte ab, aber auch die Fruchtbarkeit der Frauen. Wenn die Maguzawa anfangen zu melken, spritzen sie stets die ersten Milchtropfen für sie auf die Erde. Inna sorgt sich um die Belange derer, die sie verehren, straft aber auch ihre Feinde, Dieben schickt sie beispielsweise Magenschmerzen. Während der Bori-Riten ruft man Inna mit dem entsprechenden Rhythmus der Trommeln, mit einer Melodie und dem Preislied (Kirari) an: ›O du, Tochter des Gelehrten, schenke uns Milch!‹ (Ihr Medium ahmt im Trancezustand das Stampfen der Butter nach.)

Der Lieblingsgeist der Maguzawa ist Kure, die ›Hyäne‹, ein Sohn der Inna. Sein Kirari lautet:

›Kure, du Geist der Ungläubigen!
Hyäne, die an der Quelle des Flusses lauert!
Wasser trinkst du und frißt Seelen,
du kaust sie, indem du sie mit den Zähnen zermalmst,
und verschlingst sie,
obwohl das Lebensfünkchen in ihnen glimmt!‹

Der Geist Kure weilt am häufigsten in der Nähe des Myrrhenstrauches Dashi, der auf vielen Höfen der Maguzawa wächst, unter dem Kure auch die Opfer dargebracht werden. Kure ist der Schutzherr der Boxer, deshalb boxen die Priesterinnen während des Bori-Festes miteinander und ahmen die Stimme der Hyäne nach.

Allgemein wird auch der Geist Dan Galadima verehrt, den man heute Muhammad nennt. Der Einfluß des Islam zeigt sich nicht nur in diesem Namen, sondern auch in dem Kirari:

›Deine Mutter trägt die Stammeszeichen,
dein Vater hingegen ist ein Muslimgelehrter.‹

Dan Galadima stellt man sich als gut aussehenden jungen Mann vor, der sich bei den Frauen großer Beliebtheit erfreut. Er gilt aber auch als Glücksspieler und Verschwender. Zum Opfer wird ihm ein Schaf dargebracht, dessen Augen von schwarzen Flekken umgeben sind, das Symbol einer hübschen Frau, die ihre Augen mit Antimon geschwärzt hat.

Der älteste Bori-Geist ist Babban Maza, ›der Große unter den Männern‹, der auch Tsoho, ›der Alte‹, genannt wird. Er ist der Schutzherr der alten Menschen. Seine Priesterin geht mit gebeugtem Rücken, zittert vor Kälte und hustet. Häufig sitzt sie am Feuer und bewegt mit ihren Fingern die Perlen des Rosenkranzes.

Ein sehr volkstümlicher Geist ist Gajimare, ›die Wolke‹, auch Masha Ruwa, ›Wassertrinker‹, genannt. Er tritt in Gestalt eines Regenbogens oder einer Schlange auf. Gajimare weilt gern in den Quellen der Flüsse, in Brunnen oder Ameisenhaufen. Er kann alles Wasser einer Wolke austrinken und auf diese Weise eine langanhaltende Trockenheit heraufbeschwören. Die von Gajimare Heimgesuchte bedeckt ihren Kopf mit einem schwarzen Tuch, denn dieser Geist gehört zu den schwarzen Geistern. Sein Blick bringt den Tod. Der Anrufung Gajimares gilt folgendes Kirari:

›Sohn der Inna,
das Hinken möge erschweren deinen Schritt!‹

Der schwarze Geist Kuturu, der ›Aussätzige‹, auch Gurgu, der ›Lahme‹ genannt, hat in der Mythologie der Hausa die Funktion eines Torhüters der Geisterstadt inne. Er gilt als außerordentlich gefährlicher Geist, der den Menschen Krankheiten, unter anderem auch den Aussatz, schickt.

Die Geister der Hausa sind zu zahlreich, als daß sie hier in Gänze vorgestellt werden könnten. Es sind ihrer etwa siebzig, von denen wir an dieser Stelle noch die folgenden erwähnen möchten: den Geist Mai Iyali, die Frau des Geisterkönigs; den Geist Mamo, den man sich als struppigen, Seelen fressenden Hund vorstellt; den Geist Ra, die Donner und Blitze sendende Frau Gajimares; und den Geist Duna, der Sohn von Gajimare und Ra.

Hadjerai S. 208 bis S. 209

Die Hadjerai bewohnen das Hadjer-Gebirge in der Zentralregion der Republik Tschad. Der Name dieses Volkes stammt aus dem Arabischen und bedeutet ›Bewohner der Felsen‹. Man unterscheidet die nördlichen Hadjerai (Kenga, Dangaleat, Djonkor, Munange, Dogange, Mogum und Bidio) und die südlichen Hadjerai (Sokoro, Barain, Saba, Bolgo, Koke, Fanian und Gula), insgesamt etwa 100000 Menschen.

Die ursprüngliche Religion der Hadjerai unterlag starken monotheistischen Einflüssen des Islam. Dies führte zum Entstehen neuer, synkretistischer Vorstellungen von der Einrichtung des Universums, zum Entstehen einer neuen hadjero-islamischen Kosmologie.

Ndiki S. 210 bis S. 212

Das Volk der Ndiki, etwa 1700 Menschen, bildet mit anderen Bevölkerungsgruppen die Völkerschaft Banen in Südwest-Kamerun.

Durch die Tätigkeit der bei den Ndiki seit Anfang des 20. Jahrhunderts ansässigen katholischen Missionsgesellschaften ist die ursprüngliche Religion dieses Volkes stark von Elementen der christlichen Religion überlagert. Trotzdem lassen sich durch die Decke der neuen Glaubensüberzeugungen auch heute noch die einstigen Anschauungen erkennen. Als Beispiel dient die hier vorgestellte Erzählung über die Herkunft der Ndiki.

Fali S. 213 bis S. 215

Die kleine Völkerschaft der Fali, etwa 50000 Menschen, lebt im Norden Kameruns im Kreis Garoua.

Nach alten Überlieferungen haben die Fali zu Beginn des 16. oder noch gegen Ende des 15. Jahrhunderts das Tal am Kebbi-Fluß im heutigen Nordnigeria verlassen und sind in die heute von ihnen besiedelten Gebiete eingewandert. Politisch unterstehen sie Fulbe-Herrschern, Lamibé genannt.

Der Schöpfungsmythos der Fali ist reich an Symbolen, die die der Reihe nach auftretenden Wesen und Dinge nach dem Prinzip der Opposition und Alternation klassifizieren. Dieser Mythos spiegelt treffend die geographische und soziale Lage der Fali wieder. Die vier Regionen der bewohnten östlichen Welt meinen die vier Bergketten, die das Land der Fali umgeben: Kangu im Osten, Tingelin im Süden, Bori-Peske im Westen und Bossom im Norden. Die Männer und Frauen dieses Volkes gehören jeweils einem der beiden Clans an: dem Clan der Kröte oder dem Clan der Schildkröte. Die Zugehörigkeit zu diesen einander entgegengesetzten Gruppen hat Auswirkung auf das gesamte Leben eines Menschen. Sie bestimmt die Formen ehelicher Verbindungen wie alle anderen Formen zwischenmenschlicher Beziehungen. Das Bewußtsein der Abstammung von mythischen Tieren ist dem Denken der Fali tief verwurzelt.

Fang S. 216 bis S. 220

Die Fang bewohnen das Waldland am Unterlauf des Sanaga im Süden Kameruns. Ihr Siedlungsgebiet reicht bis nach Äquatorial-Guinea (Provinz Mbini) und Gabun, in und um Libreville sowie ins Grenzgebiet zu Kamerun. Die Fang zählen etwa eine Million Menschen.

Die Fang sind gut mit der Kosmogonie und ihrer Stammesgeschichte vertraut. Während der traditionellen Erziehung, also bereits unter dem Einfluß der nächsten Umgebung in der Familie, lernen die Kinder die Genealogie ihrer Väter zu rezitieren. Wenn das Kind dabei beim Urahn des Stammes angelangt ist, fügt es gewöhnlich hinzu: ›Und er war der Sohn von Nzame‹, von Gott.

Der Gott der Fang trägt verschiedene Namen: Nzame, Mebeghe, ›Der, der alle Menschen trägt‹, Menkwa, ›Der, dessen Wort entscheidet‹, Sokuma, ›König der Könige‹, Mbongwe, ›Vater des Lebens‹, und andere. Die sakrale Fassung des Mythos zeigt den höchsten Gott in drei Gestalten.

Texterläuterungen

1 Heute befindet sich auf den Trümmern dieses Hauses innerhalb der Grenzen der Stadt Ife das heilige Grab Oduduwas.

2 Bis zum heutigen Tag trinken die Verehrer Orishalas dem Tabu folgend keinen Palmwein.

3 Am Hofe des Herrschers von Oyo wird eine andere Version dieses Mythos erzählt. Danach soll der Schöpfer der Erde Oranyan gewesen sein, der erste Herrscher dieses Stadtstaates und der politischen Hauptstadt des gesamten Yoruba-Landes. Er soll zwei Hühner und in ein Tuch gewickelte Erde vom Himmel gebracht haben. Die Hühner hätten die ausgestreute Erde zur Linken und Rechten Oranyans breitgescharrt, und so sei er Besitzer des auf diese Weise entstandenen Landes geworden. Dieses mythische Ereignis wird während der alljährlich in Ife veranstalteten Feierlichkeiten vergegenwärtigt. Als Hühner verkleidete Tänzer stellen in ihren Darbietungen die Erschaffung des Festlandes dar. Während der zu Ehren Oduduwas stattfindenden Feiern bringt man unter anderem auch ein Huhn mit fünf Krallen zum Opfer dar.

4 Der Priester des Ifa-Orakels.

5 Cyprea moneta; Schneckenart, deren Schale früher in Westafrika als Zahlungsmittel diente.

6 Trotz der beträchtlichen Entfernung zwischen den Völkern Gogobiri (die Leute von Gobir) und Kukawa und den Yoruba tragen sie gemeinsame Stammeszeichen auf den Gesichtern, die Angehörigen aller drei Stämme erweisen sich gegenseitig stets Gastfreundschaft.

7 Die Szene mit dem stummen Götzen erinnert fast wörtlich an die biblische Erzählung aus dem Buch der Richter, Kapitel 6, Verse 28–32. Es ist möglich, daß Elemente aus der Bibel zusammen mit Elementen aus der islamischen Welt in diese Geschichte Eingang gefunden haben.

8 Die Tapa gehören zu den Nupe.

9 Zu den Gur-Völkern zugehörig, heute vor allem in der Republik Benin ansässig.

10 Dieser Satz wurde später zu Owoni verkürzt, womit man bis heute den Oberpriester der Stadt Ife bezeichnet. Auch nachdem der Sitz des höchsten Herrschers der Yoruba nach Oyo verlegt worden war, blieb Ife die wichtigste Kultstätte.

11 Kakaki (Hausa): lange Metalltrompete.

12 Dort, wo sich Oranyans Grab befand, steht heute eine Säule, die Opa Oranyan, ›Oranyan-Obelisk‹, genannt wird.

13 Über die Gründung der Stadt Ile-Ife gibt es verschiedene Legenden. Die hier vorgestellte Erzählung ist insofern von großem Interesse, da sie zugleich von der Herkunft der Orisha-Gottheiten berichtet. Das Pantheon dieser Gottheiten ist sehr umfangreich; Erforscher der Yoruba-Religion geben 201, 401, ja sogar 1600 verschiedene Orishas an.

14 Bis heute gilt Ife als die Stadt von Ifa, des mächtigen Orakelgottes. Das Orakel

von Ife ist allen Yoruba bekannt. Der Orakelpriester von Ife nennt sich heute Babalawo und weissagt mit Hilfe von Nüssen. Er entscheidet nicht nur über Leben und Tod, sondern erteilt auch Ratschläge bei der Wahl von Ehegatten, des Berufs oder der Glückszahlen beim Spiel.

15 Das Pantheon der Yoruba-Götter ist reich an Gestalten, die erst nach ihrem Tod zu Göttern erhoben worden sind. Zu ihnen gehören die Herrscher Oduduwa und Oranyan ebenso wie Shango. Er war der vierte König aller Yoruba, gewiß also Herrscher des Stadtstaates Oyo. Die mündliche Überlieferung hebt hervor, daß er auch über die Bewohner des Königreiches Benin und das Volk Popo (die Bewohner der heutigen Republik Benin, des ehemaligen Dahomey) geherrscht habe.

16 Historische Studien über die Geschichte der Yoruba-Königreiche stützten sich bisher in großem Maße auf Überlieferungen aus Oyo. Indessen war Oyo, wie wir heute wissen, weder der einzige noch der älteste Stadtstaat der Yoruba. Vermutlich kann sich das Ketu-Reich, das einst auf dem Gebiet der heutigen Republik Benin gelegen war, einer älteren Geschichte rühmen. Die mündlichen Überlieferungen der früheren Yoruba-Stadt Ketu sind sehr reich und erwähnen achtundvierzig Herrscher, wobei sogar die Namen ihrer Eltern genannt werden.

17 Im Südwesten Nigerias, zum Atlantischen Ozean fließend. Am Ogun liegt die Stadt Abeokuta.

18 Dieser Name wurde später zum heutigen Illikimon oder Likimon verkürzt.

19 Teak-Baum.

20 In einem Dialekt der Yoruba-Sprache ist folgende Redewendung überliefert: Ke'tu iké? Ke fo ilu? (›Wer macht einen Buckel gerade? Wer zerbricht die Stadt?‹) Dieser Ausspruch wurde im Laufe der Zeit verkürzt und bildet den Ursprung des Namens Ketu. Erzählungen über die Gründung der Stadt Ketu finden bis heute einen sichtbaren Ausdruck in lokalen Zeremonien. Während der Inthronisation des Alaketu, des Herrschers von Ketu, muß er eine symbolische Wanderung unternehmen, bevor er den Thron besteigt. Dies soll die Ketu-Yoruba daran erinnern, daß sie die rechtmäßigen Eigentümer des vom heimatlichen Oyo, beziehungsweise Ile-Ife so weit entfernten Landes sind.

21 Bis heute befindet sich dort der Krönungssaal der Könige von Edo.

22 Im Süden Togos gelegen.

23 Die Wildtaube ist seitdem ein Tabu, das von allen Mitgliedern des Clans der Be beachtet wird.

24 Die Kakaki-Trompete ist bis heute ein Zeichen der Macht bei fast allen Völkern Nordnigerias.

25 Die Einwohner von Eda bringen an dieser Stelle bis zum heutigen Tag alljährliche Opfer dar und stimmen Dankgebete an. Während dieser Feierlichkeiten zum Gedenken an Tsoedes Flucht können einige Menschen angeblich im Wasser das Abbild des königlichen Bootes erkennen.

26 Noch heute betrachten die Oberhäupter jener zwölf Städte diese legendären Sklaven als ihre Vorfahren und bedienen sich ihrer Insignien.

27 An der Stelle, wo Anangama zur Erde herabgestiegen sein soll, in der Nähe der Stadt Sakassu, soll sein Fußabdruck auf einem Felsen erhalten geblieben sein.

28 Eine andere Variante dieser Legende über Königin Aura Poku erzählt, daß sie selbst ihren Sohn den Wassergöttern zum Opfer dargebracht habe, als sie auf ihrer Flucht an einen gewaltigen, unüberwindbaren Fluß gelangte. Auf wunderbare Weise teilten sich seine Wasser und erlaubten den Fliehenden, das andere Ufer zu erreichen. Aura Poku war als letzte durch den Fluß gegangen. Die Menschen warfen sich ihr zu Füßen und riefen sie zu ihrer Königin aus.

29 Der zweitgeborene Zwilling wird als der ältere betrachtet.

30 Ein in Westafrika verbreitetes Brettspiel.

31 Heute erstrecken sich die Siedlungsgebiete der Etsi entlang der Goldküste.

32 Im Gebiet des heutigen Nigeria.

33 Dieser See befindet sich im heiligen Hain und ist heute Stätte alljährlicher Feste, bei denen man des ›großen Stromes‹ gedenkt und zum heiligen Fisch betet, der dessen Geist symbolisiert.

34 Ein Riesentukan.

35 Im heutigen Ghana.

36 Auch Malle, ein östlich von den Dagomba gelegenes Land, das nicht mit dem Reich Mali identisch ist, das vom 13. bis 15. Jahrhundert am Oberlauf des Senegal und des Niger bestanden hat.

37 Ein aus Hirse gebrautes Bier.

38 Bis zum heutigen Tag bewahren die Herrscher der Dagomba diese Insignien der Priestermacht in der Schatzkammer an ihrem Hofe auf. Jeder neu gewählte Herrscher bekleidet sich einmal in seinem Leben mit ihnen.

39 Die Pfeife, die Trommel und das Horn aus Elfenbein werden bis heute im Palast von Yendi aufbewahrt. Auf ihnen wird nur musiziert, wenn ein Oberhaupt von Gushiago die Königsstadt besucht.

40 Das Wasser ist nach dem Glauben der Senufo das Symbol des Lebens.

41 Eine Hirse-Art.

42 Der Name der Ameisen ging später auf das in dieser Gegend lebende Volk über. Salansansi wurde mit der Zeit in Kusanse und schließlich zu Kusase verändert.

43 Gballi bezeichnet ein Grab, das sich außerhalb einer Siedlung befindet, in dem man Menschen bestattet, die eines ›schlimmen Todes‹ gestorben sind und deren ätherisches Abbild Win nicht ins Haus Gottes aufgenommen werden kann.

44 Die Wobe sehen die Schimpansen als älteste Bewohner der Erde an.

45 Noch heute glauben die Wobe an den Fluch von Gott Kela. Das Los des Menschen, seine Erfolge und Niederlagen, Freuden und Leiden verdankt er, wie die Wobe meinen, den Launen seiner Vorfahren, der Tinyon.

46 Clarias Senegalensis.

47 Acacia Albida.

48 Dieses Tabu für Fische gilt für die Nachkommen von Baramangolo, die Kulubali, bis heute. Für die Nachfahren Niangolos gilt ein Tabu für Löwen und Flußpferde.

49 frz., Sänger und Musiker, früher Ratgeber des Königs, die die Geschichte, Bräuche, Traditionen und die Verfassung der Staaten und Völker in ihrem Gedächtnis bewahrten. Heute treten die Griots vor allem zu gesellschaftlichen Anlässen (z. B. auf Hochzeiten) auf.

50 Auch Kapok-Baum, das Wollhaar seiner Kapselfrüchte liefert den Kapok, der als Polstermaterial verwendet wird.

51 Sundjatas Grab befindet sich in der Stadt Balandugu, nicht weit von Niani entfernt.

52 Seitdem lassen sich alle Dogon-Frauen die Klitoris entfernen.

53 Deswegen heißt das Gewebe in der Sprache der Dogon Soy, ›dies ist das Wort‹. Soy bedeutet aber auch ›sieben‹, denn der Schöpfer des Gewebes war der siebente Ahn.

54 Digitaria exilis, feinkörnige Hirse.

55 Diese Fackel, Basu genannt, war der Anfang des Feuerkultes, dessen Priester heute Frauen sind.

56 Diese Fackel wird Anakyeh genannt, auf ihr begründete sich später der Kult des männlichen Feuers.

57 Später wurde dies als erste Beschneidung gedeutet.

58 Dies betrachten die Bobo als erste Exzision.

59 Butyrospermum Parkii Kotschy, aus den Nüssen dieses Baumes wird Öl gewonnen, das als Lampenöl und zur Herstellung von Heilmitteln Verwendung findet.

60 arab., gute oder böse Geister, die in verschiedenartiger Gestalt erscheinen können.

61 Die Soninke glauben, daß der Schlangenkopf in der Stadt Bouré heruntergefallen ist, die deshalb in Afrika und Europa als Land des Goldes bekannt geworden sei.

62 frz. boubou, weites Obergewand der Männer.

63 Die Zarma haben ursprünglich Gebiete bewohnt, die westlich ihrer heutigen Siedlungsgebiete liegen. Erst unter Askia Muhammad traten sie unter die Oberhoheit der Songhai und verließen das Land, in dem im 14./15. Jahrhundert das Fulbe-Reich Masina entstand. Die hier vorgestellte Legende, mündlich von den Zarma überliefert, beschreibt den Auszug dieses Volkes aus Mali und seine Ansiedlung in der weiter östlich gelegenen Stadt Ganda.

64 Fezzan befindet sich im heutigen Libyen.

65 Die Zarma erzählen sich, daß manche Menschen jeden Freitag sehen, wie Kantas Schiff für einen Augenblick aus den Tiefen des Flusses aufsteigt. Im Gedenken an Kantas Untergang werden bis heute alle Herrscher der Kebbi in einem Boot begraben.

66 frz. Bafoulabé, Stadt am Senegal-Fluß in der Republik Mali.

67 Hirtenruf der Fulbe.

68 Angeblich sollen die Bororo-Hirten deshalb noch heute die Milch in kleinen Schlucken trinken.

69 Brei aus Hirse oder Yams oder ähnlichem.
70 Andere Erzähler geben den Namen Awairi an.
71 (Hausa) bawo, ›zurückbringen‹ und gari, ›Stadt‹, ›Bring die Stadt zurück‹.
72 Eine andere Version dieser Legende endet folgendermaßen: Daura, Kano, Zaria, Gobir, Katsina und Rano sind sechs der sieben echten Hausa-Staaten. Der siebente Staat ist Biram, der von dem Sohn Magiras, der ersten Frau von Bayajida, gegründet wurde, die von ihrem Mann auf der Reise von Bornu nach Daura zurückgelassen worden war. So entstanden die sieben echten Staaten des Hausa-Landes.
73 Guß in verlorener Form; zunächst wird aus Ton ein Rohmodell des späteren Gußstückes hergestellt, das mit einer Schicht warmen Wachses überzogen wird. Darum wird ein tönerner Gußmantel mit einer kleinen Öffnung gelegt. Das Wachs wird ausgeschmolzen und Erz in die Öffnung gegossen. Nach dem Guß wird der Tonmantel entfernt.

Zur Umschrift und Aussprache

In der vorliegenden Ausgabe wurde eine leserfreundliche Umschrift afrikanischer Namen und Begriffe gewählt. Folgende, auch im Deutschen bekannte Buchstaben werden zum Teil anders ausgesprochen:

sh wie sch in ›Schule‹
ch wie tsch
j wie dj oder dsch
y wie j in ›ja‹

Literaturauswahl

Abrahamsson, H.: The Origin of Death. Studies in African Mythology. Uppsala 1951.

Amon d'Aby, F. J.: Croyances religieuses et coutumes juridiques des Agni de la Côte d'Ivoire. Paris 1960.

Ba Hampate, A.; Dieterlen, G.: Koumen. Text initiatique des Pasteurs Peul. Paris 1961.

Bascom, W.: The Yoruba of Southwestern Nigeria. Berkeley 1969.

Bastide, R.: Mythologies africaines. Paris 1963.

Baumann, H.: Schöpfung und Urzeit des Menschen im Mythus der afrikanischen Völker. Berlin 1936.

Beck, P.; Huard, P.: Tibesti – carrefour de la préhistoire saharienne. Paris 1969.

Beier, U. (edit.): The Origin of Life and Death. African creation myths. London–Ibadan–Nairobi 1966.

Bell, R.: The Qur'ân, translated with a critical re-arrangement of the Surahs. Edinburgh 1937–1939.

Benzing, B.: Die Geschichte und das Herrschaftssystem der Dagomba. Meisenheim am Glan 1971.

Beuchelt, E.: Kulturwandel bei den Bambara von Ségou. Gesellschaftsordnung, Weltanschauung–Sozialweihen. Bonn 1962.

Biobaku, S. O.: Sources of Yoruba History. Oxford o. J.

Bohannan, L. & P.: The Tiv of Central Nigeria. London 1969.

Boston, J. S.: The Hunter in Igala Legends of Origin. ›Africa‹. Bd. XXXIV. 1964. S. 116–125.

Boubou Hama: Histoire traditionnelle d'un peuple. Les Zarma-Songhay. Paris 1967.

Bovill, E.: Caravans of the Old Sahara. Oxford 1933.

Bovill, E.: Golden Trade of the Moors. Oxford 1958.

Boyer, G.: Un peuple de l'ouest soudanais – les Diawara. Dakar 1953.

Bradbury, R. E.: The Benin Kingdom and the Edo-Speaking Peoples of South-Western Nigeria. London 1957.

Bradbury, R. E.: The Kingdom of Benin. In: Forde, D. & Kaberry, P. M. (edit.): West African Kingdoms in the Nineteenth Century. Oxford 1967.

Brigaud, F.: Histoire traditionnelle du Sénégal. Saint Louis 1962.

Bruce-Meyers, J. M.: The Origin of the Gas. ›Journal of the African Society‹. Bd. 17. London 1927–1928. S. 69–76, 167–173.

Büttner, Th.: Geschichte Afrikas. Bd. 1. Berlin 1976.

Capron, J.: Quelques notes sur la société du do chez les populations bwa du Cercle de San. ›Journal de la Société des Africanistes‹. Bd. XXVII. Paris 1957. S. 82–129.

Capron, J.: Univers religieux et cohésion interne dans les communautés villageoises bwa traditionnelles. ›Africa‹. Bd. XXXII. 1962. S. 132–171.

Cardinall, A. W.: Tales Told in Togoland. Oxford 1970[2].

Carey, M.: Myth and Legends of Africa. London 1970.

Cendrars, B.: Anthologie nègre. Paris 1947.
Chałasiński, J.: Bliżej Afryki. Warszawa 1965.
Chwojka, T.: Z badań nad problemem etnogenezy zachodnioafrykańskiego ludu Fulbe. ›Materiały Zachodniopomorskie‹. Bd. XIV. Szczecin 1970.
Cornevin, R.: Le Dahomey. Paris 1962.
Cornevin, R.: Le Togo. Paris 1963.
Dammann, E.: Die Urzeit in afrikanischen Verschlingungsmythen. ›Fabula‹. Nr. 4. 1961.
Dammann, E.: Die Religionen Afrikas. Stuttgart 1963.
Danquah, J. B.: The Akan Doctrine of God. London 1944.
Delafosse, M.: Haut-Sénégal-Niger. Paris 1912.
Delafosse, M.: La langue mandingue et ses dialects. Paris 1929.
Delobsom, D.: L'Empire du Mogho Naba. Paris 1932.
Deschamps, H.: Les religions de l'Afrique Noire. Paris 1970.
Desplagnes, L.: Le plateau central nigérien. Paris 1907.
Dieterlen, G.: Les âmes des Dogons. Paris 1941.
Dieterlen, G.: Essais sur la religion Bambara. Paris 1951.
Dieterlen, G.: The Mande Creation Myth. ›Africa‹. Bd. XXVII. 1957.
Dieterlen, G.: Les fondements de la société d'initiation du Komo. Paris 1972.
Downes, R. M.: The Tiv Tribe. Kaduna 1933.
Downes, R. M.: Tiv Religion. Ibadan 1971.
Dugast, I.: Monographie de la tribu des Ndiki. Paris 1959.
Equilbecq, F. V.: Contes populaires d'Afrique occidentale. Paris 1972.
Ferguson, J.: The Yorubas of Nigeria. Buckinghamshire 1970.
Field, M. J.: Social Organisation of the Ga People. London 1940.
Field, M. J.: Religion and Medicine of the Ga People. London 1937.
Finnegan, R.: Limba Stories. London 1967.
Finnegan, R.: Oral Literature in Africa. Oxford 1970.
Finnegan, R.: Oral Poetry. London–New York–Melbourne 1977.
Forde, D.: The Yoruba-Speaking Peoples of South-West Nigeria. London 1951.
Forde, D. (edit.): African Worlds. London–New York–Toronto 1963.
Forde, D. (edit.): Peoples of the Niger-Benue Confluence. London 1970^2.
Forde, D. & Kaberry, P. M.: West African Kingdoms in the Nineteenth Century. London 1967.
Fortes, M.: Oedipus and Job in West African Religion. Oxford 1959.
Fortes, M. & Dieterlen, G.: African Systems of Thought. London 1965.
Frazer, J. G.: Mythes sur l'origine du feu. Paris 1931.
Frazer, J. G.: The Golden Bough. New York 1942.
Frobenius, L.: Dichten und Denken im Sudan. ›Atlantis‹. Bd. V. Jena 1925. S. 303–343.
Froelich, J. C.: La tribu Konkomba du Nord Togo. Dakar 1954.
Fuchs, P.: Kult und Autorität. Die Religion der Hadjerai. Berlin 1970.

Girard, J.: Dynamique de la société ouobé. Dakar 1967.
Goody, J. R.: Death, Property and the Ancestors. London-Stanford 1962.
Goody, J. R.: The Myth of Bagre. Oxford 1972.
Grébert, F.: Au Gabon. Paris 1922.
Greenberg, J.: The Influence of Islam on a Sudanese Religion. New York 1947.
Greenberg, J.: The Languages of Africa. The Hague 1963.
Griaule, M.: Schwarze Genesis. Freiburg, Basel, Wien 1970.
Griaule, M.: Conversations with Ogotemmeli. London 1965.
Griaule, M.; Dieterlen, G.: Le Renard Pâle. Paris 1965.
Gunn, H. D.: Peoples of the Plateau and the Northern Nigeria. London 1956.
Haaf, E.: Die Kusase. Stuttgart 1967.
Hambley, W. D.: Serpent Worship in Africa. Chicago 1931.
Henry, J.: L'ame d'un peuple africaine: les Bambara. Münster 1910.
Herissé, Le A.: L'ancien royaume du Dahomey. Paris 1911.
Herms, I.: Osanyin überlistet die Schildkröte. Märchen aus Nigeria. Leipzig und Weimar 1984.
Herskovits, M. and F. S.: An Outline of Dahomean religious Belief. Evanston 1933.
Herskovits, M. J. and F. S.: Dahomean Narrative. Evanston 1958.
Herskovits, M. J.: Dahomey. An Ancient West African Kingdom. Evanston 1967.
Himmelheber, H.: Aura Poku. Mify, skazki, legendy, basni, poslovicy i zagadki naroda baule. Moskva 1960.
Himmelheber, H.: Aura Poku. Eisenach 1951, 1955[2].
Holas, B.: Le culte de Zié. Éléments de la religion Kono. Dakar 1954.
Holas, B.: Les dieux d'Afrique Noire. Paris 1968.
Holas, B.: Les Sénoufo. Paris 1957.
Horton, R.: The Kalabari World-View: An Outline and Interpretation. ›Africa‹. Bd. XXXII. 1962. S. 197–220.
Horton, W. R. G.: God, Man and the Land in Northern Ibo Village-Group. ›Africa‹. Bd. XXVI. 1956. S. 17–27.
Idowu, E. B.: Olodumare: God in Yoruba Belief. London–New York 1962.
Ijimere Obotunde: The Imprisonment of Obatala. London–Ibadan–Nairobi 1972[7].
Ijimere Obotunde: Obatalas Gefangenschaft. In: Der Löwe und die Perle. Berlin 1973. S. 81–124.
Ittmann, J.: Volkskundliche und religiöse Begriffe im nördlichen Waldland von Kamerun. Berlin 1953.
Ittmann, J.: Ein Kameruner Herkules. ›Zeitschrift für Eingeborenen-Sprachen‹. Bd. XXV. 1934.
Ittmann, J.: Die Religion im vorderen Kamerun. ›Anthropos›. Bd. 48. 1953.
Johnson, S.: The History of the Yorubas. London 1966[6].
Kesteloot Lilyan: L'épopée traditionelle. Paris 1971.
Kilson, M.: Kpele Lala. Ga Religious Songs and Symbols. Cambridge 1971.

Koch-Weser, M. R. M.: Die Yoruba-Religion in Brasilien. Bonn 1976.
Komorowski, Z.: Tradycje i współczesność Afryki Zachodniej. Warszawa 1973.
Kotljar, E. S.: Mif i skazka Afriki. Moskva 1975.
Labouret: Les tribus du rameau Lobi. Paris 1931.
Ladipo, D.: Three Yoruba Plays. Ibadan 1964.
Lebeuf, J. P.: L'habitation des Fali. Paris 1961.
Lebeuf, A.: Le système classificatoire des Fali (Nord-Cameroun). In: African Systems of Thought. London–New York–Toronto 1965.
Little, K. L.: The Mende of Sierra Leone. London 1951.
Lombard, J.: The Kingdom of Dahomey. In: Forde, D. & Kaberry, P. M. (edit.): West African Kingdoms in the Nineteenth Century. Oxford 1967.
Lukas, O.: The Religion of the Yoruba. Lagos 1948.
Lystad, R. A.: The Ashanti. New Brunswick 1958.
Mangin, E.: Les Mossi. ›Anthropos‹. Bd. 11. 1916.
Manoukin, M.: Akan and Ga-Adangme Peoples. London 1964².
Mbiti, J. S.: African Religions and Philosophy. London–Ibadan–Nairobi 1969.
Mbiti, J. S.: Concepts of God in Africa. London–New York 1970.
Meinhof, C.: Afrikanische Religionen. Berlin 1912.
Meinhof, C.: Die Religionen der Afrikaner in ihrem Zusammenhang mit dem Wirtschaftsleben. Oslo 1926.
Meyerowitz, E. L. R.: Akan Traditions of Origin. London 1952.
Meyerowitz, E. L. R.: The Akan of Ghana. London 1958.
Mischlich, A.: Über die Herkunft der Fulbe. ›Mitteilungen des Seminars für Orientalische Sprachen‹. Bd. 34. 1931.
Morton-Williams, P.: An Outline of the Cosmology and Cult Organization of the Oyo Yoruba. ›Africa‹. Bd. XXXVI. 1966. S. 243–261.
Nadel, S. F.: Nupe Religion. London 1954.
Nadel, S. F.: A Black Byzantium. The Kingdom of Nupe in Nigeria. London–New York–Toronto 1969⁶.
Niane, D. T.: Soundiata. Paris 1960.
Niane, D. T.: Soundjata. Ein Mandingo-Epos. Leipzig 1975.
Nketia, J. H.: Funeral Dirges of the Akan People. Accra 1955.
Nokan, Ch.: Abraha Pokou ou une grande africaine. Honfleur 1970.
Olderogge, D.: Ob izučenii eposa narodov Afriki. ›Africana‹. Bd. 9. Leningrad 1972.
Olderogge, D.: Sumaoro – car' kuznecov i drevnjaja kul'tura Zapadnoj Afriki. ›Africana‹. Bd. 93. Leningrad 1969.
Olderogge, D. (edit.): Fol'klor i literatura narodov Afriki. Moskva 1970.
Pairault, C.: Boum-le-grand. Village d'Iro. Paris 1966.
Palau-Marti, M.: Les Dogon. Paris 1957.
Palau-Marti, M.: Le-roi-dieu au Benin. Paris 1964.
Paques, V.: Les Bambara. Paris 1954.

Paques, V.: L'arbre cosmique dans la pensée populaire et dans la vie quotidienne du nord-ouest africain. Paris 1964.
Paques, V.: Le roi pecheur et le roi chasseur. Strasbourg 1977.
Parrinder, G.: West African Religion. London 1949.
Parrinder, G.: African Traditional Religion. London 1962.
Parrinder, G.: African Mythology. London 1967.
Parrinder, G.: The Story of Ketu. An Ancient Yoruba Kingdom. Ibadan 1956.
Paulme, D.: Une société de Côte d'Ivoire hier et aujourd'hui: les bété. Paris 1962.
Paulme, D.: Sur trois textes africains (bété, dogon, kikuyu). ›Cahiers d'Études Africaines‹. Bd. VIII. Paris 1968.
Paulme, D.: Les gens du riz. Les Kissi du Haute-Guinée. Paris 1970².
Paulme, D.: Classes et associations d'âge an Afrique de l'Ouest. Paris 1971.
Peterli, R.: Die Kultur eines Bariba-Dorfes im Norden von Dahome. Basel 1971.
Pollet, E.; Winter, G.: La société soninke (Dyahunu, Mali). Bruxelles 1971.
Prost, A.: Légendes Songay. ›Bulletin de l'IFAN‹. Bd. XVIII. Serie B. Dakar 1956. S. 188–201.
Raffenel, A.: Voyage dans l'Afrique occidentale. Paris 1846.
Rasilly, R. P. B.: Bwa lada: coutumes et croyance bwa. ›Bulletin de l'IFAN‹. Bd. XXVII. Serie B. Dakar 1965. S. 99–154.
Rattray, R. S.: Religion and Art in Ashanti. Oxford 1927.
Rouch, J.: Contribution a l'histoire des Songhay. Dakar 1953.
Rouch, J.: Les Songhay. Paris 1954.
Rouch, J.: La religion et la magie Songhay. Paris 1960.
Sawyer, H.: God: Ancestor or Creator? London 1970.
Schultze, A.: The Sultanate of Bornu. London 1968².
Schwab, G.: Tribes of the Liberian Hinterland. Cambridge 1947.
Schweeger-Hefel, A.; Staude, W.: Die Kurumba von Lurum. Wien 1972.
Shelton, J.: The Igbo-Igala Borderland: Religion and Social Control in Indigenous African Colonialism. Albany 1971.
Skinner, E. P.: The Mossi of the Upper Volta. Stanford 1964.
Spieth, J.: Die Religion der Eweer. Leipzig–Göttingen 1911.
Staewen, C.; Schönberg, F.: Kulturwandel und Angstentwicklung bei den Yoruba Westafrikas. München 1970.
Staewen, C.; Schönberg, F.: Ifa – Das Wort der Götter. Orakeltexte der Yoruba in Nigeria. Wiesbaden 1982.
Stenning, D. J.: Savannah Nomads. A Study of the Wodaabe Pastoral Fulani of Western Bornu Province. London–Ibadan–Accra 1964².
Stephani, F.: Legende über den Ursprung der Fulbe und der Bororo nach der Erzählung des Malam Ali Babali. ›Der Islam‹. vol. III. 1912. S. 352–357.
Šarevskaja, B. I.: Starye i novye religii tropičeskoj i južnoj Afriki. Moskva 1964.
Szyfelbejn-Sokolewicz, Z.: Wstęp do etnografii Afryki. Warszawa 1968.
Tait, D.: The Konkomba of Northern Ghana. London–Ibadan–Accra 1961.

Talbot, P. A.: In the Shadow of the Bush. London 1912.
Tamakloe, E.: Brief history of the Dagbamba people. Accra 1931.
Tauxier, L.: Nouvelles Notes sur le Mossi et le Gourounsi. Paris 1924.
Tauxier, L.: Histoire des Bambara. Paris 1942.
Tescarolli, C.: Azande alle sbarra. Verona 1962.
Thomas, L. V.; Luneau, R.: Les religions d'Afrique noire. Paris 1969.
Thomas, L. V.; Luneau, R.: La terre africaine et ses religions. Paris 1975.
Tiacoh, G. K.: Le légende de N'zi le Grand, guerrier d'Afrique. Paris 1967.
Traoré, B.: The Black African Theatre and its Social Functions. Ibadan 1972.
Tubiana, M. J.: Survivances préislamiques en pays Zaghawa. Paris 1964.
Vanneste, P. M.: Legenden Geschiedenis en Gebruiken van een nilotisch Volk. Bruxelles 1949.
Ward, B. E.: Some Observations on Religious Cults in Ashanti. ›Africa‹. Bd. XXVI. 1956. S. 47–60.
Wescott, J.: The Sculpture and Myths of Eshu-Elegba, the Yoruba Trickster. ›Africa‹. Bd. XXXII. 1962. S. 324–335.
Westermann, D.: So, der Gewittergott der Eve. ›Zeitschrift für Ethnologie‹. Berlin 1939.
Whitting, C. E. J.: Hausa and Fulani Proverbs. Farnborough 1967.
Williamson, C. G.: Akan Religion and the Christian Church. Legon 1965.
Zahan, D.: Sociétés d'initiation Bambara. Paris 1960.
Zahan, D.: Religion, spiritualité et pensée africaines. Paris 1970.
Zahan, D.: The Mossi Kingdoms. In: Forde, D. & Kaberry, P. M. (edit.): West African Kingdoms in the Nineteenth Century. Oxford 1967.
Zahan, D.: La dialectique du verbe chez les Bambara. Paris 1958.
Zajączkowski, A.: Pierwotne religie Czarnej Afryki. Warszawa 1965.
Zajączkowski, A.: Muntu dzisiaj. Warszawa 1970.
Zajączkowski, A.: Kraj zlotego tronu. Warszawa 1972.
Zwernemann, J.: Die Erde in Vorstellungswelt und Kultpraktiken der sudanischen Völker. Berlin (West) 1968.

Inhalt